l'intégrale

Le mal

Shakespeare
Macbeth

Rousseau
Profession de foi
du vicaire savoyard

Giono
Les Âmes fortes

sous la direction de
Philippe **Guisard**
et Christelle **Laizé**

ISBN 978-2-7298-6054-7
©Ellipses Édition Marketing S.A., 2010
32, rue Bargue 75740 Paris cedex 15

Le Code de la propriété intellectuelle n'autorisant, aux termes de l'article L. 122-5.2° et 3°a), d'une part, que les « copies ou reproductions strictement réservées à l'usage privé du copiste et non destinées à une utilisation collective », et d'autre part, que les analyses et les courtes citations dans un but d'exemple et d'illustration, « toute représentation ou reproduction intégrale ou partielle faite sans le consentement de l'auteur ou de ses ayants droit ou ayants cause est illicite » (art. L. 122-4).
Cette représentation ou reproduction, par quelque procédé que ce soit constituerait une contrefaçon sanctionnée par les articles L. 335-2 et suivants du Code de la propriété intellectuelle.

www.editions-ellipses.fr

Table des matières

- Les auteurs 11
- Les coordinateurs 12

Introduction

- Les manifestations du mal 16
  - Les manifestations universelles du mal 16
  - Les manifestations collectives du mal 17
  - Les manifestations individuelles du mal 17
- Définition(s) et nature(s) du mal 20
  - La philosophie et le mal 20
  - La religion et le mal 22
- Représentations du mal 24
  - Les lieux et les figures du mal 25
  - Écrire le mal 28

Lecture des œuvres

Le mal dans Macbeth de Shakespeare — 33

- L'auteur, William Shakespeare 35
- *Macbeth*, pièce maudite ? 37
- Le roi Macbeth, réalité et légendes 37
- Donwald et Duff 39
- Le contexte politique et idéologique 39
- Le déroulement dramatique de la tragédie 41
- Les allégories du Mal 45
- Le thème faustien 46
- La psychologie du mal 47
- Le machiavélisme 50
- La vision politique du mal 53
- *Macbeth* tragédie édifiante ? 56

Le mal dans *Profession de foi du vicaire savoyard* de J.-J. Rousseau — 59

- Place de la *Profession de foi* dans l'*Émile* — 62
- Autonomie de la *Profession de foi* — 64

Crise morale et méditation métaphysique — 65
- Le doute existentiel — 66
- Critique de la philosophie — 67
- La lumière intérieure — 68

Jugement et sensibilité — 71
- Exister, c'est sentir — 71
- L'existence du monde extérieur — 72
- Analyse du jugement — 73

De la matière à Dieu — 76
- La matière est inertie — 76
- Une volonté meut l'univers — 77
- Science et métaphysique — 78
- L'ordre — 80
- Critique du hasard — 81

Liberté et dualisme — 83
- Royauté de l'homme — 83
- « Je vois le mal sur la terre » — 84
- Le dualisme des substances — 85

Le mal et l'immortalité — 88
- La théodicée du vicaire — 88
- L'immortalité de l'âme — 90

La conscience — 93
- La bonté naturelle de l'homme — 93
- La conscience, guide moral — 94

Conclusion — 97

Le mal dans *Les Âmes fortes* de Jean Giono — 101

Chronologie de Jean Giono — 103

Schéma narratif des *Âmes fortes* — 104
- Veillée funèbre (7-53) — 104
- Premier récit de Thérèse (53-120) (T1) — 104
  - Début du récit (53-70) — 104
  - Réserve du Contre (70-75) — 104
  - Reprise du récit de Thérèse (75-79) — 105
  - Interruption du Contre (80-82) — 105
  - Reprise du récit de Thérèse (82-120) — 105
- Récit du Contre (120-271) (C1) — 105
  - Interruption du Contre (120-123) — 105
  - Thérèse en 1904 à Clostre (123-132) — 105

Portrait de Firmin (133-135) 105
Retour à Chatillon : récit du Contre (135-271) 106
Second récit de Thérèse (272-332) (T2) 106
Ouverture poétique (272-275) 106
Thérèse machiavélique (275-332) 106
Second récit du Contre (332-365) (C2) 107
Fin du récit de Thérèse (T2) (365-370) 107
Retour à la veillée funèbre (370) 107

Introduction 107
De *Colline* aux *Âmes fortes* *107*
Résumé des *Âmes fortes* *109*
Un mal polymorphe 110

Souffrances 110
Souffrances des corps 111
Climats et lieux 111
Catastrophes 112
Douleurs et morts 113
Vague à l'âme et maux d'esprit 114
Une condition souffrante 115
Identité sociale 115
Exploitation économique 115

Fautes 116
Crimes et délits 117
Médisances et méfaits 117
Dérives du corps 118
Stratagèmes 119
Secrets et théâtre 120
Machiavélisme 121

Limites et ambivalences de la bonté 122
Persistance du bien 122
Limites du bien 123
Bonté et candeur 123
La fausse bonté 124
La « monstruosité » des Numance 124
Impasses de l'amour 126

« Par-delà bien et mal » ? 127
L'origine du mal 127
L'absence de sens 127
Désir d'être et sauvagerie 129
Bonheur et volonté de puissance 131
Alternatives 131
Liberté et puissance 132
Ambivalences et ambiguïtés : l'invention comme « divertissement de roi » ... 135
Ambivalences 135
Triomphe de l'invention 137

Conclusion 138

Philosophie et histoire

Le problème du mal dans la philosophie antique — 143

- Le préalable mythologique — 146
- Platon, le mal et l'ignorance — 147
- Aristote et la responsabilité du mal — 149
- Vers une catharsis philosophique ? — 152
- Théologie et liberté humaine : le stoïcisme — 152
- La thérapeutique du mal et la limite du plaisir : l'épicurisme — 154
- Conclusion — 156

La question du mal dans la pensée et l'imaginaire chrétiens — 159

- Introduction : au commencement était le mal… — 161
- Les origines bibliques : le mal originel — 162
  - Le péché originel : Adam et Ève face au bien et au mal — 163
  - Les fléaux et châtiments : les maux et souffrances de l'humanité — 165
- La rhétorique cléricale sur le mal : une « pastorale de la peur » ? — 167
  - Les vices ou la tentation du mal — 168
  - L'enfer : les maux de l'au-delà — 170
- Lutter contre le mal et préserver l'ordre social — 172
  - Le diable : incarnation et agent du mal — 172
  - La sorcière, nouvelle incarnation féminine du mal — 175
- Conclusion : le mal omniprésent dans l'histoire ? — 176

Le mal dans la philosophie moderne et contemporaine — 179

- Défendre Dieu et justifier le mal — 183
- Expliquer le mal et le réduire au mauvais — 186
- Mal de scandale, mal radical et pensée de la justice — 187
- La banalité du mal et le mal absolu — 190

Littérature et langage

Anthologie Une littérature du mal ? — 197

Présentation 199
- Agrippa d'Aubigné, *Tragiques* (1616), « Misères » I, v. 97-130 199
- Pascal, *Pensées* (1669), extraits du fragment 122, (Édition de Michel Le Guern) 200
- Racine, *Phèdre* (1677) Acte I, scène II, v. 269-316 201
- Voltaire, *Candide ou l'Optimisme* (1759), extrait du chapitre XIX 202
- Sade, *La philosophie dans le boudoir* (1795), extrait du Troisième Dialogue 203
- Baudelaire, *Les Fleurs du Mal* (1857) 205
- Lautréamont, *Les chants de Maldoror* (1869) 206
- Céline, *Voyage au bout de la nuit* (1932) 207
- Bernanos, *Sous le soleil de Satan* (1926) 208
- Camus, *La Peste* (1947) 209
- Robert Antelme, *L'espèce humaine* (1947) 211
- André Gide, *Nouvelles Nourritures* (1935) 212

Les mots du mal Autour du mal : quelques citations — 213

Brèves recommandations quant à leur usage 215
- Agressivité 217
- Barbarie 218
- Calomnie 219
- Crime 220
- Cruauté 222
- Douleur 223
- Guerre 225
- Haine 227
- Mal 227
- Maladie 228
- Malentendu 229
- Malheur 229
- Masochisme 229
- Méchanceté 229
- Médisance 231
- Sadisme 232
- Souffrance 233
- Torture 234
- Vengeance 235
- Vice 236
- Violence 237

Petit recueil de citations : Shakespeare 237

Le mal dans quelques œuvres de Rousseau, un florilège de citations 239

Les Âmes fortes : quelques citations 248

Art et symboles

Figures du mal — 253

- Les sorcières de Thessalie — 255
- Les déesses grecques de la vengeance — 257
- Les familles maudites de l'antiquité grecque — 258
- Caligula, l'empereur revenant — 259
- Ève — 259
- Les veneneuses de la bible — 261
- Judas — 262
- Les monstres — 264
- Les vampires — 265
- Le rouge — 267
- Le noir — 268
- Le cochon — 269
- Le serpent — 271
- Pistes ouvertes à la réflexion — 272

Parcours iconographique — 273

- La beauté du diable ? — 275
- *Le démon Pazuzu* — 276
- Anonyme dit « peintre d'Ixion », *Médée égorgeant ses enfants* — 278
- *Jugement dernier* du portail sud, Conques (Aveyron), Basilique Sainte-Foy — 279
- Martin Schongauer, *La tentation de saint Antoine* — 281
- Georges de la Tour, *le Tricheur à l'as de carreau* — 282
- William Hogarth, *le Zèle et la paresse (Industry and Idleness)* — 283
- Johann Heinrich Füssli dit Henry Fuseli, *Lady Macbeth somnambule* — 285
- Francisco de Goya, *Saturne dévorant ses enfants* — 286
- Eugène Delacroix, *La Mort de Sardanapale* — 288
- Gustav Klimt, *Judith II (Salomé)* — 289
- Pablo Picasso, *Guernica* — 291
- Francis Bacon (1909-1992), *Peinture,* — 292

Dissertations transversales

- **Le brouillon** 297
  - L'analyse précise et complète du sujet, du sens des termes, de leurs relations et interactions 297
    - Jeux de sens 297
    - Jeux de relation – interaction 297
    - Jeux de forme 297
    - Jeux d'histoire culturelle 297
  - La problématique et le plan 298
- **La rédaction au propre** 298
  - Dissertation transversale 1 300
  - Dissertation transversale 2 306
  - Dissertation transversale 3 312
  - Dissertation transversale 4 316

Les auteurs

Franck AIGON

Professeur agrégé de philosophie, Franck Aigon enseigne en CPGE scientifiques au Lycée Victor-Hugo (Besançon).

Simon BOURNET-GHIANI

Ancien élève de l'École Normale Supérieure (Ulm), agrégé de lettres modernes, ancien membre du jury du Capes externe de lettres, Simon Bournet-Ghiani est actuellement professeur en classes préparatoires commerciales au Lycée Claude-Fauriel (Saint-Étienne). Il est l'auteur d'un Manuel de français pour classes de première et d'une étude sur *Les Fleurs du Mal* parus chez Hatier (2007).

Gaetan DEMULIER

Ancien élève de l'École Normale Supérieure (Ulm), agrégé de philosophie, Gaetan Demulier est professeur au lycée de Rambouillet. Il est l'auteur d'*Apprendre à philosopher avec Rousseau* (Ellipses, 2009) et prépare actuellement un *Apprendre à philosopher avec Kant* (à paraître en 2011).

Marika DOUX

Ancienne élève de l'École Normale Supérieure de Fontenay, Marika Doux est professeur de chaire supérieure au lycée Lakanal de Sceaux.

Ollivier ERRECADE

Ollivier Errecade enseigne actuellement au Lycée Militaire d'Aix-en-Provence où il intervient en CPGE. Titulaire d'un doctorat de Lettres, il a publié de nombreux articles et collaboré à plusieurs ouvrages portant notamment sur l'art et la littérature du Moyen Âge.

Stéphane GIRARDON

Ancien élève de l'École Normale Supérieure (Ulm), agrégé de Lettres modernes, titulaire d'un DEA de Littérature Française, Stéphane Girardon est professeur en CPGE scientifiques 2e année (MP*, PC, PSI, BCPST 2), au lycée Victor-Hugo de Besançon et membre du jury de l'École centrale de Paris. Il participe à la section « Librairie » de la revue Esprit et a notamment publié l'article *Balle, ballon* dans le *Dictionnaire Culturel*, le Robert et *Le héros dans les grandes œuvres historiques d'Alexandre Dumas*, dans la revue *Écriture XIX*.

Julien MAGNIER

Ancien élève de l'École Normale Supérieure-Ulm, Julien Magnier est agrégé de Lettres modernes. Il prépare actuellement une thèse sur les amateurs d'art et le commentaire des tableaux au XVIIe siècle et enseigne l'histoire de l'art en tant qu'assistant à l'université Paris-Sorbonne.

Isabelle MARTIN-PRADIER

Avec une maîtrise en philosophie, Isabelle Martin-Pradier est agrégée de Lettres modernes. Elle interroge en classes préparatoires au lycée Ampère.

Gilbert PONS

Agrégé de philosophie, critique d'art et photographe, Gilbert Pons vit et travaille désormais dans le Tarn. Voici ses principales publications : *L'horloge de sable*, Au Figuré, 1991 ; *Choses feintes et objets peints, les ambiguïtés de la nature morte*, Au Figuré, 1993 ; *Le paysage, sauvegarde et création* (sous la direction de), Champ Vallon, 1999 ; *Portraits de maîtres, les profs de philo vus par leurs élèves* (avec Jean-Marc Joubert), CNRS Éditions, 2008 ; *Citations, un dictionnaire* (à paraître en 2010), Ellipses.

Henri SUHAMY

Henri Suhamy, ancien élève de l'École Normale Supérieure de Saint-Cloud, agrégé d'anglais, docteur ès lettres, professeur émérite à l'université de Paris-X, a publié, en français et en anglais, une trentaine d'ouvrages, une centaine d'articles consacrés à divers sujets, allant de la stylistique et de la métrique à l'Histoire en passant par la littérature, l'œuvre de Shakespeare particulièrement, des contributions à divers recueils et encyclopédies, ainsi que des traductions assorties de notices et de notes. Il est lauréat de l'Académie française et du Jury de la Vallée aux Loups.

Franck THÉNARD-DUVIVIER

Franck Thénard-Duvivier, agrégé d'histoire, docteur en histoire, professeur en Première supérieure (Khâgne) au lycée Claude Fauriel de Saint-Étienne, est chercheur associé au GRHIS (université de Rouen). Ses travaux portent sur l'histoire religieuse, l'histoire culturelle et l'iconographie médiévale. Il a participé à des ouvrages collectifs, des colloques et a rédigé plusieurs articles. Sa thèse, soutenue à Grenoble en 2007, porte sur l'étude comparative des portails gothiques à Rouen, Lyon et Avignon aux XIIIe-XIVe siècles (à paraître aux Presses universitaires de Rouen et du Havre).

Carole WIDMAIER

Professeur agrégé de philosophie à l'IUFM de Franche-Comté, ancienne élève de l'ENS Ulm-Sèvres, docteur en philosophie, Carole Widmaier est l'auteur, notamment, de « Penser la condition humaine, une exigence moderne ? Autour de Hannah Arendt et de Leo Strauss », revue *Cause Commune*, décembre 2008 ; « Leo Strauss et le problème de la sécularisation », *in Modernité et sécularisation*, CNRS Éditions, 2007 ; « Leo Strauss : sens historique et pensée de la tradition », revue *Esprit*, novembre 2002. Thèse de doctorat (sur Leo Strauss et Hannah Arendt) à paraître chez CNRS-Éditions.

Les coordinateurs

Philippe GUISARD & Christelle LAIZÉ

Agrégé de Lettres Classiques, docteur de l'université Paris-X-Nanterre en langues et littératures anciennes (avec une thèse menée sous la direction d'Agnès Rouveret, *Horace et l'hellénisme*), Philippe Guisard enseigne le latin et le grec en classes préparatoires littéraires au lycée Lakanal de Sceaux.

Agrégée de Grammaire, docteur de l'université Paris-IV-Sorbonne en langues et littératures anciennes (avec une thèse menée sous la direction de Jacqueline Dangel et Françoise Létoublon, *Lieux de mémoire dans l'Énéide de Virgile*), Christelle Laizé enseigne le latin et le grec en classes préparatoires littéraires au lycée Fauriel.

Philippe Guisard et Christelle Laizé ont publié les *Verbes Latins*, Ellipses, 2009 ; *L'art de la parole, pratiques et pouvoirs du discours*, (sous la direction de) Ellipses 2009 ; le *Lexique latin pour débuter*, Ellipses, 2008 ; le *Lexique nouveau de la langue latine*, Ellipses, 2007 ; le *Lexique nouveau de la langue grecque*, Ellipses, 2006 ; la *Grammaire nouvelle de la langue latine*, Bréal, 2001.

Introduction
Ollivier ERRECADE

Et si le mal n'était qu'un malentendu ? Si le mal que l'homme éprouve, ressent et endure dans sa chair, dans ses sens, dans son âme et son cœur, dans son individualité aussi bien que dans son corps social, dans son présent, ses passés, ses hypothétiques futurs, au-delà des quatre points cardinaux, si ce mal était un mal-entendu ?

Face au constat de cette éternité du mal, face à cette omniprésence, la raison de l'homme semble s'égarer et se fragmenter en réflexions qui, loin de se répondre ou de se compléter les unes les autres, se critiquent, se défient ou s'évanouissent, comme s'il manquait un élément déterminant dans cette appréhension définitive et universelle du mal. C'est un fait, si l'homme s'est très tôt interrogé sur les racines du mal (du reste l'homme ne serait-il pas devenu homme au moment où il a pris conscience de l'existence du mal ?), sur son sens, sur sa gestion, c'est qu'il a sans doute du mal à l'*entendre*. L'homme a du *mal* à comprendre le mal, à le définir même, raison pour laquelle ses représentations se sont multipliées d'aire en aire, de siècle en siècle, pour ne pas dire de jour en jour.

Le philosophe et le religieux, mais aussi l'artiste ou l'anthropologue, qui sondent tous le mal (pour le désigner ou tenter de le résoudre) s'accordent à dire qu'il pose effectivement un problème. Certes, tous partagent les mêmes fondamentaux, à savoir que l'homme souffre dans son corps et son esprit, qu'il est interdit de faire ou de reproduire le mal (tuer, voler, torturer, mentir, etc.) ; pourtant tous savent qu'un mal commis peut éviter un mal plus grand, qu'une guerre peut s'avérer nécessaire, voire un meurtre, ou un mensonge... Et tous savent en outre que le problème du mal dépasse cette difficulté première à laquelle s'en ajoute une autre, et non des moindres : comment définir la morale ? Comment appréhender le bien ? Quelle serait la valeur de ce dernier si le mal n'existait pas ? Quelle serait la conscience de l'homme sans le risque de commettre le mal ? Il ne serait jamais libre de choisir. Jamais libre... Le plaisir de la vie, le plaisir tout simplement, auraient-ils cette force bénéfique s'il n'existait leurs contraires : la mort et le déplaisir, le malheur, le mal ?

Le bien et le mal sont-ils par ailleurs contraires ? Le romancier Norman Spinrad a construit son œuvre sur la thèse selon laquelle les conflits ne sont qu'épisodiquement des oppositions entre un bien et mal mais plus généralement entre deux visions différentes et incompatibles du bien. Et dans ce cas, ainsi que Pascal l'avait déjà remarqué, il reste à trouver non le plus juste mais bel et bien le plus fort (les nazis ne considéraient-ils pas nos héros de la Résistance comme des terroristes ?). Ainsi le bien et le mal ne semblent pas réductibles à des notions exactes et uniques, universelles. Ne sont-ils pas les produits d'une subjectivité reproduite jusqu'à la masse ?

Nous avons débuté cette réflexion initiale en évoquant un malentendu, il nous faut alors rappeler le plus célèbre d'entre eux. Comme chacun le sait (au moins dans le monde occidental et judéo-chrétien) le pommier est l'arbre qui porte le fruit de la Connaissance du Bien et du Mal, un fruit au destin diabolique s'il en est... Y a-t-il pourtant un seul pommier en Mésopotamie, là où la *Genèse* situe l'Eden ? Le fruit du péché, par l'intermédiaire duquel tout mal a commencé, n'était certainement pas une pomme. Or c'est à cause de son nom latin *malus* que le pommier a été assimilé à l'arbre funeste ; une étymologie qui évoquait le mal. Il est comme le noyer dont le nom latin *nux* renvoie au verbe nuire, *nocere*[1]. Ces arbres sont nuisibles, ils portent le mal, ils l'inspirent, ils le représentent... d'une façon injuste...

Les manifestations du mal

Au-delà des différents sens que peut prendre le mot « mal », il faut constater que non seulement le mal varie considérablement d'une conception à l'autre mais qu'il varie aussi dans ses manifestations. Le mal peut être général et absolu, mais il peut aussi s'appréhender en quantité et en qualité. Il faut remarquer que ses origines sont multiples et qu'elles peuvent être humaines ou naturelles. Le philosophe Leibniz distingue trois catégories du mal : le mal métaphysique, le mal physique et le mal moral. En recoupant cette répartition, on peut également envisager le mal dans ses dimensions universelles, sociales et individuelles.

Les manifestations universelles du mal

Selon Leibniz le mal métaphysique concerne la constitution du monde, l'organisation des choses et le déroulement des événements. Il est cette imperfection essentielle du monde que l'on constate lors de chaque grand cataclysme, de Pompéi à Haïti en passant par ce que Voltaire a nommé le « désastre de Lisbonne » en 1755. Les tempêtes, les raz-de-marée, les séismes, les épidémies et, dans les croyances anciennes, les éclipses ou les passages de comètes qui leur sont liés, révèlent cette imperfection du monde et la présence de ce mal universel qui peut dans ce sens s'interpréter comme une rupture dans l'équilibre du cosmos. Et c'est cette rupture déjà qui dans l'Égypte ancienne matérialisait la présence du mal absolu. En effet, les Anciens Égyptiens avaient de l'Histoire une conception dynamique ; le monde devait être en expansion perpétuelle. Cette dynamique était la condition de la conservation du monde dans son maintien hors du chaos. Une telle mentalité cosmologique interprétait les périodes de troubles (notamment naturels) comme une rupture d'équilibre qui compromettait cette expansion. Seth, la personnification du mal, en était le responsable, ainsi que nous le verrons. La *Genèse* quant à elle présente la création comme une mise en forme du monde à partir de l'abîme et des ténèbres au-dessus desquels tournoyait « un vent de Dieu » (*Genèse*, 1, 2). En dix verbes, Dieu organise le monde en séparant les eaux et les luminaires du jour et de la nuit, en séparant les éléments et en créant les animaux « selon leur espèce » (*Gen.* 1, 21 *sq*), puis l'homme. L'œuvre divine se caractérise donc comme l'organisation d'un équilibre. Toute rupture dans cet équilibre sera liée au mal (le Déluge par exemple qui est une forme de retour provisoire à l'abîme des prétemps du monde, mais aussi la destruction de Sodome et Gomorrhe ou bien les Dix Plaies d'Égypte). On comprend pourquoi dans les représentations du mal des Apocalypses des XII et XIIIe siècles l'Enfer apparaît comme un univers absolument chaotique, opposé au Paradis où tout n'est qu'ordre et symétrie.

---

1. Voir M. Pastoureau, *Une histoire symbolique du Moyen Âge occidental,* Paris, Seuil, 2004, p. 15.

Les manifestations collectives du mal

Selon cette conception le mal universel peut aussi avoir un lien direct avec l'action des hommes, puisque l'Ancien Testament montre à plusieurs reprises que c'est à cause des hommes que l'équilibre du monde peut être rompu. En effet le mal se manifeste également en l'homme. Dans son corps d'abord, par la maladie, la vieillesse, la souffrance et la mort. Dans son corps collectif ensuite. C'est en méditant sur le mal occasionné par les hommes que le philosophe Michel Henry déclare que la vie (soumise à l'Amour de Dieu qui est la Vie) est bonne en elle-même. Le mal correspond dès lors à tout ce qui est susceptible d'attenter à la vie. Il réside dans la haine qui engendre toutes les violences : la barbarie, les guerres, les génocides et autres crimes contre l'humanité. Il rampe également dans tous les mécanismes mensongers qui conduisent l'homme à la misère et à l'exclusion. C'est à ce titre qu'il faut, selon lui, entendre que les crises financières sont également une manifestation du mal. Dans ses *Pensées sur la morale*, André Comte-Sponville déclare lui aussi que le mal est une atteinte portée à l'humanité et qu'il est en l'homme toutes les fois que ce dernier se préfère lui-même à tout le reste. Une telle position pourrait alors justifier la guerre dite juste (autrement dit la guerre de défense portée contre un agresseur) ou d'autres maux nécessaires liés par exemple à la raison d'État. Alors que la définition donnée par Michel Henry ne les tolérerait pas. Nous mesurons alors que le mal n'est pas une donnée définitive, qu'il n'est pas tout à fait un poids ni un contrepoids sur une balance universelle et éternelle.

Il faut remarquer qu'à ce niveau de manifestation le mal devient moral. Il concerne l'action des hommes quand elle n'est pas conforme à ce qu'il est bon ou bien de faire. Il est un écart vis-à-vis de la règle, de la loi, ou de la religion. Il est alors un péché. Et il cesse donc d'être un phénomène uniquement collectif et social, ce qui reviendrait du reste à le considérer comme extérieur à l'individu. Or c'est l'addition des individus qui forme la société ; le mal collectif est d'abord un mal individuel.

Les manifestations individuelles du mal

En effet, si le mal était uniquement social et collectif, il serait une forme de sollicitation extérieure à l'homme. Il serait ainsi possible de l'éradiquer, au moins en théorie. Mais il n'en est rien. Le mal est ancré dans l'action des hommes, qui sont alors responsables et/ou coupables au regard de la morale. La question est de savoir si on peut vouloir le mal, dans quelle mesure, et ce que cela signifie.

Est-il possible ou concevable de faire le mal en conscience, librement ? La question est essentielle car en fonction de la réponse donnée il faudra admettre qu'il y a des hommes inhumains, foncièrement mauvais, pervers ou monstrueux ; ou bien que l'homme n'est pas ce que l'on croit, qu'il n'est pas forcément lié au bien.

La thèse « scientifique » de l'anthropologie criminelle du XIXe siècle affirmait par exemple que le criminel a un cerveau défectueux, que sa nature le pousse au crime. Le naturalisme de Zola met également cette thèse en scène en expliquant les tares des fils par les actions des pères (Victor est violeur à l'image de son père dans *L'Argent*). Aujourd'hui cela reviendrait à considérer que le mal relève d'une programmation génétique. La morale permettrait certes de juger un méfait en tant que tel, mais toute idée de justice disparaîtrait car le criminel ne serait alors pas responsable de ses actes ; il ne serait pas libre de faire le mal (ou le bien). Par ailleurs il serait présenté aux yeux de la société comme anormal, comme une sorte de monstre inhumain.

Une telle position semble avoir été dépassée par la justice des hommes qui prend en compte la responsabilité (ou non) du criminel, ou encore la préméditation (ou non) de son acte, mais elle demeure pourtant communément partagée face à la monstruosité ou à l'horreur absolue de certains crimes individuels ou collectifs. Il est en effet fréquent d'entendre que tel ou tel meurtrier particulièrement cruel est un monstre. À ce titre le cas Eichmann est éclairant.

Lieutenant-colonel SS et spécialiste de la question juive, Eichmann a organisé la déportation des Juifs en Europe vers les camps de la mort. Il fut arrêté en Argentine par les services secrets israéliens en 1960, jugé à Jérusalem et condamné à mort après que le procureur l'eut présenté comme une incarnation du mal, le reléguant au rang de bête, d'homme inhumain. À la question de savoir si l'on peut vouloir le mal en conscience, sa réponse fut positive, mais en faisant de Eichmann un monstre. Dans son essai intitulé *Eichmann à Jérusalem*, Hannah Arendt conteste cette prise de position en considérant que Eichmann n'est qu'un échantillon de l'homme commettant le mal absolu en conscience. Il est selon elle la « banalité » du mal dans le sens où il est un homme « normal » et non un monstre. En s'inscrivant dans la ligne de pensée ouverte par Kant elle soutient que le nazi en question n'était pas victime de mauvaises passions, qu'il n'était pas un monstre ou un démon, qu'il n'était pas en dehors de l'humanité, mais qu'il était un homme ordinaire et normal, obéissant à la toute-puissance d'un système et qu'il a su se livrer au mal en ayant cessé de penser. Et c'est là que se trouve selon elle la racine du mal. L'homme cessant de penser est capable de commettre le mal tout en étant conscient de ce qu'il fait. Je tue d'autres hommes, je sais que je les tue, je sais que cela est mal, mais ma pensée a cessé de fonctionner pour se mettre au service d'une autre pensée que je juge supérieure. Cela ne fait pas de moi un être inhumain. La démonstration de Hannah Arendt (qui fit couler beaucoup d'encre) est d'autant plus précieuse qu'elle montre à l'homme que le mal fait partie de l'humanité et que seule la pensée critique peut l'éloigner du mal. Elle vient briser cette sorte de confort tranquille et hypocrite de l'âme qui veut que l'horreur n'est pas humaine. Oui, c'est l'homme qui a eu l'idée des camps, c'est l'homme qui organise et réalise des génocides. L'homme et non l'animal.

À l'opposé d'une telle démonstration se trouve celle qui considère que l'homme peut causer le mal par ignorance. Si l'on accepte l'idée que la volonté est nécessairement orientée vers le bien, que vouloir est forcément vouloir le bien, c'est alors par ignorance que les hommes veulent le mal, en prenant un mal pour un bien. C'est là la thèse de Platon en vertu de laquelle il faut alors penser que tous les hommes croient agir en vue d'un bien pour soi-même, pour sa patrie, pour sa race ou sa religion. Cela explique donc les crimes commis au nom de certaines idéologies. Mais cette ignorance demeure condamnable au nom de la loi ou de la morale.

On peut encore supposer que l'homme se livre au mal à cause des dysfonctionnements de sa volonté, qui est une forme d'incontinence mentale, appelée aussi acrasie. Elle se manifeste par le fait d'agir à l'encontre de sa volonté, elle est alors qualifiée de « faiblesse de la volonté ». Mais elle peut également poser le problème de l'existence d'une volonté distincte de la raison, voire d'une certaine forme de folie, de bêtise ou de déni de réalité si l'on en croit Schopenhauer dans *L'Art d'avoir toujours raison* qui fait de cet état une structure fondamentale de l'existence humaine.

Le mal se caractérise également par le refus ou l'incapacité de faire le bien. C'est le cas par exemple du personnage de Clamence tel qu'Albert Camus le met en scène dans son roman *La Chute* (1956). Ancien avocat parisien, orateur talentueux et charmeur avoué, il est un homme aveuglé par un amour démesuré de soi. Sa vie bascule un soir sur un pont de Paris alors qu'il refuse de porter secours à une jeune femme sur le point de se noyer. Très vite il prend conscience de l'inanité de son comportement qui lui apparaît insupportable. Tout le mal de sa vie passée lui revient à l'esprit et il se réfugie à Amsterdam, dont l'organisation concentrique des canaux n'est pas sans rappeler celle des cercles humides et gelés de l'*Enfer* de Dante, ceux-là mêmes où sont précipités les lâches. De là, il se met à clamer (d'où son nom) une accusation universelle de l'humanité adonnée à la faute et au mal.

Ce récit montre à quel point l'égoïsme et le refus de porter secours à son prochain s'inscrivent dans une série de maux antérieurs débouchant sur d'autres maux, plus grands encore, qui peuvent conduire à une certaine forme de misanthropie. Tel est le mal guettant l'homme moderne, selon Camus. Tel est aussi le mal que dénonce la doctrine chrétienne dans ses fondements. Dans son *Épître aux Romains* Paul précise que le mal réside dans la complaisance de soi (12, 16) et que seul le don de sa personne, la charité pour l'autre, peut extraire l'homme de ses griffes : « Que celui qui donne le fasse sans calcul ; [...] Que votre charité soit sans feinte, détestant le mal, solidement attachée au bien ; que l'amour fraternel vous lie d'affection entre vous », écrit-il (12, 8-9) avant de poursuivre : « Ne te laisse pas vaincre par le mal, sois vainqueur du mal par le bien » (12, 21).

Il s'agit ici de s'opposer à ce mal qui réside dans l'individu, de vaincre cette obscurité à laquelle il se livre chaque fois qu'il ne pense pas au bien ou qu'il ne le fait pas ; un combat moral et religieux qui définit le mal comme une destruction et comme source de tous les déplaisirs, clairement opposé aux comportements extrêmes du masochisme et de la volupté du mal qu'il faut évoquer pour terminer cet inventaire des manifestations individuelles du mal.

Puisant son plaisir dans la souffrance physique et psychologique liée à la sexualité, la tendance masochiste est une façon de s'infliger le mal et, paradoxalement, d'en tirer de la jouissance, alors que le but des processus psychiques de l'être humain est bien d'éviter le déplaisir et d'obtenir le plaisir. Freud a montré qu'un tel comportement (dans sa forme érogène) fraye un passage particulier à la pulsion de mort, au-delà de la raison et, de ce fait, au-delà de la morale. Mais le paradoxe soulevé ici montre que le masochisme demeure pourtant un mal, puisqu'il est la recherche de ce mal.

Destructrice et mortifère ici, elle peut devenir voluptueuse dans d'autres circonstances : « La volupté unique et suprême de l'amour gît dans la certitude de faire le mal. Et l'homme et la femme savent de naissance que dans le mal se trouve toute volupté », écrit Charles Baudelaire dans ses *Journaux intimes* (1887). Cette « certitude de faire le mal » renvoie à une connaissance acquise, au mal fait en toute connaissance de cause, mais elle est également liée à ce savoir « de naissance », inné, à cette autre pulsion ou à cet instinct qu'est l'amour. Le mal d'amour, le mal de l'amour s'étire entre raison et pulsion. Nous y reviendrons. Mais il en va ainsi de tout mal, peut-être.

Définition(s) et nature(s) du mal

« Le bien et le mal ne sont pas des grandeurs parfaitement opposées l'une à l'autre ; le bien souvent accouche du mal et la capacité de voir le mal en face est ce qui nous ouvre la capacité d'un bien relatif » affirmait le philosophe André Glucksmann dans un entretien en 1997, ce qui n'est pas sans faire penser au dicton populaire selon lequel « qui veut faire l'ange fait le diable », ou encore à ce qu'écrit Denis Diderot dans l'*Éloge de Richardson* (1762) : « Un bien présent peut être dans l'avenir la source d'un grand mal ; un mal, la source d'un grand bien ». Ces quelques paroles montrent, parmi tant d'autres, combien il est difficile de cerner le mal et, de ce fait, de le définir clairement. Car un mal est certes un déplaisir, il est, selon Littré, ce qui nuit, ce qui blesse, le contraire du bien. Pris dans un sens restreint et immédiat, il semble aisé à identifier. Mais un mal qui accouche de lendemains radieux est-il un mal ? Il n'y aura pas fruits en gerbes « si le grain ne meurt... » dit la parole de l'Évangile[1].

Au-delà du problème définitoire, se pose celui de la nature du mal.

La philosophie et le mal

Innombrables sont les philosophes qui ont songé au problème de la définition et de la nature du mal, et ce dès la naissance de cette science. Héraclite d'Éphèse (VIe s. av. J.-C.) estime que la démesure poussant l'homme à dépasser les bornes de sa nature est une injustice et un méfait, une faute morale vis-à-vis de la nature et du *Logos* (l'ordre divin). S'il parvient à isoler une définition du mal en ayant recours à l'ordre divin et à la morale, il énonce toutefois que le mal est ce qui permet de goûter au bien dans une « harmonie des contraires ». La nature du mal correspond chez lui à une perception plus générale de la vie et du cosmos. Elle demeure toute relative et il s'agit pour lui de l'endurer comme une nécessité inhérente à la vie.

La thèse platonicienne, elle, considère que celui qui fait mal ne sait pas ce qu'il fait[2]. Elle renvoie à l'enseignement socratique selon lequel on ne peut savoir le bien et ne pas le faire volontairement. Ainsi, celui qui fait le mal le fait non intentionnellement, du fait d'une ignorance (verser de l'eau empoisonnée dans un verre alors que je pense qu'elle est potable), d'une cause extérieure à la volonté (on me bouscule et je casse un objet précieux) ou sans pouvoir exercer son libre arbitre (on me pousse à empoisonner une eau sous la contrainte). Celui qui fait le mal ne le veut donc pas. On ne peut du reste concrètement vouloir le mal, mais seulement le bien. La nature du mal ne réside ainsi pas dans la partie réflexive, intelligente de l'âme humaine. Une lecture freudienne de cette thèse impliquerait que le mal trouve son origine dans les pulsions, dans l'inconscient. Le criminel serait alors soumis à une envie soudaine et incontrôlée, plus forte que sa raison. Les remises en cause d'une telle position insistent notamment sur le fait qu'il n'est pas prouvé que la volonté humaine est bonne en soi, et que cela suppose que l'homme est déterminé à faire le bien, qu'il ne connaît alors aucune liberté.

---

1. Jean, **12**, 24.
2. *Protagoras*, 352b-357a et *Ménon*, 77b-78a.

Dans son célèbre dilemme qui lui valut d'être plus tard diabolisé, Épinçure (IVᵉ s. av. J.-C.) part quant à lui du principe que le mal existe et que les dieux n'ont aucun souci des humains. Il appartient donc à l'homme d'apprendre à le supporter et à le dépasser afin d'atteindre l'ataraxie : bannir l'idée du mal pour s'attacher, par la raison et les sens, au plaisir. Épicure, on le voit, pose davantage le mal dans la sensation (il n'y a de bien et de mal que dans la sensation physique) que dans la transcendance, mais il ne se penche pas clairement sur sa nature. Il en fait une donnée première de la vie, à la façon d'Héraclite, tout en allant plus loin dans la façon dont il faut l'appréhender.

Les gnostiques (Iᵉʳ et IIᵉ siècles) établissent quant à eux une doctrine (radicale) qui semble cerner la nature et la définition du mal. L'homme serait une âme divine enfermée dans son corps et dans ce monde. Dans cette conception, toute la matière a été créée par un démiurge opposé à un Dieu de lumière qui règne sur l'esprit uniquement. Ce démiurge est un dieu ennemi, le prince des ténèbres. Qualifiée d'hérésie par les Pères de l'Église, cette doctrine influença d'autres mouvements religieux plus tardifs tels que le manichéisme et le catharisme dont le sort fut scellé par Rome et la couronne de France au XIIIᵉ siècle.

Bien plus tard, au XVIIᵉ siècle, Spinoza parvient à extraire sa réflexion sur le mal du domaine religieux (sans toutefois l'exclure du domaine théologique). Pour le philosophe hollandais, le mal moral n'existe tout simplement pas. Il n'y a pas de mal ni de bien absolus, il n'existe que de mauvais ou de bons rapports entre les choses. Le mal n'est qu'une interprétation humaine qui veut que nous le percevions dans chaque événement dont les effets nous sont nuisibles. Partant de cette définition du mal et constatant sa nature illusoire, il propose une éthique totalement amorale orientée vers la joie. Il y a du reste une proximité possible entre la pensée de Spinoza et certaines des thèses de Hobbes pour qui le mal n'est ni une chose ni une qualité mais une relation qui nous lie aux choses. Le terme « mal » sert avant tout à exprimer ce qui est éprouvé sur le mode de l'aversion : « L'objet quel qu'il soit, de sa haine ou de son aversion, l'homme l'appelle Mal[1] ». Ce mal n'est donc en rien contenu dans les objets ou les êtres eux-mêmes : pour la poule, le mal c'est le renard, pour le renard, le mal c'est le chasseur. Selon Trotsky, le mal résidera dans l'ensemble des forces réactionnaires qui entravent le développement de la révolution prolétarienne ; pour ses adversaires conservateurs, le trotskisme est un mal politique. Le mal n'est que le nom d'une valeur ou d'une illusion qui rend absolu un point de vue.

Il faut remarquer qu'il existe une forme de continuité entre la pensée de Spinoza et de Nietzsche quand ce dernier soutient à son tour que le mal ne provient pas des phénomènes ou des choses en soi, mais de la capacité de l'homme à les interpréter : « Il n'y a pas de phénomènes moraux, mais seulement une interprétation morale des phénomènes » écrit-il dans *Par-delà le bien et le mal* (1886). Cette pensée en forme de chiasme montre que le mal n'a aucune existence transcendante. Il est une projection imaginaire des faibles qui cherchent un coupable (le mal) face à la tragédie de la réalité. Après avoir défini le mal en tant qu'illusion, et nié sa nature, il propose donc, à la suite de Spinoza, de se libérer de la morale pour évoluer vers plus de puissance et de joie.

Dans le *Théodicée* (paru en 1747), Leibniz revient à une pensée sur le mal confrontée à la volonté divine. Son propos est de justifier la bonté de Dieu en réfutant certaines

---

1. *Léviathan*, I, 6 (1651).

doctrines athéistes. Selon lui le mal existe, quelle que soit sa nature, parce qu'il est nécessaire à l'ensemble et à l'harmonie du tableau universel. Ainsi vivrions-nous dans le « meilleur des mondes possibles », ce que Voltaire a férocement raillé dans *Candide* (1759) et dans son poème sur le *Désastre de Lisbonne* (1756) : « Philosophes trompés qui criez : "Tout est bien" / Accourez, contemplez ces ruines affreuses / [...] Tout est bien aujourd'hui, voilà l'illusion ».

Pour terminer cet examen philosophique, il faut consacrer quelques mots à la définition du mal (moral) selon Kant qui considère que ce dernier réside dans toute action ne pouvant être généralisée à tout le monde sans déclencher le chaos. Mais ce mal est dit moral parce qu'il trouve son origine dans la liberté de l'homme (sans quoi un mal commis sans conscience, purement accidentel, n'est pas un mal). Il est ainsi selon lui impossible de considérer que l'homme ne peut pas vouloir le mal, sans connaissance de cause. Mais il juge également que l'homme qui fait le mal n'a pas une volonté absolument mauvaise, ce qui impliquerait que cet homme ignore toute loi morale. Cela serait le fait d'un être démoniaque et non d'un être doué de raison. Si ces deux réfutations visent à responsabiliser l'homme vis-à-vis du mal, elles ne permettent cependant pas à sonder l'origine de ce mal, impénétrable par nature, mystérieux et inaccessible à l'entendement.

C'est ainsi que le discours religieux accompagne le discours philosophique.

La religion et le mal

« Dieu est pire ou plus loin que le mal. C'est l'innocence du mal[1] ».

Le problème fondamental ici est de savoir si l'existence de la souffrance physique et morale, de la destruction, de toutes formes de violences sont autant de preuves raisonnables contre l'existence de Dieu. On sait que le discours athéiste puise ses raisonnements dans la manifestation du mal (apparemment) aveugle frappant des innocents avérés. C'est qu'il y a *a priori* un antagonisme logique entre l'existence du mal et celle d'un dieu d'amour et de bonté, ce qui fit écrire à Stendhal que la « seule excuse de Dieu, c'est qu'il n'existe pas[2] ». L'affirmation et la démonstration athées ne suffisent pour autant pas à prouver la non-existence de Dieu par celle du mal. C'est que le problème du mal concerne en réalité les déterminations mêmes du concept que l'on se fait de Dieu ou des dieux.

Antérieures à l'apparition du monothéisme, certaines religions considèrent que le mal appartient à des dieux mauvais, en lutte ou en concurrence avec les dieux créateurs. L'Égypte ancienne honorait une multitude de divinités parmi lesquelles se détachaient des dieux (dont Rê) qui façonnèrent la Terre et établirent un ordre harmonieux permettant au miracle de la vie de s'accomplir. Par essence ces dieux sont perçus comme des dieux de bonté, auxquels s'oppose Seth, frère d'Osiris, qui se définit lui-même comme « l'engendreur de la confusion » et qui, vaincu par Horus, devient le dieu du tonnerre et des tempêtes. Le mal, rupture d'équilibre dans l'harmonie du monde, est donc l'affaire d'un dieu mauvais.

L'ancienne religion perse fondée par Zoroastre prend quant à elle conscience de l'unité de la personne divine. Mais le souci d'expliquer le mal et l'imperfection en

---

1. Georges Bataille, *Somme athéologique*.
2. Cité par Nietzsche dans *Ecce homo*.

ce monde le pousse à se fonder sur l'ancienne mythologie iranienne selon laquelle il existe un dieu bon lié à l'ordre du monde (Ohrmazd) et un dieu mauvais causant le désordre (Ahriman). Zoroastre reconnaît ainsi l'existence de deux causes essentielles consubstantielles à l'homme et à Dieu lui-même. Ces deux esprits coexistant dans chacun des êtres vivants sont à l'origine d'un dualisme fondé sur la bataille entre le Bien et le Mal.

Si l'on peut considérer que le zoroastrisme est une première forme de monothéisme, la question du mal devient plus complexe dans les traditions suivantes. Il est en effet difficile d'admettre qu'un Dieu unique soit la cause directe du mal, ou bien qu'il laisse faire un *diable* suffisamment puissant et indépendant (on ne serait alors plus dans un cadre monothéiste). Les récits bibliques où s'étalent la violence, le crime et le péché, élaborent une réponse théologique à l'existence du mal.

En transformant parfois de vieilles légendes, la Genèse affirme que le mal est en l'homme qui a succombé à la tentation (imagée par le serpent) de se vouloir immédiatement comme Dieu, refusant de ce fait l'aventure à laquelle il était convié et prétendant assurer lui-même sa survie. La désobéissance de l'homme et la mystérieuse pente au mal présente dans son cœur sont le signe de sa condition forcément imparfaite en tant que créature. Le premier ressort de ce mal est donc l'orgueil. Nos premiers parents cèdent à la tentation parce qu'ils envient la puissance de Dieu et non parce qu'ils ont été abandonnés à plus fort qu'eux (le Serpent). L'annonce dès le départ que cette histoire reconduira à la vie (la malédiction de Caïn est aussi une invitation à entreprendre le voyage qui le conduira vers la lumière) le prouve incontestablement.

Israël a cependant sans cesse buté sur la question du mal. L'Ancien Testament y revient constamment. Outre les Psaumes, entre autres, méditant sur la rétribution du mal et du bien (Ps 37 ; 73 ; 112), c'est le livre de Job qui soulève avec le plus de force le problème du grand obstacle à la foi qu'est le mal. Il s'agit d'un immense poème où sont contestées toutes les affirmations théologiques traditionnelles sur le mal, tout en montrant leur vanité.

Job, homme juste, a été frappé de tous les maux. Mais il sait qu'il n'a pas péché. Il en arrive même à se demander si Dieu ne serait pas injuste. Dieu parle enfin. Mais ce n'est ni pour se justifier, ni pour le consoler : « De quel droit me demandes-tu des comptes ? », dit-il (Job 38, 1-2). Job accepte alors sa condition de créature, il se tait sans comprendre et continue d'adorer Dieu. Plus loin, Dieu affirme que seul Job a bien parlé de lui (42, 7) afin de rappeler que les meilleures explications au mal ne sont que vanité et que seule la confiance importe, et l'emporte.

Le problème du mal reste ainsi une question ouverte.

Plus tard, en subissant le scandale du mal sur la croix, le Christ n'en donne lui-même pas d'explication mais affirme qu'il est possible de s'en rendre victorieux par l'amour et que cette victoire est la Vie. Cette victoire doit en outre s'opérer dans le cœur de l'homme, siège du mal et du péché, car « Du cœur en effet procèdent mauvais desseins, meurtres, adultères, débauches, vols, faux témoignages, diffamations », affirme par exemple l'Évangile de saint Matthieu (15, 19). C'est dans son cœur que l'homme doit renouer avec Dieu.

Le Nouveau Testament tente ainsi d'approfondir la question posée par le judaïsme sur le mal. Dans son Épître aux Romains, saint Paul contribue à cette réflexion. Il considère en effet que les Juifs ne sont pas parvenus à dépasser les païens sur la question (même s'il dit son espérance dans le salut final d'Israël dont il est lui-même issu). C'est que, selon lui, les Juifs n'évitent le mal (qui toujours parvient à les séduire) que parce qu'ils vivent dans la crainte servile de Dieu qui apparaît comme une puissance redoutée et exigeante. Or, le don du Fils par le Père a permis la naissance d'un monde nouveau. La foi permet désormais la justification et le baptême le salut. Certes l'homme demeure intérieurement divisé. Désirant le bien, il commet le mal, mais la grâce et l'Esprit permettent de retrouver une unité salvatrice. Les croyants peuvent donc désormais vivre une existence offerte à Dieu dans le don de leur liberté intérieure.

Mais le salut n'est toutefois pas un don capable de sauver les hommes malgré eux, automatiquement. Il est une proposition faite à la liberté de chacun. Le problème du choix face au mal occupe ainsi une place centrale dans le christianisme. Certes le stoïcien Épictète avait pu déclarer auparavant que le bien comme le mal résident dans la volonté propre de chacun, mais les Pères et les Docteurs de l'Église ont placé ce problème au cœur même de leur doctrine. Lors du premier concile de Braga (VIe siècle) saint Augustin définit par exemple le mal comme une volonté propre de refuser la grâce. C'est le désir de demeurer un homme extérieur et sensuel qui l'emporte sur celui de rentrer en son cœur pour y expérimenter la présence de Dieu. Ainsi le mal n'a rien d'un principe en soi. Il se manifeste en tant qu'absence de grâce et de bonnes actions. Il est, pour saint Bernard, cette « mauvaise volonté » résidant dans le cœur de l'homme, opposée à la « bonne volonté » qui le lance dans la quête de Dieu et dans la pratique de l'amour, de la charité et de la foi. Bien des siècles plus tard, Paul Claudel choisissant de se livrer tout entier à la grâce, ne médite pas autrement en écrivant : « Le bien est plus intéressant que le mal parce qu'il est plus difficile ».

Troisième religion révélée, l'Islam accorde aussi une importance centrale à cette liberté face à la foi. L'homme est ainsi libre de croire ou non en Dieu (Coran 18, 28). Toutefois la conception du mal est ici différente par rapport aux deux autres religions monothéistes. Nul n'est en effet considéré comme pécheur par nature. Les hommes ont été punis pour avoir fauté, mais il ne s'agit pas d'un péché qui se prolonge. En revanche les hommes doivent impérativement suivre la loi (la charia). Sont considérés comme pécheurs tous ceux qui ne la suivent pas. Tous ceux qui *choisissent* de ne pas le faire. Mais ce n'est pas le mauvais choix en tant que tel qui relève du péché, c'est la désobéissance qui est diabolique. Elle est le mal. Car lorsque Dieu dit aux anges de se prosterner devant Adam, tous le firent, « excepté Eblis ; Celui-ci refusa et s'enfla d'orgueil » (Coran 2, 32). E (l)blis, qui est le nom d'un mauvais *djinn*, une créature invisible pouvant prendre différentes formes (végétale, animale ou humaine) et qui a le pouvoir de posséder ceux qui sont tombés en état de souillure. Il est (*djinn* peut venir du mot grec *diablos*) une figure du diable, la plus célèbre représentation du mal.

Représentations du mal

L'iconographie du mal est extrêmement riche, ancienne et variée. Certes le spectacle de la mort et du mal fascine les hommes. Depuis longtemps les artistes ont pris plaisir à représenter le mal. Il n'est qu'à voir avec quelle imagination, quelle force, quelle fantaisie créatrice les peintres et les sculpteurs ont par exemple représenté l'Enfer et ses habitants sur le portail de Sainte-foy-de-Conques ou sur le plafond du dôme de Florence. Mais le spectacle du mal se veut également moral, d'où son succès, d'où son intérêt, d'où sa « grammaire ».

Représenter le mal n'est cependant pas seulement le montrer. C'est également le nommer. C'est aussi le mettre en scène dans la parole et l'espace littéraire.

Les lieux et les figures du mal

Dans la mythologie grecque, les Enfers (au pluriel) sont le royaume des morts gouvernés par le dieu Hadès. Il s'agit d'un lieu neutre qui abrite les ombres des morts. Ces derniers sont répartis en fonction de leur mérite. Les bienheureux se trouvent dans les Champs Élyséens, les autres résident dans le Pré de l'Asphodèle, lieu lugubre et sans attrait. Le Tartare est la région la plus profonde de ces Enfers. Là sont enfermés les pires criminels et autres dieux déchus. Il s'agit d'un véritable *locus terribilis* où coexistent toutes les souffrances, tant psychologiques que physiques. Entourée de fleuves fangeux et de marécages nauséabonds, cette région aride est pourtant parcourue d'étangs glacés où nul repos, nul divertissement ne sont possibles.

À l'image des Enfers grecs, le Shéol hébraïque est un endroit désignant des profondeurs terrestres. Là est la destination *post mortem* des justes comme des malfaisants, mais on ne sait pas grand-chose de ce lieu (dont le nom est difficilement traduisible) qui, historiquement peut être assimilé à la vallée de Hinnom près de Jérusalem, une sorte de dépôt d'ordures qui deviendra un lieu de condamnation. Le Shéol ne semble en tout cas pas être un lieu de la répartition des âmes, même si quelques références bibliques (Isaïe 14, 15) pourraient faire penser que plusieurs profondeurs y existent, correspondant à des degrés de châtiments et de récompenses. Il est notable en revanche que nulle figure maléfique n'y règne en maître.

Selon la tradition chrétienne, la création d'êtres libres implique l'existence d'un séjour différent du Paradis pour tous ceux qui auront refusé l'amour divin. Cet endroit appelé Enfer (au singulier) ne correspond pas au séjour païen des morts. Il ressemblerait davantage au Tartare dominé par Hadès. L'Enfer chrétien est également nommé l'*abîme* ou l'*étang de feu*… c'est là que les âmes des damnés (et seulement elles) souffrent terriblement en attendant la fin des temps. Après le Jugement Dernier, elles seront réunies à leur corps, alors la souffrance physique s'ajoutera à la souffrance spirituelle.

C'est le poète Dante Alighieri qui a fixé l'imaginaire de ce lieu dans *La divine comédie* (1308-1321). Dans son poème, l'Enfer se trouve sous Jérusalem et fut creusé en forme d'entonnoir par Satan, au moment de sa chute. Neuf cercles concentriques reçoivent ainsi les âmes des damnés en fonction de leur(s) faute(s) passée(s) et leurs souffrances sont de ce fait également croissantes. Ces lieux du mal sont terribles, toutes sortes de châtiments sont administrés aux âmes douloureuses, mais dans la tradition, c'est le maître de ces lieux qui inspire le plus de crainte et d'effroi.

Selon les théologiens, Dieu créa d'abord les êtres spirituels que sont les anges. Le plus parfait d'entre eux, Lucifer (littéralement le « porteur de lumière » à partir de *lux* et de *ferre*) se révolta pourtant en refusant de servir Dieu. Il sut entraîner avec lui des *légions* d'anges réunies autour de sa devise « *non serviam* ». Un combat mystérieux les opposa à saint Michel qui les terrassa, et Dieu les précipita en Enfer. Lucifer y règne sous le nom de Satan.

Ce nom est d'origine hébraïque : Haschatan désigne l'adversaire, celui qui, en rébellion contre Dieu, a su tenter Ève et Adam. C'est à cette forme du mal que l'on prête la capacité de pouvoir changer de forme, mais il est volontiers représenté sous l'apparence d'un monstre mi-homme, mi-bouc, à l'image du dieu Pan dans la tradition romaine.

Le terme *diable* est quant à lui d'origine grecque, le *diabolos* est en effet le « calomniateur ». La tradition le représente volontiers comme un monstre humain terrifiant, velu, cornu, pourvu d'oreilles et de crocs d'animaux, de pieds de bouc, d'une longue queue et d'un sexe proéminent.

Il existe une multitude infinie de variations iconographiques et littéraires sur sa représentation, comme il existe un grand nombre de dénominations (le diable, Lucifer, Satan, mais encore l'Ennemi, le démon, Belzébuth, voire l'Antéchrist) qui toutes renvoient à la nuisance, au désordre, à la désobéissance, à la superbe de l'orgueil, autant de facettes et d'aspects différents du mal. Quelle que soit la façon de le nommer, cet être vient du chaos, il lui appartient, il en est le dispensateur. C'est la raison pour laquelle l'hybridité fait le plus souvent partie de ses caractéristiques physiques fondamentales. Dans l'Ancienne Égypte déjà, Seth est la personnification du mal. Il peut ressembler à un animal non identifié mais proche du sanglier, ou encore à un homme portant la tête de cet animal. L'hybridité est en effet une transgression dans un monde créé par l'action divine dans l'équilibre et la répartition nette des espèces. Elle est cette fameuse transgression proprement diabolique. Même si le léopard a par exemple une symbolique ambivalente, la plupart des Pères de l'Église en ont fait un animal maléfique. Or le léopard fut perçu comme un monstrueux mélange entre le lion (*leo*) et la panthère (*pardus*). Il sera parfois le cousin ou l'allié du dragon, dont la mythologie nous apprend qu'il est une sorte de reptile capable de voler et de cracher du feu. Un reptile doit manger cette terre sur laquelle il rampe, jamais il ne doit s'élever dans les airs et avoir la gueule pleine de feu. La Tarasque provençale vaincue par sainte Marthe est également une sorte de dragon maléfique, remarquable par son hybridité, elle qui vit dans un étang tout en étant capable de cracher du feu (et se nourrir au passage de jeunes vierges). On comprendra aussi pourquoi la tradition chrétienne a fait de la sirène un monstre luxurieux au service de Satan. Les bestiaires médiévaux (ouvrages littéraires et moraux regroupant des fables à propos d'animaux imaginaires ou réels) contiennent de nombreux animaux monstrueusement bigarrés, mais il faut également noter que certains d'entre eux y semblent naturellement maléfiques. Sans qu'il soit utile de parler du serpent (dont le mot désigne également le dragon) ou du basilic, on peut de nouveau évoquer le sanglier présent dans la tradition égyptienne. Si les Romains, les Germains et les Celtes en font un animal noble et royal, les chrétiens l'associent assez tôt au diable. Saint Augustin est le premier à le faire lorsque, commentant le Psaume 80, il le désigne comme étant le ravageur des vignes du Seigneur. Il est dès lors le symbole de l'impureté (qui est une forme d'hybridité) mais surtout de la révolte et de la désobéissance. Par un jeu d'étymologie Isidore de Séville l'associera ensuite à la violence. Enfin, au IXe siècle, Raban Maur le fixe définitivement au cœur du bestiaire du Diable. Ainsi le courage belliqueux de cet animal loué par les Romains est-il devenu une attitude nocturne qui, rehaussée par un pelage noir hérissé, des défenses ressemblant à des crocs, un rut violent et une odeur insupportable évoque directement les gouffres infernaux et autres antres du démon. Le sanglier est en outre un porc sauvage, ce *porcus diabolicus* évoqué par Suger de Saint-Denis. Il est de la famille du cochon et partage avec lui l'addition des péchés et des vices. Mais c'est lui, le sanglier, qui accumulera à lui seul six des sept péchés capitaux lorsque ces derniers seront définitivement définis vers la fin du Moyen Âge : orgueil (placé en tête car il est la racine de tous les maux selon *Les Morales sur Job* du pape Grégoire), luxure, colère, gourmandise (goinfrerie), envie et paresse. Seule l'avarice échappe à ce remarquable palmarès !

Avec le sanglier, l'ours apparaît souvent comme l'animal vaincu des psychomachies dans lesquelles l'homme, le chevalier (l'esprit) parvient à vaincre la force brutale et sauvage. L'âne est quant à lui l'animal qui marque le mieux l'absence d'intelligence. Il est lâche, laid, empli de luxure et d'obstination. Il est la bêtise du mal. Ses grandes oreilles marquent ainsi l'obscurcissement de son esprit. Dans une logique anthropomorphique, leur taille démesurée souligne une incapacité d'entendement.

Les représentations animalières du mal sont inépuisables, aussi nous ne retiendrons, pour finir, que deux exemples supplémentaires. Le crapaud (en Occident) se trouve au cœur du bestiaire du Diable. Sa laideur redoutable, son association à la sorcellerie et son activité lunaire en font un être ténébreux et maléfique. Il n'y a rien d'étonnant à le voir figurer sur le blason de Satan dans une miniature anglaise datant de 1280 (conservée à la bibliothèque d'Oxford). Enfin vient le lion. Certes le roi des animaux, représenté partout, en tout temps, appartient souvent aux cercles divins. La tradition chrétienne l'associe très souvent au bien en prêtant une dimension christologique à chacune de ses qualités héritées de la tradition orientale. Il dort la nuit les yeux ouverts pour rappeler le Christ dans son tombeau. Il redonne vie au troisième jour à ses petits mort-nés à l'image de la Résurrection. Il efface avec sa queue la trace de ses pas pour égarer le chasseur comme le Christ cacha sa divinité dans le sein de Marie, afin de mieux tromper le Diable. Ainsi trouve-t-on de nombreux lions à l'entrée des églises. Ils portent littéralement l'édifice. Ils en sont les gardiens et les piliers. Mais à l'époque biblique le lion est souvent associé au danger, à la cruauté, à la ruse et à l'impiété. L'Ancien Testament présente le psalmiste implorant Dieu de le sauver de la « gueule du lion » (Ps 22) et le Nouveau Testament va plus loin en le transformant en figure du diable : « Soyez sobre, veillez, votre adversaire le diable rôde comme un lion » (1 Pierre, 5, 8). Ainsi trouve-t-on aussi un grand nombre de lions sculptés à l'entrée des églises, en train de démembrer, de déchiqueter et de dévorer des corps de pécheurs (il faut remarquer qu'il s'agit alors plus souvent de lionnes...). Ils sont le mal associé à la force et à la brutalité.

Le cas du lion au symbole bivalent est intéressant dans le sens où le mal peut prendre l'apparence du bien. C'est alors qu'il est le plus trompeur et le plus dangereux, car il peut non seulement se saisir du pécheur mais aussi de l'homme assoupi, qui n'est pas vigilant. On le sait, la plus grande ruse du diable est de faire croire qu'il n'existe pas.

Comme on a pu le voir dans le cas du crapaud, la représentation du mal passe également par le code des couleurs (sa couleur verte ou jaune doit être respectivement associée à la luxure et à la trahison). Le cygne est par exemple réputé pour être blanc au-dehors mais noir au-dedans, diaboliquement superbe. Quant au sanglier, la noirceur de son pelage représente directement celle du Diable. Il va alors de soi que la rousseur représente l'appartenance au mal. Car le roux évoque le rouge des flammes de l'Enfer. Souvent le diable est roux, ainsi que le cortège de ses fidèles, tels Caïn, Dalila, Saül et Judas, ces félons bibliques. La littérature profane n'est pas en reste quand elle spécifie que Ganelon, le traitre de *La Chanson de Roland,* est roux, tout comme Mordret, le fils incestueux du roi Arthur qui signera la mort de son père.

Les roux ne sont cependant pas les seuls hommes à être marqués d'un sceau maléfique. Les gauchers le sont aussi. La main gauche, *sinistra* en latin, est celle des ennemis du bien. Caïphe et Pilate sont gauchers, ainsi que Caïn qui, en accumulant les marques diaboliques, assassine son frère de cette main.

Cette grammaire du geste n'exclut cependant pas la représentation du mal par celle du verbe.

Écrire le mal

Dans son essai intitulé *La littérature et le mal* (1990) Georges Bataille écrit : « La littérature est l'essentiel, ou n'est rien. Le Mal – une forme aigüe du Mal – dont l'expression, a pour nous, je le crois, la valeur souveraine ». Le texte littéraire aurait ainsi pour vertu et pour mission d'identifier et de dire le mal. Il faut cependant se demander si cette mission est d'ordre moral ou bien si elle contient également (ou exclusivement ?) une dimension esthétique.

C'est en dramaturge que le philosophe Sénèque considère dans sa *Providence* que certains maux sont à la hauteur d'un beau spectacle : « L'homme de cœur aux prises avec la mauvaise fortune, surtout s'il a provoqué la lutte. Oui, je ne vois rien de plus beau sur la terre [...] ». Tel est peut-être exprimé le sens littéraire de la tragédie. Elle est le mal en habits de fête, elle est ce « plaisir qui tue », cette fascination de l'obscur. Il faudra prendre en compte cette dimension esthétique du mal au moment d'aborder l'œuvre de Shakespeare au programme cette année. Il faudra observer ce fascinant ballet prophétique de sorcières sur la lande pendant un orage (acte I), ainsi que le monologue de Lady McBeth (I. 5) invoquant les esprits du mal pour qu'ils neutralisent tout ce qui s'oppose en elle à la réalisation de son dessein criminel ; il faudra aussi admirer la scène où McBeth voit apparaître un poignard insaisissable qui semble lui montrer la voie du meurtre puis l'entendre évoquer les forces maléfiques de la nuit. Il faudra alors songer à ce qu'il déclarera plus tard à sa femme : « Things bad begun make strong themselves by ill », qu'on peut traduire par « Ce qui commence dans le mal s'affermit par le mal » (III. 2).

« Il y a des héros en mal comme en bien », écrit La Rochefoucauld dans ses *Maximes*. À l'image du lion dans l'iconographie chrétienne, le héros tragique puise aussi bien sa beauté et sa grandeur dans le mal que dans le bien. La tragédie antique, celle de Shakespeare et, à sa suite, le drame romantique l'ont clairement illustré. Dans une moindre mesure, on peut également évoquer en ce sens les Mystères médiévaux qui se nourrissent et se délectent des représentations des tourments de l'Enfer.

Le roman n'est pas en reste qui donne au mal (pourtant souvent condamné) une dimension esthétique. L'œuvre de Jean Giono le montrera assez dans ses décalages narratifs. C'est que le roman, dès sa création n'a pas hésité à mettre en scène le mal dans ce qu'il peut avoir de fascinant et de grandiose (sans pour autant y concéder moralement). La description du fleuve d'Enfer sous le Pont de l'Épée et du triste royaume de Baudemagu dans *Le Chevalier à la Charrette* de Chrétien de Troyes (XIIe siècle) est de cette veine-là[1]. Le personnage de Merlin, fils du diable et d'une vierge, qui choisit de se placer au service du bien incarne lui aussi ce modèle esthétique (et moral cette fois) dans le cycle du *Lancelot* en prose quelques décennies plus tard.

Seule la littérature classique française n'a que peu savouré les représentations du mal. C'est que les auteurs s'inquiètent alors des superstitions qui y sont mêlées et s'en méfient. La querelle du « merveilleux chrétien » qui a divisé les écrivains du Grand Siècle se fait du reste l'écho de ces problèmes. Ce sont, comme nous l'avons dit, les romantiques qui aimeront à l'excès ces sujets. En traduisant *Faust* de Goethe, Gérard de Nerval marque en 1828 le sommet du goût pour toutes ces diableries qui occupent également une place de choix dans *La Mare au diable* de Georges Sand (1846) ou dans *Les Diaboliques* de Barbey d'Aurevilly (1874).

Il ne faut pas négliger la poésie avec un Rimbaud qui écrit un poème intitulé *Le Mal* pour dénoncer les horreurs de la guerre et de la religion mêlées ou sa *Vénus Anadyomène* dans lequel il fait du beau avec du laid pour *méfaire* vis-à-vis de la morale bourgeoise de l'époque.

Il faudra de toute évidence refaire le parcours des *Fleurs du Mal* de Baudelaire pour y goûter avec horreur la beauté du mal et mesurer combien désormais le bien n'est pas forcément le beau, combien le mal peut être fertile, attirant et repoussant tout à la fois, dans l'âme bigarrée de l'*homo duplex*.

Il faut, pour refermer ces pages, envisager les principales réactions ou comportements de l'homme face au mal.

Don Juan est le prototype de l'individu qui s'adonne au mal avec la plus grande délectation et le plus grand cynisme. Il goûte le mensonge, le vol, le rapt de jeune fille, le parjure, le mépris du père et du mariage avec un plaisir non dissimulé. Bâti dans cet orgueil diabolique, il ne cesse de défier les lois de Dieu et des hommes. Seule l'hypocrisie chez Molière lui pose un problème moral. Il la dénonce en s'y adonnant toutefois, arguant que c'est là le vice de tous les hommes. Il est proche à ce propos de ce qu'écrit Ovide dans ses *Métamorphoses :* « Je vois le bien, je l'approuve, et je fais le mal ». C'est que les défis de Don Juan ne sont sans doute que la conséquence d'un monde dénué de la présence tangible de Dieu. Cette absence manifeste le pousse sans cesse au malheur et à la provocation, lui qui n'a pas la force de croire et d'espérer.

La volupté du mal l'habite entièrement, quoi qu'il en soit, à l'image du « je » baudelairien qui boit parfois avec délice le venin amer d'un *Serpent qui danse* et de ses congénères féminins.

On peut également accepter le mal, y consentir sans pour autant le trouver voluptueux. Toute peine soulevée par l'effort rend par exemple le mal acceptable. Pour les Stoïciens certaines vertus n'auraient aucune valeur si l'adversité était nulle. De ce fait le mal semble même nécessaire au bonheur. Il en va de même dans la conception de la morale de saint Augustin dans la *Cité de Dieu*. Pour se déterminer au bien, il faut reconnaître, subir et apprendre à endurer le mal.

On peut également consentir au mal sans pour autant accorder une quelconque vertu à ce consentement, à l'image du poète Dante qui dans *La divine comédie* évoque à ce sujet l'existence de la peur d'un mal plus grand encore : « La volonté absolue

---

1. Voir les vers 671 *sq.* et les vers 3022 *sq.*

ne consent pas au mal, mais la volonté y consent dans la mesure où elle craint, par refus, de tomber dans un plus grand malheur ».

Enfin certaines cultures ne parlent jamais de mal mais de souffrance, et elles considèrent (comme en Inde ou en Orient) que cette dernière fait partie intégrante du monde. Cette souffrance malheureuse est une énergie négative nécessaire à l'équilibre du cosmos, du monde et de l'homme. On ne peut rien y faire. Il ne faut rien faire.

Le philosophe Nietzsche, à la suite de Spinoza, propose de se libérer de la pensée du mal par le développement d'un *gai savoir* ancestral, à travers les sciences et les arts. Il ne s'agit pour autant pas de nier le mal (il apparaît impossible de le faire, quelle que soit la philosophie, la culture ou l'époque), mais ici encore de l'assumer en tant qu'élément essentiel de l'existence. On peut de ce fait se permettre un rapprochement entre cette démarche et la pensée orientale et y lire un dépassement (au sens neutre du terme) de la pensée morale occidentale qui fait du mal un levier nécessaire pour accéder à la vertu. Quoi qu'il en soit, Nietzsche opte résolument pour une quête de la jouissance en dépit de l'existence du mal.

Ce type de comportement est clairement contraire à tous ceux qui, à travers les âges et les cultures, s'opposent fermement au mal en cherchant à le combattre et à le défier pour enfin le soumettre et le terrasser. L'Histoire abonde en exemples de telles conduites. Elles peuvent être individuelles ou collectives, religieuses ou laïques. Deux exemples suffiront à ce propos. Il faut en effet considérer que la rédaction de la Déclaration Universelle des Droits de l'Homme en 1948 (au lendemain des horreurs de la Seconde Guerre mondiale) résulte d'une volonté laïque et collective de s'opposer au mal. La seule lecture du Préambule de cette Déclaration le montre. D'un point de vue religieux, les trois grandes religions monothéistes exigent de leurs fidèles une franche et vertueuse opposition au mal, si bien que longtemps le chrétien a par exemple été considéré comme un « gladiateur du Christ » qui se doit d'affronter le mal sous toutes ses formes, y compris démoniaques[1].

Il reste à se demander par quels moyens combattre le mal.

À Eschyle qui dans *Les Choéphores* pose la question (certes toute rhétorique) « N'est-il pas juste de rendre mal pour mal à un ennemi ? » J. P. Sartre répond positivement dans *Les Mouches* en faisant dire à Électre qu'« on ne peut vaincre le mal que par un autre mal » (acte II). Une réponse contredite à l'avance par Hérodote qui considère que le mal ne se guérit pas par le mal. Il s'agit également de la leçon chrétienne. En effet, depuis la Rédemption, les disciples du Christ ont appris que le pardon de Dieu est sans limites et que le mal doit être vaincu par l'amour. La prière et le repentir auront raison d'un moindre mal ; la pénitence sera nécessaire pour un mal plus grave. Cette même pénitence qui, dans des résolutions extrêmes, est parfois passée par la mortification, l'inquisition ou la croisade pour en revenir au schéma du mal devant être combattu par le mal. Il ne s'agira évidemment pas de juger l'Histoire et ses acteurs, mais seulement de remarquer que le mal engendre souvent un *malentendu*.

---

1. Voir Paul aux *Éphésiens* 6, 12, ainsi que le motif des psychomachies dans l'iconographie chrétienne.

Lecture des œuvres

Le mal dans
Macbeth de Shakespeare
Henri Suhamy

L'auteur, William Shakespeare

On sait peu de choses de sa vie, ce qui a donné lieu à des conjectures fantaisistes. Il est né à Stratford-sur-Avon, bourgade du Warwickshire, comté situé à une centaine de kilomètres au nord-ouest de Londres, en 1564, sous le règne d'Elisabeth Ire, la dernière des Tudors, dynastie fondée en 1485 par Henri VII. Il est mort dans cette même localité en 1616, sous le règne de Jacques Ier, roi d'Écosse et roi d'Angleterre, alors que les deux royaumes n'étaient pas encore réunis. Incidemment on appelle *jacobéenne* la période pendant laquelle il a régné, de 1603 à 1625, après la période élisabéthaine (1558-1603). Il sera question plus loin de ce monarque écossais dont la personnalité et la présence sur le trône d'Angleterre ne sont pas sans rapport avec la composition par Shakespeare de sa *Tragédie de Macbeth*. Le père du dramaturge, John Shakspere – le nom s'est écrit de plusieurs façons – était un négociant en produits agricoles, peut-être aussi en cuirs et peaux, et gantier, qui fut élu bailli de la ville. Sa mère, Mary Arden, était la fille d'un riche agriculteur des environs. Marié très jeune avec une femme issue elle aussi de la paysannerie, père de trois enfants, William Shakespeare semble avoir quitté Stratford pour Londres vers 1585, laissant sur place sa femme et ses enfants, ce qui n'implique pas qu'il les ait abandonnés. En grande partie autodidacte, quoiqu'il ait probablement appris toutes les bases de la culture, dont le latin, à l'école de Stratford, n'ayant fréquenté aucune université, mais ayant beaucoup lu, il a sans doute commencé comme acteur, pour devenir poète (il a composé plus de 5000 vers lyriques ou narratifs d'une telle qualité qu'il peut aussi passer pour le plus grand poète de langue anglaise) et auteur dramatique, sans doute le plus populaire de son temps et de tous les temps, membre et actionnaire d'une troupe qui se produisait aussi bien devant la reine Elisabeth Ire ou devant le roi, Jacques Ier, que face au public londonien, dans divers théâtres et dans des lieux non spécialement conçus pour ce genre de spectacle. L'art dramatique était le plus cultivé de tous les arts littéraires en ce temps-là, où l'on écrivait peu de romans. Des milliers de pièces ont été représentées entre 1560 et 1642 (date de la révolution puritaine qui eut pour conséquence la fermeture et même la destruction des théâtres), mais beaucoup n'ont jamais été imprimées. Shakespeare s'est probablement arrêté d'écrire vers 1612 ; puis retourné, fortune faite, définitivement à Stratford, il y est mort en 1616, à l'âge de 52 ans. Sa célébrité était déjà assurée, car il est enterré dans l'église anglicane de sa ville natale. On y voit aussi un buste le représentant, mais on ne possède aucun portrait de lui réalisé de son vivant. On voit dans les musées des tableaux présentés au public comme étant peut-être des portraits de Shakespeare, mais d'authenticité douteuse. Certaines de ses œuvres dramatiques, parmi lesquelles figure *Macbeth*, ne furent pas publiées de son vivant.

Dans le grand volume publié en 1623, sept ans après la mort de Shakespeare, qu'on appelle l'In-folio (le *Folio* en anglais) et qui contient 36 de ses œuvres théâtrales, celles-ci sont classées en trois parties : les comédies, les drames historiques, les tragédies. *Macbeth*, bien que fondé théoriquement sur des faits historiques, est inclus parmi les tragédies. Les commentateurs ont l'habitude de considérer que quatre de ces dernières forment un groupe, celui des quatre grandes tragédies légendaires, les plus prestigieuses de leur auteur. *Macbeth* en fait partie, les trois autres étant, dans l'ordre chronologique, *Hamlet*, *Othello* et *Le Roi Lear*. Leur composition s'échelonne entre 1600 et 1606 environ, *Macbeth* étant probablement la dernière des quatre, mais dans ce domaine on n'est sûr de rien. Les documents sont rares, les manuscrits ont disparu, et sur bien des points les données factuelles ne reposent que sur des conjectures et des recoupements.

Parce qu'on désigne parfois Shakespeare comme le Barde national de l'Angleterre, suscitant une sorte de culte, on a forgé le mot-valise *bardolâtrie*, pour se moquer des admirateurs qui donnent à cet auteur un statut quasi divin. Au risque de tomber dans cette idolâtrie du barde, on se permettra de rappeler ici une donnée essentielle : Shakespeare est considéré à peu près partout dans le monde – la France faisant parfois exception – comme le plus grand écrivain de tous les temps et de tous les pays, tous genres confondus. Autrement dit il n'est pas seulement le plus célèbre et le plus joué des auteurs dramatiques, mais aussi le plus grand poète et le plus grand auteur tout court.

L'important toutefois n'est pas ici d'établir une hiérarchie d'excellence entre les grands écrivains et de désigner le premier de la classe, mais de souligner que Shakespeare n'est pas seulement un auteur dramatique ayant eu pour principal souci professionnel d'organiser, afin de faire rire ou d'émouvoir le public, des spectacles fondés sur une trame serrée, construite avec efficacité selon les règles de l'art. La question des règles de l'art ne se pose pas au sujet de Shakespeare. Le blâmer ou le féliciter pour les avoir négligées n'a aucun sens, comme de le comparer à Corneille ou à Racine. C'est plutôt à Balzac, à Tolstoï, ou même à Montaigne, qu'il convient de le comparer, tout en ajoutant que la puissance de son écriture poétique transfigure tout ce qu'il touche et le place un cran au-dessus des prosateurs. Il y a des passages en prose dans *Macbeth*, mais la plus grande partie est écrite en vers. Sa production foisonnante, les quelque neuf cents personnages que contiennent ses œuvres dramatiques, presque toutes d'une longueur inaccoutumée, constituent une vaste vision du monde, de la société, de l'homme en général, à la lumière de toutes les formes de la connaissance, et comme appelant, par les interrogations qu'elles posent, à la recherche de nouvelles connaissances. Elle reflète les certitudes, les doutes, les inquiétudes, les questions que les hommes se posent au sujet de la morale, de la religion, de la politique, de la psychologie, de l'amour et de la mort, des relations entre l'ici-bas et l'au-delà. C'est pourquoi une pièce comme *La Tragédie de Macbeth* peut éclairer le public sur la notion morale et métaphysique du Mal, qui n'est pas dans ce texte une étiquette conceptuelle prête à être collée sur certains personnages ou comportements, comme le fait naïvement Malcolm quand il dresse la liste des vices qu'il attribue à Macbeth. Depuis que le langage existe il contient un vaste répertoire de termes plus ou moins injurieux dont se servent les hommes pour s'accuser mutuellement ou s'accuser eux-mêmes, de turpitudes moralement ou juridiquement condamnables. Le langage reflète en cela la certitude ancrée en chacun de nous que le bien et le mal se manifestent de façon indélébile et ostensible, et plus encore dans une pièce de théâtre où il est assez facile de distinguer entre les bons et les méchants, d'autant plus que l'auteur ne se prive pas de guider le jugement des spectateurs. On peut certes se livrer à ce jeu, car l'auteur, comme on le voit, ne part pas d'une table rase, et pour nuancer la description, montrer qu'entre Macbeth, Lady Macbeth, les assassins de Banquo, ceux des habitants du château de Fife, Hécate, les Sœurs Fatales, il existe des différences. Ces distinctions ont leur utilité, d'abord si l'on fait remarquer qu'une différence intrinsèque oppose les personnages humains aux personnages surnaturels : les premiers peuvent avoir une conscience et des remords, les seconds n'en ont pas. On peut également s'interroger sur la question de savoir si l'attentisme de Banquo et la passivité des grands seigneurs qui donnent le pouvoir à Macbeth et le laissent agir font d'eux des complices méritant le blâme. Mais en rester là ne rendrait pas justice à l'œuvre ni à son auteur. Au lieu de projeter sur la pièce ce que nous savons déjà, il est plus intéressant, quoique plus difficile, de chercher à savoir ce que *Macbeth* peut nous apprendre sur la nature même du Mal, et incidemment, sur celle du bien, peut-être plus difficile encore à saisir dans toute sa totalité que son antonyme.

Macbeth, pièce maudite ?

Un détail anecdotique mérite d'être signalé : si *La Tragédie de Macbeth* traite de maléfices et de malédictions, il se trouve qu'elle-même, en tant que pièce de théâtre destinée à la scène, a dans les pays de langue anglaise la réputation d'être une pièce maudite, au point qu'il est interdit aux membres de la corporation des acteurs, sous peine de se voir infliger un gage pénible ou de se faire mettre en quarantaine, d'en prononcer le nom. On l'appelle, en tremblant et du bout des lèvres : « La pièce écossaise ». Elle est injouable, dit-on, les plus grands acteurs échouent dans le rôle principal, elle porte malheur. À chaque représentation ou presque, de graves incidents surviennent, un élément du décor tombe sur la tête de quelqu'un, un incendie se déclare, le caissier s'enfuit avec les recettes de la soirée, un membre de la compagnie tombe malade ou meurt. Pour conjurer le danger on invente toutes sortes d'exorcismes, on invoque les fameuses sorcières pour leur demander de se montrer clémentes, pour une fois. Les autorités en ce domaine expliquent gravement et confidentiellement que les puissances des ténèbres, dénoncées, exhibées, ridiculisées par le dramaturge, se vengent ainsi.

Le roi Macbeth, réalité et légendes

Il y a bien eu en Écosse un roi du nom de Macbeth, qui a régné pendant 17 ans, de 1040 à 1057, succédant au roi Duncan après l'avoir tué, ou du moins avoir provoqué sa mort, puis a été abattu par une coalition venue d'Angleterre, sous la direction du comte de Northumbrie Siward et du fils aîné de Duncan, Malcolm. Ces données sommaires se retrouvent dans la pièce de Shakespeare, mais considérablement modifiées par lui-même et par des récits légendaires. Le vrai Duncan était plus jeune que Macbeth. Fils du prieur de l'abbaye de Dunkeld, qui malgré sa vocation monastique avait épousé une fille du roi Malcolm II, il se fit couronner roi à la mort de celui-ci, en 1034. De son côté, petit-fils par les femmes du roi

Kenneth III, que Malcolm II avait supplanté, Macbeth prétendait avoir des droits sur la couronne. De plus sa femme, du nom de Gruoch, avait également des rois parmi ses ascendants, et il n'en fallait pas plus pour se rebeller contre Duncan, dénoncé comme usurpateur de naissance quasi illégitime. Gouverneur du comté de Moray, Macbeth disposait de troupes capables de le suivre dans ses aventures guerrières. Après qu'il eut lancé plusieurs expéditions contre les troupes du roi, celui-ci commit l'imprudence de venir l'attaquer dans son fief. Une bataille eut lieu, Duncan fut tué, les survivants de son armée s'enfuirent, et Macbeth fut couronné roi. Il régna pendant dix-sept ans, le royaume connut une certaine tranquillité, ce qui était rare en Écosse, et il put même s'absenter de son royaume pendant quelques mois, pour aller à Rome accomplir un pèlerinage et rendre visite au pape. Peu de temps après son retour de Rome, il fut vaincu et tué par l'armée venue d'Angleterre au service de Malcolm III, qui, loin d'être le saint jeune homme décrit par Shakespeare, se montra cruel et agressif, non pas envers ses propres sujets, mais envers les territoires du nord de l'Angleterre, qu'il pillait et ravageait jusqu'au jour où il y fut tué à son tour, en 1097.

Longtemps après son règne, la légende s'est emparée de Macbeth comme, de l'autre côté de la mer, des chroniqueurs imaginatifs transformèrent le duc Robert Ier de Normandie, le père de Guillaume le Conquérant, en Robert le Diable, lui attribuant toutes sortes de perversions extravagantes. Sur le modèle du roi Hérode des Évangiles, on a vu apparaître dans les chroniques toutes sortes de tyrans qui semblaient exercer leur pouvoir non pas en vertu d'un droit divin, mais d'un droit diabolique, Satan ayant réussi à se substituer à la Providence. L'œuvre de Shakespeare donne un autre exemple du mal triomphant au sommet de l'État, le célèbre Richard III, véritable monstre, mis sur scène quelque quinze ans avant Macbeth.

C'est au XVe siècle qu'apparut la légende noire de ce dernier, transmise par une tradition orale ou par des documents aujourd'hui perdus. C'est dans une chronique écrite en vers et en dialecte écossais – c'est-à-dire la langue anglo-scandinave parlée au sud de l'Écosse, non le gaélique des régions montagneuses – par un certain Andrew Wyntoun, chanoine de la cathédrale de Saint-Andrews, qui vécut de 1350 environ à 1428, qu'on voit pour la première fois Macbeth en héros maudit d'une histoire fantastique autant qu'édifiante, ainsi que l'expression *Weird Sisters*, sœurs mystérieuses, sœurs fatales, désignant les étranges créatures qui par leurs prophéties incitent Macbeth au régicide. On les désigne le plus souvent du nom de *sorcières*. La question de savoir si cette désignation leur convient vraiment sera examinée plus loin. Toutefois c'est dans un rêve qu'il rencontre ces trois fées maléfiques, non sur le chemin qui le conduit chez lui en compagnie de Banquo, comme précisé dans des broderies publiées ultérieurement, et qui les font passer du rêve à la réalité visible. La légende s'est donc encore enrichie, ajoutant des personnages importants comme Macduff et le susnommé Banquo (ou Banqho dans la graphie écossaise), ce dernier étant appelé à jouer un rôle posthume, comme on le verra plus loin. Mais il faut noter que dans les légendes en question, Banquo était un allié ou un complice de Macbeth contre Duncan, avant de devenir son rival. Le texte dont Shakespeare s'est inspiré est celui du chroniqueur Raphael Holinshed, publié en 1578, et qui contient tout le matériau légendaire accumulé depuis Wyntoun.

Donwald et Duff

Shakespeare ne s'est pas contenté de lire dans les chroniques de Holinshed les paragraphes consacrés à Macbeth, il est remonté plus loin dans le passé de l'Écosse, au Xe siècle, et son attention s'est fixée sur un personnage ténébreux du nom de Donwald ou Donald, seigneur ambitieux ou vindicatif qui, ayant invité le roi Duff dans son château, l'assassina dans son sommeil avec la complicité de sa femme, et s'efforça de faire croire aux autres invités que le meurtre avait été perpétré par les propres serviteurs du roi. On reconnaît là un des épisodes de *Macbeth*, dont l'auteur, traitant l'Histoire avec désinvolture, a amalgamé des personnages différents, Duff et Duncan d'un côté, Donwald et Macbeth de l'autre. Un Donwald, qui est un peu le double de Macbeth, réapparaît dans la pièce, non sur la scène, mais dans les récits qu'on entend au premier acte. Le roi Duncan est attaqué à la fois par le roi de Norvège – cela fait allusion aux incursions des Vikings en Grande-Bretagne, particulièrement en Écosse – et par des rebelles, parmi lesquels figure ce Donwald, dont l'existence même, sous le règne de Duncan, n'est pas attestée.

En dehors des lumières que ces données apportent sur la manière dont fonctionne la création shakespearienne, plusieurs visages du Mal apparaissent, particulièrement tels que les spectateurs contemporains pouvaient le concevoir, en termes concrets et moraux : le régicide, la violation du sacro-saint devoir d'hospitalité, l'agression venue de l'extérieur, la rébellion fomentée de l'intérieur, la trahison, tous ces crimes étant enrobés de noirceur satanique. Parmi ces spectateurs figurait le roi Jacques Stuart, doublement roi puisqu'il était à la fois Jacques VI d'Écosse et Jacques Ier d'Angleterre.

Le contexte politique et idéologique

Jacques Stuart ne descendait pas de son lointain prédécesseur Macbeth, mais il avait plusieurs raisons de s'intéresser à lui et à la pièce de Shakespeare. Il avait succédé à Elisabeth, morte sans postérité en 1603. Fils de la reine d'Écosse Marie Stuart il descendait par les femmes du roi Henri VII, le premier des Tudors. Du côté paternel et écossais il se prétendait aussi descendant de Banquo, le malheureux guerrier à qui les Sœurs Fatales ont promis que ses enfants seraient rois. Par *enfants* il faut comprendre *descendants*. Au quatrième acte de la pièce, pendant la scène où l'on voit une fantasmagorie représentant la lignée infinie de ces lointains rejetons de Banquo, il figure certainement parmi eux, sans être précisément nommé. Comme il est entendu que cette dynastie, celle des Stuarts, représente à la fois la légitimité monarchique et l'assurance donnée au peuple que leur roi n'a pas d'autres soucis que la justice, la paix, la prospérité, Jacques avait de quoi se sentir honoré par un tel hommage. Si Macbeth représente le Mal couronné, le descendant de Banquo doit par contraste incarner le triomphe du Bien. On comprend pourquoi le Banquo de Shakespeare est exonéré de toute participation dans le meurtre de Duncan, contrairement au rôle qu'il joue dans les textes dont l'auteur s'est inspiré. Toutefois, au sujet des ancêtres de Jacques VI devenu Jacques Ier, les historiens ultérieurs ont émis des doutes, non seulement sur la filiation entre les Stuarts et Banquo, mais sur l'existence même de ce dernier. Les documents contemporains du règne de Macbeth ne le mentionnent pas ; il apparaît seulement dans des récits composés longtemps après. Quant aux arbres généalogiques retraçant les origines de sa dynastie, qui circulaient du temps de Jacques Ier, ils paraissent fantaisistes et fabriqués de toutes pièces aux yeux de ces historiens. Il est probable cependant que ni Shakespeare ni le roi lui-même ne mettaient en doute l'existence historique de Banquo et son statut de fondateur posthume d'une dynastie. Il faut ajouter à cela que *Macbeth* est la seule pièce de Shakespeare dont l'action est située en Écosse, ce qui avait de quoi plaire au nouveau roi.

Il existe un autre lien, plus important, surtout dans le cadre du sujet traité dans le présent ouvrage, entre *La Tragédie de Macbeth* et Jacques Stuart : celui-ci, qui se piquait de littérature, de poésie, de théologie, de philosophie politique, de morale et de mœurs – parmi ses œuvres figure un pamphlet contre l'usage du tabac – avait, du temps où il était seulement roi d'Écosse, écrit et publié, en dialecte écossais, un traité de démonologie. Il ne s'agit pas, comme on pourrait l'attendre d'un ethnologue d'aujourd'hui, d'une recherche sur l'origine des croyances surnaturelles dans telle ou telle société et de tout ce qui meuble ce qu'on appelle l'imaginaire collectif ainsi que le folklore, mais d'un ouvrage à prendre au premier degré. Le roi écossais croyait à la puissance maléfique des sorcières, aux fantômes, à l'intrusion des envoyés du diable dans les affaires terrestres. Il va de soi que c'est pour faire le mal, de diverses façons, qu'ils interviennent ici-bas, avec la complicité des créatures qui leur ont vendu leur âme, praticiens et praticiennes de la magie noire. En ce temps-là on distinguait la magie noire, sur laquelle pesaient de terrifiantes interdictions, de la simple prestidigitation appelée magie blanche. La démonologie en tant que science consiste à définir et décrire la nature de ces êtres venus de l'enfer, et à les reconnaître quand ils s'incarnent sous une forme humaine. De tels traités circulaient au XVIIe siècle. Le dramaturge Arthur Miller (1915-95) s'en est souvenu dans sa pièce *The Crucible* (1952), jouée en France sous le titre *Les Sorcières de Salem*, où l'on entend un spécialiste de la question décrire avec gravité comment on reconnaît les créatures diaboliques.

Shakespeare lui-même croyait-il aux démons, auxquels s'ajoutent les fantômes ? Nul ne peut répondre avec certitude à une telle question. Plusieurs de ses œuvres, dont *Macbeth*, relèvent au moins en partie de la littérature fantastique, mais un poète tel que lui, bien placé pour connaître le pouvoir de l'imagination, savait que cette faculté a deux faces opposées : elle produit des erreurs et des illusions, mais elle crée aussi les œuvres d'art, les symboles, les visions qui peuvent atteindre la vérité de façon plus intuitive et quasi mystique que les démarches rationnelles. Les auteurs de fables et de contes fantastiques ne sont pas censés croire à la réalité littérale de leurs propres histoires, mais ils leur donnent une signification qui va au-delà de leur caractère pittoresque. Quand on assiste à une représentation de *Macbeth*, du moins quand la mise en scène s'en tient au texte, ou quand on la lit pour en prendre connaissance, il faut, comme dit le poète anglais Coleridge, suspendre son incrédulité, croire à la réalité, ou du moins à la plausibilité de tout ce qu'on voit ou de tout ce qu'on lit. Ensuite la réflexion peut s'orienter sur la signification symbolique ou métaphysique des événements et personnages surnaturels.

Dans l'histoire de la critique littéraire, le cas de *Macbeth* est singulier ; de nombreux commentateurs, se sentant mal à l'aise devant ses éléments fantastiques, ont voulu les minimiser, allant jusqu'à contester leur authenticité, du moins dans certains passages ; ils ont soupçonné un autre auteur que Shakespeare, son contemporain Thomas Middleton, d'avoir introduit dans le texte des diableries de son cru, et les ont jugées frivoles, sans autre intérêt que spectaculaire. Ces conjectures, présentées par certains éditeurs comme des données scientifiquement établies, ne reposent sur aucune preuve matérielle, seulement sur la conviction que les scènes où intervient Hécate, déesse païenne du Mal, ne sont pas dignes de Shakespeare, paraissent incongrues dans une tragédie dont le contexte est chrétien, et détournent le public de la vérité psychologique qu'elle contient. On peut penser au contraire que, sans rien enlever à la connaissance qu'avait Shakespeare des racines psychologiques du mal, les éléments folkloriques et fantastiques font partie de la pièce et lui apportent une dimension supplémentaire. Une analyse même sommaire du texte montre que les éléments réalistes et fantastiques sont subtilement mêlés. Défaire ce tressage ne peut que déliter la fresque dramatique et allégorique que Shakespeare a composée.

Le déroulement dramatique de la tragédie

Cette tragédie, la plus courte de toutes celles de Shakespeare, se compose de cinq actes subdivisés en vingt-sept scènes. Les scènes correspondent à ce qu'on appelle en France des tableaux, ou dans le langage cinématographique des séquences, c'est-à-dire des plages dramatiques situées en un même lieu et dans une tranche de temps en continuité. D'une scène à l'autre on peut sauter très loin dans l'espace et dans le temps, d'où une impression de dispersion panoramique qui semble aller à l'encontre de la concentration qu'on jugeait à l'époque classique indispensable pour maintenir en éveil l'attention des spectateurs. D'où la règle des trois unités, que Shakespeare ne respecte pas, mais on ne peut l'accuser d'incohérence, car il existe un facteur d'unité dans la conception thématique de l'œuvre. Le Mal sous toutes ses formes en constitue le leitmotiv. Il soude spirituellement les diverses composantes de l'action et du discours, leur donne leur rythme et leur structure.

La première scène, brève et saisissante, constitue un prologue fantastique qui d'emblée situe l'action sur un plan autre que platement terrestre. L'indication de scène qu'on trouve dans le texte de 1623 concerne les machinistes – lesquels frappent sur des plaques de tôle sous le plancher du théâtre et font luire des flammes – autant que les acteurs : *Thunder and lightning. Enter three witches*, c'est-à-dire *Tonnerre et éclairs. Entrent trois sorcières*. Elles entrent sur la scène, en effet, ou ils entrent, car en ce temps-là les rôles féminins étaient tenus par des jeunes garçons. Comme il n'y avait pas de rideau, il fallait bien qu'ils se placent sur scène devant les yeux du public. Le mot *witches, sorcières*, suscite une difficulté d'interprétation qui n'a jamais été résolue, mais à laquelle il ne faut pas attacher une trop grande importance. Dans le texte ce n'est pas le mot *witch* qui est utilisé par les personnages qui ont affaire à elles. Ils emploient, à deux exceptions près (les mots *witch* et *hags* leur étant lancés en tant qu'injures) l'expression *Weird Sisters*, les Sœurs étranges, ou mystérieuses, ou fatales, qui font penser aux Parques de la mythologie grecque, ou aux Nornes de la mythologie germano-scandinave, surnaturelles et immortelles. Les sorcières au contraire sont, du moins dans notre tradition, des êtres humains qui ayant signé un pacte avec les forces du Mal, possèdent des pouvoirs magiques, mais sont soumis à la condition humaine, comme le prouve tristement leur sort sur les bûchers, d'où leur prétendue magie ne pouvait les sauver. Comme elles agissent sous les ordres d'Hécate, la Reine de la Nuit, la déesse du Mal et de la sorcellerie chez les Grecs de l'Antiquité, le titre de sorcières peut leur être attribué, avec des réserves, car comme dit à peu près Banquo, elles sont sur la terre mais ne sont pas de la terre. Incidemment les mots *witch* et *sorcière* n'ont pas la même racine, mais leur dérivation sémantique est analogue. *Sorcier* vient du latin vulgaire *sortiarius*, qui signifie jeteur de sorts, tandis que *witch*, qui a parfois un référent masculin, vient d'un verbe de l'ancien germanique devenu *weihen* en allemand moderne, qui signifie célébrer des rites. Avant d'aller commettre son meurtre, Macbeth fait allusion aux rites offerts par la sorcellerie à « la pâle Hécate » (II. I. 52). Toujours est-il que, sorcières ou Sœurs Fatales, elles ont le pouvoir de formuler des prophéties à la fois exactes, obscures et ambiguës. Un brouillard d'imprécision enveloppe ces êtres néfastes. Shakespeare ne leur a pas donné une apparence séduisante de sirènes terrestres capables d'ensorceler les hommes par leur beauté ou la magie de leurs voix et de leurs chants. Puisqu'elles représentent le mal, elles doivent l'afficher par leur aspect repoussant et grotesque, comme dans les nombreux tableaux qui représentent les tentations de saint Antoine. Leur mission consiste à aller à la rencontre de Macbeth sur la lande. Le public n'en sait pas plus, mais les dernières paroles qu'elles prononcent en chœur introduisent de manière paradoxalement aphoristique le thème moral, ou plutôt immoral de la pièce : *Fair is foul and foul is fair*. L'adjectif *fair* qualifie tout ce qui est beau physiquement et moralement, tandis que *foul* évoque la saleté, la pourriture, la traîtrise, le crime. Affirmer qu'il n'existe aucune distinction entre ces deux groupes de notions opposées, c'est-à-dire en fait entre le bien et le mal, annonce le « tout est permis » de Dostoïevski et constitue une arme idéologique au service du mal. Il est significatif que le premier vers prononcé par Macbeth dans la pièce contient ces deux mots, non pas en opposition, mais associés.

Un avertissement est donné par les phénomènes météorologiques. Dans l'œuvre de Shakespeare, où l'imaginaire poétique prend part à l'action, l'orage est symbole ou annonciateur de tragédie. Chez lui le mot *Heaven* désigne aussi bien le ciel physique que le Ciel métaphysique. Les déchirures bruyantes et effrayantes que produisent le tonnerre et les éclairs ont une origine extra-terrestre. Elles annoncent d'autres déchirures au sein de la communauté humaine, la guerre, notamment, qu'elle soit intestine ou étrangère. Le chœur des trois sibylles mentionne une bataille, qui sera gagnée *et* perdue – gagnée par les uns, perdue par les autres, pour elles c'est tout comme – et c'est de batailles qu'il est question dans la scène suivante.

En effet le roi d'Écosse Duncan est menacé de toutes parts, une rébellion et une invasion étrangère ayant lieu simultanément. On apprend aussi que grâce à l'héroïsme et à la loyauté de deux grands guerriers, Macbeth et Banquo, les ennemis ont été chassés, les traîtres vaincus et exécutés. Le roi les récompense en leur accordant de nouveaux fiefs mais au lieu de l'apprendre par la bouche de Duncan, ils l'apprennent des trois créatures étranges qui se sont postées sur le chemin. Elles saluent Macbeth de ses nouveaux titres, lui annoncent qu'il sera roi, et à Banquo que ses enfants seront rois. Ce dernier accueille la prophétie avec sérénité, tandis que Macbeth se trouble, tombe dans une sorte de transe, s'isole de ses compagnons, se met à monologuer. Pourquoi est-il terrifié par une promesse qui devrait plutôt lui sourire ? On ne tarde pas à l'apprendre, quoique de façon oblique et allusive. Macbeth révèle qu'il a déjà envisagé l'accès au trône, et par le moyen le plus expéditif, le meurtre. Il comprend l'annonce venue de l'au-delà comme une autorisation. Le mélange d'espérance de se voir couronner roi et de désespérance de devoir sa couronne à un crime inexpiable explique son trouble. Mais il s'invente une sorte de casuistique selon laquelle un décret venu de l'au-delà, des Destinées qui président aux événements d'ici-bas, échappe peut-être aux catégories du bien et du mal. Il n'arrive cependant à aucune certitude sur ce point. La doctrine du manichéisme élémentaire, c'est-à-dire de la coexistence non pacifique des forces du bien et des forces du mal dans l'univers, ne lui vient pas à l'esprit.

Sa femme, qui apparaît dans les scènes suivantes, et qui lit une lettre de Macbeth l'informant des prophéties qu'il a entendues ainsi que de la venue de Duncan dans son château, sait à quoi s'en tenir. L'assassinat du roi est pour elle une action diabolique. Mais cela ne la dissuade en rien. Elle s'emploie à se transformer en criminelle, invoque avec une furieuse grandiloquence les esprits nocturnes et malfaisants, célèbre une sorte de messe noire, et, sachant que par nature son mari n'est pas porté à ce genre de méfait, se prépare à le convaincre de la suivre sur ce chemin qui mène à la perdition, mais aussi, croit-elle, à la puissance et à la gloire. L'arrivée de Macbeth introduit la grande et célèbre scène de la tentation, qu'on a souvent comparée à la tentation d'Ève par Satan qui a pris la forme d'un serpent, puis d'Adam par Ève, surtout quand Lady Macbeth conseille à son mari de prendre l'aspect d'une fleur, mais d'être le serpent qui se cache derrière la fleur. Tandis que sa conscience et la prémonition des conséquences funestes d'un régicide font osciller Macbeth, Lady Macbeth emploie tous les moyens dont elle dispose pour l'entraîner à accomplir l'action qui se trouve au centre du processus tragique. Elle rappelle à Macbeth que l'idée du régicide est venue de lui, prétend considérer l'engagement dans le crime comme une preuve d'amour, elle pratique le chantage sentimental, le défi, la moquerie, l'exhortation au courage, la confiance dans la réussite, elle fait miroiter l'attrait merveilleux de la puissance et de la pompe royales.

Macbeth finit par céder, empli d'admiration envers l'intelligence de sa femme, organisatrice d'un crime parfait. Après avoir été accueilli par un déploiement hyperbolique de déférence et d'hospitalité, Duncan est tué dans son sommeil par son hôte, lequel a été conduit vers la chambre du roi par la vision d'un poignard taché de sang. Les puissances du Mal supervisent ainsi le forfait. Macbeth tue les gardiens, enivrés et drogués puis badigeonnés de sang par sa femme, prétendument sous le coup de l'indignation. Il est terrassé par le remords, mais il a un rôle à jouer, il le joue, et provoquant la fuite des deux fils du roi assassiné, dirige sur eux une accusation de parricide. Lady Macbeth reste ferme, tout en dévoilant une faille : elle aurait elle-même porté le coup fatal à Duncan, s'il n'avait pas tant ressemblé à son père, dit-elle.

Les seigneurs qui ont accompagné Duncan, apparemment convaincus de l'innocence de leur hôte et de la culpabilité des gardes, s'apprêtent à couronner Macbeth, l'homme fort du pays. L'aveuglement peut-être diplomatique et craintif des pairs du royaume contraste avec ce que savent les spectateurs, mais aussi avec ce que sait la nature tout entière, qui réagit au sacrilège meurtrier par toutes sortes de prodiges. La scène où le portier du château se présente comme le portier de l'enfer constitue un contrepoint burlesque et révélateur, signifiant que les criminels sont aussi des personnages comiques, menés par des passions, des erreurs de jugement, la méconnaissance de soi, qui les rendent transparents pour autrui, alors qu'ils s'aveuglent sur eux-mêmes.

La suite des événements fait apparaître deux trajets contrastés : celui de Macbeth qui pour colmater son déchirement intérieur s'enfonce dans le crime et s'endurcit jusqu'à s'identifier au mal qu'il a commis, et celui de Lady Macbeth, qui, minée intérieurement, cherche à sauver les apparences, mais finit dans la dépression, la démence, qui prend la forme du somnambulisme, et pour finir le suicide. Le somnambulisme a d'ailleurs une signification symbolique : les deux criminels subissent le même châtiment psychopathologique, une insomnie seulement interrompue par des cauchemars, par l'obsession du sang. Le mal engendre le mal. Macbeth s'invente des ennemis extérieurs pour éviter d'affronter l'ennemi qu'il a en lui-même. Attribuant son mal de vivre à la crainte plus ou moins imaginaire que lui inspire Banquo, il ordonne à des sbires de le tuer dans une embuscade, avec son fils Fleance. La scène où il accumule des arguments pour convaincre les tueurs, lesquels ne s'intéressent qu'au salaire qu'il leur verse, semble tirée d'une comédie grinçante. Pour les piquer au vif, comme il l'a été lui-même par sa femme, Macbeth demande aux assassins s'ils sont vraiment des hommes, c'est-à-dire des créatures capables de tuer n'importe qui de sang-froid, ou s'ils sont évangélisés (*gospelled*) au point d'éprouver de la pitié pour des victimes sans défense. Au même moment, il a convoqué à un banquet tous les grands seigneurs du royaume, sans oublier d'inviter Banquo, qu'il a l'intention de faire assassiner aux abords même du château. Informé de sa mort par les tueurs – mais le jeune Fleance a réussi à s'évader – Macbeth fait semblant de s'étonner de l'absence du plus prestigieux de ses invités, mais celui-ci, ou du moins son fantôme, arrive bel et bien, invisible aux autres convives, ainsi qu'à Lady Macbeth, mais vu par le commanditaire de sa mort. L'effroi ressenti par Macbeth, suivi d'un sursaut tonitruant d'intrépidité, met fin au banquet avant même qu'il ait commencé. On trouve ce thème dans plusieurs autres pièces de Shakespeare, le repas interrompu comme symbole de déchirement social, de dissonance tragique. Le fantôme de Banquo est souvent traité par les metteurs en scène rationalistes comme une hallucination due aux remords de Macbeth. C'est une erreur, commise aussi par Lady Macbeth, qui cherche à redresser la situation. Il faut que les spectateurs voient ce spectre, comme indiqué dans le texte. Il vient des anciennes croyances selon lesquelles les meurtriers sont hantés par leurs victimes et tourmentés par la menace d'une vengeance d'autant plus angoissante qu'on ne sait ni quand ni comment elle se produira.

Après s'en être pris à Banquo, Macbeth dirige ses soupçons meurtriers vers Macduff, qui lui a fait l'affront de ne pas venir à son banquet. Sentant que la situation lui échappe, il décide d'aller consulter les sibylles. Celles-ci l'attendent, en présence de leur reine, la déesse Hécate, qui d'abord leur reproche d'avoir fait un mauvais choix en Macbeth. C'est un homme qui n'a pas d'autre souci que son ambition, dit-elle, et qui ne s'est pas fait le délégué des puissances du Mal sur la terre. Elle indique alors quelle sera la nouvelle tactique à adopter : désespérer Macbeth, tout en lui faisant croire qu'il ne risque rien. D'où les prophéties ambiguës et le spectacle de la longue lignée des descendants de Banquo. Aussi bien le désespoir que le sentiment d'impunité le rendront dangereux, c'est-à-dire capable de plonger l'Écosse dans le chaos. C'est ce but et nul autre qu'elles poursuivent depuis le commencement. Elles l'atteignent, du moins provisoirement, car d'Angleterre Malcolm et ses amis préparent la reconquête. En Écosse la violence se déchaîne, culminant dans le massacre du château de Macduff.

Devenu l'ennemi public à abattre, ayant atteint le comble de la violence et celui de la lassitude, Macbeth ne semble plus avoir d'autre philosophie que le cri de « Vive la mort ! » Après la mort de sa femme, accueillie avec un détachement glacé, il finit par accepter la sienne avec une résignation teintée d'un semblant d'héroïsme, qui lui a valu de l'indulgence ou même de l'admiration de la part de certains acteurs et commentateurs. Il faut bien pourtant le considérer comme une incarnation du Mal, même si cette possession apparaît accidentelle et évitable.

Les allégories du Mal

Les personnages fantastiques doivent-ils être considérés comme des acteurs du drame ou comme des symboles ? À cette question difficile la notion d'allégorie fournit une réponse. Ce n'est pas la seule possible, les personnages que nous jugeons surnaturels et imaginaires ont pu être considérés comme réels par l'auteur de la pièce et par son public, mais elle permet de saisir le lien qui unit la réalité et la fiction, le domaine des concepts et celui des images. Les représentations allégoriques de la Mort (un squelette armé d'une faux), du Temps (un vieillard lui aussi armé d'une faux), des Saisons, de la Guerre, de la Paix, et autres notions, l'image anthropomorphique ou autre qui constitue l'allégorie occupe sur la toile ou sur la tapisserie une place analogue à celle des figures copiées d'après nature. Si elles étaient peintes comme des formes ombreuses et transparentes, ce ne seraient pas des allégories, mais des évocations oniriques. De même Hécate et les Sœurs Fatales, ainsi que le poignard ou le fantôme de Banquo qui apparaissent à Macbeth font partie de la trame dramatique ; il n'y a aucune raison de les remplacer par autre chose que ce qui est indiqué par le texte. Ce ne sont pas des éléments purement pittoresques, sans autre raison d'être que de rappeler aux spectateurs qu'ils assistent à un divertissement et que la pièce ressortit au genre fantastique. En donnant une forme visible et lisible à des notions abstraites la pensée allégorique affirme indirectement l'existence autonome de ce à quoi renvoient ces notions. Le Mal, puisque c'est de cela qu'il s'agit essentiellement, n'est pas seulement un mot utilisé par les hommes pour qualifier tout ce qui leur semble douloureux, destructeur, repoussant, il possède aussi, dans l'imaginaire collectif, une existence propre, une force agissante.

Il y a donc quelque ambiguïté dans cette notion d'allégorie appliquée à des personnages de théâtre. Quand Shakespeare fait voir au public la Rumeur, dans *La deuxième partie d'Henri IV*, ou le Temps dans *Le Conte d'hiver*, de la même façon que Monteverdi représente La Musique ou l'Amour dans ses opéras, c'est dans des prologues ou des interludes situés en dehors de l'action dramatique. On peut alors parler d'allégories au sens traditionnel. Mais dans *Macbeth* les personnages représentatifs du Mal font partie du scénario et des dialogues, à tel point qu'une sorte de conflit éclate entre eux, quand Hécate reproche à ses créatures de n'avoir pas obtenu ce qu'elle en attendait. Ils ont une existence agissante en plus de leur fonction représentative, qu'on peut mettre au compte d'un état de mentalité collective où le surnaturel joue un rôle effectif ; on peut aussi rappeler que la pièce est une œuvre d'art appartenant au genre fantastique, et attribuer à ces figures une fonction symbolique plutôt qu'imitative de la vie réelle. Pour faire une synthèse des deux conceptions on peut décrire ces apparitions maléfiques comme des allégories agissantes et en mouvement, reflétant une vision du monde où le Mal n'est pas simplement un concept, mais une force autonome et redoutable. Le Portier peut lui aussi être considéré comme une figure allégorique.

La mort constitue souvent le sujet d'allégories picturales. Dans *Macbeth* elle ne revêt pas une forme fabuleuse et anthropomorphique, mais du fait que les nombreuses morts qui se produisent dans la pièce sont toujours violentes et choquantes, elle apparaît de façon mythique comme une force extérieure et hostile à la nature, donc comme une des manifestations du Mal.

Le thème faustien

Comme on l'a vu il ne faut pas confondre Hécate et Lucifer, ni les Sœurs Fatales et Méphistophélès. Ce qui intéresse les forces du mal dans *Macbeth* n'est pas de s'emparer d'une âme afin de recruter un pensionnaire de plus pour l'enfer, mais d'étendre leur empire sur la terre, l'Écosse constituant sans doute à leurs yeux une tête de pont et une contrée propice à leurs manigances. Cela dit, bien qu'Hécate et les Sœurs Fatales viennent du paganisme, le thème faustien, inséparable du christianisme, n'est pas absent du texte ni de la destinée du couple criminel ; associer la mythologie ancienne et la foi en l'Évangile n'a rien d'insolite chez un auteur tel que Shakespeare, qui appartient au courant de pensée et de création littéraire qu'on appelle la Renaissance. En dehors de la littérature, des traditions et des rites anciens se sont intégrés au christianisme, comme la croyance aux sorcières, ce qui peut expliquer l'ambiguïté problématique de celles qui apparaissent sous ce nom dans *Macbeth*. Shakespeare ne pouvait pas ne pas connaître le *Doctor Faustus* de son confrère Christopher Marlowe (1564-93), publié en 1604. Il y avait peut-être tenu un rôle en tant qu'acteur. Marlowe avait trouvé ce thème dans le *Faustbuch* allemand, où l'envoyé du diable s'appelle *Mephostophiles*, qu'il transforma légèrement en *Mephostophilis*, devenu plus tard *Méphistophélès* chez Goethe et ses successeurs. On s'est interrogé sur la signification de ce nom, apparemment forgé à partir de racines grecques, ou peut-être hébraïques. Il signifie quelque chose comme l'ami du mensonge, ou des mauvaises actions. Le thème du mal se trouve ainsi inséré dans le nom même du personnage pernicieux qui incarne la tentation et la damnation.

Il n'y a pas de Méphistophélès dans la pièce, car les Sœurs Fatales se contentent de prédire l'avenir en termes ambigus, elles ne jouent pas la grande scène de la séduction et de la tentation, puisque c'est Lady Macbeth et Macbeth lui-même qui le font. Macbeth a en lui-même un Méphistophélès, y compris après le succès tragique de son entreprise meurtrière, puisqu'à force de s'endurcir dans le crime il acquiert une vision nihiliste de l'existence, annonçant le « Je suis l'esprit qui toujours nie » du démon de Goethe.

La légende de Faust est inséparable du dogme chrétien de la damnation éternelle, thème présent dans la pièce, en toutes lettres. Dans la grande tirade où il énumère les arguments qui devraient le dissuader de commettre son régicide, il évoque « la profonde damnation » de ce meurtre, qu'il n'ose d'ailleurs pas appeler par son nom, mais qu'il désigne par une litote, « son enlèvement » (*his taking off*, I. VII. 20). Plus tard il se plaint d'avoir perdu son joyau éternel, c'est-à-dire son âme, au profit de l'ennemi de l'homme, c'est-à-dire le diable. Pourquoi, connaissant ce risque, ne mettant pas en doute la véracité de ce dogme, a-t-il sacrifié son bonheur dans l'éternité à une gloire éphémère et illusoire ? Vendre son âme au diable est faire un marché de dupes. Il n'y a pas de réponse à donner, sinon qu'il s'agit d'un paradoxe et d'un scandale qui dure depuis toujours. « Que servirait-il à un homme de gagner le monde entier, s'il perdait son âme ? » demande Jésus dans l'Évangile de saint Matthieu (16. 26). Cette interrogation, qui constitue une question rhétorique et contient en réalité une affirmation, garde son potentiel de perplexité. Si elle revient sans cesse dans les Écritures, dans les sermons, dans les traités religieux et moraux, c'est parce que chaque vie humaine est confrontée au même dilemme. La crainte des châtiments, même éternels, n'a pas toujours empêché les délinquants de commettre leurs méfaits, et ce genre de conduite a permis à de nombreux auteurs de composer des œuvres propres à stimuler la réflexion, sans forcément pouvoir donner de réponse satisfaisante.

Cette réflexion doit-elle conduire à constater banalement que les instincts et les appétits ont plus de force que la morale ? La vérité n'est sans doute pas aussi simple. La volonté fait partie des forces motrices qui font agir Macbeth et Lady Macbeth, de même que la fascination qu'exerce étrangement le mal lui-même ainsi que les doctrines qui le justifient. Le plus troublant est que ni l'un ni l'autre ne sont des monstres, et qu'on peut aussi les considérer comme représentatifs de l'espèce humaine, tout comme Adam et Ève, et leur fils Caïn.

La psychologie du mal

La théologie calviniste, en principe officielle dans l'Angleterre protestante quoique contestée au sein même de l'église anglicane, s'efforçait par de subtils arguments de concilier la théorie de la prédestination et celle du libre arbitre. Macbeth et Lady Macbeth, pas plus que les assassins qui agissent sur ordre, ne doivent être considérés comme irresponsables. Leur destin semble être tracé d'avance, puisque les Sœurs Fatales l'ont prophétisé, mais le fait d'accomplir par le crime les promesses venues de l'au-delà ne les exonère pas de leur culpabilité. Il subsistera toujours une part de mystère dans le comportement d'un être humain qui comme la Médée d'Ovide, qui dit *Video meliora proboque, deteriora sequor* (Je vois ce qu'il y a de meilleur, j'en ai l'expérience, mais je m'adonne au pire), poursuit en toute connaissance de cause une entreprise criminelle au risque d'en subir les pires conséquences aussi bien ici-bas que dans la vie future. Il ne faut pas considérer Macbeth comme un personnage envoûté, une marionnette menée par des forces extérieures à lui. C'est rester à un niveau futile et anecdotique que de diagnostiquer qu'il subit sans pouvoir y résister le magnétisme érotique que sa femme exerce sur lui. Ce facteur n'est pas à négliger, mais il existe des causes plus profondes, inhérentes à la nature humaine, indépendantes de ce qu'on appelle un peu sommairement le caractère, mot qui implique que les ressorts du comportement sont fixés une fois pour toutes, et que nos actions en découlent, mais cette explication ne convient pas à Macbeth, qui agit à l'encontre de ses penchants, et à qui on pourrait appliquer une formule à la Sartre : c'est le crime qui produit le criminel, non le criminel qui produit le crime. Il existe des criminels qui pris de remords et considérant avec horreur ce qu'ils ont fait, se repentent, avouent, acceptent avec contrition le châtiment que leur inflige la société, comme Donwald dans la pièce. L'histoire de Macbeth est au contraire celle d'un endurcissement. Après le meurtre de Duncan, pour mettre en accord son acte et son être profond, et ne plus souffrir du déchirement que produit en lui cette dissonance, il s'efforce de ressembler intérieurement à son crime.

Comme pour aider le chercheur à mener la difficile enquête sur les diverses sources et facettes du mal, Shakespeare a modulé le thème en présentant une gamme de personnages qui, victimes ou agents du Mal, en présentent des visages différents. Les personnages surnaturels ayant un rôle symbolique et témoignant de la présence immanente du Mal dans la Création, échappent à l'analyse psychologique et n'ont pas leur place dans ce paragraphe consacré aux personnages humains qui attirent sur eux l'opprobre du public. Le premier, Donwald, n'est connu que par des récits ; il joue le rôle d'un traître, mais d'un traître qui se repent et se considère comme un scélérat méritant l'exécution capitale. Un tel aveu situe la pièce dans un monde où les notions de bien et de mal constituent des piliers indestructibles. Quelles furent ses motivations ? Rien n'est dit à ce sujet, il ne s'agit sans doute pas d'un acte gratuit, mais des pulsions qui poussent les rebelles à oublier leurs serments de loyauté : l'aventurisme, l'ambition, l'occasion – en l'occurrence l'incursion du roi de Norvège, qui affaiblit le roi et peut donc laisser le trône vacant, prêt à être saisi par un chef de clan audacieux. Ces conjectures se nourrissent de ce que nous savons sur Macbeth lui-même, en qui la suite de la pièce permet de reconnaître certains de ces traits. La destinée de Donwald, personnage historique dont Shakespeare s'est inspiré pour construire son Macbeth, sert donc d'esquisse ou de prologue à la tragédie dans son ensemble.

Il est question ici des causes psychologiques du mal. Il a aussi des conséquences, sur le même terrain. Le cas de Macbeth en fournit un exemple : il sombre dans la misanthropie, l'indifférence à tout. Il devient étranger au monde et à lui-même. Quand son *ego* refait surface, c'est sous forme de forfanterie et d'apitoiement sur soi-même.

Le cas de Lady Macbeth est différent. Au risque de simplifier la description de ce personnage fascinant autant que terrifiant, on peut la définir comme incarnant un ressort tragique qui a beaucoup servi au théâtre, chez Euripide et chez Racine notamment : la passion. Le mot même de *passion* recèle une ambiguïté fertile en réflexion sur la nature du mal, ou du moins sur la conception qu'en ont les moralistes et les auteurs dramatiques. Son origine latine, qu'on retrouve dans des mots comme *pâtir, passif, patient*, ou dans une expression comme « la passion du Christ », suggère un état affectif ou physique, généralement douloureux, qu'on subit, indépendant de toute volonté. Il entraîne aussi parfois une connotation de faiblesse qui peut avoir des répercussions morales. Cela ne concerne pas Lady Macbeth seulement, mais tous les êtres humains, dont l'affectivité, zone du psychisme dans laquelle on peut ranger les désirs, les entraîne souvent sur la voie du mal. En français moderne la passion désigne non seulement une ou plusieurs pulsions obsédantes qui s'emparent des personnes qui en sont hantées, mais aussi des états de violence, de colère, d'agressivité. D'où l'idée commune que toute passion est une maladie psychique, à l'origine de conflits destructeurs, et au théâtre de tragédies. Le mot grec *hamartia*, utilisé par Aristote pour désigner le ressort principal des tragédies, ou du moins de certaines d'entre elles, signifie une faute, un péché, une erreur, aux conséquences funestes, le plus souvent dus à une passion mal maîtrisée. On verra cependant plus loin que la volonté, qui devrait dominer l'impétuosité des passions, se met parfois à leur service. Dans le cas de Lady Macbeth, son retournement n'est nullement dû à un effort de la volonté, son inconscient fait chez elle office de conscience, le remords s'empare de tout son être comme une nouvelle passion, aussi aveuglément ravageuse que la précédente. La dépression dont elle souffre est à la mesure de la pression qu'elle a exercée sur son mari, et ainsi le mal punit le mal. On pourrait parodier Racine et dire que la némésis est tout entière à sa proie attachée. Némésis était chez les Grecs la déesse de la vengeance et de la rétribution. Dans le vocabulaire de l'analyse théâtrale on en fait parfois un nom commun pour désigner la phase d'une tragédie pendant laquelle le ou les personnages qui ont semé le mal récoltent la tempête.

Les assassins de Banquo, c'est-à-dire les tueurs à gages recrutés par Macbeth pour le débarrasser de son ennemi potentiel, représentent un autre visage du mal. Ce n'est pas eux qu'on pourrait analyser comme mus par la passion. Leur indifférence au bien et au mal a des racines sociales, qu'on peut deviner comme dues à l'enchaînement qui va de la misère à la délinquance et à la vacuité morale, ils se sentent exclus de la société, et de ce fait étrangers aux valeurs que la société prétend incarner. Peut-être sont-ils d'anciens militaires ne sachant rien faire d'autre que tuer et être tués, et qui, congédiés sans solde en temps de paix, ne peuvent vivre que de la mort. Leur porte-parole exprime une sorte de pessimisme plébéien et résigné qui annonce et cependant contraste par son style avec le désespoir grandiloquent de Macbeth quand arrive sa chute définitive.

Les reitres qui font du château de Fife un abattoir, massacrant tous ses habitants, femmes et enfants compris, donnent du mal un exemple spectaculaire et malheureusement réaliste. C'est la sauvagerie qui se déchaîne ainsi, mais une sauvagerie qui apparaît plus perverse que celle des bêtes féroces, car elle se déploie au sein d'une société prétendument civilisée. Ces hommes n'ont sans doute aucune conscience, ils ne savent pas ce qu'ils font, comme dit le Christ (Luc, 23-34), mais qu'a fait de sa conscience celui qui les a envoyés ?

Son cas est plus complexe, plus énigmatique. On en a fait parfois une figure allégorique lui aussi, à l'instar des personnages surnaturels qui représentent la tentation maléfique. Face à ces forces mystérieuses, il représente alors l'homme en général, faible par nature, portant depuis la création du monde les gènes du péché originel, donc toujours prêt à céder à la tentation. Cette conception du personnage lui enlève toute épaisseur psychologique, ce qui l'appauvrit et ne correspond pas à l'impression qu'on ressent à la lecture ou en voyant la pièce au théâtre. Qui dit épaisseur psychologique dit aussi mystère. Shakespeare s'est trouvé confronté à un cas analogue, non pas en écrivant *Richard III*, œuvre très différente de *Macbeth*, mais en composant *Le Viol de Lucrèce*, long poème narratif où l'on voit un personnage odieux, du nom de Tarquin, auquel Macbeth lui-même se compare (II. I. 55) pendant la scène où il voit apparaître un poignard. Tarquin, personnage historique, ou du moins considéré comme tel, fils du roi de Rome, s'introduit frauduleusement dans la maison de Lucrèce, grande dame romaine alors que son mari est à la guerre, et en pleine nuit, laquelle joue dans le poème un rôle aussi important que dans la pièce, la viole avec perfidie et brutalité. Or ce prince dévoyé est conscient de l'ignominie de son acte autant que des dangers qu'il entraîne, mais à l'impétuosité du désir s'ajoute une sorte de fascination que le mal pour le mal exerce sur lui. L'attrait du fruit défendu, de la transgression, le défi qu'on se lance à soi-même, puisqu'on se bat en pareil cas contre sa conscience, qui fait partie de soi tout en étant sentie comme imposée par l'éducation, la valorisation complaisante de l'audace, le plaisir sadique d'exercer un pouvoir, en l'occurrence typiquement masculin, sur un autre être humain, et ce qu'Edgar Poe appelle le démon de la perversité, qui peut pousser un homme à se jeter dans un abîme béant, tout cela explique le comportement de Tarquin, qui, après son forfait, éprouve un dégoût de lui-même et un abattement proportionnels à son désir vicieux, mais plus durables. Macbeth diffère de Tarquin en ceci que, personnage principal d'une tragédie mouvementée, on le voit agir d'un bout à l'autre ; tout ce qu'il fait constitue alors une suite d'illustrations du mal en action et en pensée. Comme il donne l'impression qu'il n'est pas intrinsèquement méchant, mais qu'il a choisi la voie du mal et en assume toutes les conséquences, on le voit et on l'entend jouer son rôle avec un zèle presque histrionique : il ment, il feint la consternation, une fois couronné il cherche à asseoir son pouvoir de toutes les façons. Enfermé dans sa solitude, il monologue sans arrêt, cherchant à se convaincre qu'il exerce un pouvoir légitime et sacro-saint, qu'il a raison de se méfier de ses ennemis potentiels et de s'en débarrasser par tous les moyens. Il ne convainc pas le public qui assiste à une pièce illustrant le mal en action, et n'a donc pas besoin d'exégèses savantes pour savoir en quoi il consiste. La psychologie du comportement s'étale devant ses yeux.

Le mal a également d'autres sources, de nature intellectuelle et collective, importantes du fait qu'elles ont une portée générale et instructive, au-delà d'un cas imaginaire et particulier.

Le machiavélisme

Niccolò Machiavelli, alias Machiavel, écrivain et homme politique florentin, auteur en 1532 d'un traité historique et politique intitulé *Le Prince*, fut considéré comme une sorte de croquemitaine idéologique pour avoir affirmé que la force l'emporte sur le droit, préconisé le cynisme et l'hypocrisie comme moyens de prendre et d'exercer le pouvoir, conseillé le non-respect des traités et de la parole donnée, dénoncé la notion de légitimité monarchique, ducale ou autre comme une illusion ou une imposture. Il se défendit de ces accusations en disant qu'il ne faisait que décrire la pratique des hommes d'État, sans vouloir en faire l'éloge. Il se disait aussi le défenseur de la République de Florence et de la liberté de ses concitoyens contre les oppresseurs. Il y a aussi chez le roturier Machiavel un fond de revendication démocratique, lié à un individualisme supportant difficilement les hiérarchies héréditaires, d'où l'invention de l'*homo novus*, l'homme nouveau, qui conquiert sa place dans la société grâce à ses talents et à son audace. Mais la plupart des théoriciens de la politique ne retinrent de son œuvre que ce qui semblait à leurs yeux des leçons d'immoralité, des justifications de l'injustice. De nombreux traités furent écrits pour contredire ses doctrines, le principal argument étant que constater l'existence du Mal dans le monde ne devrait pas empêcher quiconque de le combattre et de viser à l'instauration du Bien.

Le mot même de machiavélisme, encore utilisé de nos jours, évoque la ruse, les machinations ténébreuses, les mensonges ingénieusement élaborés. L'assassinat de Duncan, celui des gardes, les tirades véhémentes et hypocrites du meurtrier, les menaces implicites adressées aux deux fils du roi, pour les inciter à la fuite et par là orienter sur eux les soupçons, relèvent du machiavélisme au sens populaire. Mais la pensée de Machiavel ou du moins les extrapolations qu'on en tire impliquent aussi une vision pessimiste de la société selon laquelle seuls réussissent ici-bas les gens sans scrupule, tandis que l'honnêteté, la loyauté, la confiance en autrui, subissent défaites et humiliations. Il y a un passage quelque peu énigmatique où Macbeth, ruminant sur les prédictions que lui ont adressées les trois Sœurs Fatales, songe qu'il peut accéder au trône sans prendre la moindre initiative, puisque l'événement est écrit dans le grand livre du Destin. « Le hasard peut me couronner sans que je fasse un geste », dit-il dans un aparté (I. III. 144). Pourquoi alors se laisse-t-il convaincre par sa femme et par lui-même d'aider le destin par une série de gestes criminels ? On peut trouver à cette attitude apparemment inconséquente des raisons psychologiques, comme le tourbillon émotionnel que provoquent la tentation et l'occasion qui se présente d'en finir au plus vite avec un désir obsédant et inassouvi. Il y a aussi le fait que Duncan ayant désigné comme successeur son fils Malcolm, Macbeth semble déçu, se croit ou se force à se croire, en se mentant à lui-même, victime d'ingratitude de la part du monarque qu'il a sauvé de la rébellion. Cela peut l'encourager à fomenter une sorte de vengeance suivie de la plus magnifique des récompenses. Mais l'action criminelle des deux personnages principaux a aussi un aspect intellectuel. Macbeth ayant déjà songé au régicide comme moyen d'accéder au pouvoir, comme le révèle Lady Macbeth plus tard, peut se dire que les pythonisses ont lu dans son esprit ou écouté les propos qu'il a échangés avec sa femme, et lui donnent l'assurance que son projet réussira. Ce n'est pas le hasard qui le couronnera, mais son initiative. L'image de l'*homo novus* n'est pas étrangère à sa démarche. À cela s'ajoute une dose de satanisme, qui est un peu la caricature du machiavélisme. Son esprit, comme celui de Lady Macbeth, est infecté par l'idée que le vrai maître du monde est le diable, que tous les biens terrestres, la richesse, le pouvoir, le bonheur matériel, sont donnés aux hommes par lui, non par Dieu, qui par la voix de Jésus, recommande le renoncement, l'ascétisme, l'humilité, l'oubli de soi, la piété. Dans l'Évangile de Matthieu on lit que le diable transporta Jésus sur une montagne très élevée, lui montra tous les royaumes du monde et leur gloire, et lui dit : Je te donnerai toutes ces choses si tu te prosternes et m'adores. Jésus lui dit : Retire-toi, Satan ! Car il est écrit : Tu adoreras le Seigneur, ton Dieu, et tu le serviras lui seul. (1. 8-10).

Il y a bien une esquisse d'un *Vade retro Satanas* dans les hésitations de Macbeth, mais il choisit la mauvaise voie, convaincu qu'il n'en existe pas d'autre pour accéder au *summum bonum* sur terre, le souverain bien, qui est précisément de devenir le souverain du pays et de fonder une dynastie. À la fin de sa lamentable trajectoire il se rend compte que les puissances du mal ne font que se moquer de leurs dupes, leur donnant des biens illusoires et éphémères, le *summum malum* à la place de la gloire promise. Il a fait un calcul analogue à celui de Bolingbroke, devenu Henri IV dans *Richard II*, fondateur de la dynastie des Lancastre après avoir déposé puis fait assassiner son cousin le roi, en espérant que ses descendants ne porteraient pas sur eux le péché qu'il a commis en usurpant le trône. La suite de *Richard II*, premier volet d'une série de huit drames historiques, montre qu'il s'est trompé. Quant à Macbeth, il vit dans la crainte que ses fils – à supposer qu'il en ait, on ne les voit pas sur la scène, et le Macbeth historique n'en avait pas – n'héritent pas de son royaume, les oracles ayant promis la succession aux enfants de Banquo. Il a perdu son âme pour rien.

Les personnages machiavéliques ou machiavéliens sont nombreux dans le théâtre élisabéthain ou jacobéen, et les auteurs donnent toujours une tournure édifiante à leurs drames : les comploteurs les plus habiles finissent par s'embrouiller dans leurs propres intrigues et tomber dans des pièges destinés à leurs victimes. Il en va de même pour Macbeth, mais dans son cas les pièges n'ont pas tous été élaborés par lui-même, et il a accompli sans l'avoir prévu le programme de désintégration nationale organisé par la déesse du Mal.

L'œuvre et le personnage de Machiavel sont également associés à une notion désignée en italien du nom de *virtù*. Ce seul mot montre à quel point les ambiguïtés foisonnent dans le langage, et ces ambiguïtés constituent autant de pièges pour la morale. Le latin *virtus* a donné *vertu* en français, mot qui résume à lui seul à peu près toutes les qualités qu'exigent l'éthique et la religion. Mais l'italien, par proximité historique et géographique peut-être, se souvient mieux que le français de son étymologie. Le mot vient de *vir*, qui désigne l'homme, distingué de la femme, *mulier* ou *femina*, de sorte que le mot *virtus* est un peu un doublet de *virilitas*. La *virtù* italienne est donc associée à des traits de caractère dont s'enorgueillissent les mâles, surtout s'ils appartiennent à la caste aristocratique et chevaleresque : le courage, l'audace, la fierté, la dureté dans le combat, la familiarité avec la mort. L'ambition elle-même fait partie des qualités viriles, assimilée à une aspiration vers le haut, à une volonté de dépassement des limites humaines et à celles qu'impose la société. C'est pour cela que Lady Macbeth ordonne aux puissances des ténèbres de la *désexuer*, néologisme par lequel on peut traduire le verbe *unsex*, fabriqué pour la circonstance (I. V. 41), perdre sa féminité, devenir un homme. Ce qu'on désigne par le mot grec d'*hubris*, l'orgueil démesuré, caractéristique du héros tragique, est alors considéré comme une force, non une faiblesse. L'homme idéal selon cet ensemble d'attributs guerriers n'est pas loin du surhomme nietzschéen. Aux femmes et aux esclaves sont réservés la patience, la douceur, l'humilité, l'amour de la vie, mais dans cette perspective, les modèles masculins sont les plus valorisés. Même si les valeurs masculines et féminines pesaient d'un même poids, le seul fait de les distinguer et de les contraster les place dans un relativisme abolissant l'universalité qui devrait toujours s'attacher à la notion de règle morale, selon Kant. On se trouve alors au-delà du bien et du mal, selon le titre d'un des ouvrages provocateurs de Nietzsche. Dans *Macbeth* Lady Macbeth pique au vif son époux en l'accusant de couardise, elle lui rappelle que sa profession de guerrier lui interdit la peur, et en conséquence tout scrupule, toute hésitation. Le danger même de leur entreprise constitue un stimulant et une justification. S'il y a du panache à braver les tabous, l'assassinat constitue alors le plus beau des exploits. Cela n'est pas dit en toutes lettres dans la pièce – dans ce cas il faudrait l'entendre avec ironie – mais on peut déduire de certaines paroles prononcées par Macbeth et Lady Macbeth que leurs raisonnements les poussent à ce genre de subversion ou de perversion des valeurs. Dans l'ensemble de la pièce le courage militaire est exalté avec fracas, mais sans rien cacher des brutalités qu'il implique. L'emphase des discours épiques contient des dissonances qui laissent entendre que l'auteur prend ses distances avec le mode héroïque. Après des hauts et des bas, dans la dernière scène où il apparaît, affrontant Macduff en combat singulier et se sachant condamné, Macbeth fait preuve de *virtù*, mais l'énergie du désespoir ne fait pas de lui un héros exemplaire. Curieusement dans sa dernière réplique il dit : « Que damné soit le premier qui crie "Arrêtez, suffit !" ». Il transfère sur l'éthique guerrière les notions de damnation et, sous-entendu, de salut, ce qui montre qu'il a perdu le sens réel des mots et qu'il reste engoncé dans un système de valeurs qui n'est pas celui du public. Peut-être aspire-t-il au Walhalla de la mythologie nordique, mais ces croyances n'ont plus cours. De tous les protagonistes tragiques de Shakespeare Macbeth est le seul qui ne meurt pas sur la scène. De ce fait il ne devrait susciter aucune sympathie, bien que certains commentateurs, suivis ou précédés par certains interprètes du rôle, aient jugé que le fait d'avoir enfin vaincu la peur qui le tenaillait depuis le meurtre de Duncan lui donne une stature héroïque. La tête coupée qui roule sur le sol en fait *a posteriori* un personnage macabre et burlesque, même s'il a pu pendant le déroulement de la pièce provoquer des frissons de terreur et de pitié, caractéristiques de toute tragédie selon Aristote.

Si l'exaltation de la virilité peut avoir des conséquences délétères, il en va de même d'une règle de vie mettant la volonté au sommet de toutes les valeurs. Lady Macbeth, qui dans la scène de la tentation valorise la ténacité, le courage – le courage au service d'une mauvaise cause – pousse son raisonnement jusqu'à l'absurde, quand elle dit que si elle avait promis de tuer ses enfants, elle l'aurait fait, afin de tenir parole. Elle se sert de cette argumentation *a fortiori* pour prendre Macbeth au mot et l'accuser de parjure s'il ne réalise pas le projet auquel il a songé.

Faut-il tirer de tout cela la conclusion selon laquelle le mal dérive toujours d'un fourvoiement de l'intellect, d'une erreur de jugement, d'une doctrine corruptrice, et qu'on peut prévenir le mal en pratiquant sur tous les hommes et dès l'enfance une pédagogie appropriée ? C'était l'idée de Platon, qui dit que nul n'est méchant volontairement, axiome qui, poussé jusqu'à ses extrêmes conséquences, consisterait à définir un malfaiteur comme quelqu'un qui croit bien faire, mais se trompe. Shakespeare n'adhérait certainement pas à cette théorie, car son œuvre contient un grand nombre de personnages qui commettent de mauvaises actions en parfaite connaissance de cause et volontairement. Cela implique une certaine inquiétude face au mystère que constitue le mal dans la nature, dans l'homme et dans la société. L'auteur de *Macbeth* semble ne pas toujours satisfaire le besoin un peu puéril qu'a parfois le public de vouloir tout comprendre, de connaître les causes de tous les effets grâce à des explications en bonne et due forme. Mais Shakespeare n'est pas Brecht, il ne fait pas la leçon au public, à plus forte raison quand il s'agit de pénétrer dans un domaine aussi obscur que celui du mal. Il ne cultive pas non plus l'irrationnel par pur plaisir esthétique ou pour étaler un mysticisme éthéré ou brumeux. Il fait preuve à sa façon de lucidité, y compris dans le domaine politique.

La vision politique du mal

La politique est un terrain de controverse ; ce qui est jugé mauvais par un secteur de l'opinion en matière d'institutions et de gouvernement peut être jugé bon par un autre secteur. On a vu un exemple de ces opinions inconciliables à propos du machiavélisme ; le principe selon lequel la fin justifie les moyens est jugé abominable par les uns, courageusement efficace par les autres. La Raison d'État, principe qui met la sécurité de l'État et de celui qui le représente au-dessus de toutes les valeurs morales, provoque le même genre de dilemme. Mais si l'on reste sur le plan des principes généraux il existe un consensus à peu près universel : une tyrannie oppressive, inique et impitoyable, au seul service d'un individu égocentrique qui s'est emparé du pouvoir par la violence ou par la ruse, est considérée comme l'incarnation du mal en politique. Quand il s'agit d'appliquer cette description à un potentat précis les avis diffèrent, mais quand on a affaire à un personnage de théâtre que son auteur a conçu et exhibé au public comme le contraire d'un bienfaiteur, il est difficile pour quiconque de se compter au nombre de ses partisans. Contrairement à ce qui se pratiquait au théâtre jadis, quand l'accent était mis sur les tourments du personnage principal, les metteurs en scène actuels de *Macbeth* se plaisent à souligner les aspects politiques de la pièce, non pas en se replaçant au début du XVIIe siècle et sur une base monarchiste dénonçant le régicide et l'usurpation, mais dans une perspective moderne. Le sujet de la pièce devient alors la prise brutale du pouvoir et l'exercice de la dictature. De même que Bertolt Brecht dans *La résistible ascension d'Arturo Ui* a représenté l'arrivée de Hitler à la chancellerie en faisant de lui un gangster de Chicago, on peut imaginer de concevoir la pièce de Shakespeare comme si elle s'appelait *La résistible ascension de Macbeth*, ce qui laisse entendre que la veulerie de ceux qui l'ont porté au pouvoir, puis la lâcheté de la noblesse qui l'y a maintenu, sont responsables des malheurs qui se sont abattus sur l'Écosse. Le thème du mal n'est pas abandonné. Il est représenté comme une maladie honteuse dont la contagion s'étend sur toute la population, ou du moins sur la classe dirigeante. Laïcisé, appliqué à certaines formes de pouvoir politique – voire à toutes ses formes dans l'opinion des anarchistes – il ne perd rien de sa virulence. Il arrive cependant que la volonté, parfois soulignée de façon lourdement pédagogique, de faire passer un message politique, en l'occurrence banal et convenu, déforme la pièce, de sorte que ce n'est plus au *Macbeth* de Shakespeare qu'on assiste mais à une autre œuvre, annoncée pourtant au public comme étant l'original. Au contraire de cela, Eugène Ionesco, qui avait lui aussi une sorte de message à exprimer, mais plus philosophique que politique, a composé une pièce intitulée *Macbett*, qui donne le spectacle d'une violence ravageuse et absurde ; le mot *absurde* ne signifie pas impossible ou burlesque, il émane d'une vision pessimiste de la condition humaine, dépeinte comme cruelle et incompréhensible, comme si le *Macbett* de Ionesco avait été écrit par le Macbeth de Shakespeare, quand, proche de l'anéantissement il exprime son délire nihiliste avec un lyrisme fascinant autant que dévoyé.

Certains adaptateurs présentent Macbeth comme un chef fasciste ou nazi. Ses forces armées défilent sur la scène vêtues d'uniformes typés. Elles marchent au pas de l'oie, massacrent les opposants à coups de mitraillettes. C'est oublier que les régimes instaurés par Mussolini et par Hitler s'appuyaient en grande partie sur le peuple contre l'aristocratie ou contre les anciennes classes dirigeantes, suscitant fanatisme et enthousiasme. Ils avaient un caractère révolutionnaire, bouleversant les institutions du pays, et de plus ayant des ambitions de conquêtes étrangères, ce qui ne reflète en rien le contenu politique de la tragédie de Shakespeare, ni les motivations de Macbeth et de Lady Macbeth. Ces personnages ténébreux sont attirés par la lumière, par l'or de la couronne et par le prestige de la fonction royale, ils tiennent à s'insérer dans la lignée des monarques écossais, même s'ils ont l'ambition de fonder une nouvelle dynastie. Macbeth, membre de la famille royale, est élu légalement pour succéder à Duncan, non porté au pouvoir par un plébiscite bruyamment organisé. C'est la peur de subir le même sort que ce dernier, et la hantise de voir les fils de Banquo lui succéder, qui font de Macbeth un autocrate sanguinaire, emmuré dans sa solitude, non la volonté de créer un régime nouveau pour en finir avec les prétendues faiblesses et trahisons du régime précédent, selon l'argumentation démagogique des politiciens meneurs d'hommes.

Cependant tout n'est pas aberrant dans l'idée de voir dans *Macbeth* une préfiguration des dictatures modernes, lesquelles ressemblent aux tyrannies anciennes, celle de Tibère, par exemple, inventeur de la notion de crime de lèse-majesté, qui permettait de soumettre à une sorte d'inquisition des personnes soupçonnées d'entretenir des pensées hostiles à l'empereur, ou de les faire mettre à mort sans jugement. Macbeth ne se contente pas de tuer Duncan et Banquo, qui constituent des obstacles à son accession au trône et à la fondation d'une dynastie issue de lui, mais pris de folie meurtrière, il confisque à son profit la Raison d'État et fait assassiner toute la famille de Macduff, d'abord parce que ce dernier n'est pas venu au banquet auquel il a convié les grands seigneurs du royaume, ensuite parce que les Sœurs Fatales l'ont mis en garde contre lui. On pourrait tirer de cet épisode une conséquence psychologiquement réaliste, malgré son caractère fantastique : les dictateurs parvenus au pouvoir par des moyens criminels ou frauduleux, qui voient des conspirateurs partout et vivent dans l'angoisse continuelle, fréquentent toutes sortes de voyants, astrologues et diseuses de bonne aventure pour se rassurer. C'est ce que fait Macbeth quand il sent son pouvoir vaciller. Il entretient des polices secrètes et parallèles, allant jusqu'à faire appel à des tueurs à gages qui appartiennent au monde de la délinquance, son pouvoir a des accointances avec le banditisme. Il possède un réseau d'espions qui lui fournissent des renseignements sur les opposants éventuels, et sous une tyrannie comme la sienne, il y a peu de distance entre le soupçon et la certitude suivie d'une condamnation. Ce type de pouvoir, méfiant par nature, a des informateurs partout, des nervis, des agents provocateurs. Ses victimes potentielles doivent se montrer plus méfiantes encore. C'est parce qu'il doute de la bonne foi de Macduff que Malcolm, dont l'angélisme n'est pas dénué d'habileté, le met à l'épreuve à Londres, où il a reçu la visite d'émissaires venus d'Écosse qui se prétendaient dévoués à sa cause, alors qu'ils étaient envoyés par Macbeth pour l'attirer dans un piège. N'appliquant pas les règles dites de bienséance qui ont régné sur la scène française pendant la période classique, Shakespeare a tenu à montrer au public le massacre du château de Fife. L'horreur du spectacle en dit plus long sur la nature de ce pouvoir que les discours et les récits. Dans un autre ordre d'idées on remarque à la fin que Macbeth essaie de ranimer ses soldats en tenant des propos patriotiques et méprisants à l'égard des étrangers qui envahissent son royaume. Il les traite d'épicuriens anglais (V. III. 8), c'est-à-dire de sybarites décadents, amollis par les plaisirs, n'ayant pas les qualités martiales des rudes et vaillants Écossais. On peut considérer ce genre de discours, banal dans la bouche d'un général exhortant ses troupes au combat, comme préfigurant l'idéologie fasciste. On remarque que l'éviction du tyran ne peut être effectuée que grâce à une intervention étrangère, l'opposition nationale étant réduite à la passivité.

L'humour satirique n'est pas absent de la pièce, parfois plus subtilement que dans la scène du Portier. La tirade de Lennox, au début de la sixième scène du troisième acte, fait écho avec ironie aux mensonges de l'usurpateur, illustrant de manière comique et tragique le fait bien connu que sous une dictature les sujets n'ont pas d'autre moyens de défense que la plaisanterie à voix basse, les éloges moqueurs, la dérision confidentielle. Cette défense passive permet aux sujets sous le joug d'attendre des jours meilleurs avec espoir. De la conversation apparemment facétieuse mais en réalité poignante entre Lady Macduff et son enfant ressort la constatation que les pouvoirs publics ne sont pas toujours les garants de la justice, car les méchants peuvent s'en emparer. La scène (V. III) où Macbeth demande au médecin un remède pour guérir le pays des maladies qui le frappent, à savoir les rébellions et l'intervention étrangère, contient une bonne dose d'ironie dramatique, car les spectateurs savent que c'est lui, Macbeth, la cause de tous les maux.

La dimension politique de la pièce semble devoir rester sur un plan réaliste et matériel. Pourtant Hécate, personnage fantastique, joue à sa façon un rôle politique, car comme on l'a vu, ce n'est pas pour s'emparer de l'âme de Macbeth, dont elle n'a que faire, qu'elle a organisé le processus destructeur à l'œuvre depuis le début de la pièce, mais pour plonger l'Écosse dans le désordre et l'injustice, apposant donc le sceau du Mal sur les événements qui s'y déroulent. Dans sa tirade souvent incomprise, elle désapprouve l'ambition égoïste de Macbeth, elle veut en faire un démon au service non de lui-même, mais du Mal, capable de ravager le pays. Autrement dit les puissances diaboliques, sorte d'anti-Providence, interviennent dans les affaires des hommes, avec pour dessein de faire de la terre une succursale de l'enfer. Toutefois ce n'est pas seulement pour donner une dimension métaphysique à la tyrannie que Shakespeare a fait apparaître des démons sur la scène, mais peut-être pour donner une leçon de morale politique : toute tyrannie, et peut-être tout pouvoir absolu ne peuvent avoir d'autres effets que maléfiques. Ils portent les couleurs du Mal. Il n'y a plus de paradis terrestre, mais il existe des enfers terrestres.

Macbeth tragédie édifiante ?

Il a été dit plus haut que si Macbeth était possédé par le démon du Mal, cette possession était évitable. La pièce donne en cela une leçon de morale élémentaire, si l'on voit en Macbeth un exemple de l'homme en général, soumis aux tentations, mais doté de libre arbitre et d'une conscience qui lui permettent de ne pas se laisser happer par l'engrenage destructeur du péché. Elle illustre deux dictons populaires et rassurants pour les honnêtes gens : le crime ne paie pas et bien mal acquis ne profite jamais. On projette quelquefois sur elle le titre dostoïevskien de *Crime et châtiment*. Le rêve de bonheur des deux usurpateurs se révèle n'avoir été qu'un rêve, en effet, et même un cauchemar. La vie sur terre leur donne un avant-goût de l'enfer.

L'œuvre pourtant ne cesse de troubler les esprits, elle donne lieu à des interprétations contradictoires. Si elle se présente comme une fresque où le rouge du sang se détache sur le noir de la nuit, illustrant la présence du Mal dans le monde, dans la société, dans le cœur et dans l'esprit des hommes, son antonyme le Bien figure aussi dans le tableau. Le roi Edouard le Confesseur est décrit comme un saint homme et thaumaturge qui guérit les écrouelles grâce à un don miraculeux donné aux rois légitimes par la Providence. Jacques Stuart prétendait lui aussi guérir ces ganglions tuberculeux par des attouchements. Curieusement ce n'est pas le mot *scrofula* qui dans le texte désigne cette maladie, mais un terme générique et significatif, *the evil*, qui signifie le mal. Dans la même scène, qui se déroule en Angleterre, présentée comme un sanctuaire pour les gens de bien, le futur roi Malcolm se présente comme paré de toutes les vertus, après avoir dressé la liste des vices auxquels se livrent les potentats indignes de leur sceptre. Mais pourquoi faut-il que ce passage paraisse si long et ennuyeux que les metteurs en scène résistent mal au désir d'en couper la moitié ou les trois quarts ?

Contrairement au couple diabolique que Barbey d'Aurevilly dépeint avec une complaisance troublante dans son recueil de nouvelles intitulé *Les Diaboliques*, Macbeth et sa femme ne connaissent pas « Le bonheur dans le crime ». Hantés par les fantômes de leurs victimes, ils perdent le sommeil et le goût de vivre. La fuite en avant dans laquelle Macbeth croit trouver l'apaisement ne vaut guère mieux, et s'il suscite la haine, il suscite aussi la dérision, ce qui a pour conséquence de le rapetisser. Si les commentateurs de la pièce ont souligné la richesse des images qui font briller d'une étrange et sombre lueur le texte prononcé par le personnage principal, ils ont noté aussi que son usurpation et sa tyrannie donnaient lieu à des traits satiriques, où l'on trouve par exemple l'image récurrente des vêtements trop grands qui ridiculisent celui qui s'en empare. Il n'est pas incongru qu'Alfred Jarry se soit inspiré de *Macbeth* pour composer son *Ubu Roi*.

C'est en poète pourtant, non uniquement en moraliste, que Shakespeare a traité son triste héros, faisant de lui aussi un poète, éloquent et visionnaire, ce qui explique le trouble dans lequel il plonge tous ceux qui ont affaire à lui, acteurs, metteurs en scène, commentateurs. Les fleurs du mal, comme dirait Baudelaire, exhalent un parfum capiteux, un inépuisable spectacle de beautés éphémères. Shakespeare a osé se risquer dans ce domaine dangereux, il a accompagné son héros égaré dans son voyage au bout de la nuit, avec un mélange de détachement esthétique et de sympathie professionnelle, mais sans s'identifier à lui. Il ne l'a pas accompagné jusqu'au bout, il est revenu à bon port, comme le marin ballotté par les tempêtes que les Sœurs Fatales ont menacé. Le pire n'est pas toujours sûr.

Repères bibliographiques

> BROWN John Russell, *Shakespeare: "Macbeth"*, « Studies in English Literature », Londres, Edward Arnold, 1963.
> HAWKES Terence, *Macbeth, Twentieth Century Interpretations*, Prentice-Hall, 1977.
> HEILMAN R. B., « The Criminal as Tragic Hero: Dramatic Methods », *Shakespeare Survey* 19, 1966.
> MUIR Kenneth et Edwards P., *Aspects of "Macbeth"*, Cambridge, 1977.
> ROSENBERG Marvin, *The Masks of Macbeth*, Berkeley & Los Angeles, 1978.
> SUHAMY Henri, « L'intériorité de Macbeth », *Études Anglaises*, 1988/1.
> –"The Authenticity of the Hecate scenes in *Macbeth* : Arguments and counter-arguments". *French Essays on Shakespeare and his Contemporaries, "What would France with us ?"*, Jean-Marie Maguin, Michèle Willems, editors, University of Delaware Press, Newark, 1995.
> WAIN John, ed., *Macbeth, Macmillan Casebook*, Londres, Macmillan, 1968.
> Walker Roy O., *The Time is Free, a study of* Macbeth, Londres, Dakers, 1949.

Ouvrages généraux sur Shakespeare

> BRADLEY A. C., *Shakespearean Tragedy*, Londres, Macmillan, 1904.
> CHARLTON H. B., *Shakespearian Tragedy*, Cambridge, 1948.
> HOLLOWAY John, *The Story of the Night*, Londres, Routledge and Kegan Paul, 1961.

KNIGHT George Wilson, *The Shakespearian Tempest*, Londres, Methuen, 1972.

KOTT Jan, *Shakespeare notre contemporain,* Paris, Marabout, 1965.

LERNER Laurence, ed., *Shakespeare's Tragedies. An Anthology of Modern criticism*, Harmonsworth, Penguin, 1963.

MAGUIN Jean-Marie et Angela, *Shakespeare*, Paris, Fayard, 1996.

MARIENSTRAS Richard, *Shakespeare au XXIe siècle. Petite introduction aux tragédies*, Paris, éditions de Minuit, 2000.

McALINDON T., *Shakespeare's Tragic Cosmos*, Cambridge University Press, 1991.

SPENCER Theodore, *Shakespeare and the Nature of Man*, New York & Londres, Collier-Macmillan, 1949.

SUHAMY Henri, *Shakespeare*, Le livre de poche, collection « Références » n° 524, Paris, Hachette – de Fallois, 1996 (réédition en 2006).
– *Dictionnaire Shakespeare*, Paris, Ellipses, 2005.

TRAVERSI Derek, *An Approach to Shakespeare,* Vol. II, Londres, Hollis and Co, 1969.

VIGNAUX Michèle, *Shakespeare*, collection « Les Fondamentaux », Paris, Hachette, 1998.

Le mal dans *Profession de foi du vicaire savoyard* de J.-J. Rousseau

Gaëtan Demulier

---

1. Au seuil de cette étude, nous tenons à remercier chaleureusement ceux dont l'admirable enseignement aura constamment guidé notre lecture. Que Denis Kambouchner ainsi qu'André Charrak sachent ici l'étendue de notre dette envers eux.

Un spectre hante l'œuvre de Rousseau : le problème du *mal*. Sa pensée brosse en effet un tableau extrêmement sombre de la civilisation historique dans laquelle nous sommes engagés : s'il est vrai que le raffinement de la vie sociale ainsi que le progrès des sciences et des arts étendent nos lumières et accroissent notre confort, ils s'accompagnent néanmoins d'une corruption *morale*, qui plonge les hommes dans le malheur. En multipliant les désirs les plus vains, la société déréglée affûte les égoïsmes ; le jeu des ambitions individuelles l'institue en lieu d'une concurrence effrénée qui alimente un cortège de vices – cupidité, ambition, désir de domination – de sorte que la satisfaction de son intérêt personnel incite chacun à nuire à tous les autres. Or le refus de passer du constat d'une méchanceté *empirique* des hommes à l'affirmation d'une méchanceté *naturelle* de l'homme, inscrite par essence au fond de son cœur, constitue l'un des thèmes centraux de l'anthropologie rousseauiste. Le Citoyen de Genève, en affirmant l'innocence de nos impulsions originelles, récuse ainsi le dogme religieux du péché originel, ce qui lui vaudra les foudres des autorités ecclésiastiques. Si nos premiers mouvements sont exempts de toute perversité, le mal que nous constatons s'introduit nécessairement en nous sous l'effet de causes adventices ; aussi l'ambition de la philosophie de Rousseau consiste-t-elle à en préciser l'*étiologie* : « J'ai montré que tous les vices qu'on impute au cœur humain ne lui sont point naturels ; j'ai dit la manière dont ils naissent ; j'en ai, pour ainsi dire, suivi la généalogie, et j'ai fait voir comment, par l'altération successive de leur bonté originelle, les hommes deviennent enfin ce qu'ils sont[1] »

Si le problème de la théodicée figure au centre des préoccupations de la métaphysique de l'âge classique, l'originalité de Rousseau, comme l'a remarqué Cassirer, réside dans l'approche inédite qu'il a donnée au traitement de cette question. Au lieu de la résoudre par une analyse métaphysique de l'essence divine, accompagnée de spéculations sur la Création, Rousseau cherche à imputer la responsabilité du mal à un tout autre sujet : la *société* humaine. La théodicée bascule alors de la théologie rationnelle à la philosophie politique. Néanmoins, contrairement à un préjugé fort répandu, ce n'est pas *toute* société ni le principe même de la vie sociale qui entraînent la déchéance morale de l'homme. Seule une certaine forme d'*organisation* sociale nous déprave : la société mal gouvernée dans laquelle ce sont les passions et les intérêts qui déterminent les rapports entre les hommes et non la souveraineté de la loi voulue et fixée par la raison de *tous* les membres de la communauté. C'est cette demi-société désordonnée dans laquelle nous vivons – et où règne non pas la volonté générale mais le heurt des volontés particulières – qui est source de dépravation et de malheur. Elle nous a éloignés de notre être véritable ; elle nous a assujettis aux désirs artificiels et insatiables, à l'opinion d'autrui, à la volonté des plus puissants pour lesquels tous ses avantages sont faits. Elle a lâché la bride à cette passion funeste qu'est l'*amour-propre*, c'est-à-dire au besoin de se comparer et d'occuper la première place dans l'esprit des autres, à la soif de se distinguer. La société est ainsi gangrenée par l'*inégalité* à laquelle l'amour-propre aspire. Aux inégalités *matérielles*, qui y définissent sophistiquement l'excellence de

---

1. *Lettre à Christophe de Beaumont*, « Œuvres complètes », tome IV, Pléiade, p. 936.

l'individu (l'étendue des propriétés y étant le signe de la valeur du propriétaire) s'ajoutent les inégalités *morales* et *politiques* : la distribution du prestige accorde à certains une situation de domination qui suscite l'inégalité des droits. Tous nos vices proviennent donc de la société gouvernée par le jeu des intérêts égoïstes : nous ne faisons le mal que dans la mesure où le souci exclusif du profit personnel nourrit une compétition féroce dans laquelle les autres ne peuvent faire office que d'instruments au service de nos ambitions.

Il n'y a aucune contradiction dans l'œuvre de Rousseau entre la critique implacable de la société conduite dans le *Discours sur l'origine et les fondements de l'inégalité parmi les hommes* (1755) et l'apologie de la communauté politique républicaine contenue dans *Du contrat social* (1762) : il ne s'agit tout simplement pas de la *même* société. Une seule thèse s'y manifeste : c'est parce que l'homme n'accomplit sa nature d'être libre et raisonnable que dans une société où règne la loi qu'il se dégrade dans une société où triomphent les passions. Le mal étant notre œuvre, notre salut repose entre nos mains : il nous appartient de construire une communauté dans laquelle nous n'obéirions qu'à la loi commune et anonyme que la raison de chacun prescrirait à tous. Cependant, l'horizon de la Cité juste semblant avoir disparu du monde moderne, la réconciliation de notre nature et de l'histoire ne semble plus pouvoir s'opérer par le prisme de la citoyenneté. C'est pourquoi dans l'*Émile* (1762), Rousseau confie à l'éducation le soin d'amener l'individu à la raison et à l'autonomie *morale*. La *Profession de foi du Vicaire Savoyard*, qui correspond à la dimension religieuse de l'instruction, aura ainsi pour charge de donner un *fondement* métaphysique aux exigences éthiques. Elle ne pourra faire l'économie d'une reprise du problème du mal, laquelle, sans jamais annuler les analyses politiques que nous avons rappelées, approfondira l'élucidation des principes anthropologiques et métaphysiques qui permettent de le résoudre.

Place de la *Profession de foi* dans l'*Émile*

La *Profession de foi du vicaire savoyard* constitue à la fois une partie du vaste traité d'éducation qu'est l'*Émile* et un texte autonome. Aussi répond-elle à deux exigences. Elle obéit en premier lieu à une nécessité interne à l'œuvre puisqu'elle correspond à une étape de la formation intellectuelle de l'élève fictif de Rousseau : son instruction religieuse. Toutefois, elle va bien au-delà de cette dimension pédagogique puisqu'elle est l'occasion pour Rousseau de présenter de manière la plus systématique ses thèses relatives aux questions religieuses et morales : l'existence de Dieu, la nature de l'homme, la liberté, la conscience.

L'*Émile* se présente comme un traité d'éducation dont tout l'enjeu consiste à amener l'élève à l'autonomie. Cette éducation s'opère selon plusieurs phases qui prennent pour fil directeur ce que Rousseau appelle « éducation de la nature » et qui désigne la croissance de l'enfant, le développement progressif de ses organes et de ses facultés mentales. L'une des innovations théoriques principales de l'*Émile* consiste à ne pas considérer l'enfance comme une période formant une unité, mais comme un long cheminement marqué par des âges très différents, correspondant à des degrés de formation des capacités physiques et intellectuelles très divers. Il y a une lente genèse de l'esprit qu'il faut savoir respecter : l'enfant apprend graduellement à former des idées et demeure longtemps incapable de comprendre des notions abstraites et intellectuelles. Aussi faut-il savoir apparier la nature des apprentissages au stade de développement de la raison atteint par l'enfant. L'enfant étant d'abord un être physique, il convient en premier lieu d'affiner ses sens, de l'exercer à discerner, peser, mesurer. Entre 2 et 12 ans, l'éducation est centrée sur la perception et se veut culture de la raison sensitive. Ensuite, entre 12 et 15 ans, l'essor de la raison intellectuelle oriente le cours des études dans une direction différente : il privilégie les sciences de la nature, comme la physique, la géographie ou l'astronomie. Le principe essentiel pour le précepteur consiste à éviter d'exposer prématurément à l'enfant des idées qu'il n'est pas en mesure de comprendre. Faute que sa raison soit entièrement formée, il ne manquerait pas d'en avoir de fausses notions qu'il ne serait ensuite plus en mesure de redresser et de corriger. C'est pourquoi Rousseau laisse de côté jusqu'à l'adolescence les problèmes liés à la morale, aux valeurs, à la justice, au bien et au mal, à la religion, etc. L'enfant n'entend pas la signification des impératifs éthiques : la notion d'obligation suppose des lumières qui lui font défaut. Encore moins peut-il comprendre la nature de Dieu : incapable de s'élever à l'idée d'un être invisible et immatériel, son imagination lui en ferait une peinture anthropomorphique, le faisant sombrer dans l'idolâtrie.

Le livre IV de l'*Émile*, dans lequel s'insère la *Profession de foi*, s'ouvre par la description du bouleversement que constitue l'adolescence. La puberté s'accompagne en effet d'un feu intérieur, d'une prolifération des passions, qui rendent l'individu fébrile et le décentrent de lui-même. Le trouble du désir naissant, qui ne sait vers quel objet se tourner, développe un puissant intérêt pour autrui : l'adolescent devient sensible aux sentiments de ses semblables et éprouve le besoin de leur compagnie. Aussi le précepteur doit-il s'appuyer sur ce caractère expansif du désir pour amener son élève à comprendre la nécessité de développer un attachement moral aux autres. L'adolescence sera l'âge de l'éducation morale ; en prenant appui sur le sentiment de pitié, on enracine dans la sensibilité l'exigence rationnelle de justice. L'élève non seulement comprend ainsi qu'il doit agir selon le bien, mais il prend aussi plaisir à la bienfaisance. Cette éducation, parce qu'elle élève à la pratique de la justice par la seule transformation des sentiments naturels (amour de soi, pitié), produit la simple bonté, c'est-à-dire l'innocence éthique ; elle doit donc recevoir un *prolongement*, qui lui permette d'atteindre la vertu, c'est-à-dire la capacité à faire le bien une fois l'épreuve du mal et des passions surmontée. Tel est l'office d'une *éducation religieuse*, qui lui fournira les principes permettant de *consolider* la droiture de ses élans : connaître Dieu et sa place dans le monde apaisera le tumulte des penchants et l'empêchera de désespérer du scandale que constitue le mal social. Il ne s'agit pas par là d'inculquer une religion historique déterminée mais de défendre ce que l'on appelle la religion *naturelle*, laquelle doit être distinguée des religions révélées. La plupart des confessions reposent en effet sur une *révélation*, c'est-à-dire sur un événement au cours duquel Dieu se serait manifesté à un prophète ou à un groupe d'hommes pour leur transmettre un enseignement auquel il faut croire. L'idée de révélation implique que les vérités religieuses relèvent d'une source surnaturelle, que Dieu lui-même a exprimé sa volonté, qu'il a instruit les hommes sur sa nature et sur le culte qu'il veut qu'on lui rende. La religion naturelle, quant à elle, émane de la seule raison : ses articles de foi sont accessibles à tout homme qui réfléchit, indépendamment de toute révélation. Elle contribue ainsi à dégager le noyau commun à toute religion, écartant les mystères, les miracles, les fables. Dépouillant la religion de tout ce qui y répugne à la raison, elle se borne aux enseignements qui intéressent la conduite de l'existence. Ainsi Rousseau affirme-t-il l'existence d'un Dieu ordonnateur du monde et auteur de la loi morale, la liberté de l'homme, la spiritualité et l'immortalité de l'âme.

Autonomie de la *Profession de foi*

Toutefois, la rédaction de la *Profession de foi* répond aussi à des exigences propres à Rousseau. Le texte a d'abord été rédigé de manière indépendante, avant d'être rattaché à l'*Émile*. Il doit sa naissance à un projet dont l'origine nous est racontée dans la troisième des *Rêveries du promeneur solitaire*. Rousseau s'était fixé l'âge de quarante ans pour se donner une philosophie, c'est-à-dire un ensemble de thèses cohérentes et rationnellement argumentées sur l'homme, la nature et Dieu. Il a toujours cru en Dieu, mais sa vie religieuse fut tourmentée : il est né protestant, a été converti au catholicisme à seize ans à Turin en 1728, avant de revenir au protestantisme en 1754. Ces fluctuations ont nourri en lui le désir d'aboutir par la réflexion à des certitudes définitives en la matière, nécessaires pour orienter sa vie morale. Surtout, l'amitié qui l'avait lié avec les écrivains des Lumières dont Diderot et Grimm, qualifiés d'« ardents missionnaires d'athéisme », avait semé en lui des doutes. En les écoutant argumenter pour réfuter l'existence de Dieu, Rousseau fut troublé par leurs discours sans que pourtant ils ne réussissent à emporter son adhésion. Il se révélait incapable de leur répondre et de leur adresser des objections ; pourtant, il sentait au fond de son cœur une résistance à leurs arguments, qui lui suggérait qu'ils se trompaient et ne développaient que des sophismes. La *Profession de foi* est née du besoin éprouvé par Rousseau de surmonter cet état de contradiction intérieure entre le sentiment, qui lui montre la résistance de ses croyances au doute, et sa raison, qui ne parvient pas pour autant à fonder cette foi. Elle constitue l'expression la plus ordonnée et la plus approfondie de la pensée religieuse et morale de Rousseau, esquissant par sa rigueur déductive les contours d'un authentique système. Le passage sur lequel porte notre étude, qui correspond au premier moment de la *Profession de foi*, établit le contenu de la religion naturelle : en conduisant une méditation métaphysique axée sur la réfutation du sensualisme et du matérialisme, Rousseau cherche à réfuter les arguments de l'athéisme. Une fois l'existence de Dieu établie, la *Profession de foi* dessinera les principes d'une théodicée : la liberté humaine expliquera la présence du mal, la spiritualité de l'âme et la conscience nous donneront les moyens nécessaires pour ne pas le commettre.

Elle n'est cependant pas formulée en son nom propre mais placée dans la bouche d'un personnage conceptuel : le Vicaire Savoyard. Rousseau a donc recours à la fiction : il prétend transcrire un papier qu'il aurait trouvé et qui contient le récit de l'histoire d'un jeune garçon sauvé de la misère physique et morale par un prêtre qui, pour lui adresser le témoignage de sa foi, lui en a exposé les principes. Cette mise en scène n'est pas simple artifice littéraire ; elle doit plutôt être comprise comme une manière de suggérer que la religion est une question éminemment personnelle. C'est à la raison de chacun d'entreprendre l'examen de ce qu'il faut penser à ce sujet, et non à quiconque d'imposer une vérité indiscutable.

Crise morale et méditation métaphysique

Dans l'exorde de la *Profession de foi*, le Vicaire s'efforce de décrire l'intention dans laquelle il va parler. Il s'ouvre sur une déclaration inattendue : le prêtre ne se prétend pas le possesseur d'une science, d'un savoir supérieur qui le distinguerait des autres hommes. Il se réclame du « bon sens » qu'il oppose à la sophistication et à la technicité de la pensée philosophique. Cette notion de « bon sens » renvoie au célèbre *incipit* du *Discours de la méthode* de Descartes : « le bon sens est la chose au monde la mieux partagée ». Le bon sens désigne la raison comme puissance de juger, comme faculté de distinguer le vrai du faux. Descartes affirme cette égale présence de la raison parce qu'elle fonde la possibilité de la vérité, c'est-à-dire d'un accord universel des esprits sur les résultats auxquels elle parvient. En imitant le début du texte cartésien, le Vicaire précise à quelles fins il expose sa pensée : exactement comme Descartes, il ne prétend pas détenir une vérité qu'il voudrait imposer mais souhaite proposer un modèle de méditation autonome, une manière exemplaire de raisonner par soi-même sur les problèmes essentiels de la vie humaine. Tout homme qui entreprend de vivre sérieusement est amené à réfléchir sérieusement à ce qui forme l'objet de la *Profession de foi*. La possession commune de la raison implique que les résultats de l'analyse pourront recevoir le consentement de tout homme ; toutefois ici, la référence au « cœur » suggère que si la raison conduit l'argumentation, la reconnaissance de la vérité n'est possible que si nous y adhérons du plus profond de nous-mêmes. Elle s'appuie donc sur le sentiment, lequel seul lui donne toute sa force de conviction. La simplicité du cœur et la sincérité mises en avant par le Vicaire font ainsi dépendre la certitude de « l'amour de la vérité ».

L'exposé rapide de la biographie du Vicaire montre la gravité des enjeux soulevés. C'est du sein d'une certaine expérience de la vie, marquée par le spectacle du mal et de l'injustice, que surgissent les inquiétudes qui appellent le travail de la raison. Le Vicaire a été victime d'une opposition entre les exigences morales de sa conscience et les valeurs de la société. Il a éprouvé en lui-même les *effets* du mal social. On lui a en effet reproché d'avoir eu un commerce amoureux avec des femmes non mariées (« je résolus de ne point le profaner », « mon respect pour le lit d'autrui »). La fonction sacerdotale impose le célibat des prêtres et les amène en même temps à côtoyer des jeunes filles encore vierges ou des femmes mariées qui ont juré fidélité, ce qui les expose à la tentation. Le Vicaire, par respect pour la loyauté qui entoure le mariage, a choisi la première solution, ce qui lui a valu l'hostilité de ses supérieurs, alors que la chose est pourtant moralement moins répréhensible. Entre ces deux transgressions, l'Église réprouve moins l'adultère (elle peut étouffer plus aisément le scandale en présentant un enfant illégitime comme celui du mari), laquelle est pourtant la plus grave, comme si elle redoutait moins la trahison et la tromperie que l'opinion publique. Pareille légèreté morale n'a pu que semer le doute dans l'esprit du vicaire : l'absurdité du jugement des hommes, l'inconséquence de l'ordre social et ecclésiastique lui ont fait perdre ses croyances les unes après les autres. Désillusion, tristesse, doute : ce sont les tourments de l'âme abattue par le mal qui rendent nécessaire la recherche de la vérité. Le temps de décider par soi-même de ce qu'il faut penser est ainsi venu pour le Vicaire.

Le doute existentiel

Pour décrire sa situation intellectuelle et morale, le Vicaire revendique cette fois-ci nommément le patronage de Descartes : « J'étais dans ces dispositions d'incertitude et de doute que Descartes exige pour la recherche de la vérité ». Les *Méditations métaphysiques* s'ouvrent en effet par un doute méthodique destiné à suspendre toutes les fausses évidences pour atteindre une première vérité absolument certaine. Or, cette parenté dans la démarche ne va pas sans profondes différences. Le doute cartésien est le fruit d'une libre décision, d'une initiative commandée par une exigence de comprendre jusqu'au bout ce que l'on pense. Il ne résulte en rien d'une indécision : Descartes ne doute pas parce que l'esprit ne dispose pas de raisons suffisamment fortes pour pouvoir affirmer ou nier en toute assurance. Le doute constitue chez lui un simple instrument de découverte de la vérité : c'est volontairement qu'il s'abstient de juger aussi longtemps que telle affirmation n'a pas résisté à toutes les objections possibles, de manière à ne pas commettre d'erreur. Or, l'incertitude décrite par le Vicaire n'a rien d'une entreprise délibérée puisqu'elle est présentée comme un état dramatique provoqué par une cause extérieure à la volonté : la contradiction des opinions humaines sur le bien et le mal. Son doute est « un état peu fait pour durer, inquiétant et pénible » ; il est l'expression d'un désarroi, d'une incapacité à savoir comment diriger sa vie, issus du spectacle de l'hypocrisie et du vice. La source du doute en commande donc la nature : il s'agit d'une inquiétude existentielle et morale insupportable, non de la recherche du vrai librement et sereinement mise en œuvre par une raison conquérante. Elle détermine aussi le type de vérités recherchées : Descartes veut fonder les sciences, le Vicaire découvrir des règles morales pour l'action. Descartes veut savoir ce qui est, le Vicaire ce qu'il doit faire : il faut dégager « la cause de mon être et la règle de mes devoirs ».

La violence qu'un tel doute constitue pour l'esprit humain est présentée avec une certaine dramatisation : l'existence est ainsi comparée à une navigation périlleuse. Nous sommes comme des marins embarqués sur un bateau sans aucun moyen de nous repérer. La raison devrait jouer le rôle de la boussole qui indique la direction où aller et ainsi nous indiquer nos devoirs ; la volonté celle du gouvernail qui maintient le cap. Mais le pilote « méconnaît la route ». Méconnaître n'est pas synonyme d'ignorer : nous avons le pressentiment de ce qu'il faut faire, mais nous n'avons pas la certitude qu'il s'agit de la meilleure voie. Or, faute de cette assurance, nous avançons tout de même, mais ce sont nos passions qui nous dirigent, comme la tempête qui nous fait dériver et nous égare. Ne pas savoir, hésiter, être ballotté entre des partis divers est pour nous source de désespoir, c'est un état dont nous voulons sortir à tout prix.

Aussi la position des sceptiques est-elle intenable : non seulement ils établissent l'incertitude de nos opinions les mieux établies, mais ils prétendent que nous ne pouvons rien affirmer avec assurance et que la tranquillité d'âme exige la suspension du jugement. Or « ces philosophes ou n'existent pas ou sont les plus malheureux des hommes », dans la mesure où l'esprit ne tolère pas le doute. Plus exactement, son besoin de certitude est tributaire de la nature des objets considérés : nous pouvons parfaitement accepter d'ignorer tout ce que nous jugeons sans importance ; en revanche, sur les problèmes qui concernent notre destinée d'hommes, qui engagent ce que nous devons faire de notre vie, nous ne supportons pas de rester dans l'indécision. L'esprit est habité par nature par une telle soif de comprendre que nous préférons nous jeter sur n'importe quelle croyance plutôt que de douter : « il [l'esprit] se décide malgré lui d'une manière ou d'une autre, et il aime mieux se tromper que ne rien croire ». Le dogmatisme religieux, c'est-à-dire l'attitude par laquelle une Eglise impose des vérités aussi infondées qu'indiscutables au croyant, produit le même effet sur l'esprit que le scepticisme : il affaiblit leur crédibilité auprès des hommes raisonnables. Le catholicisme se présente par exemple comme un système de vérités qu'il faut accepter ou rejeter en bloc ; or tous ses dogmes ne présentent pas la même valeur. Il constitue ainsi une figure symétrique à celle du scepticisme : le sceptique ne croit rien, le dogmatique croit tout et n'importe quoi. Ce double rejet indique que le régime d'assentiment exigé par les articles de foi énoncés par le Vicaire ne relèvera ni de l'un ni de l'autre : il séparera les points dignes d'être crus des absurdités manifestes.

Critique de la philosophie

Une autre voie semble susceptible de nous soustraire à cet état d'incertitude : la lecture des philosophes[1]. Le Vicaire oppose cependant l'arrogance de leurs certitudes à la fragilité des arguments supposés les établir : « je les trouvai tous fiers, affirmatifs, dogmatiques, même dans leur scepticisme prétendu, n'ignorant rien, ne prouvant rien […] ». Le ton supérieur qu'ils emploient se voit destiné, comme la technicité de leur argumentation fallacieuse, à cacher tant bien que mal le fait qu'ils n'échappent pas plus à l'erreur que quiconque : leur pensée n'est que verbalisme creux, pure ratiocination orgueilleuse. D'où la thèse selon laquelle la philosophie se réduit en fait à une activité de dissolution des croyances, à une entreprise visant à saper les thèses des autres. Tout ce qu'elle sait faire, c'est attaquer et détruire. Les philosophes ne dialoguent pas entre eux, ils s'invectivent et se combattent ; chacun semble essentiellement préoccupé de discréditer ce qu'enseignent ses collègues : « triomphants quand ils attaquent, ils sont sans vigueur en se défendant ». Aussi cette fonction strictement négative explique-t-elle la pluralité des philosophies : elles semblent ne devoir leur existence qu'au besoin de s'opposer à d'autres discours. Ces discordes alimentent naturellement le scepticisme. Pas plus que le dogmatisme des Églises, la sophistique raisonneuse des philosophes ne peut donc étancher la soif de certitude.

Le Vicaire remonte alors de ce constat d'une opposition entre les doctrines aux deux causes qui lui donnent naissance. La première réside dans la limitation de notre pouvoir de connaissance. La raison humaine se révèle en effet trop bornée pour pouvoir faire de grands progrès en matière de savoir. Ce passage, en faisant référence à la « machine immense » évoque le célèbre fragment des *Pensées* de Pascal sur les deux infinis : l'esprit se trouve placé dans un univers dont les dimensions le dépassent de toute part. L'infinité de *grandeur* de l'univers (son illimitation) et l'infinité de *petitesse* (la fragmentation à l'infini de la matière, que révèle l'usage du

---

1. Cette critique ne concerne pas *la* philosophie en tant que telle. Elle concerne un certain nombre d'auteurs des Lumières, tels La Mettrie, d'Holbach, Helvétius, Diderot, qui professent matérialisme et athéisme. Rousseau leur reproche de ridiculiser la morale et de rabaisser l'homme en le présentant comme mû exclusivement par le plaisir et l'intérêt égoïste. Rousseau s'inspire d'ailleurs de Platon, de Descartes, de Leibniz, entre autres auteurs.

microscope) nous empêchent de comprendre la réalité. Nous n'avons pas accès aux secrets du monde, les principes et les causes nous demeurent cachés dans l'immensité insondable de l'univers. Cette ignorance s'étend pour partie à l'homme lui-même (« nous nous ignorons nous-mêmes ») : nous ne pouvons déterminer la nature de l'âme ni comprendre pourquoi notre esprit est rattaché à notre corps. La suite de la *Profession de foi* montrera que l'homme possède une nature double, mais c'est plutôt l'expérience morale qui nous le suggérera qu'une réelle saisie intellectuelle de notre essence. Il est donc déraisonnable de vouloir tout connaître, comme le désire le savant, lequel prétend se hisser au rang du Dieu créateur en reconstituant la manière dont le monde est fait et les fins que son auteur s'est proposées. Une telle ambition relève de la pure vanité puisque soit elle s'imagine siéger au conseil de la Providence soit en forgeant des hypothèses sur l'origine des choses elle prête à Dieu les créations de notre propre esprit.

En second lieu, la multiplicité des thèses philosophiques ne dérive pas simplement de la limitation constitutive de la raison, mais d'une motivation d'ordre psychologique : la philosophie ne cherche pas la vérité mais l'admiration. Ce qui lui importe, c'est le prestige social, le goût de l'originalité en tant qu'elle attire le regard des autres. Or, la vérité ne rend ni riche ni puissant : pour s'élever socialement, il faut plaire et dire des choses brillantes, inouïes, paradoxales. Or, puisqu'il faut se distinguer, le contenu de la philosophie, loin d'être dicté par la détermination rationnelle de la vérité, dépend de l'opinion sociale dont elle se borne à prendre le contre-pied : « l'essentiel est de penser autrement que les autres ». Le Vicaire peut ainsi ironiser sur l'absence de sincérité de l'incrédulité philosophique : si les hommes avaient toujours professé l'athéisme, les philosophes expliqueraient l'organisation de l'univers par un Être supérieurement intelligent et cette thèse ferait fureur dans les salons. La sophistique des philosophes ne nous soustraira pas au scepticisme ; nous pouvons par conséquent chercher la vérité en recourant à *notre* seule raison.

La lumière intérieure

Le Vicaire va alors tirer les conséquences de ces analyses et proposer une méthode pour conduire la réflexion. Il circonscrit d'abord le domaine de la recherche : il ne s'égarera pas dans des spéculations théoriques oiseuses. Notre esprit possède toute l'étendue requise pour nous instruire des choses qu'il nous importe de connaître : les vérités pratiques, qui regardent la conduite de la vie. Le reste peut sans dommage ne pas être su ; sans doute même la raison n'est-elle bornée que pour que nous nous concentrions sur les problèmes les plus cruciaux pour l'existence humaine et que nous tempérions notre curiosité pour les sciences qui nous en détournent. C'est l'instance que le Vicaire appelle « lumière intérieure » qui servira de *guide* à la pensée au cours de la méditation. Cette notion évoque le vocable cartésien « lumière naturelle », qui sert chez ce dernier à désigner la raison. Toutefois, chez Rousseau, la lumière intérieure prend la forme d'un sentiment, d'une certitude immédiate qui frappe l'âme sans être la conclusion d'une opération intellectuelle. Elle ne se réduit pas pour autant à une certitude purement subjective : que le cœur doive diriger la raison ne signifie pas que la méditation consiste à donner son assentiment à des croyances arbitraires, à des préférences rationnellement injustifiables, mais qu'il existe des principes éthiques présents en chaque homme antérieurement à toute démarche argumentative et que la raison aura précisément pour charge de fonder. La « lumière intérieure » ne peut ainsi nous éclairer que dans le cas où la méditation est conduite « dans le silence des préjugés ». Cette formule montre bien qu'il s'agit de découvrir des vérités premières, des principes universels gravés au fond de nos cœurs et auxquels l'esprit ne peut refuser son consentement, pour peu qu'il se replie sur lui-même et écarte nos inclinations irréfléchies, qui y font obstacle.

Le sentiment intérieur va également jouer un rôle cardinal dans la méditation métaphysique puisqu'il va permettre au jugement de se prononcer dans les domaines où les limites de la raison la laissent muette. Lorsque celle-ci ne parvient pas à choisir entre deux hypothèses parce que les arguments se révèlent d'égale valeur de part et d'autre, le sentiment intervient pour nous arracher au doute. Cela ne signifie pas qu'il serait irrationnel ; simplement, lorsque la raison ne peut pas par ses seules lumières quitter cette situation d'indétermination, elle choisit ce à quoi le cœur l'incline. Toutefois, Rousseau n'assimile jamais cette démarche avec une authentique démonstration : le sentiment produit simplement le plus haut degré de conviction subjective possible, ce qui n'assure en rien de sa valeur objective. C'est pour cela que le Vicaire développe une *profession de foi* : il s'agit d'énoncer des croyances raisonnables. Une profession de foi expose en effet ce qu'un individu tient pour vrai sans considérer cette vérité comme absolument prouvée et universelle. Mais comme nous ne pouvons demeurer irrésolus en matière de connaissance pratique, le sentiment nous poussera dans une certaine direction, en laquelle cependant la raison pourra reconnaître ses exigences. Puisque nous ne sommes pas de purs esprits et puisque notre raison est limitée, elle doit travailler de concert avec le sentiment dans la méditation.

La méthode de la *Profession de foi* consistera à soumettre la multitude des opinions à l'examen critique de cette lumière intérieure. Comme chez Descartes, la pensée commence par recenser les idées dont elle dispose et par les soumettre au tribunal de la raison. Aucune d'entre elles n'emporte une adhésion franche et définitive ; aucune d'entre elles ne se voit à l'abri des objections et des difficultés. Toutes sont ramenées au rang de simples croyances puisqu'elles se caractérisent par un certain degré de probabilité et non par la certitude. Ce qui prévaut ici, c'est l'esprit du libre examen (« dans le silence des préjugés ») : il s'agit de couper net toute influence extérieure, de retirer de l'esprit tout ce qui l'empêche de reconnaître l'évidence de la vérité. Deux catégories d'opinions s'opposent : « la première et la plus commune » qui est le déisme et la seconde qui est formée des philosophies matérialistes (« atomes » renvoyant à l'épicurisme ; « matière vivante » au *Rêve de d'Alembert* de Diderot). Or là où le déisme pose une cause unique de la réalité, le matérialisme invoque une multiplicité de principes explicatifs : le premier satisfait ainsi mieux le désir d'unité de la raison que le second. Rousseau fait ici référence à Clarke, qui est l'auteur d'un *Traité de l'existence et des attributs de Dieu*, dans lequel il se propose d'établir la religion naturelle par une série de démonstrations rationnelles. Le déisme de Clarke présente deux séries d'avantages sur le matérialisme athée : d'abord, il parle à la raison et jouit d'une puissance de conviction certaine ; ensuite, il répond à des exigences pratiques puisqu'il donne l'amour de l'action morale et nous exhorte au bien. Le déisme forme donc la doctrine « la plus simple et la plus raisonnable ». Simplement, son ancienneté joue en sa défaveur dans la mesure où la philosophie ne s'intéresse qu'aux thèses inédites et originales. Le Vicaire achève cette première mise en balance en envisageant une possible objection : le déisme ne présente pas moins que le matérialisme des difficultés et des obscurités auxquelles il ne peut répondre. Nul ne saurait en effet sérieusement prétendre que l'idée de Dieu soit parfaitement intelligible pour notre raison limitée. Mais la même restriction s'impose en ce qui concerne le matérialisme : le principe selon lequel la matière pense n'est pas représentable. S'il faut choisir entre les doctrines, nous ne pouvons donc adopter comme critère de détermination la comparaison entre les possibles objections qu'elles suscitent puisqu'aucune d'entre elles ne peut y être soustraite. En revanche, si l'on envisage la partie positive de *l'explication*, la balance semble pencher du côté du déisme, dans la mesure où il surpasse en clarté ses concurrents.

Le récit de l'expérience qui a jeté le Vicaire dans la méditation s'achève alors par l'exposition d'un principe de méthode, lequel fait encore une fois signe vers Descartes. Rousseau se décide à « admettre pour évidentes » les opinions que son cœur lui présentera comme telles et pour vraies celles que la raison déduira des précédentes. Or, la première règle de la méthode énoncée par Descartes dans la seconde partie du *Discours de la méthode* préconise de « ne recevoir jamais aucune chose pour vraie que je ne la connusse évidemment être telle ». Descartes associe vérité et évidence : est évident ce qui s'impose avec une telle force à l'esprit qu'il ne peut que l'accepter. Naturellement, cette clarté de l'idée ne doit pas être confondue avec la force de conviction subjective. L'évidence n'est pas d'ordre psychologique : c'est une propriété de l'idée pensée et non de l'individu qui pense. Elle renvoie à ce qui dans le contenu rationnel de l'idée considérée produit une certitude inébranlable dans l'esprit : l'évidence cartésienne n'a donc rien d'individuel et de subjectif, elle repose tout entière sur un travail de la pure raison, objectif et impersonnel.

Or, Rousseau se sépare à nouveau de Descartes puisque ce n'est pas la raison, mais « la sincérité du cœur » qui est juge de l'évidence et qui détermine l'adhésion de la pensée. La différence des motifs de douter et des fins attachées à la méditation suffit à rendre raison de cette divergence. D'abord, la raison du Vicaire se débat dans les ténèbres d'une crise morale et religieuse : c'est donc le cœur qui, ne pouvant supporter cette situation, engage la raison à entreprendre la recherche. Le Vicaire « porte l'amour de la vérité pour toute philosophie », ce qui signifie que son cœur a été préservé de la corruption. Le spectacle de l'hypocrisie n'a pas éteint toute exigence en lui ; il ne l'a pas fait conclure à la vanité de la morale. Son incrédulité et son désarroi lui servent plutôt d'aiguillon pour entreprendre l'examen et sortir du scepticisme éthique et religieux. Plus encore, le sentiment intérieur sert de guide à la raison lorsqu'elle se penche sur les questions pratiques : si elle s'appuyait sur ses propres forces, elle pourrait se fourvoyer dans les sophismes des pseudo-philosophes. Le cœur, comme accord immédiat de tout notre être avec certaines valeurs, forme la condition de tout usage droit de la raison. D'ailleurs, le texte indique que le cœur ne se rapporte qu'aux premiers principes, les autres étant établis par le raisonnement puisqu'il est question de « liaison nécessaire avec les premières ». Nous avons donc affaire à une évidence dans laquelle viennent se nouer raison et sentiment, croyance et savoir. La raison devra rejoindre une certitude d'un autre ordre qui la précède sans s'opposer à elle.

Jugement et sensibilité

La *Profession de foi* s'ouvre sur des considérations gnoséologiques : elle entreprend une discussion critique des thèses sensualistes, pour lesquelles la pensée demeure purement passive en matière de connaissance dans la mesure où ses jugements se laissent réduire à des modifications de la sensibilité.

Exister, c'est sentir

La recherche de la certitude ne saurait faire l'économie d'un examen critique préalable portant sur la nature et la valeur de notre pouvoir de connaissance. Pour conjurer le scepticisme, il importe d'établir que le sujet pensant jouit d'un pouvoir de juger autonome, distinct des sensations qui l'affectent : l'hypothèse d'une entière passivité de l'esprit (exprimée dans les formules « qu'est-ce qui détermine mes jugements ? », « s'ils sont entraînés, forcés par les impressions que je reçois »), telle que la développent les philosophes sensualistes, viderait en effet de tout sens la démarche même de la méditation. Le Vicaire va donc opérer un retour sur lui-même et prendre pour objet d'étude inaugural le *je*.

La première assertion qui puisse être regardée comme une vérité irrécusable dans l'itinéraire réflexif du Vicaire renvoie de nouveau au modèle cartésien puisque le doute vient se briser contre l'existence du moi : la subjectivité qui se tourne vers soi ne peut que se saisir elle-même. Il m'est absolument impossible de ne pas être dans le moment où je me représente moi-même à moi-même ; je ne puis penser que l'objet que je vise alors n'existe pas puisque cet objet se confond précisément avec le sujet qui le vise. Néanmoins, le *Cogito* rousseauiste se démarque du *Cogito* découvert dans les *Méditations Métaphysiques*. Chez Descartes, le « je suis, j'existe » est précédé de « *je pense* » et la valeur de l'argument tient à ceci que le doute a mis en question la réalité des choses extérieures, lesquelles se voient réduites à l'état de simples représentations du sujet. Par conséquent, la certitude irréfragable avec laquelle je suis assuré de l'existence du moi réside dans son statut ontologique exceptionnel : lorsque j'affirme « *je pense* », je n'ai en effet pas affaire à une idée qui me représenterait quoi que ce soit au dehors de moi (de sorte que la réalité de l'objet représenté resterait affectée d'un coefficient d'incertitude), mais je me trouve en présence de la chose même que j'affirme. Je peux donc douter de l'existence de tout, à l'exception de celle de ma pensée puisqu'elle désigne l'acte même par lequel je porte ce doute.

Or le point de départ du Vicaire n'est pas « *je pense* » mais « *je sens* » : « J'existe, et j'ai des sens par lesquels je suis affecté ». Le « j'existe » rousseauiste n'est donc pas conclu au terme d'une élucidation critique de ce qu'enveloppe la formule « je doute », il est posé comme une prémisse frappée au sceau de l'évidence immédiate. Le sujet qui s'aperçoit de lui-même ne se réduit pas à la pensée, la conscience de soi repose sur un sentiment préréflexif : *je* ne renvoie pas à la raison pure mais à une subjectivité incarnée. La sensation comme affection du moi constitue ainsi l'expérience privilégiée par laquelle nous avons l'impression d'être : le fait originel qui nous révèle à nous-mêmes réside dans le fait d'éprouver en soi une certaine modification. Sentir, c'est en effet être altéré par l'action des choses, c'est expérimenter qu'il se passe quelque chose en *moi* : se savoir exister suppose ainsi une présence de soi à soi qui est vécue avant d'être pensée. Un tel axiome inscrit la démarche du Vicaire dans un horizon théorique plus proche du sensualisme de Condillac que de la métaphysique cartésienne, comme le suggère l'interrogation portée sur la nature du *je* révélé par le sentiment de soi : « Ai-je un sentiment propre de mon existence, ou ne la sens-je que par mes sensations ? ». Dans la sensation, j'ai bien l'impression d'exister puisque celle-ci trouve en moi son siège et m'affecte ; mais justement, sentir, c'est d'abord faire l'épreuve d'une appartenance au monde, d'une solidarité entre les corps extérieurs et mon propre corps, en un mot c'est vivre une certaine continuité entre moi et les choses.

D'où la question du Vicaire : est-ce que le *je* que je sens m'est révélé de manière distincte, est-ce bien *moi* que je sens ? Ou est-ce que la conscience que j'ai de moi-même se confond avec telle sensation particulière que j'éprouve actuellement ? Sentir, est-ce se sentir soi-même et ne sentir rien d'autre que soi-même ou est-ce toujours sentir quelque chose d'extérieur à soi ? Il semble en effet que ce que la sensation m'apprend n'est rien autre que le mode sur lequel les choses se donnent à moi : je ne sens pas mon être pur mais je sens le plaisir de percevoir ce paysage enneigé ou la résistance opposée par la table à ma main. Le sentiment d'exister ne me fait alors peut-être pas saisir mon être pur mais simplement une certaine manière ponctuelle que j'ai d'être : tel est le premier doute suscité non plus par le désarroi moral mais par l'examen méthodique. L'évidence avec laquelle je découvre mon existence n'enveloppe cependant pas de connaissance précise de l'essence du moi : peut-être se réduit-il à la collection des sensations qui me traversent.

L'existence du monde extérieur

Une fois soulevée la question d'une possible dissociation du *je* sentant et des sensations qui le frappent, l'analyse du Vicaire rencontre une seconde difficulté : quelle est la *cause* de nos impressions sensibles ? Même si la sensation désigne un état subjectif, une représentation interne du sujet, elle ne saurait être provoquée par la pensée elle-même : si elle est quelque chose *en* moi, on ne saurait conclure qu'elle est quelque chose *de* moi. Si sentir renvoie d'abord à l'épreuve d'un changement intérieur, cette modification résulte de la mise en présence d'une réalité étrangère. L'argument qui permet d'établir que les sensations sont l'effet de choses matérielles existant hors de moi réside dans la pure *passivité* du sujet sentant : « elles m'affectent malgré que j'en aie, et [...] il ne dépend de moi ni de les produire ni de les anéantir ». La sensibilité est une faculté réceptive et non productrice : elle ne peut construire ses états à sa guise, elle les subit sans pouvoir les changer. Que je ne puisse pas sentir autrement que je sens (que par exemple je ne puisse pas percevoir autre chose que ce mur bleu devant moi tant qu'il se tient face à mes yeux) suggère bien que la sensation est pour le sujet la donation d'une altérité : c'est parce qu'une chose distincte de moi s'impose à moi que je ne dispose pas du pouvoir de modifier le contenu de mes représentations. Sentir implique une certaine forme de contrainte puisque je ne décide ni de la nature de ce que j'éprouve ni de son émergence et de son extinction : que mes impressions adviennent sans que j'en décide montrent qu'elles sont tributaires de la présence ou de l'absence d'un objet extérieur qui détermine leur production. La sensation se comprend comme un état représentatif : il faut donc poser au dehors de moi un objet qui la cause. De l'analyse du « je sens », le Vicaire tire ainsi une preuve de l'existence du monde extérieur : le sujet n'accédant à la conscience de son existence qu'en s'apercevant que des choses l'affectent, que ses pensées lui représentent des êtres qu'il se révèle incapable d'inventer à sa guise, il peut affirmer l'existence de ces réalités extérieures avec autant d'assurance que la sienne propre.

Le Vicaire donne ainsi congé au problème de l'idéalisme, qui avait posé de redoutables difficultés aux philosophies de la connaissance à l'âge classique : « ainsi toutes les disputes des idéalistes et des matérialistes ne signifient rien pour moi ». L'idéalisme affirmait que l'existence du monde extérieur était douteuse ou indémontrable : n'ayant affaire à des objets que par les représentations que nous en avons, c'est-à-dire par ce que notre esprit en perçoit, nous ne saurions établir leur réalité *en soi*, c'est-à-dire indépendamment de la pensée. Pour Rousseau, il s'agit d'un débat vain : que des choses soient présentes à ma pensée sans que ma volonté y participe en quoi que ce soit suffit à établir qu'elles sont distinctes de l'état subjectif qui me les livre.

Analyse du jugement

Néanmoins, si la récusation de la question métaphysique de l'idéalisme ratifie le postulat sensualiste selon lequel « tout ce qui entre dans l'entendement y vient par les sens » (*Émile*, livre II), Rousseau va s'efforcer de réfuter sa version réductionniste selon laquelle l'esprit doit être conçu comme une faculté purement passive dont les opérations se laissent ramener à des transformations de la sensibilité corporelle. Il va ainsi mettre en lumière la *spécificité* du jugement de comparaison au regard de la sensation : la saisie des rapports entre les données sensibles suppose un pouvoir *actif* de penser qui ne saurait être réduit à une aptitude à être affecté, c'est-à-dire à *pâtir*. Connaître, c'est juger et juger c'est mettre en relation aussi bien que distinguer, c'est discerner les ressemblances et les différences entre les objets. L'argumentation développée par le Vicaire propose en réalité une critique des thèses épistémologiques défendues par Helvétius dans *De l'esprit* (1758). Ce dernier réduit en effet toutes les opérations de l'esprit au jugement, lequel consiste à comparer des impressions sensibles. Seulement, le jugement se borne selon lui à *apercevoir* les rapports entre les objets, ce qui ne suppose aucune intervention active de l'esprit : les différences sont constatées dans la sensation elle-même. À ce titre, l'expression « opérations de l'esprit » ne doit pas induire en erreur : il n'y aucune force de liaison à l'œuvre mais un pur et simple constat qui est donné à la pensée à même le matériau senti. Juger n'est rien d'autre ni de plus que sentir : saisir mentalement une relation, c'est voir ensemble deux sensations liées l'une à l'autre. Pour Helvétius, penser une différence se résume donc à sentir que deux choses distinctes font sur moi une impression différente : « [ ] je puis dire également, je juge ou je sens que, de deux objets, l'un, que j'appelle toise, fait sur moi une impression différente de celui que j'appelle pied » (*De l'esprit*, discours 1, chapitre 1).

Or, Rousseau s'inscrit en faux contre cette position : un rapport n'est jamais senti, il est toujours *conçu*. Pour montrer qu'il existe une coupure entre la sensation et le jugement, lesquels s'opposent l'un à l'autre comme la passivité et l'activité, il met l'accent sur le mode de réception des impressions sensibles. Les sensations se donnent à nous de manière dispersée, rhapsodique, confuse : les choses qu'elles nous révèlent se livrent donc comme extérieures les unes aux autres. Puisque penser consiste à les rapprocher les unes des autres, à les relier, l'esprit fait preuve d'une activité autonome : il faut une force distincte pour se déprendre des sensations, pour cesser d'adhérer à elles et pour statuer sur leurs rapports. Si les impressions sensibles s'offrent à nous de manière indépendante les unes des autres, la perception n'est pas en mesure de nous arracher à cette fragmentation. C'est une faculté qui surplombe ces données, qui les conserve et les manipule, qui se montre seule susceptible de déterminer leurs relations : « Je cherche en vain dans l'être purement sensitif cette force intelligente qui superpose et puis qui prononce ; je ne la saurais voir dans sa nature ». Un sujet qui serait sensibilité pure n'aurait affaire qu'à une diversité de sensations successives avec lesquelles il coïnciderait et ne parviendrait pas alors à unifier ses représentations pour ordonner son expérience du monde. C'est en ce sens que Rousseau écrit : « la faculté de l'être actif ou intelligent est de pouvoir donner un sens à ce mot *est* ». Le verbe être ne doit pas être compris au sens absolu d'*exister* mais au sens relatif par lequel il est utilisé comme copule dans un jugement : si l'intelligence va de pair avec la possibilité d'assigner une signification au verbe *être*, c'est parce que ce verbe symbolise notre aptitude à attribuer un prédicat à un sujet et par conséquent à assigner des propriétés aux êtres. Comme Kant y insistera après lui, le Vicaire définit l'intelligence comme un pouvoir de *synthèse* par lequel nous ramenons la diversité des impressions sensibles à l'unité.

Rousseau mobilise trois arguments pour mettre en lumière le fait que la pensée constitue « une force active » à l'œuvre dans la connaissance. En premier lieu, l'existence de jugements par lesquels nous établissons des mesures, notamment lorsqu'ils font intervenir les *nombres*. La perception nous livre le *vague* sentiment d'une dissemblance, non la différence *exacte* de grandeur entre deux objets. Surtout, pour savoir qu'il y a onze ou douze bâtons, il ne suffit pas de les percevoir, encore faut-il les compter : les unités ne s'ajoutent pas d'elles-mêmes les unes aux autres. Le nombre n'est pas une qualité intrinsèque des choses perçues mais il est le résultat d'un acte de numération de l'esprit. Certes pour en former l'idée, il est nécessaire que les bâtons soient donnés à ma vue ; néanmoins, ce n'est pas le simple fait de les regarder qui produit en ma pensée l'idée du onze : « ces idées comparatives [...] ne sont certainement pas des sensations, quoique mon esprit ne les produise qu'à l'occasion de mes sensations ». En second lieu, si l'on n'invoque pas une faculté de juger distincte de la sensibilité, on échoue à expliquer comment nous pouvons distinguer deux sensations semblables lorsqu'elles s'exercent au même instant. Pourtant dans le cas où les propriétés de deux objets sont identiques, nous ne les confondons pas : nous les rapportons à des lieux de l'espace différents, ce qui suppose à nouveau une intervention de l'esprit. Enfin, selon un argument *a contrario* repris du *Théétète* de Platon[1], si nous ne disposions pas d'un pouvoir d'unification des données sensibles, nous serions incapables de percevoir *un* objet. Un sens se caractérise en effet par sa spécialisation : il n'ouvre d'accès qu'à une dimension de l'objet et il est le seul à pouvoir le faire. On ne peut pas plus toucher un son que goûter une couleur : les sens sont irréductibles les uns aux autres, il n'existe entre eux « aucune communication ». Or, *un* objet forme l'unité d'une multiplicité de sensations distinctes : *une* fraise, c'est en même temps une couleur (rouge), une

---

1. Platon, *Théétète*, 184 a sq.

saveur (acidulée), un certain contact (marqué par les aspérités que comporte sa surface), un parfum (voluptueux), etc. Comme les sens ont chacun leur domaine de compétence propre et ne peuvent se substituer les uns aux autres, si nous percevons une seule et même chose (une fraise) et non pas autant de choses que nous avons de sens, c'est bien le signe que ce qui assure l'unité des diverses sensations n'est pas lui-même de même nature que les cinq sens. La perception sensible du monde extérieur suppose donc quelque chose de plus que les sensations : elle requiert une liaison, une mise en rapport des objets donnés par les affections sensibles, toutes opérations actives qui révèlent un dynamisme mental au travail dans le jugement comparatif.

Un dernier élément vient attester cette position d'un moi comme puissance de penser : l'expérience de l'*erreur*. Faire dériver le jugement de la sensation ne permet pas de comprendre comment nous pouvons nous tromper : ce que je sens n'est en effet en tant que tel jamais faux dans la mesure où l'impression correspond bien toujours à la manière dont l'objet m'affecte. Faire erreur, c'est se détacher du donné ; or sentir, c'est y adhérer. Tant que je me borne à ce que j'éprouve, je ne saurais donc sombrer dans la fausseté : cela ne devient possible qu'à partir du moment où j'affirme ou nie quelque chose au sujet de ce que je sens. Si je perçois du bleu, le bleu est bien la couleur qui est livrée à mes sens et je ne me trompe pas en pensant que je vois du bleu ; l'erreur ne peut se loger que dans le jugement par lequel je pose qu'il y a réellement un objet bleu hors de moi (je puis en effet être victime d'une illusion d'optique). L'argumentation du Vicaire s'inspire ici des analyses conduites par Descartes dans la quatrième des *Méditations métaphysiques*, laquelle faisait reposer la connaissance sur le concours de deux facultés : l'entendement qui perçoit les idées et la volonté qui juge, c'est-à-dire se prononce sur ce que l'entendement lui montre, lui donne son assentiment ou son refus. L'erreur ne provient jamais des idées, qui n'indiquent rien d'autre qu'elles-mêmes et se présentent détachées à la pensée, mais du jugement par lequel je statue sur leur conformité aux choses hors de moi. Elle naît selon Descartes de la disproportion entre la finitude de notre entendement et l'infinité de notre volonté : la seconde a la capacité de donner son aval à une pensée lorsque le premier ne lui présente aucune idée claire et distincte. Dans cette perspective, le sujet est seul responsable de ses erreurs puisqu'elles sont issues d'une opération par laquelle il va au-delà de ce qui lui est donné. Même si Rousseau ne reprend pas le lexique cartésien, il conserve le principe d'une indépendance constitutive de la faculté de juger qui décide de la nature ou de la réalité de l'objet senti : seule l'aptitude à déterminer des rapports qui ne sont pas donnés dans la sensation peut se révéler fautive. Ce sont donc les défaillances dans le résultat de la comparaison qui attestent paradoxalement le fait que celle-ci réclame une intervention active de l'esprit : « Pourquoi donc est-ce que je me trompe sur le rapport de ces deux bâtons, surtout s'ils ne sont pas parallèles ? [...] C'est que je suis actif quand je juge, que l'opération qui compare est fautive, et que mon entendement qui juge les rapports, mêle ses erreurs à la vérité des sensations, qui ne montrent que les objets ».

L'enjeu de toute cette réflexion liminaire ne se résume pas à son seul intérêt épistémologique mais réside dans sa portée ontologique. La réfutation du sensualisme réductionniste est en effet nécessaire à celle du matérialisme parce qu'il en constitue le soubassement théorique : si nos facultés intellectuelles ne sont que l'effet des modifications de la sensibilité, alors l'esprit se réduit à la matière : nos pensées se forment sans notre concours et nous n'avons pas de volonté libre. À l'inverse, la découverte rousseauiste de l'irréductibilité du jugement aux données sensibles qu'il ordonne ouvre la possibilité d'un dualisme dans la nature humaine : nous ne sommes pas que corps, mais nous avons une âme. Que le *je* impliqué dans le jugement traduise une activité atteste sa foncière liberté et livre ainsi un indice de sa possible spiritualité, que confirmeront les analyses ultérieures de la *Profession de foi* : « je ne suis donc pas simplement un être sensitif et passif, mais un être actif et intelligent, et, quoi qu'en dise la philosophie, j'oserai prétendre à l'honneur de penser ».

De la matière à Dieu

La méditation du Vicaire voit dans un second temps son centre de gravité se déplacer du *je* au monde. Elle procède en effet à une réfutation du matérialisme, dont les thèses avaient été développées par des auteurs comme Diderot dans *De l'interprétation de la nature* (1754) ou La Mettrie dans l'*Histoire naturelle de l'âme* (1745). Cette doctrine se propose de rendre raison de l'ordre du monde physique par les seules propriétés matérielles des corps : la matière jouit d'une puissance qui lui permet de se mouvoir spontanément et de s'organiser elle-même ; à un certain degré de complexité dans son organisation, elle recèle des attributs tels que la vie, la sensibilité et la pensée. Le matérialisme exclut donc toute dualité du corps et de l'esprit : il réduit tous les phénomènes naturels à un mécanisme aveugle. Sa réfutation se révèle alors centrale pour la théodicée rousseauiste, laquelle suppose la liberté et la spiritualité de l'âme. L'argumentation du Vicaire se déploie selon deux moments : elle s'appuie sur l'existence sensible du monde pour établir que la matière ne porte en elle ni la *cause* de son mouvement ni le principe de son *ordonnancement*.

La matière est inertie

Puisque le matérialisme repose sur le principe d'un dynamisme interne à la matière, Rousseau va s'efforcer d'établir que l'essence de cette dernière réside dans la *passivité* et non dans l'*auto motricité*. L'expérience nous montre les corps alternativement soumis au mouvement et au repos : la simple possibilité de recevoir ces deux états suffit à établir qu'aucun ne leur est attaché par nature. Si l'un et l'autre constituent des propriétés *accidentelles* et non *essentielles* de la matière, celle-ci ne saurait donc être que dispersion, pure étendue morte incapable de toute initiative spontanée. Les assertions du Vicaire s'inscrivent ici dans la perspective de la physique classique puisqu'elles s'appuient sur un de ses postulats cardinaux : le principe d'inertie. Ce dernier, qui reçoit sa première formulation dans les *Principes de la philosophie* de Descartes (livre II, article 37), récuse toute explication du mouvement par l'action d'une cause motrice intrinsèque au corps qui se meut : tout corps persévère dans l'état de repos ou de mouvement dans lequel il se trouve, sauf si une force extérieure s'exerçant sur lui le détermine à en changer. S'il se meut, il poursuivra sa trajectoire selon un mouvement rectiligne uniforme à moins que l'action d'un autre corps ne le ralentisse ou le fasse dévier ; s'il se trouve en repos, il n'amorcera de mouvement que si celui-ci lui est *communiqué* par un corps qui se meut déjà. Même si le principe d'inertie, envisagé d'un point de vue strictement *mathématique*, implique la relativité des deux états et partant leur équivalence, le Vicaire en tire la conséquence *métaphysique* d'une primauté du repos, laquelle semble appelée par le fait que le mouvement de la matière brute nécessite l'action d'une cause adventice : « Quand donc rien n'agit sur la matière, elle ne se meut point, et, par cela même qu'elle est indifférente au repos et au mouvement, son état naturel est d'être en repos ».

Si la matière apparaît purement passive, nous pouvons néanmoins en nous tournant vers nous-mêmes découvrir une force capable de produire spontanément des effets : notre volonté. Vouloir, c'est agir par soi-même et non sous l'effet d'une détermination extérieure, de sorte que ce que je fais ne doit d'être advenu qu'à mon initiative. Si tout mouvement matériel résulte d'une cause antécédente, la volonté renvoie quant à elle à une cause qui n'est pas elle-même l'effet d'une autre cause, en un mot à une cause autonome, radicalement inaugurale. Plus précisément, c'est dans l'expérience vécue de l'effort corporel, dans la conscience de la puissance que j'ai de faire exécuter à mon corps le geste dont j'ai préalablement décidé que j'appréhende en moi l'existence d'une activité libre : « je veux mouvoir mon bras et je le meus, sans que ce mouvement ait d'autre cause immédiate que ma volonté ». Il s'agit là d'une certitude immédiate, qui est attestée par la vivacité du sentiment qui l'accompagne : si elle ne saurait être prouvée, elle peut du moins être éprouvée. Le seul exemple de causalité motrice première que nous connaissons est donc de nature psychologique : c'est l'action de la volonté sur notre corps. De la même manière que l'analyse de la connaissance nous suggérait l'existence d'une intelligence que son activité rendait irréductible à la sensibilité, l'examen du mouvement nous indique l'existence d'un pouvoir d'agir que sa spontanéité rend distinct de la matière : le *je* qui juge et le *je* qui veut manifestent sous deux modalités différentes l'unité d'une substance immatérielle autonome.

Une volonté meut l'univers

Armé de cette distinction entre « mouvement communiqué » et « mouvement spontané ou volontaire », le Vicaire va examiner différentes hypothèses cosmologiques, c'est-à-dire relatives au système universel de la nature, à l'ordre du monde considéré comme une totalité (comment est-il né ? Comment comprendre son cours général ? Quelles sont les forces qui en déterminent le mouvement ? etc.). La première consiste à concevoir l'Univers comme « un grand animal qui se meut de lui-même ». Cette thèse, développée par Diderot[1], accorde aux particules élémentaires de la matière des propriétés psychiques (sentiment, perception), de sorte que, lorsqu'elles se combinent pour former des corps, elles développent une conscience du tout issu de leur liaison. Ce raisonnement, si on l'applique à l'Univers défini comme la collection de tous les corpuscules possibles, conduit à faire de ce dernier un vaste et unique organisme ; comme tout être vivant, il constitue un corps *animé*, à ce titre doué d'un principe *interne* de mouvement. Rousseau écarte cette théorie par deux objections. La première consiste à affirmer que l'*unité* du monde n'est pas de même nature que celle d'un organisme : si la solidarité de ses éléments était

---

1. Diderot, *De l'interprétation de la nature*, « Œuvres philosophiques », Classiques Garnier, pp. 224-230.

aussi étroite que celle des parties de notre corps, nous sentirions dans notre chair tout ce qui arrive à n'importe quel fragment de l'univers matériel, or nous restons indifférents vis-à-vis de multiples événements se produisant dans le monde (nous n'avons pas mal lorsqu'une pierre s'écrase sur le sol à des kilomètres de chez nous). La seconde consiste à opposer la régularité des phénomènes naturels à la spontanéité des actes du vivant. Là où la matière inerte obéit à un implacable déterminisme attesté par les lois que découvre la science physique, de sorte que cette dernière rend possible la prévision de certains événements, la vie animale semble à l'inverse se caractériser par une indétermination qui laisse au vivant le choix entre plusieurs possibles – lequel lui permet l'invention de réactions inédites – c'est-à-dire par une malléabilité, une adaptabilité qui rendent son mouvement imprévisible. La notion d'âme du monde apparaît comme une analogie inadéquate : cela invalide aux yeux du Vicaire l'idée d'un psychisme immanent à la matière.

La seconde hypothèse se propose quant à elle de chercher la cause du mouvement des corps inanimés en dehors de la matière : « elle reçoit le mouvement et le communique, mais elle ne le produit pas ». Le raisonnement du Vicaire constitue l'un des modes classiques de démonstration de l'existence de Dieu : il s'agit de l'argument dit *cosmologique*. Cette preuve, que l'on appelle parfois argument du Premier Moteur en référence à son origine aristotélicienne, repose sur l'impossibilité d'une régression à l'infini dans l'usage du principe de causalité. Puisque tout effet résulte d'une cause antérieure, on ne saurait indéfiniment remonter de cause en cause : il faut poser une cause première. Dans le cas où la série causale ne comporterait pas un terme originel incausé, aucun de ses éléments ne possèderait d'efficace ; par conséquent rien ne commencerait jamais à agir et les effets que nous observons ne pourraient avoir été produits. Si l'on applique ce raisonnement au déplacement dans l'espace, il apparaît que, puisqu'un corps inanimé ne se meut que par l'action d'un autre corps qui lui communique son mouvement, il est nécessaire de poser l'existence d'une cause première qui donne l'impulsion inaugurale à la matière. Or, comme la passivité constitutive des corps bruts exclut que cette cause soit d'ordre *physique* et comme l'union de l'âme et du corps nous livre pour seul exemple de causalité motrice spontanée l'effort volontaire, alors par analogie avec l'expérience du *je* actif, nous pouvons poser l'existence d'un premier moteur dont la nature est *spirituelle* : « Je crois donc qu'une volonté meut l'univers et anime la nature. Voilà mon premier dogme, ou mon premier article de foi ». Dieu, qui n'est ici pas encore nommé, se voit donc atteint par le biais d'un raisonnement causal prenant appui sur l'expérience interne de la subjectivité motrice : il est donc en premier lieu présenté comme *volonté*.

Science et métaphysique

Rousseau ne nie pas pour autant la part d'obscurité attachée à cet argument. Que nous constations la succession constante de la volition et de son exécution par le corps ne nous livre aucune intelligence de l'union de l'âme et du corps. Nous ne pouvons comprendre l'interaction de deux entités hétérogènes : comment une substance immatérielle dont l'essence tient dans la pensée peut-elle produire un effet sur une substance corporelle dont l'essence consiste à être étendue dans l'espace ? Il semble que seule une force physique puisse donner naissance à un mouvement et qu'une représentation ne puisse engendrer qu'une autre représentation. Pour Rousseau, cette difficulté inhérente à tout dualisme d'inspiration cartésienne n'empêche aucunement l'union de l'âme et du corps d'être un fait d'expérience parfaitement indubitable. L'inintelligibilité du dogme qui fait loger le principe de motion de l'univers physique dans une volonté transcendante à la nature ne réduit en rien l'assentiment que peut lui donner le sentiment intérieur : si on le met en regard du matérialisme, il possède en effet l'avantage de ne pas être contradictoire. Parler d'un « mouvement essentiel à la matière », de « force universelle », comme le font les matérialistes, c'est parler pour ne rien dire. Il n'y a pas de mouvement en général ; seuls existent des mouvements locaux, déterminés, c'est-à-dire s'opérant de manière ordonnée, selon une direction particulière, puisque comme le veut la physique moderne, « le mouvement n'est autre chose que l'idée du transport d'un lieu à un autre ».

L'argument cosmologique trouve une confirmation supplémentaire dans les limites de la science physique, laquelle achoppe précisément sur la question de l'*origine* du mouvement. Si la mécanique dispose bien d'instruments mathématiques qui lui permettent de décrire le mouvement (direction, accélération, forces qui en déterminent le cours, etc.), elle ne peut cependant pas lui assigner de causes. La célèbre formule de Newton « *Hypotheses non fingo*[1] » (« Je ne feins pas d'hypothèses ») dit assez combien la loi de la gravitation universelle, si elle fournit un modèle opératoire pour mettre en ordre les phénomènes et les mesurer – puisqu'elle pose un rapport entre les masses des planètes et le carré de leur distance – ne peut en revanche expliquer pourquoi les corps s'attirent de la sorte : la nature de cette force demeure soustraite à notre connaissance. D'où cette phrase du Vicaire : « ces lois, n'étant point des êtres réels, des substances, ont donc quelque autre fondement qui m'est inconnu ». La mise en parallèle des physiques de Descartes et de Newton, qui représentent les deux paradigmes méthodologiques concurrents au XVIIIe siècle (déduction de l'ordre de la nature à partir de principes *a priori* par réduction des corps à l'étendue géométrique chez le premier, primauté du contrôle expérimental et du raisonnement inductif par lequel on remonte des effets observés à leurs causes chez le second), vise à souligner que l'incapacité de la science à expliquer l'origine du mouvement ne résulte pas des insuffisances de telle ou telle théorie physique, mais bien de celles qui sont attachées à toute physique, quels qu'en soient les principes. Aussi le Vicaire rappelle-t-il deux expressions célèbres de cette difficulté : Descartes, afin de permettre une explication purement mécaniste du mouvement, a dû poser à son origine une impulsion du Créateur (la « chiquenaude » critiquée par Pascal) ; quant à Newton, il n'a pas hésité pas à poser non seulement que l'équilibre entre la force centrifuge et la force centripète formait l'œuvre d'une intelligence divine (laquelle a lancé de sa main les planètes qu'elle avait installées sur leurs orbites) mais encore que son maintien supposait que celle-ci intervienne régulièrement pour assurer l'ordre dans sa création (il lui faut par exemple empêcher que les perturbations, suscitées notamment par les comètes, ne modifient la vitesse des astres jusqu'à faire que leur chute, sinon infiniment retardée, ne s'accomplisse). Pour le Vicaire, la science, loin d'exclure toute spéculation théologique, semble plutôt l'appeler comme un complément de sens.

---

1. Newton, *Principes mathématiques de la philosophie naturelle*, Scolie général.

L'ordre

Si la considération du monde physique nous renvoie à une volonté divine animant la matière, une seconde voie va permettre au Vicaire de s'élever jusqu'à Dieu : l'ordre de l'univers, manifesté par l'omniprésence de la finalité, fait signe vers une intelligence régulatrice. Pour qui sait la regarder, la nature, par la constance et la convergence des lois qui la régissent, apparaît comme l'œuvre d'une sagesse souveraine. Le second article de foi du Vicaire reprend ainsi une autre preuve classique de l'existence de Dieu : l'argument physico-théologique, qui repose sur l'harmonie et la cohérence dont témoigne le cours de la nature. L'agencement réglé des éléments composant l'Univers, leur interdépendance, l'ajustement des moyens aux fins : un tel accord constant entre tant d'effets paraît difficilement pouvoir s'expliquer par le pur jeu mécanique des causes naturelles ; il semble plutôt plaider en faveur d'un arrangement providentiel. Ce raisonnement s'appuie sur une analogie avec l'activité technique humaine : « agir, comparer, choisir sont les opérations d'un être actif et pensant ». La construction d'un artefact nécessitant en effet notre intelligence, laquelle détermine intentionnellement – en recourant par exemple à des plans – l'organisation de ses composants en vertu de la représentation d'un résultat à atteindre, Dieu doit être conçu sur le modèle d'un ingénieur qui aurait présidé à l'élaboration de cette machine admirablement réglée qu'est le monde.

Il s'agit donc d'une preuve *a posteriori* ou *par les effets :* on remonte de l'ouvrage à l'ouvrier qui en est la condition de possibilité. La divinité se révèle ainsi dans une nature saturée de signes téléologiques, de sorte que sa rationalité manifeste incite le Vicaire à « juger de l'ordre du monde ». Le terme d'ordre, empreint de résonnances malebranchistes, renvoie à la distribution réglée des parties au sein d'une totalité : il marque ici l'idée d'un système de fins et de moyens disposés de manière à s'accorder entre eux et à assurer la conservation du tout comme de ses éléments. Ainsi, peut-on observer des effets de *finalité externe*[1] : chaque être trouve autour de lui d'autres êtres qui lui sont utiles, qui correspondent à ses intérêts ou à ses besoins. Les êtres de la nature sont pris dans des rapports de convenance mutuelle (les fleuves charrient des éléments qui rendent les sols fertiles, l'herbe permet aux moutons de se nourrir, etc.) qui attestent que chaque élément remplit une fonction déterminée dans l'économie du tout. Puisque la distribution des êtres s'opère selon un agencement si complexe qu'elle semble obéir à un dessein, seule une sagesse prévoyante et méthodique peut être l'auteur d'une telle convergence d'effets profitables : « je ne laisse pas d'apercevoir l'intime correspondance par laquelle les êtres qui le [le monde] composent se prêtent un secours mutuel ».

Contrairement à une version courante de l'argument physico-théologique, représentée au XVIIIe siècle par un auteur comme Nieuwentyt[2], le raisonnement du Vicaire ne prendra pas pour autant la forme d'une recension des « merveilles de la nature », c'est-à-dire d'une description détaillée de la structure infiniment complexe des êtres organisés. Un tel projet se heurte à deux difficultés : non seulement se proposer d'énumérer toutes les figures de finalité décelables dans la nature, c'est faire preuve de présomption dans la mesure où les bornes de notre entendement

---

1. Ce concept sera forgé par Kant dans la *Critique de la faculté de juger*, § 63.
2. Nieuwentyt est un médecin hollandais dont le livre *L'existence de Dieu démontrée par les merveilles de la nature* (1716) avait rencontré un succès de librairie considérable.

ne nous permettent pas de les connaître exhaustivement, mais surtout la sagesse divine apparaît de manière plus éclatante lorsqu'on envisage le système du monde et non les phénomènes dans leur singularité. C'est en effet dans la *régularité*, dans la constance des *lois* de la nature que se manifeste l'ordre du monde. Rousseau prend ainsi appui sur les résultats de la physique expérimentale pour réactualiser les thèses physico-théologiques ; il semble ici s'inspirer de la métaphysique de Malebranche. Pour ce dernier, la toute-puissance de Dieu exclut qu'il puisse agir par des volontés particulières. Sa sagesse a établi une fois pour toutes des lois générales et invariables : « il veut que ses voies le glorifient par leur simplicité, leur fécondité, leur universalité, leur uniformité... » (*Entretiens sur la métaphysique*, IX). À l'immutabilité de l'être divin répond la constance des volontés par lesquelles il gouverne le monde ; à l'illimitation de ses lumières répond un monde créé et maintenu dans l'être par un déterminisme qui y réalise le maximum d'ordre par les voies les plus simples. Si Dieu agissait par de perpétuels miracles, si sa main devait sans cesse entretenir la bonne marche de l'Univers, sa création serait singulièrement déficiente. Sa sagesse l'a donc porté à instituer des enchaînements de causes et d'effets fixes, lesquelles correspondent aux lois universelles et nécessaires dont la physique nous instruit. Pour le Vicaire comme pour Malebranche, l'ordre dont témoignent les relations causales uniformes et concordantes entre elles implique que « le monde est gouverné par une volonté puissante et sage ». D'où le deuxième dogme du Vicaire : « si la matière mue me montre une volonté, ma matière mue selon certaines règles me montre une intelligence ».

Critique du hasard

Aussi le Vicaire va-t-il récuser l'argument traditionnellement invoqué en faveur de l'athéisme : l'objection statistique, pour laquelle l'ordre du monde s'explique tout entier par le hasard. Il s'agit de répondre à La Mettrie et à Diderot, qui avaient réanimé le transformisme matérialiste issu d'Empédocle et amplement développé dans la tradition épicurienne[1]. Selon cette théorie, la convenance, l'adaptation, la multiplicité convergente des effets avantageux ne doivent pas être interprétés comme les signes d'une finalité, comme le résultat d'un dessein, mais comme la simple conséquence d'une série mécanique de rencontres entre les éléments de la matière. Ainsi la genèse des êtres organisés ne s'opère-t-elle pas par un arrangement intentionnel disposant certains moyens en vue d'une fin, mais par un nombre infini d'essais d'assemblage purement fortuits. Même si le vivant possède des organes adaptés à une fonction (les yeux pour voir, les molaires pour broyer) et s'il est lui-même adapté à son milieu, il n'y a pas pour autant de plan directeur qui en commande le développement. L'émergence de la vie s'est faite par le prisme de combinaisons aveugles entre les atomes : ces derniers ne cessant de se mouvoir et de s'entrechoquer, ils finissent par se lier les uns aux autres et par constituer des corps stables ; dans certains de ces corps, la structuration a donné naissance aux propriétés du vivant. Mais avant d'aboutir à des organismes viables, la nature a commencé par accumuler les tentatives infructueuses. Les premiers animaux se voyaient ainsi démunis de certains organes (« s'il s'est formé d'abord des estomacs

---

1. Notamment chez Lucrèce, *De la nature*, V, vers 837-924.

sans bouches, des pieds sans têtes, des mains sans bras, des organes imparfaits de toute espèce [...] ») : de tels monstres, formant une combinaison inadaptée, n'ont pu que périr. C'est néanmoins la seule multiplicité des essais et des erreurs, c'est-à-dire un concours de circonstances sans préméditation qui rend raison des effets de finalité que nous constatons : dans la perspective matérialiste, il n'est pas nécessaire de poser une Providence transcendante.

Rousseau écarte cette explication par un argument classique : la constance avec laquelle la nature procède (« Pourquoi la nature s'est-elle enfin prescrit des lois auxquelles elle n'était pas d'abord assujettie ? »). Non seulement nous constatons la régularité des effets naturels (l'action des causes physiques ne varie pas ; la plupart des membres d'une espèce naissent avec des organes adaptés à une fonction) et nous n'assistons jamais au spectacle de créations avortées d'êtres vivants, mais de plus le concours répété d'un si grand nombre de causes rend hautement improbable l'idée qu'il se produise par un hasard favorable. La complexité de la nature, articulée à l'unicité de la fin vers laquelle elle tend, suggère plutôt que son cours obéit à un ordre voulu par une intelligence éminente : « il est impossible de concevoir un système d'êtres si constamment ordonnés que je ne conçoive une intelligence qui l'ordonne ».

Cette objection n'était pas inconnue des matérialistes puisque dans ses *Pensées philosophiques*[1], Diderot invoquait le calcul des probabilités pour la surmonter : « je ne dois point être surpris qu'une chose arrive lorsqu'elle est possible, et que la difficulté de l'événement est compensée par la quantité des jets » (formule citée littéralement par Rousseau). Quelle que soit sa rigueur mathématique, un tel raisonnement ne parvient pourtant pas à emporter l'adhésion du sentiment intérieur : « Qu'on me parle tant qu'on voudra de combinaisons et de chances ; que vous sert de me réduire au silence, si vous ne pouvez m'amener à la persuasion ? ». Le matérialisme donne l'exemple d'une philosophie systématique développant une suite de conséquences rationnellement irréprochables mais que sa sophistication ne rend pas probante : quand bien même nous n'aurions pas de preuves irréfutables de leur fausseté, les modèles qu'il élabore vont à l'encontre de notre expérience de la rationalité. Aussi, le Vicaire leur oppose-t-il un argument classique : si l'on jette au hasard des caractères d'imprimerie au-dessus d'une feuille de papier, ils ne se disposeront pas de sorte à rédiger le texte de l'*Enéide* par leurs propres moyens, même si nous les lancions indéfiniment. Nous ne disposons pas d'autre expérience de rationalité que de celle qui préside à nos actions ; or ce n'est pas fortuitement que nous réussissons à produire les objets les plus élaborés dont nous sommes capables. Le hasard n'a pas la puissance de donner naissance à un ordre – c'est-à-dire à une unité complexe irréductible à la somme de ses éléments – par la seule succession mécanique de regroupements indépendants les uns des autres.

La méditation conduite sous la direction du sentiment intérieur nous a ainsi conduits à l'existence d'une volonté animant la nature, laquelle est également l'intelligence qui l'organise. Les traces d'un ordre universel décelables dans le monde physique nous autorisent à présent à nommer l'Etre qui assure ces deux fonctions : « cet être qui veut et qui peut, cet être actif par lui-même, cet être, enfin, quel qu'il soit, qui meut l'univers et ordonne toutes choses, je l'appelle Dieu ». Néanmoins, être assuré

---

1. Diderot, *Pensées philosophiques*, XXI, « Œuvres philosophiques », Classiques Garnier, pp. 21-22.

de l'*existence* de Dieu ne suffit aucunement à nous procurer la connaissance de son *essence*, dont l'infinité demeure impénétrable pour notre entendement. Dieu n'est pas saisi dans son être, mais atteint par un raisonnement *analogique* à partir de ses *œuvres* : aussi peut-on simplement énoncer ses attributs métaphysiques (volonté, intelligence) sans pouvoir en épuiser le concept. De la même manière, ce n'est pas parce que nous constatons un ordre dans l'univers que nous pouvons connaître les fins pour lesquelles Dieu l'a institué. Si les idées de la divinité et de son action restent enveloppées de mystère (nous restons donc de plain-pied dans le régime de la croyance), elles ne contredisent cependant pas la raison, à la différence des thèses pour lesquelles un sens peut naître du hasard aveugle. La réfutation du matérialisme sert ainsi à rendre possible une théodicée : si Dieu est l'auteur d'un monde finalisé, il faut alors ajouter à ses attributs la *bonté*, « suite nécessaire » de son essence. L'existence de l'ordre atteste que Dieu ne saurait être l'auteur du *mal*.

Liberté et dualisme

Royauté de l'homme

Puisque la nature se comprend comme l'ordre universel créé par un Dieu d'une infinie bonté, il faut à présent déduire le rang que l'humanité y occupe. Envisagé du point de vue de l'espèce, l'homme « est le roi de la terre qu'il habite ». Non seulement se sent-il à sa place dans un monde qui s'accorde avec ses besoins et ses aspirations, mais encore l'éminence de ses facultés lui permet-elle de s'ériger légitimement en fin dernière de la création. Par l'action, il domestique l'univers, mettant les animaux et la matière au service des buts qu'il se propose. Surtout, par la pensée, il a « inspection sur le tout » : par la connaissance objective, il dégage les rapports qui unissent les phénomènes et s'élève à leurs causes. L'activité théorique fonde donc la souveraineté de l'homme sur les autres espèces puisqu'il n'y a pas d'appropriation du monde sans reconstruction rationnelle des lois qui le gouvernent : celui qui sait « tout rapporter à lui » peut seul penser que « tout est fait pour lui ». Même si cette dimension n'est pas absente du texte, le Vicaire ne fait pas tant l'éloge de la connaissance pour en souligner les effets pratiques (la maîtrise technique de la nature) que pour suggérer que la pensée, pouvant examiner jusqu'aux mouvements du ciel sur lesquels elle n'a pas de prise (voir la mention des « astres » et du « soleil »), se montre capable d'admirer l'ordre cosmique et ainsi de cultiver avec l'amour de son auteur celui du beau (et notamment du beau moral).

Ce point fournit un nouvel argument permettant de souligner l'absurdité du matérialisme : si la pensée peut se représenter la totalité qu'est le monde ainsi que les rapports qui la constituent, l'homme n'est pas un être vivant comme les autres. Si l'esprit saisit l'ordre, il n'est pas une simple partie du monde : l'être qui sait déterminer sa place ainsi que la place de chaque chose ne peut être cantonné aux limites de son corps, que sa pensée déborde de toutes parts. Si le *je* qui conçoit le tout n'est que corps, puisque ce corps n'est lui-même qu'une partie du tout, comment comprendre que la partie contienne le tout ? Le matérialiste qui prétend naturaliser l'esprit ne voit pas que son acte réfute son intention puisque, pour rabattre notre prétention à la spiritualité, il faut nous déprendre de nos jugements et donc penser *spontanément* et *objectivement* : « [...] ton génie dépose contre tes principes [...] et l'abus même de tes facultés prouve leur excellence en dépit de toi ». Si être homme revient à occuper le rang le plus enviable dans l'économie de l'univers, la conscience de notre statut ne doit néanmoins aucunement fortifier notre amour-propre. Elle doit bien plutôt s'accompagner de gratitude pour celui qui nous a octroyé ce présent : l'amour de soi, par lequel nous veillons à prendre soin de nous-mêmes, se prolonge naturellement en amour pour ceux qui concourent à notre bien, par conséquent ici à Dieu.

« Je vois le mal sur la terre »

La réflexion *anthropologique*, assignant à l'espèce humaine la première place dans l'univers, s'inscrit donc dans la continuité de la méditation *cosmologique* du Vicaire : il est conforme à l'idée d'un ordre providentiel que le seul être pensant en figure le point culminant. Pourtant, un regard plus poussé sur la situation effective de l'homme révèle un tableau désolant : « Mais quand pour connaître ensuite ma place individuelle dans mon espèce, j'en considère les divers rangs et les hommes qui les remplissent, que deviens-je ? Quel spectacle ! Où est l'ordre que j'avais observé ? Le tableau de la nature ne m'offrait qu'harmonie et proportions, celui du genre humain ne m'offre que confusion, désordre ! Le concert règne entre les éléments, et les hommes sont dans le chaos ! Les animaux sont heureux, leur roi seul est misérable ! Ô sagesse, où sont tes lois ? Ô Providence, est-ce ainsi que tu régis le monde ? Être bienfaisant, qu'est devenu ton pouvoir ? Je vois le mal sur la terre ». La rhétorique de la *désolation*, brisant la sereine systématicité déductive de l'argumentation du Vicaire, met en relief le *scandale* que constitue le contraste entre l'harmonie qui règne dans la nature et le désordre qui triomphe dans les rapports sociaux. L'effervescence de l'amour-propre, la fureur de se distinguer, le souci exclusif du profit égoïste, la cupidité : toutes les passions qui prospèrent dans la société mal gouvernée portent en effet les hommes à se nuire les uns aux autres sans répit. La corruption sociale assure bien le triomphe du *mal*, puisqu'elle *renverse* l'ordre voulu par le créateur : l'être qui devrait jouir au plus haut point de son existence est pris dans les rets du malheur.

Or un tel spectacle s'accorde difficilement avec l'idée d'une sagesse providentielle gouvernant le monde : l'existence du mal contredit les attributs de Dieu. Cette difficulté avait déjà été formulée par Epicure : « Dieu ou veut éliminer le mal et ne le peut pas, ou le peut et ne le veut pas, ou le veut et le peut. S'il le veut et le ne le peut pas, il est impuissant, ce qui ne convient pas à Dieu. S'il le peut et ne le veut, il est méchant, ce qui est étranger à Dieu. S'il ne le peut et ne le veut, il est à la fois impuissant et méchant, il n'est donc pas Dieu. S'il le veut et le peut, ce qui convient à Dieu, d'où vient donc le mal[1] ? ». Si le monde constitue bien une totalité rationnelle, un ordre métaphysique et moral, comment comprendre la souffrance de l'homme, pourtant porté par une aspiration naturelle au bonheur auquel son statut privilégié lui ouvre le droit ? Comment rendre raison du mal *moral* par lequel l'homme multiplie les fautes et les abus, les crimes et les injustices, transgressant ainsi l'ordre des valeurs institué par l'auteur du monde ? Si Dieu a créé toutes choses et que nous pouvons observer l'omniprésence du mal et de l'affliction dans la vie

---

1. Cité par Lactance, *La colère de Dieu*, 13, 19.

humaine, il semble devoir être tenu pour responsable de cette discordance entre l'*être* et le *devoir-être*. Le Vicaire doit ainsi reprendre le problème classique de la théodicée : il s'agira pour lui d'endosser le rôle de l'avocat chargé de disculper Dieu. Sa tâche consistera par conséquent à dégager une autre généalogie du mal.

Le dualisme des substances

Pour lever cette contradiction apparente, le Vicaire va rendre la *liberté* de l'homme seule responsable de la présence du mal dans le monde. Mais pour ce faire, il doit auparavant en établir théoriquement la *réalité* : sa démonstration consiste à la fonder sur une *dualité* de la nature humaine, qui nous est révélée par l'expérience des conflits psychologiques attachés à la vie morale. En s'inspirant d'un schéma platonicien[1], Rousseau oppose en nous deux principes : l'*âme* qui nous élève « à l'étude des vérités éternelles, à l'amour de la justice et du beau moral, aux régions du monde intellectuel dont la contemplation fait les délices des sages » et le *corps* qui nous ramène « bassement en nous-mêmes », « asservit » la raison à « l'empire des sens, aux passions qui sont leurs ministres ». Lorsque nous éprouvons une tentation, c'est-à-dire lorsque nous sommes portés à convoiter quelque chose d'éthiquement répréhensible, nous sentons en effet que des forces meuvent notre âme en des directions opposées. Dans le désir, un élan nous pousse à satisfaire notre penchant (il provient du corps), mais il est possible qu'autre chose nous en retienne et nous suggère qu'il serait meilleur de renoncer à l'objet désiré (il s'agit alors de l'âme). C'est notre nature physique qui nous pousse à rechercher la satisfaction attachée aux biens matériels et les plaisirs relevant de l'agrément sensoriel ; c'est notre nature spirituelle qui aspire à un bien absolu qui nous permet de maîtriser nos appétits et d'y préférer l'accomplissement de nos devoirs. Les passions constituent ainsi des affections sensibles produites en nous par des objets extérieurs qui troublent nos jugements. Elles ne naissent pas de l'âme mais dérivent de son union avec le corps ; aussi la pensée peut-elle refuser ces inclinations en nous montrant qu'elles sont inadéquates à réaliser notre bien véritable. Si elles n'émanaient pas d'une source extérieure à l'âme, celle-ci n'aurait d'ailleurs aucune raison de les récuser. La faute ou la tentation nous font donc éprouver un tiraillement qui atteste l'existence en nous de deux tendances s'exerçant en sens contraire. Que je puisse sentir à la fois que « je veux et je ne veux pas », que je puisse, comme l'apôtre Paul, m'adresser le reproche selon lequel « je vois le bien, je l'aime, et je fais le mal[2] » : tout cela indique que le moi n'est pas *un*. L'expérience du *remords* met bien en relief ces deux aspects : pour se reprocher ce que l'on a fait, il faut à la fois poser la contingence de son acte, et donc la liberté, et se dédoubler soi-même, ce qui suggère que notre être se trouve partagé entre deux élans issus de deux instances. Cette dualité de principes correspond de nouveau à l'opposition de la *passivité* et de l'*activité*, rencontrée dans la distinction de la sensation et du jugement comme dans celle de la matière et de la volonté : nous sommes entraînés par les passions, nous sommes libres lorsque « nous écoutons la raison ».

---

1. Voir notamment *La République*, IV, 435d sq. ; *Phédon*, 83 c sq.
2. Le Vicaire cite ici sans nommer son auteur le célèbre passage de l'*Épître aux Romains*, VII, 19.

Le Vicaire va donner à cette dichotomie *morale* une portée *métaphysique* : l'homme doit être compris comme un être composé de deux *substances* hétérogènes. Rousseau va ainsi clore la réfutation du matérialisme en mobilisant un argument d'inspiration cartésienne contre une page de Locke, qui avait suggéré, comme une hypothèse certes non avérée, la possibilité que Dieu ait créé la matière de telle sorte qu'elle dispose de l'aptitude à penser sans avoir besoin à cette fin de lui joindre une substance immatérielle, pour peu que ses parties soient arrangées selon une certaine organisation[1]. Locke ne faisait aucunement figurer la pensée au rang des attributs de la matière mais cherchait plutôt à souligner deux éléments : notre connaissance de la matière n'en épuise pas toutes les propriétés (Voltaire commentant ce texte dans la XIIIe de ses *Lettres philosophiques* rappellera qu'à l'étendue par laquelle Descartes définissait la matière, la science newtonienne a ajouté la solidité et la gravitation, de sorte que nous découvrirons peut-être d'autres déterminations définissant l'essence des corps à l'avenir) ; la toute-puissance de Dieu et notre ignorance de ses voies d'action ne sauraient exclure l'éventualité qu'il ne lui soit pas nécessaire d'accoler deux substances distinctes pour former un être pensant. Il avait néanmoins creusé une brèche dans laquelle les matérialistes ont eu beau jeu de s'engouffrer : La Mettrie expliquera ainsi que notre répugnance à prêter l'intelligence à la matière ne tient qu'à la nouveauté de la thèse puisqu'à partir du moment où en sus de l'extension, nous lui accordons l'attraction et l'électricité, nous n'avons aucune raison d'hésiter à y loger d'autres caractéristiques restées jusqu'ici inconnues. Cela n'est guère plus coûteux que de convoquer une âme invisible, immatérielle, laquelle n'est pas objet d'expérience.

La critique du Vicaire consiste à rejeter l'argument lockéen de l'agnosticisme des substances en montrant qu'il s'appuie sur une définition erronée de cette notion. Ce qui permet à Locke d'affirmer que nous ne connaissons pas tous les traits qu'enveloppe la substance matérielle (comme la substance pensante au demeurant), c'est le fait que la notion de substance désigne chez lui le substrat, le support auquel se rattache la collection des qualités sensibles et par lequel elles appartiennent à un seul et même être. Comme nous n'appréhendons dans les corps que des qualités sensibles, la substance matérielle désigne donc l'idée obscure d'un « je ne sais quoi » soutenant les déterminations d'un objet. Aussi Rousseau oppose-t-il à cette conception la compréhension cartésienne de la substance, telle qu'elle s'exprime dans les *Principes de la philosophie*[2] : il la définit comme « l'être doué de quelque qualité primitive, et abstraction faite de toutes modifications particulières ou singulières ». La substance se définit donc par un attribut principal, sans lequel les autres ne sauraient exister, et qui loin d'en cacher l'essence, la rend *manifeste*. Certes nous ne la connaissons pas directement, mais les diverses formes sous lesquelles elle nous apparaît nous révèlent ce qu'elle est en son fond. Ainsi chez Descartes la pensée est l'attribut principal de la substance pensante : quelle que soit la modalité sous laquelle elle agit (que je conçoive, que j'imagine, que je sente, que je doute, que je veuille, etc.), il y a dans tous ses actes quelque chose de commun, une parenté, qui fait que je n'ai pas besoin d'avoir conduit toutes les opérations mentales possibles pour savoir que l'être de cette substance consiste à penser et à rien d'autre. De même, l'étendue est l'attribut principal de la substance matérielle : quels que soient la figure ou le mouvement d'un corps, il existe entre eux quelque chose d'identique

---

1. Locke, *Essai sur l'entendement humain*, IV, 3, §6.
2. Descartes, *Principes de la philosophie*, Première partie, articles 51-57.

et je n'ai nul besoin d'avoir tracé en mon esprit toutes les formes possibles pour savoir que l'être de cette substance consiste à avoir longueur, largeur, profondeur et rien d'autre. Je puis donc avoir une idée claire et distincte de l'essence d'une substance, quand bien même j'ignorerais un certain nombre de ses propriétés.

Cette précision permet au Vicaire de tirer une conséquence (qui constitue elle aussi une réminiscence de la métaphysique cartésienne) : si deux attributs se révèlent incompatibles, ils ne peuvent qu'appartenir à des substances *distinctes*. Or puisque les attributs de la pensée et de la matière « s'excluent mutuellement », l'âme et le corps forment deux substances hétérogènes. Un corps occupe une portion d'espace, une pensée ne se trouve nulle part. Surtout, l'espace étant divisible à l'infini, les parties d'un corps peuvent être scindées en parties plus petites qui peuvent elles-mêmes faire l'objet d'une fragmentation sans que ce processus ne puisse jamais s'achever. L'étendue est pure dispersion : nous n'avons jamais affaire à *un* être mais à un agrégat qui n'est qu'un rassemblement temporaire d'éléments. À l'inverse, la pensée est pouvoir de liaison, d'*unification* des donnés. Nos idées ne sont pas extérieures les unes aux autres comme les éléments de l'espace : « moi, je n'ai besoin, quoi qu'en dise Locke, de connaître la matière que comme étendue et divisible pour savoir qu'elle ne pense point ». L'opération de synthèse propre à l'esprit s'opposant à la dissémination des parties de la matière, le Vicaire en tire une conclusion *dualiste* : l'homme est un être composé de deux substances, de la conjonction d'un corps (substance matérielle) et d'une âme (substance immatérielle).

L'antagonisme de la matière et de l'esprit, du corps et de l'âme permet au Vicaire d'approfondir la nature du *je*. Les analyses antérieures avaient établi que la subjectivité spirituelle s'opposait à la corporéité comme l'*activité* à la *passivité*, ce qu'attestaient le jugement de comparaison et la volonté motrice. La réflexion sur l'expérience morale, marquée par le conflit entre les deux substances constitutives de notre nature, montre que la volonté se ramène au jugement : « quand on me demande quelle est la cause qui détermine ma volonté, je demande à mon tour quelle est la cause qui détermine mon jugement : car il est clair que ces deux causes n'en font qu'une ». Or si la volonté ne se décide à agir que sous l'effet du jugement, le jugement doit être compris comme un principe d'*autodétermination* et ce en vertu de l'irréductibilité de la pensée à la matière. En effet, « nul être matériel n'est actif en lui-même » : tous ses changements sont déterminés de l'extérieur par des forces dont l'action est d'autant plus infaillible qu'il les ignore. À l'inverse, le *je* pensant se détermine de l'intérieur : tout ce qui le sollicite étant pour lui objet de représentation, il compare les partis qui s'offrent à lui, les pèse et ne donne son consentement qu'au terme d'un travail de réflexion qui lui a suggéré que l'un d'entre eux présentait plus de valeur que les autres. L'élucidation complète du jugement de comparaison, par l'examen de son mode d'exercice dans la délibération éthique, nous révèle donc la foncière *liberté* du sujet de la pensée, du principe immatériel qui s'y livre. Certes la volonté reste soumise à l'influence des passions et des penchants sensibles, mais quelle que soit leur intensité, elle conserve la possibilité de s'en détacher et de leur refuser son adhésion. Les inclinations ne s'imposent pas à elle par une nécessité mécanique irrépressible ; le oui ou le non qu'elle leur accorde ne dépend que d'elle : « [...] ma volonté est indépendante de mes sens, je consens ou je résiste, je succombe ou je suis vainqueur ». La volonté, parce qu'elle s'appuie sur un jugement de comparaison, est bien un pouvoir *absolu* – au sens étymologique, c'est-à-dire *délié* de tout élément extérieur – de choisir : elle figure à ce titre le seul réel principe d'action dans le monde. C'est donc la *liberté* de la volonté qui rend manifeste l'existence d'une pensée séparable du corps, de cette substance spirituelle qu'est l'âme. Cette analyse fait écho à l'une des thèses centrales défendues par Rousseau dans son second *Discours* : le principe qui instaure une coupure entre l'homme et la naturalité animale ne réside pas tant dans la pensée que dans la liberté. Le Vicaire peut alors conclure : « L'homme est donc libre dans ses actions, et comme tel, animé d'une substance immatérielle, c'est mon troisième article de foi ».

Le mal et l'immortalité

En réfutant les doctrines sensualistes, matérialistes et athées, le Vicaire a établi les thèses métaphysiques qui forment l'armature théorique d'une croyance raisonnable : l'existence d'un Dieu source de l'ordre ; la dualité de la nature humaine, c'est-à-dire la liberté de la volonté et la spiritualité de l'âme. Il lui reste à présent à prendre appui sur ces articles de foi pour sortir de la *crise* morale qui avait initié la démarche méditative : il lui faut en premier lieu résoudre le problème de l'existence du *mal*.

La théodicée du vicaire

Le Vicaire va ainsi développer une *théodicée* et se faire l'avocat de la cause divine. La régularité des lois de la nature et la finalité attestent que le monde est bien le résultat d'un plan providentiel : s'il s'y rencontre des *maux*, ces derniers ne sont pas imputables à la puissance divine. Que le mal frappe exclusivement l'existence *humaine* livre d'ailleurs un indice assez éloquent de sa réelle *origine* : l'homme est seul responsable de l'immixtion du désordre dans l'univers. Les effets de la liberté, dans la mesure où celle-ci forme un pouvoir d'agir par soi-même, un principe d'autodétermination absolu, échappent au pouvoir de la divinité : ils ne sont pas *préordonnés* par la Providence, qui délègue à l'homme un réel pouvoir de causation. Nous disposons de nos décisions à notre guise, et Dieu n'est par conséquent pas comptable de ce que nous voulons lorsque nous *mésusons* de notre liberté : il n'est pas l'auteur des effets produits par une créature qui est, à son image, cause *première*. Pourvu de cette étiologie, Rousseau peut alors reprendre les difficultés traditionnellement examinées par une théodicée. En premier lieu, il répond à l'argument selon lequel, en confiant un tel pouvoir à un être faible et porté à en abuser, Dieu aurait délibérément introduit une faille dans l'ordre universel et ainsi commis un mal ou du moins s'en serait rendu complice en ne l'empêchant pas. On reconnaît là, même si l'expression n'apparaît pas dans le texte, l'accusation qui rend la divinité coupable de l'existence de ce que Leibniz appelait le *mal métaphysique* : l'imperfection et la limitation des créatures, qui prennent ici la figure de la *faillibilité* morale de l'homme. Or le Vicaire retourne précisément l'argument de la finitude de l'être créé contre lui-même : notre puissance physique demeure trop insignifiante pour que l'abus de notre pouvoir de décision puisse simplement « troubler l'ordre général ». La faiblesse du cœur est compensée par la faiblesse du corps : « le mal que l'homme fait retombe sur lui sans rien changer au système du monde ». Il n'y a donc pas réellement de mal métaphysique, puisque les maux *particuliers* commis par les hommes n'altèrent pas l'ordre *général* du monde.

En second lieu, la définition même du *mal moral*, qui renvoie à la faute, à la transgression des exigences morales, suffit amplement à poser qu'il est « incontestablement notre ouvrage » (voir notre *Introduction* pour l'explication plus détaillée de ce thème). Enfin, si l'on se tourne vers le mal *physique*, c'est-à-dire la souffrance que nous endurons, nous n'en sommes pas moins les auteurs : « il n'existe point d'autre mal que celui que tu fais ou celui que tu souffres, et l'un et l'autre te vient de toi ». Cette déclaration, d'apparence étrange, se comprend mieux si nous dissocions dans le mal physique la douleur corporelle de l'inquiétude psychique qui vient se greffer à elle. La souffrance, envisagée d'un point de vue strictement biologique, obéit à une finalité naturelle : elle nous prévient d'un manque ou d'un dommage corporel auquel nous devons remédier pour assurer la conservation de notre être. Elle n'a donc rien de préjudiciable ; bien plutôt revêt-elle une utilité vitale puisqu'elle nous signale que notre intégrité se trouve menacée. Simplement, la douleur ne se réduit jamais pour nous à un pur phénomène physique, providentiellement destiné à éveiller notre vigilance, mais elle s'accompagne de représentations mentales par lesquelles elle est jugée redoutable ou intolérable. Avoir mal, c'est redoubler une affection corporelle d'un accablement qui relève de la pensée ; or « ce sentiment, l'homme ne l'a pas reçu de la nature, il se l'est donné ». C'est donc l'abus de nos facultés qui, en donnant une résonance démesurée à la souffrance, nous empêche de la supporter. Ce raisonnement s'applique à la *mort* comme à la *maladie*. La mort est un phénomène purement naturel, dont nous ignorons d'ailleurs en quoi il consiste ; aussi la terreur qu'elle nous inspire repose-t-elle sur de pures chimères de l'imagination. Elle n'obéit pas moins à une fonction providentielle : elle permet de supporter les peines attachées à l'existence puisqu'elle nous assure de leur nécessaire cessation.

Rousseau reprend alors une thèse anthropologique centrale de son second *Discours* : la maladie et la crainte de la mort résultent de l'écart que la civilisation et les passions factices, lesquelles suscitent la complexification de nos facultés, creusent vis-à-vis de notre mode de vie naturel. La dégradation de la santé, qui multiplie les douleurs, et le développement de l'imagination, qui nous rend de moins en moins aptes à les supporter, sont l'œuvre de la vie sociale déréglée dans laquelle l'histoire nous a engagés : « combien l'homme vivant dans la simplicité primitive est sujet à peu de maux ! Il vit presque sans maladies et sans passions et ne prévoit ni ne sent la mort [...] ». Au lieu de vivre simplement, nous espérons remédier aux effets désastreux de notre intempérance par la médecine, mais celle-ci donne tout son essor à l'imagination qui amplifie nos craintes : en nous arrachant au présent et en nous projetant dans l'avenir, elle nous rend sensibles à l'incertitude de la guérison ou à l'aggravation possible de nos douleurs. À l'état de nature, l'homme demeure enfermé dans la ponctualité de l'instant alors qu'à mesure que ses facultés se développent, il est porté à anticiper, à prévoir. La conscience close sur l'ici et maintenant ne redoute pas la mort ; l'esprit du civilisé qui se la représente par avance « meurt de frayeur toute sa vie ». Ainsi l'argumentation du Vicaire congédie-t-elle toute explication *métaphysique* de l'origine du mal à laquelle elle substitue une explication *anthropologique* : nos peines comme nos crimes, le mal *subi* somme le mal *commis*, proviennent du mauvais usage de notre liberté, d'une dépravation engendrée par l'histoire, qui nous a éloignés de notre nature et engagés dans des rapports sociaux où triomphent l'amour-propre et son cortège de vices, non la loi et la volonté raisonnable.

Même si elle rend possible la détermination en faveur du mal, la liberté n'en demeure pas moins un présent d'une valeur infinie, qui rend éclatante la générosité divine. Le mal est en effet la *contrepartie* de l'inscription de notre conduite dans l'ordre de la *moralité* : il n'y a de bien et de mal que là où il y a une intention *libre*, là où les actions résultent d'une décision volontaire et non d'une réaction mécanique. Pour être *vertueux*, c'est-à-dire capable d'excellence morale, il faut pouvoir faire le bien par *choix* et non par la nécessité de notre nature : si nous n'étions pas sujets à la tentation, si nous n'étions pas troublés par les passions, si nous n'avions ni mauvais penchants ni capacité de les préférer à nos devoirs, nous n'aurions aucun *mérite* à agir droitement[1]. Un Dieu bon ne pouvait pas ne pas nous doter d'un libre arbitre, par lequel nous pouvons suivre le bien par amour de l'ordre et par victoire sur ce qui nous en détourne : « murmurer de ce que Dieu ne l'empêche pas de faire le mal, c'est murmurer de ce qu'il la fit d'une nature excellente, de ce qu'il mit à ses actions la moralité qui les ennoblit, de ce qu'il lui donna droit à la vertu ». L'ordre institué par Dieu reçoit d'autant plus d'excellence qu'il comporte des créatures pour lesquelles sa réalisation prend la forme d'une exigence, d'un appel intérieur, laissés à leur responsabilité. En agissant bien, nous concourons à son édification : instituant l'ordre en nous, nous sommes alors « à l'image » de Dieu. Par là même, Dieu se voit innocenté pour notre *malheur*. Si « la suprême jouissance est dans le contentement de soi-même », c'est que la félicité d'un être libre ne réside pas dans la satisfaction de ses penchants animaux mais dans le témoignage qu'il se rend à lui-même de sa vertu. Notre bonheur n'est pas d'ordre naturel ; il est notre œuvre puisqu'il constitue la récompense de notre mérite moral. Ces considérations permettent au Vicaire de préciser les attributs *moraux* de la divinité : « la justice est inséparable de la bonté ; or la bonté est l'effet nécessaire d'une puissance sans borne ». Produire, faire passer de l'être au néant, donner forme : autant d'actes qui exigent plus de *puissance* qu'altérer, dégrader, détruire ou défaire. Un être tout-puissant ne peut donc que vouloir *produire* l'ordre (ce qui est bonté) et le *conserver*, le maintenir dans l'être (veiller à la pérennité de l'ordre, cela définit la justice). Dieu, parce qu'il est omnipotent, ne saurait donc être méchant puisque la méchanceté suppose à la fois désordre intérieur et faiblesse (on ne commet le mal que pour écarter quelque chose qui s'oppose à l'accomplissement de nos vœux).

L'immortalité de l'âme

Le mal s'explique donc par le seul abus de notre liberté, l'essence de Dieu incluant la justice, entendue comme souci de conservation de l'ordre. Si la justice consiste à rétribuer chacun en fonction de son mérite, dans le cas de l'existence humaine, elle prend la forme d'un contrat scellé entre le créateur et la créature. Dieu nous a en effet promis que l'aspiration au bonheur qu'il a enracinée dans notre être recevrait sa récompense si nous agissions vertueusement : « *Sois juste et tu seras heureux* ». Or,

---

1. Lorsque Rousseau évoque la bonté naturelle de l'homme, notamment dans le second *Discours*, il ne lui donne pas cette signification *morale*. Cette « bonté » désigne plutôt *négativement* l'innocence, l'absence de vices que *positivement* le libre choix du bien. Le primitif ne fait pas le mal, faute de pouvoir le concevoir.

en formulant le principe de ce pacte, la théodicée du Vicaire se heurte à une difficulté bien plus redoutable que les précédentes : l'existence du juste affligé, de la souffrance *moralement* injustifiable frappant l'innocent. Comment rendre raison du mal qui accable non seulement celui qui n'a pas commis de faute mais encore celui que l'on persécute précisément parce qu'il défend les exigences de la conscience dans un monde corrompu ? L'idée de Providence semble réfutée par la virulence du mal *social*, qui réalise les deux formes possibles de ce que Kant appellera le « mal de scandale[1] » : « le méchant prospère, et le juste reste opprimé ». Le cours des événements du monde ne semble en rien proportionné à la valeur morale des individus ; bonheur et vertu demeurent séparés alors que la promesse divine devrait assurer leur connexion nécessaire. Aussi ne pouvons-nous ressentir que désolation devant la vie sociale qui nous offre le spectacle du fripon florissant (lequel commet le mal impunément et ignore la douleur) et du juste supplicié (lequel souffre sans l'avoir mérité). L'union de la félicité et de l'excellence éthique, qui correspond à l'accomplissement de notre destination, n'est nulle part réalisée en ce monde, d'où la *plainte* de la conscience qui s'estime abusée par cet état injustifiable : « la conscience s'élève et murmure contre son auteur ; elle lui crie en gémissant : Tu m'as trompé ! ».

Le Vicaire, se faisant brièvement le porte-parole de Dieu lui-même, ramène cette protestation à l'expression d'une impatience téméraire qu'il faut exhorter à la patience. L'injustice du mal social introduit une telle rupture harmonique dans le concert universel que la justice divine ne peut pas ne pas s'accompagner de la promesse d'une survie de l'âme à la mort du corps, destinée à rétablir *ultérieurement* l'ordre troublé en cette vie : « Tu vas mourir, penses-tu : non, tu vas vivre, et c'est alors que je tiendrai tout ce que je t'ai promis ». Cette possibilité est ouverte par la thèse métaphysique de la dualité des substances qui composent notre nature : leur simple distinction suffit à ne pas impliquer leur destruction conjointe. Si l'on se rapporte aux attributs qui en définissent l'essence, il est même possible d'envisager que l'âme, principe d'activité, une fois affranchie du corps, « regagne toute la force qu'elle employait à mouvoir la substance passive et morte ». Néanmoins, nous ne saurions conclure à son *immortalité*, laquelle implique sa conservation éternelle (ce point excédant les capacités de notre entendement) ; la croyance raisonnable impliquée par les exigences de la moralité se borne à affirmer sa séparabilité d'avec le corps et son aptitude à exister seule suffisamment longtemps pour recevoir le salaire de sa vertu[2].

Ce sont encore une fois des motifs moraux qui fondent les thèses métaphysiques du Vicaire : c'est l'aspiration au bonheur du juste et partant la réparation des maux terrestres qui nous ouvrent l'espérance en une survie de l'âme. Nous ignorons en quoi consistera cette vie propre de l'âme *post mortem* ; tout juste pouvons-nous postuler qu'elle permettra le *dédommagement* du mal de scandale. C'est précisément parce que la vertu n'est pas l'affaire d'un jour mais le fruit des efforts d'une existence entière qu'un Dieu juste n'en assure la rétribution qu'une fois celle-ci achevée : « N'exigeons pas le prix avant la victoire, ni le salaire avant le travail ». Naturellement, cette logique de la *compensation* n'implique aucunement que la vertu puisse être un calcul

---

1. Kant, *Sur l'insuccès de tous les essais de théodicée*, tr. Festugière, Vrin, p. 141.
2. L'immortalité demeure une « présomption » : elle possède un coefficient d'indécidabilité plus grand, mais qui n'est pas nul (si la mort est la désagrégation des parties du corps, la simplicité de l'âme semble la soustraire à la mortalité).

intéressé, un sacrifice auquel on se plie de mauvais gré pour acheter la béatitude éternelle : notre conduite ne relèverait pas de la moralité si nous ne pratiquions pas la justice pour sa valeur propre. La vertu exige la pureté de l'intention, non la simple rectitude matérielle de l'action. Rousseau maintient d'ailleurs fermement l'idée selon laquelle la vertu est à elle-même sa propre récompense pour le cœur droit : notre plus vive satisfaction réside dans la conscience d'avoir agi selon les prescriptions de la justice. Simplement, dans cette vie, les tourments qui accablent le juste troublent la jouissance qu'il éprouve à l'idée d'avoir bien fait et en émoussent le sentiment : « les humiliations, les disgrâces qui accompagnent l'exercice des vertus, empêchent d'en sentir tous les charmes ». La permanence du *je* après cette vie et le souvenir qu'il conserve de la justice qu'il s'est efforcée de réaliser lui permettront enfin de contempler l'ordre dans toute sa magnificence et d'éprouver pleinement le *contentement* attaché à la conscience d'avoir tout fait pour y demeurer fidèle. On remarquera que ce passage répond à la question de l'indépendance du *moi*, posée au début de la méditation du Vicaire : la mémoire assure son identité. L'immatérialité de l'âme ne signifie donc pas ici sa pure intellectualité : le bonheur qui viendra pour le vertueux prendra la forme d'un *sentiment*.

La réparation du mal social semble symétriquement impliquer le châtiment des méchants. Néanmoins, le Vicaire avoue son ignorance et même son « peu d'intérêt à leur sort ». Ses différents arguments tendent à récuser l'idée d'enfer, conçu comme lieu de supplices éternels. En premier lieu, le principe de la punition s'oppose à la bonté divine : un être tout-puissant ne semble pas pouvoir être traversé par le désir de vengeance. En second lieu, la faiblesse, la frustration, les troubles du méchant, en un mot son malheur *réel* par-delà sa prospérité *apparente*, tout cela conspire à établir que la peine de l'injuste n'a pas besoin d'être espérée dans un hypothétique au-delà puisqu'elle est le principe même de son existence terrestre. L'enfer est ici-bas « dans le cœur des méchants ». Enfin, la séparation de l'âme et du corps qui s'opère à la mort ne débarrasse pas moins l'homme inique de ce qui le détourne de l'ordre que l'homme juste : « où finissent nos besoins périssables, où cessent nos désirs insensés doivent cesser aussi nos passions et nos crimes ». L'esprit pur se voit dépouillé de tout ce qui engendre la méchanceté : la mort abolit la distinction du criminel et du vertueux, rendant aussi vain qu'injuste le principe d'un châtiment *infini* pour *une* vie d'errance morale. La perspective d'un destin autonome de l'âme après la mort annulant le mal de scandale inscrit la méditation rousseauiste dans la perspective d'une *consolation* éthique. La conscience ne doit pas conclure à la vanité de la justice devant le tableau de la vie sociale qui la nie : il s'agit donc bien par le prisme de la religion naturelle non seulement de fonder la morale sur des principes métaphysiques mais aussi de donner des armes à la *vertu* pour qu'elle demeure fidèle à elle-même dans l'adversité.

À ce stade, la méditation métaphysique, conduite sous l'autorité conjointe de la raison et du sentiment intérieur, se change pour un instant en *adoration* religieuse. Nous disposons certes d'une idée des attributs divins (pensée, sentiment, activité, volonté, toute-puissance, bonté, justice) qui exclut par exemple le panthéisme (Dieu « qui régit le monde n'est plus le monde même »). Néanmoins, la finitude de notre esprit nous empêche d'aller au-delà de l'analogie et doit nous mettre en garde contre la tentation de comprendre leur signification réelle de manière anthropomorphique. Dieu est intelligent, mais son intelligence, contrairement à la nôtre, n'est pas déductive mais intuitive (Dieu est synthèse absolue). Dieu a une volonté, mais contrairement à nous, il ignore la médiation : concevoir, vouloir et exécuter se concentrent pour lui en un seul et même acte. Pas plus ne pouvons-nous concevoir ce qu'enveloppent les notions de *création* ou d'*infini*. L'« anéantissement » de la raison ne signifie pas le saut dans l'irrationalité, mais la pleine conscience des limites de notre savoir : la raison s'incline devant la majesté d'un Infini dont elle ne peut épuiser l'essence, mais cet au-delà du concept ne la nie aucunement.

La conscience

Dans le dernier moment de sa méditation, le Vicaire passe du registre *théorique* au registre *pratique* : il s'agit à présent de « chercher quelles maximes j'en dois tirer pour ma conduite, et quelles règles je dois me prescrire pour remplir ma destination sur la terre [...] ». C'était pour répondre à l'inquiétude de la subjectivité éthique que le Vicaire développait ses thèses métaphysiques ; aussi la réflexion s'assigne-t-elle pour tâche ultime d'élucider la nature du principe qui norme l'action morale : la *conscience*.

La bonté naturelle de l'homme

Le Vicaire commence son examen en rappelant une thèse fondamentale de l'anthropologie rousseauiste : « la bonté morale est conforme à notre nature ». L'homme n'est pas porté par essence à nuire à ses semblables, son cœur n'est pas *originellement* dévoré par un égoïsme féroce, ce qu'atteste l'expérience symétrique de la satisfaction intérieure que nous éprouvons à l'idée d'avoir bien agi et des *remords* qui nous accablent lorsque nous avons fauté. Rousseau n'entame cependant pas son argumentation par l'exposition du *fondement* de cet élan éthique mais par une *confirmation* de la naturalité de ce mouvement appuyée sur l'observation *empirique* de la conduite humaine : « Rentrons en nous-mêmes, ô mon jeune ami ! Examinons, tout intérêt personnel mis à part, à quoi nos penchants nous portent ». L'enjeu de cette introspection – qui prend la forme d'une investigation tournée vers autrui, de manière à pouvoir établir l'*universalité* des attitudes altruistes – consiste à récuser les doctrines matérialistes qui érigent l'intérêt individuel au rang de principe d'explication exclusif de l'action humaine. Dans son livre *De l'esprit*, Helvétius affirme ainsi que toutes nos décisions se voient dictées par des motifs ressortissant à l'instinct égoïste, à l'impulsion sensuelle subjective. Même les actes qui présentent l'apparence du désintéressement ne sont que le résultat d'un dressage social, qui nous apprend par la crainte du châtiment ou la perspective d'un profit ultérieur à y renoncer. Dans cette perspective, la conscience est « l'œuvre des préjugés », « erreurs de l'enfance, préjugés de l'éducation ». Or la simple expérience dément pareille théorie : partout elle nous suggère que nous prenons plaisir à la bienveillance désintéressée.

Ainsi, Rousseau multiplie-t-il les exemples de l'enthousiasme que nous prenons à la vertu et de l'emportement que nous éprouvons face au spectacle de l'iniquité, qu'il emprunte à trois domaines distincts : le *théâtre*, les scènes d'*injustice* dont nous sommes témoins, l'*histoire*. Dans le premier cas, le spectateur s'émeut des malheurs qui frappent l'innocent, jusqu'à verser des larmes sur son sort et s'indigne des succès du méchant. Reprenant sommairement les analyses conduites dans la *Lettre à d'Alembert*, Rousseau indique que la représentation théâtrale révèle l'enracinement de la moralité au plus profond de notre nature, puisque le simple *tableau* du vice suffit à nous en inspirer l'horreur. Vivre par la médiation de la fiction des affections morales montre bien que nous pouvons nous affranchir de notre intérêt : le drame du protagoniste d'une tragédie n'est en effet pas le *nôtre*. Dans le second cas, notre tendance spontanée à vouloir secourir la victime de « quelque acte de violence et d'injustice » suggère que nous éprouvons de l'*intérêt* pour la réalisation *du* bien, y compris lorsqu'il ne nous concerne aucunement. Seul l'horizon d'un intérêt personnel nous détourne de la justice, aussi la défense de l'opprimé (dans laquelle cet intérêt personnel n'existe pas) rend-elle visible notre amour spontané de la vertu, qui s'exerce ici *gratuitement*. Enfin, la considération de l'histoire achève de donner force à l'argument : par principe, le passé éloigné ne saurait avoir la moindre influence sur nos intérêts ; pourtant, la simple description des crimes et des vices disparus avec leurs auteurs nous inspire la même répulsion que s'ils se déroulaient sous nos yeux. Ces trois exemples concourent à établir la présence d'une disposition éthique au fond de nos cœurs : nous aimons *le* bien et non simplement *notre* bien, nous haïssons *le* mal et non simplement *notre* mal. D'ailleurs, cette impulsion vers la vertu ne s'éteint jamais entièrement et, même étouffée par une vie d'abus, la voix de la nature continue de se faire entendre dans certaines circonstances : « le voleur qui dépouille les passants couvre encore la nudité du pauvre ». Sa conformité à notre nature se révèle d'ailleurs dans la liaison que vice et vertu entretiennent avec notre satisfaction intérieure. La douce tranquillité d'âme du juste se rendant « un bon témoignage de soi » signale l'accomplissement de son être ; la tristesse du méchant, sa perpétuelle errance hors de soi, manifestent assez l'écart entre son existence et la réalisation de son essence. L'homme ne fait donc pas le mal par nature.

La conscience, guide moral

L'expérience morale de l'humanité révèle également la *convergence* des jugements portant sur le bien et le mal, sur le juste et l'injuste. Les règles éthiques semblent transcender les lieux et les époques ; par-delà la variété des mœurs et des opinions, nous pouvons constater l'entente des esprits sur les principes de nos devoirs. Partout on loue l'honnêteté, le dévouement, la générosité ; partout on abhorre la cruauté, la perfidie, l'ingratitude : « parmi tant de cultes inhumains et bizarres, parmi cette prodigieuse diversité de mœurs et de caractères, vous trouverez partout les mêmes idées de justice et d'honnêteté, partout les mêmes notions de bien et de mal ». Or la thèse d'une *universalité* des jugements moraux semble mise à mal par les récits historiques ou ethnologiques, qui se plaisent à souligner la diversité des coutumes, des croyances et des règles, alimentant ainsi un relativisme sceptique pour lequel la morale n'est que convention arbitraire. Rousseau fait ainsi référence à Montaigne, qui s'appuie sur la description des usages les plus dérangeants pour la conscience afin de ramener les principes éthiques à la simple coutume sociale. Le Vicaire explique cette pluralité des mœurs par la « dépravation » des peuples : les exemples de coutumes qui nous paraissent barbares demeurent des exceptions qui n'anéantissent en rien l'« accord évident et universel de toutes les nations ». De même que la multiplicité des erreurs et opinions aberrantes ne supprime pas la possibilité d'une vérité s'imposant à tous, la diversité des usages n'empêche aucunement l'uniformité des règles constituant nos devoirs, « tirée du concours de tous les peuples, opposés en tout le reste, et d'accord sur ce seul point ».

Le Vicaire va alors pouvoir remonter au principe qui fonde cette autorité universelle du bien moral : « il existe au fond des âmes un principe inné de justice et de vertu, sur lequel, malgré nos propres maximes, nous jugeons nos actions et celles d'autrui comme bonnes ou mauvaises, et c'est à ce principe que je donne le nom de conscience ». La conscience renvoie donc à l'instance par laquelle, me consultant intérieurement, j'évalue l'intention qui préside à mes actes et je les qualifie moralement. Simplement cette « immortelle et céleste voix » ne désigne pas une faculté qui nous livrerait une connaissance conceptuelle du bien et du mal ; elle prend la forme d'un sentiment qui nous permet d'apprécier immédiatement, sans recourir à une inférence rationnelle, la valeur éthique de nos actes : « les actes de la conscience ne sont pas des jugements, mais des sentiments ». C'est pour cela que dans sa célèbre apostrophe à la conscience, le Vicaire la qualifie d'« instinct divin ». Elle est analogue à l'instinct par sa *spontanéité* : nous jouissons par elle d'une sensibilité *morale* dont la fonction de *discrimination* s'apparente à celle de la sensibilité *physique*, même si elle s'appuie sur de tout autres critères. De même que nos sens évaluent immédiatement la convenance des corps extérieurs à notre constitution corporelle, retirant de l'agrément à ceux qui en favorisent l'essor et du déplaisir à ceux qui y nuisent, la conscience statue sur la conformité de notre action à la vertu qui forme le bien de notre nature spirituelle, retirant de la satisfaction à la bienfaisance et de la répugnance intérieure à l'idée d'avoir transgressé les exigences de la justice. La conscience et l'instinct présentent donc une homologie de structure : l'attrait de la vertu et le plaisir qu'elle suscite marquent l'accomplissement de ce qui réalise notre nature, la répugnance envers le vice et les remords qu'il engendre expriment l'état dans lequel cette nature se trouve contrariée. Ce sentiment brille par sa fiabilité (« guide assuré », « juge infaillible ») : il exprime une évidence irrécusable, antérieure à tout raisonnement.

Néanmoins, ces affirmations ne doivent pas aboutir à opposer conscience et raison. La raison qui « trompe », qui nous laisse nous « égarer d'erreurs en erreurs » et que Rousseau oppose à la conscience qui « ne trompe jamais », c'est la raison sophistique, aveugle aux vrais principes, celle qui enchaîne les déductions logiques destinées à justifier nos passions égoïstes. Mais la moralité véritable, adossée à l'amour de l'ordre, exige leur collaboration : la conscience nous fait *aimer* le bien mais elle ne nous en fait pas connaître la *nature*. Ce qui est disposé en l'âme par la nature, c'est son attirance pour la justice, non la compréhension de son concept. La conscience est certes une impulsion *innée*, « nous n'apprenons pas à vouloir notre bien et à fuir notre mal », mais cet élan reste à lui seul aveugle. Elle appelle donc les lumières de la raison pour exercer son pouvoir de discernement. La raison, de son côté, a besoin de principes pour diriger son exercice, faute de quoi elle se met au service de nos appétits.

Rousseau ne nie donc pas le postulat sensualiste selon lequel « toutes nos idées nous viennent du dehors », mais l'existence de la conscience suggère que le principe de la vie morale, la conscience, est *inné* : il se trouve en nous antérieurement aux données sensibles qui lui donnent l'occasion d'exercer sa puissance de juger. L'idée d'un instinct moral, relevant de la sensibilité, va ainsi fournir au Vicaire un dernier argument contre les philosophies récusant la possibilité d'une action désintéressée. Il s'agit de montrer que la nature de l'homme ne se réduit pas aux penchants égoïstes, en mettant en relief l'existence de dispositions spontanées qui assurent un *attachement* moral de l'homme à ses semblables. Les théories sensualistes reconnaissent la présence en nous de tendances par lesquelles nous veillons à notre propre conservation, c'est-à-dire ce que Rousseau appelle « amour de soi ». En revanche, elles négligent la présence d'autres dispositions, qui nous décentrent de nous-mêmes : « si [...] l'homme est sociable par sa nature, ou du moins fait pour le devenir, il ne peut l'être que par d'autres sentiments innés, relatifs à son espèce ». L'homme ne pouvant développer ses facultés et atteindre toute l'excellence dont sa nature est capable que dans l'existence sociale, se trouvent en lui, outre des affections qui le poussent à veiller sur lui-même, des sentiments qui le portent à assurer la conservation de l'espèce. On sait par exemple le rôle cardinal joué par la pitié dans l'anthropologie morale de Rousseau : la capacité qu'a l'homme de partager l'affliction qui frappe ses semblables, la répugnance qu'il éprouve devant le spectacle de leur souffrance et de leur vulnérabilité, préservent l'amour de soi de la tentation de la cruauté et surtout assurent son expansion de l'individu au genre humain. Tout penchant naturel n'est donc pas de nature égoïste : il y a un *intérêt* (quelque chose qui nous concerne dans la mesure où la nature nous porte à nous y intéresser) *désintéressé* (qui ne se rapporte pas à notre personne). Si « l'impulsion de la conscience » dérive « du système moral formé de ce double rapport à soi-même et à ses semblables », elle reproduit cette dichotomie (égoïsme/altruisme) propre à notre sensibilité sur le plan de notre *dualité métaphysique*. Il faut ainsi opposer en nous un intérêt issu du corps qui nous enracine dans l'appétit égoïste et un intérêt issu de l'âme qui nous rend sensibles à la justice et ne nous laisse pas indifférents au *charme* de la vertu : « sans doute nul n'agit que pour son bien ; mais s'il est un bien moral dont il faut tenir compte, on n'expliquera jamais par l'intérêt propre que les actions des méchants ». L'amour de l'ordre qui anime la conscience donne donc à la notion d'ordre une signification éthique : Dieu est avant tout l'auteur de *valeurs* et de *principes*, appuyés sur des rapports de perfection.

C'est précisément le rôle de la conscience, éclairée par la raison, que de surmonter cette tension interne à la sensibilité opposant les impulsions égoïstes et les élans de commisération. Elle assure l'*unité* de notre nature, conciliant sensibilité et intelligence, puisqu'elle nous fait *aimer* les rapports de justice dont la raison nous révèle le *contenu* : elle s'enthousiasme pour les règles universelles de nos devoirs, gravées par Dieu au fond de nos cœurs. Seul le vacarme de nos passions peut recouvrir sa voix, jusqu'à la rendre inaudible. C'est pourquoi le Vicaire, confirmant ainsi la nécessité de conduire une telle méditation, exprime le soulagement qu'il éprouve d'avoir ainsi fixé par la pensée les principes d'une croyance raisonnable qui lui a permis de trouver « la route de la sagesse, le prix des travaux de cette vie et la source du bonheur [...] ». À présent que nous savons que le monde est l'œuvre providentielle d'un Dieu juste et bon, que le mal naît du mauvais usage de notre liberté dont nous sommes seuls responsables, que le bonheur réside dans le contentement qu'éprouve l'âme à avoir agi droitement et qu'en notre nature loge un amour indéfectible du bien ainsi que les facultés nécessaires à le connaître, nous disposons des moyens qui nous permettent de réaliser notre unité et de collaborer par notre volonté à l'établissement de l'ordre éthique en ce monde.

Nous ignorons certes pourquoi notre âme est unie à un corps si prompt à la détourner du bien auquel notre nature aspire : « Pourquoi mon âme est-elle soumise à mes sens et enchaînée à ce corps qui l'asservit et la gêne ? ». Simplement pouvons-nous présumer que cette union ouvrait la possibilité du mérite moral, sur laquelle se fondent notre éminence et notre noblesse : nous avons ainsi la satisfaction d'avoir opposé de la résistance à nos passions et fait le bien par choix. Notre esclavage au corps, consenti et entretenu, puisque l'usage de notre volonté demeure en notre pouvoir, ne saurait nous servir de prétexte pour imputer à Dieu nos propres crimes : « les coupables qui se disent forcés au crime sont aussi menteurs que méchants ». En ce sens, nul n'est méchant que volontairement : la force ou la faiblesse morale ne sont pas des données, mais des résultats. Si le méchant ne parvient plus à se maîtriser, c'est uniquement dans la mesure où ses renoncements successifs ont conféré une puissance démesurée à ses passions. Le Vicaire peut donc espérer, de manière assez platonicienne, le « moment où, délivré des entraves du corps, je serai *moi* sans contradiction, sans partage », mais l'idée d'un destin autonome de la substance spirituelle, permise par le dualisme, sert d'abord à conforter notre amour du bien ici-bas et partant à nous rendre heureux.

La méditation du Vicaire s'achève alors sur un mouvement religieux d'adhésion à l'ordre du monde, comme expression de la volonté divine. La raison conduit ainsi à une *élévation*, qui est pure *reconnaissance* des bienfaits dispensés par Dieu. L'adoration exclut toute prière de demande ; il serait en effet aussi « téméraire » que contradictoire d'admirer l'ordre et d'exiger qu'un miracle en bouleverse le cours au nom de mes désirs. Rousseau ne rejette pas moins la perspective d'une rédemption octroyée par l'intermédiaire d'une grâce divine. Outre qu'un tel don annulerait toute possibilité de mérite, il consiste à solliciter Dieu pour une faveur qu'il nous a *déjà* consentie : « Ne m'a-t-il pas donné la conscience pour aimer le bien, la raison pour le connaître, la liberté pour le choisir ? ». La foi rejoint ici son étymologie, celle de la *confiance* accordée : vouloir que la volonté de Dieu soit faite, c'est en définitive *vouloir* tout court, c'est-à-dire affranchir la volonté de l'influence des passions et la rendre à l'autorité de la conscience, qui la porte vers les valeurs qu'elle lui fait aimer. Il n'est nul besoin de demander à Dieu « ne nous soumets pas à la tentation » pour être « délivré du mal » : les seules facultés de notre nature, pour peu que nous nous souvenions de notre spiritualité, y pourvoient, même si nous devons nous prémunir contre l'illusion de notre infaillibilité. Le Vicaire, en rapportant l'ordre du monde à la volonté divine qui nous a faits libres, garantit ainsi paradoxalement notre indépendance éthique et donne un fondement métaphysique à l'*optimisme* théorique de Rousseau. Le mal est notre œuvre, mais le poison est en même temps le remède ; si « tout est bien, sortant des mains de l'auteur de la nature » et si « tout dégénère entre les mains de l'homme[1] », il n'appartient qu'à la liberté de la volonté de réconcilier notre nature et notre histoire.

Conclusion

On ne saurait négliger l'importance de la pensée de Rousseau : celle-ci marque un tournant majeur dans l'histoire de la réflexion sur le mal. Comme nous l'avions déjà suggéré, elle opère un déplacement du problème de la théodicée, le transportant du domaine *métaphysique* au domaine *éthico-politique*. Kant – qui est l'auteur d'un essai

---

1. Il s'agit de l'incipit de l'*Émile*.

significativement intitulé *Sur l'insuccès de tous les essais de théodicée* – a souligné avec force la richesse des perspectives ouvertes en la matière par les analyses du Citoyen de Genève : « Newton fut le premier à voir l'ordre et la régularité joints à la parfaite simplicité là où on ne trouvait avant lui que désordre et diversité mal assortie : et depuis lors les comètes se meuvent sur des trajectoires géométriques. Rousseau fut le premier à découvrir, sous la diversité des formes empruntées, la nature profondément cachée de l'homme et la loi secrète selon laquelle ses observations justifient la Providence. Auparavant, on tenait pour valables les objections d'Alphonsus et de Manès. Après Newton et Rousseau, Dieu est justifié et désormais la doctrine de Pope est vraie ». Le mal n'est pas lié aux circonstances dans lesquelles la Création s'est déroulée ni à la résistance de la matière, mais à la volonté humaine.

C'est sans doute l'influence de Rousseau qui a orienté le criticisme kantien vers une réforme de la métaphysique fondée sur l'affirmation du primat de la raison *pratique* (la raison en tant qu'elle fixe des fins à la volonté) sur la raison *théorique* (la raison dans sa fonction de connaissance objective). On sait que, pour Kant, les problèmes métaphysiques, que la nature même de la raison nous incite à nous poser, concernent trois objets : Dieu, l'âme et la liberté, c'est-à-dire précisément les thèmes de la *Profession de foi*. Or dès que la raison théorique quitte le champ de l'expérience possible et se livre à des spéculations sur ces objets suprasensibles, elle ne parvient pas à établir des démonstrations irrécusables, mais elle s'enferme dans des *antinomies*, c'est-à-dire des contradictions insolubles, par lesquelles elle échoue à trancher entre les prétentions d'une *thèse* et d'une *antithèse*, qui ont toutes deux des arguments de poids égal à faire valoir. Si Kant souligne l'échec des preuves spéculatives en matière de métaphysique, il ne conclut pas à l'inanité de ces questions ; il les soustrait à la compétence de la raison cognitive et ce afin de mieux les *établir*. C'est la certitude de l'obligation morale qui nous permet d'affirmer l'existence de Dieu, la liberté et l'immortalité de l'âme. Certes nous n'y donnons pas notre assentiment parce que nous disposons d'un réel *savoir* portant sur ces questions, mais parce qu'il s'agit de *croyances* conformes aux exigences de la raison *pratique*, c'est-à-dire nécessaires à l'accomplissement du devoir qui s'impose à nous comme un impératif catégorique : ce que Kant appelle des *postulats* de la raison pure pratique. À ce titre, le dogmatisme métaphysique, qui prétend les établir sur le mode de la preuve et ne peut y parvenir, alimente le scepticisme et ruine l'adhésion à ces croyances. À l'inverse, une foi *morale* nous conforte dans notre volonté d'obéir au devoir. L'idée d'autonomie, ainsi que le principe d'une foi dérivée des exigences morales de la raison inclinant la métaphysique de la spéculation théorique vers la réflexion éthique : les thèmes centraux du rousseauisme fourniront les linéaments de la refondation kantienne de la philosophie, qui y trouvera les principes d'une « religion dans les limites de la simple raison » et qui les approfondira dans le sens d'un rationalisme renouvelé. Il fallait également que Rousseau ait situé le problème du mal sur le seul terrain de l'éthique pour que Kant cherche dans une perversion de la volonté, dans le renversement des mobiles, le principe d'un « mal radical ».

Indications bibliographiques

Les textes principaux de Rousseau figurent dans de multiples éditions de poche ainsi que dans les *Œuvres complètes*, éditées dans la Bibliothèque de la Pléiade sous la direction de Marcel Raymond et Bernard Gagnebin. Le lecteur désireux d'approfondir la lecture aura intérêt à se reporter au second *Discours* ainsi qu'à *Du contrat social*. Sur la pensée religieuse de Rousseau, on complétera la lecture de la *Profession de foi* par celle de la *Lettre à Voltaire* du 18 août 1756 ainsi que par celle de la *Lettre à M. de Franquières*. On pourra également utiliser les commentaires suivants :

Henri GOUHIER, *Les Méditations métaphysiques de Jean-Jacques Rousseau*, Vrin.

Pierre BURGELIN, *Jean-Jacques Rousseau et la religion de Genève*, Labor et Fides.

Robert DERATHE, *Le rationalisme de Jean-Jacques Rousseau*, PUF.

Ernst CASSIRER, *Le problème Jean-Jacques Rousseau*, Hachette ; *La philosophie des Lumières*, Fayard

Gaëtan DEMULIER, *Apprendre à philosopher avec Rousseau*, Ellipses.

Le mal dans *Les Âmes fortes* de Jean Giono

Stéphane Girardon

Chronologie de Jean Giono[1]

1895   Naissance de Jean Giono à Manosque.

1911   En raison de la maladie de son père, il doit interrompre ses études et entre au Comptoir National d'escompte. Il y débute une carrière dans la banque qu'il poursuivra jusqu'en 1929. Il complète sa formation par des lectures personnelles des auteurs classiques.

1913   Publication de ses premiers poèmes.

1915-1918   Il est mobilisé dans l'Infanterie, envoyé au front, notamment à Verdun et au Chemin des Dames. Légèrement gazé et témoin des atrocités de la guerre, il forge au cours de ces années son ardent pacifisme.

1920   Mariage avec Élise Maurin, avec laquelle il aura deux enfants, Aline et Sylvie.

1925   Fin de la rédaction de son premier roman : *Naissance de l'Odyssée*.

1929   Première publication de Giono : son roman *Colline* marque son entrée dans la carrière littéraire.

1930   Installation dans sa maison du Paraïs près de Manosque, qu'il ne quittera jamais.

1930-1935   Intense production romanesque : romans dits de la « première période » : *Regain* (1930), *Le Grand troupeau* (1932), *Jean le Bleu* (1932), *Le Chant du monde* (1934), « série de romans dont les dénouements sont optimistes même si la violence n'en est jamais absente » (P. Citron) ; *Que ma joie demeure* (1935) marque le premier dénouement pessimiste, témoignant d'une conscience hantée par le spectre d'une nouvelle guerre. Giono s'éloigne des communistes mais renforce son engagement antifasciste et pacifiste. Séjours en Trièves, où il situera plus tard l'action des *Âmes fortes* et d'autres Chroniques.

Septembre 1935   Début des rencontres du Contadour qui réuniront régulièrement jusqu'à la guerre artistes, intellectuels et simples particuliers autour de Giono, inspirateur de cette aventure spirituelle, orientée vers la culture, la paix et la nature

1937   Publication de *Refus d'obéissance*, dans lequel Giono renouvelle son pacifisme absolu et son intention de refuser tout combat. Sortie de *Regain*, seconde adaptation cinématographique (après *Angèle*) par Marcel Pagnol d'un roman de Giono.

1939   Giono se laisse mobiliser mais est incarcéré pour pacifisme pendant deux mois à Digne puis démobilisé. Vie civile pendant la guerre où Giono décide de se renouveler, « de ne plus faire du Giono », et de se désengager de tout activisme politique.

1939-1944   Giono, qui cache et aide des personnes poursuivies, soutient des résistants, accepte de publier *Deux Cavaliers de l'orage* dans *La Gerbe*, organe collaborationniste. Publication d'un reportage sur lui (qu'il désavouera) dans *Signal*, journal de propagande allemande. À la Libération, il figure sur la Liste

---

1. (Source : Chronologie établie par P. Citron dans *Le Magazine littéraire*, n° 329, février 1995)

	Noire du Comité National des Écrivains, est arrêté en septembre 1944, détenu jusqu'en janvier 1945. Aucune charge n'est retenue contre lui, mais il ne pourra rien publier pendant deux ans.
1945	Début de la rédaction du cycle du « Hussard » d'inspiration stendhalienne.
1946	Au cours des interruptions de l'écriture de cette fresque, il se lance dans la rédaction des Chroniques, série de romans courts, beaucoup plus sombres que les œuvres d'avant-guerre. Publication de la première d'entre elles : *Un roi sans divertissement*.
1948-1950	Rédaction de *Faust au village*, série de nouvelles incluse dans les Chroniques. Une d'entre elles devient un roman à part entière : *Les Âmes fortes*, publié en 1950.
1951	Publication du *Hussard sur le toit*, et retour du succès public pour Giono.
1952-1970	Activité romanesque continue, *Le Bonheur fou* (fin du cycle du Hussard) (1953), *Les Récits de la demi-brigade*, *Ennemonde et autres caractères* (1968), *L'Iris de Suse* (1968). Il est élu en 1954 à l'Académie Goncourt, et réalise son premier long-métrage *Crésus* en 1962 avec Fernandel, puis en 1962-1963 adapte pour le cinéma *Un roi sans divertissement*.
1970	Mort des suites d'une opération à l'aine.

Schéma narratif des *Âmes fortes*[1]

Le roman peut être lu comme la suite directe de la nouvelle qui clôt *Faust au village* : « Le mort ».

Veillée funèbre (7-53)

Le texte restitue les dialogues de plusieurs personnages quelques années après la Seconde Guerre mondiale (1949), autour de la veillée funèbre du cadavre d'Albert. Au cours de la nuit des femmes d'âges différents évoquent le passé. La plus âgée d'entre elles, Thérèse, se livre à un récit rétrospectif de sa vie plusieurs fois interrompu et contesté par un autre personnage, sans nom dans le roman, mais que Giono nomme « Le Contre » ou « Berthe » dans ses Carnets. Le texte est donc une véritable « rhapsodie » qui « coud » ensemble ces différentes versions antagonistes, voire contradictoires.

Premier récit de Thérèse (53-120) (T1)

> ### Début du récit (53-70)

En 1882, jeune fille de vingt-deux ans, Thérèse est cuisinière au château du Percy. Elle s'en échappe avec Firmin, jeune homme de vingt-cinq ans, apprenti maréchal-ferrant, pour Lus puis Châtillon, où elle est engagée à l'auberge-relais de poste. Ses rapports avec Firmin seraient encore chastes.

---

1. La pagination renvoie dans tout le dossier à l'édition Folio Gallimard, 2007.

⟩ Réserve du Contre (70-75)

S'appuyant sur le récit de Charles, frère de Thérèse qui l'a poursuivie, le Contre oppose à Thérèse qu'elle s'est arrêtée à Lus pendant plusieurs jours de bombance, consommant au passage sa relation avec Firmin. Elle aurait été giflée et chassée par son frère, ce que conteste le Contre, affirmant que le frère s'est joint à la noce. Du reste, Firmin aurait déjà eu des aventures, tout comme Thérèse.

⟩ Reprise du récit de Thérèse (75-79)

Thérèse *acquiesce* et poursuit le récit de sa vie de servante à l'auberge de Châtillon.

⟩ Interruption du Contre (80-82)

Question sur les Dames de Sion qui auraient secouru Thérèse enceinte et vivant sans emploi, de charité, avec Firmin dans une cabane à lapins très peu de temps après son installation à Châtillon.

⟩ Reprise du récit de Thérèse (82-120)

Thérèse, évasive, laisse planer le doute, *sans démentir*, et continue son récit comme si de rien n'était. Elle décrit la vie à l'auberge, ses clients, dont le sympathique Monsieur Numance et sa femme, mystérieuse, muette et indifférente. Elle se concentre sur le scandale provoqué par les dettes contractées par Madame Numance, dans des conditions inexplicables, qui enflamment les imaginations. Un homme de Valence serait venu réclamer le remboursement ; Thérèse dit avoir assisté à la scène de l'extérieur du Chalet, demeure des Numance, marquée par le sourire froid de Madame Numance. Thérèse poursuit son récit avec le voyage de Monsieur Numance à Lus, la première évocation du postillon de Lus, « Benoît », l'anecdote de la vente du cheval à Madame Carluque. Thérèse se fait alors espionne à l'auberge pour identifier parmi les voyageurs l'hypothétique amant de Madame Numance.

Récit du Contre (120-271) (C1)

⟩ Interruption du Contre (120-123)

Thérèse est interrompue par le Contre qui évoque curieusement Clostre où, beaucoup plus tard, Thérèse a ouvert une auberge avec Firmin, où le postillon, de son vrai nom « Casimir », a joué un rôle important.

⟩ Thérèse en 1904 à Clostre (123-132)

Le Contre se concentre ensuite sur la construction de la voie ferrée par Rampal, dit « Cartouche », qui installe près de Clostre le « village nègre » pour loger les ouvriers du chantier, et qui doit comporter une « cantine », convoitée par Firmin.

⟩ Portrait de Firmin (133-135)

Le Contre dresse un portrait de Firmin en personnage machiavélique, confirmé par Thérèse.

› Retour à Chatillon : récit du Contre (135-271)

Le Contre revient alors vingt ans en arrière pour donner une seconde version de la vie de Firmin et Thérèse à Châtillon, et de la ruine des Numance. Firmin (employé chez Gourgeon) et Thérèse, enceinte, sans travail, se marient in extremis, quelques heures avant la naissance de leur premier enfant, vivent dans une cabane à lapins, et forment un duo de comploteurs-profiteurs, dominé par Firmin, rêvant d'exploiter la générosité des personnes de bonne volonté. Le Contre évoque alors le passé de générosité exacerbée des Numance. Après plusieurs essais infructueux chez d'autres notables, Thérèse se rend chez ces Numance qui s'apprêtaient à les aider. Ils sont accueillis avec une générosité qui inquiète Firmin. Les Numance font don du pavillon et souhaitent adopter Thérèse. Entre celle-ci et Madame Numance se noue alors une relation ambiguë mi-amoureuse mi-filiale. Madame Numance, Pygmalion féminin, entreprend de façonner une nouvelle Thérèse. Firmin, calculateur odieux dans cette version, la soupçonne d'une liaison avec Monsieur Numance, ce qui provoque la première rixe dont Thérèse sort blessée, mais qui scelle la filiation symbolique avec Madame Numance qui sera désormais sa « mère » protectrice. Le Contre révèle que Thérèse avait en réalité jeté son dévolu dans les premiers temps de sa grossesse sur la fascinante Madame Numance, orientant en secret Firmin vers cette femme si attirante, à laquelle, désormais, elle s'identifie totalement.

Firmin invente un stratagème pour dépouiller les Numance avec la complicité de Reveillard, usurier de Lus, dont Thérèse, présentée dans cette version comme étrangère à l'escroquerie, ignore tout, personnage faible, tout à sa passion imitative pour Madame Numance, sous la coupe, pour le reste, de son mari qui la terrifie par ses menaces de départ. Il contracte, par des achats de futaie une dette fictive correspondant à la fortune des Numance. Ces derniers cautionnent cette dette en engageant leurs derniers biens. Reveillard vient exiger le remboursement six mois plus tard, Monsieur Numance a une attaque et meurt ; Madame Numance disparaît en abandonnant tout.

Le Contre s'interrompt alors et demande à Thérèse ce qu'elle pense de cette version.

Second récit de Thérèse (272-332) (T2)

› Ouverture poétique (272-275)

Thérèse reprend son récit où elle l'avait interrompu (p. 120), et déploie une digression poétique sur la nature sauvage et libre.

› Thérèse machiavélique (275-332)

Thérèse se livre à un véritable coup de théâtre : elle se décrit en personnage calculateur et dirigiste, misanthrope, ambitieuse et amorale. Elle trouve son plaisir, son « divertissement pascalien », non dans l'argent mais dans les rôles qu'elle s'attache à jouer auprès de tous et dans la puissance dont jouit celui qui trompe. Elle apprend à singer la bêtise, l'amour, l'humilité, conquiert sur Firmin grâce à la sexualité une domination totale, en fait une marionnette (à qui elle fait endosser le mauvais rôle du personnage violent et calculateur), et s'attelle à son chef-d'œuvre : tromper l'amour épuré, l'amour maternel. Elle choisit pour ce faire Madame Numance. Elle se fait mettre enceinte, renvoyer, se fait remarquer par Madame Numance, gagne sa pitié puis son attachement au bord de cette route où elle simule l'endormissement devant une Madame Numance frémissante du désir de donner et d'aimer. Thérèse avoue que Madame Numance a fini par lui échapper, et s'interrompt.

Second récit du Contre (332-365) (C2)

Le Contre reprend le récit là où elle l'a interrompu (p. 270). Après la disparition de Madame Numance Thérèse est folle de douleur puis s'apaise. Tous la plaignent et accablent Firmin. Lors d'une rixe elle le blesse quasi mortellement puis le soigne. Ils partent pour Clostre, où ils achètent l'auberge, jouent au chat et à la souris, rêvant de se détruire l'un l'autre. Thérèse devient la maîtresse de Casimir, le Muet postillon, dont elle aura deux enfants. Firmin et elle partent au village nègre où elle devient la maîtresse de Rampal. Lorsque Firmin affirme être heureux, elle décide de le tuer. Le Contre invite Thérèse à achever le récit.

Fin du récit de Thérèse (T2) (365-370)

Thérèse raconte l'agonie de Firmin qui aurait été victime d'un accident, en réalité fomenté par Thérèse avec la complicité active du Muet, et passive de Rampal (qui a peur d'être soupçonné et donnera une pension à Thérèse). Elle ferme les yeux de Firmin.

Retour à la veillée funèbre (370)

Le jour revient. Thérèse est remarquable par sa fraîcheur et sa sérénité.

Introduction

De *Colline* aux *Âmes fortes*

« Qu'est-ce que c'est que tout ce micmac ? » (66). Cette question adressée par Thérèse à Firmin lors de leur arrivée à Châtillon, tout lecteur est en droit de se la poser à la première lecture des *Âmes fortes*. Mieux encore, elle s'impose comme une question *nécessaire*, rouage indispensable du dispositif littéraire installé par Giono, qui invente de toutes pièces une technique narrative parfaitement adaptée à la problématique du mal.

Ce thème est en effet au centre d'un texte rédigé après la Seconde Guerre mondiale. Il s'inscrit dans le nouveau cycle entrepris par Giono parallèlement à celui du Hussard, la série des « Chroniques ». Avant la guerre, Giono écrit des œuvres plus ambivalentes. Si la nature et l'humanité sont déjà régulièrement décrites sous un jour sauvage et parfois sombre, les premiers romans en particulier, comme *Colline* ou *Regain*, s'achèvent sur des notes plus optimistes, l'homme triomphant des obstacles et parvenant à une forme de communion apaisée avec la nature et autrui. Une première inflexion apparaît au milieu des années trente avec les dénouements pessimistes de *Batailles dans la montagne* et *Que ma joie demeure*. Cette évolution est souvent associée, entre autres causes, au progressif découragement du pacifiste Giono, qui assiste impuissant à la montée des totalitarismes et à la menace d'une nouvelle guerre, à laquelle l'auteur, qui a connu Verdun et le Chemin des Dames, se refuse de toutes ses forces. Le nouveau conflit qui se déclenche en 1939 résonne comme la fin des espoirs, la disparition d'une forme d'illusion anthropologique sur la réalité d'une « générosité » et d'une volonté de paix universelles. Le double emprisonnement de Giono, au début et à la fin de la guerre, le bannissement littéraire dont il est temporairement victime après 1945, achèvent d'assombrir son inspiration. Le mal a fait son retour dans l'histoire, comme impossible à éradiquer malgré ses ravages réguliers et visibles, et il se déploie également dans la vie quotidienne des individus. Cette omniprésence du mal, Giono en est désormais convaincu, provient de son inscription « radicale » dirait Kant, c'est-à-dire naturelle, en chacun de nous. Certains parviennent certes à surmonter cette pulsion primordiale : au « choléra » qui ravage la région traversée par *Le Hussard sur le toit*, Giono oppose bien la figure stendhalienne d'Angelo, capable de courage, de dévouement, de « vertu », mais le héros est bien « sur le toit » c'est-à-dire au-dessus d'une humanité médiocre qu'il surplombe de sa grandeur d'âme. L'écriture de ce cycle où se manifestent les derniers feux optimistes de Giono est cependant très difficile et maintes fois interrompue : pendant ces impasses de la rédaction Giono développe une série de romans, regroupés sous l'appellation de « Chroniques ». Dans ces textes, dont l'action se situe le plus souvent dans le passé, inaugurés officiellement par *Un roi sans divertissement*, Giono se focalise sur cet « homme plein de misères » évoqué par Pascal. L'homme généreux y sera soupçonné et dévoré comme les Numance dans *Les Âmes fortes* ; le récit s'attache à montrer comment l'humanité se caractérise davantage par un égoïsme aussi naturel qu'irrévocable chez la plupart des individus. La question du mal devient le centre de l'inspiration de Giono qui y subordonne désormais ses autres grands thèmes au premier rang desquels la nature. Les personnages principaux vont être confrontés non plus à une exigence morale devenue utopique pour le désillusionné Giono, mais à leur vraie nature, à leurs vrais appétits, les « âmes fortes » étant celles qui assument totalement cette part (dominante) d'ombre, et y cherchent la possibilité d'un bonheur à taille humaine, « par-delà bien et mal ». À cette inflexion thématique s'ajoute une profonde évolution stylistique. La « chronique » est traditionnellement un récit oral, qui transmet par la parole le souvenir d'événements anciens. Giono va exploiter avec maestria cette exigence du genre en multipliant les voix des narrateurs et donc les points de vue sur les faits évoqués. Cette diffraction de la focalisation induit une subversion d'un autre pilier de la culture occidentale : la croyance au concept de « vérité » et surtout à l'aptitude humaine à la connaître. À l'homme « généreux » et capable d'atteindre des certitudes permanentes, Giono substitue dans ces œuvres des individus qui évoluent dans les ténèbres et les aléas du sens et n'ont d'autre choix dans leur séjour terrestre que de suivre leurs passions égoïstes.

Langlois dans *Un roi sans divertissement* arrête bien le tueur Monsieur V., mais l'exécute hors de toute procédure avant de se suicider pour éviter de succomber à la fascination et au désir d'imitation provoqués par la rencontre avec cet assassin ordinaire. Dans une Chronique ultérieure, la nouvelle éponyme *Faust au village* résume de manière symbolique la présence du mal dans la vie commune avec la figure du diable qui surgit *en pleine nature* au détour des chemins. Le recueil se clôt par une nouvelle intitulée *Le Mort*, qui raconte les préparatifs de l'enterrement d'un dénommé Albert. *Les Âmes fortes* devaient à l'origine constituer l'une des nouvelles (succédant au texte *Le Mort* sous le titre *La Veillée*) de ce recueil (dont le titre envisagé était *La Chose naturelle*), mais le texte connaît une extension imprévue, et devient un roman autonome publié en 1950.

Résumé des *Âmes fortes*

En 1949, trois femmes viennent veiller le corps d'Albert. Au cours de cette nuit, elles vont évoquer la vie de la plus vieille d'entre elles, Thérèse, âgée de 89 ans. Celle-ci entame son récit par la relation de sa fuite, en 1882, avec son amoureux, Firmin, du château où elle était placée comme cuisinière, leur installation à Châtillon, lui comme maréchal-ferrant, elle comme servante dans une auberge. Elle raconte avec force détails un épisode marquant, les dettes inexplicables contractées par une certaine Madame Numance, qui provoquent une fébrilité inventive chez tous les habitants de la ville. (T1)

Elle est interrompue (plusieurs fois puis très longuement) par une autre femme, Berthe, ou le Contre, qui propose des corrections : Thérèse aurait très vite cessé de travailler à l'auberge, se retrouvant enceinte et vivant dans une « cabane à lapins », personnage faible et sans esprit, sous la coupe d'un mari machiavélique qui met en place un stratagème pour duper les honnêtes gens. Les victimes en sont finalement les Numance, couple d'une improbable générosité, qui les a pris en charge ; Firmin exploite la passion ambivalente mais essentiellement filiale qui unit Mme Numance et Thérèse pour leur extorquer ce qui leur reste de fortune. Lors du dénouement de cet épisode, « la ruine des Numance », Monsieur Numance a une attaque et meurt, sa femme disparaît. (C1)

Thérèse reprend alors la parole et provoque un coup de théâtre : c'est elle qui aurait tout manigancé, pour satisfaire sa « volonté de puissance », transformant Firmin en « pantin », et s'employant à dévorer comme un « furet » l'amour de Madame Numance. (T2)

Le Contre évoque la suite des événements : après la disparition de Madame Numance, Thérèse bascule dans le désespoir puis reprend une vie normale, en apparence. En réalité, elle porte sa sauvagerie sur une nouvelle proie, Firmin, son nouvel « or du monde ». Elle le blesse très dangereusement lors d'une rixe et prend désormais l'ascendant sur lui. Ils quittent Châtillon pour Clostre, où ils ouvrent une auberge. Dans ce village reculé, Thérèse prend un amant, le Muet, dont elle a deux enfants, au vu et au su d'un Firmin vaincu, qui doit accepter la loi de la plus forte. Ils s'installent ensuite au « village nègre » où vivent les ouvriers qui construisent le chemin de fer qui va desservir la région. Thérèse y noue une liaison avec Rampal, le directeur, et décide d'en finir avec Firmin. (C2)

Le Contre laisse Thérèse achever le récit. Celle-ci laisse entendre qu'elle a fomenté l'« accident » qui va coûter la vie à Firmin, en réalité un meurtre déguisé, commis par le Muet, et couvert par Rampal. Le texte s'achève par l'essentielle évocation de Thérèse au matin de la veillée funèbre, « fraîche comme la rose ». (T3)

L'originalité du récit réside donc dans la variation des points de vue sur les événements évoqués. Thérèse raconte deux versions contradictoires de la ruine des Numance : T1 et T2. De même, la relation par le Contre de cet épisode (C1) est inconciliable avec les versions de Thérèse (T1 et T2). Nous avons donc trois versions de la ruine des Numance (T1, C1, T2). Le lecteur ne peut déterminer quelle est la version véridique. Les deux dernières parties du récit (C2, T3) sont en revanche complémentaires.

Un mal polymorphe

Étudier le mal dans *Les Âmes fortes*, c'est tout d'abord examiner la manière dont un auteur de fiction s'empare d'une des questions majeures de la philosophie. De ce point de vue, Giono s'inscrit dans une partition classique du concept, celle qui distingue le mal commis et le mal subi, la faute et la souffrance, irréductiblement associés : « Dans sa structure relationnelle – dialogique – le mal commis par l'un trouve sa réplique dans le mal subi par l'autre »[1]. Le roman offre ainsi en premier lieu une approche « phénoménologique » du mal, une évocation de sa double manifestation. Le mal est d'abord abordé sous sa forme la plus intuitive et perceptible : la souffrance. *Les Âmes fortes* peuvent être lues comme un inventaire des souffrances de l'homme. Ces dernières sont ensuite rapportées à leur origine qui n'est pas ici transcendante mais naturelle et surtout humaine. Le roman se fait alors examen des crimes et délits commis par l'homme. Après avoir constaté la présence du mal dans le monde et les actions des hommes, le roman s'interroge sur la possibilité d'un dépassement du mal. En d'autres termes, le bien est-il possible, envisageable ou n'est-il plus qu'une illusion à démystifier ? Nous verrons comment le roman propose en réalité, en lieu et place d'une résolution moraliste et optimiste (malgré le mal, le bien existerait, et pourrait triompher) une réflexion sur les diverses conceptions de la nature du mal, sur les stratégies individuelles pour s'en accommoder voire le dépasser : celle des « âmes fortes » et plus subtilement celle de l'écrivain. Le « divertissement » paraît être la meilleure (la seule ?) réponse à un mal dont il convient dès lors d'interroger la nature « morale » : si le mal est « chose naturelle », a-t-il, est-il encore une valeur morale ? Peut-on, doit-on, penser et vivre « par-delà bien et mal » ?

Souffrances

Le mal se manifeste d'abord sur le mode de son expression. *Les Âmes fortes* peuvent se caractériser comme un « roman de la déploration » nourri de l'évocation de douleurs de natures très diverses. La parole y joue un rôle structurant, unifiant, annoncé dès l'épigraphe de Shakespeare : « The servant : « Oh ! » (*The winter's tale*) » (7). Si l'origine et la signification de cette référence sont assez obscures, sa nature « théâtrale », donc à mi-chemin entre l'écrit et l'oral, est essentielle et doit guider la lecture. Dans ce roman, où tout est « dialogue » entre personnages au cours de

---

1. P. Ricœur, *Le Mal*, Labor et fides, p. 24.

la veillée funèbre, la souffrance n'est pas seulement « décrite », elle est avant tout « dite », c'est-à-dire toujours formulée par celui qui la subit, ou les témoins directs, empathiques, de cette souffrance et non abordée par un regard extérieur et indemne. Par cette situation d'énonciation initiale, ancrée au cœur de la parole jamais en dehors d'elle, nous sommes toujours « dans » le mal, puisque « dans » une conscience « parlante » affectée par le mal. L'ingéniosité de Giono consiste à placer le lecteur dans le point de vue de celui qui subit (mais aussi, nous le verrons plus loin, de celui ou celle qui commet) le mal. L'utilisation de cette structure surplombante du dialogue, cette insertion continuelle dans la parole des personnages, est déjà une technique littéraire pour souligner que le mal est toujours proprement *humain*, dit, subi, et commis *par* des hommes. C'est pourquoi Ricœur insiste dans *Le Mal* sur la notion de « lamentation » qui rappelle la « déploration » associée aux tragédies du XVIe siècle ou de Racine, et témoigne de sa dimension inextricable. La verbalisation de la douleur est la première humanisation du mal. En cela, elle aborde un aspect du mal que la philosophie est peut-être moins à même de traduire, sa « réalité », de « chose (naturelle) » et non de simple concept. Giono fait l'économie de la réflexion sur la réalité du mal : il est, et d'emblée, puisqu'il y a souffrance.

Celle-ci est annoncée dès le titre, qui présente un jeu phonique évoquant le roman de Gogol bien connu de Giono, *Les Âmes Mortes*. La mort et son cortège de souffrances sont donc symboliquement placés *implicitement* en exergue du roman. Ce dernier, qui mobilise la mort (titre suggéré et incipit de la veillée funèbre) mais y oppose le titre effectif et le final avec la « rose » Thérèse, repose donc sur le balancement constant et structurant entre « âmes mortes » et « âmes fortes ».

Souffrances des corps

❯ Climats et lieux

Le « Oh ! » de l'épigraphe peut d'abord s'entendre comme le signe audible de la lamentation. Celle-ci concerne au premier chef son environnement immédiat. Les hommes souffrent d'abord dans une certaine nature et dans des lieux précis.

Si certains rares passages évoquent un environnement clément (les « foins » dont Thérèse s'enivre à Clostre par exemple), le roman est dominé par une nature menaçante et glaçante (The *winter*'s tale). Dès l'incipit le ton est donné : toute la narration se déroule de nuit, près d'un mort, contexte des moins riants, qui n'est pas sans créer une atmosphère inquiétante. Le froid est déjà là : « Il vient un froid de cette porte ! J'ai les jambes glacées. » (9). La région n'est pas décrite en des termes plus chaleureux : « les nuages qui vous raclaient la tête, et la nuit à deux heures de l'après-midi ; et la montagne dont on ne voit plus le sommet et qui est, de toutes parts, comme des côtés de boîte. » (91). Les accents baudelairiens de ce ciel bas et lourd traduisent la claustration (l'un des villages, imaginaire et dont le nom est forgé par Giono, s'appelle d'ailleurs « Clostre ») et l'oppression endurées par ces habitants du Trièves, région des Alpes au sud de Grenoble que Giono a découverte lors de vacances et où il place son action comme celle d'*Un roi sans divertissement*. Pas de neige ici, mais du tumulte, de la menace : « une terrible bourrasque de bise chargée de glaçons arrachés aux montagnes qui assiégeait le pavillon et faisait battre les volets. » (207), « Ça fait pourtant un ramadan du diable [...] Le mauvais temps continua pendant plus de trois semaines ; cela arrivait quelquefois. Les gorges de la montagne déversaient des torrents de vent glacé et des grésils lancés à une telle vitesse qu'ils crevaient les parapluies et blessaient les visages qu'on n'abritait pas sous des cache-nez ou des pans de manteaux. » (208). La nature elle-même est « diabolique » et fait souffrir les hommes, allant parfois jusqu'à les annihiler, comme le montre Giono de manière métaphorique : « Cette route-là faisait une grosse consommation de postillons. » (77). La menace est omniprésente, l'homme est bien décrit comme l'un des éléments d'un monde naturel sauvage, violent, dans lequel il occupe une place infime et négligeable, « ciron » dirait Cyrano, sans commune mesure avec son orgueil ordinaire. Il y a donc bien une présence latente d'un mal naturel, que confirme la répartition spatiale de l'action du roman.

La localisation des intrigues successives est en effet très symbolique et souligne l'omniprésence « géographique » du mal. Le récit propose au lecteur une sorte d'« anamnèse », remontée aux origines anthropologiques. Tout commence dans le château du Percy, lieu (supposé) des raffinements et de la civilisation organisée, hiérarchisée. Nous sommes ensuite conduits à Châtillon qui peut être dite « ville » dans une région si désertique, donc plus mixte, moins policée. De là, nous partons à Clostre, qui n'est déjà plus qu'un village, quasi vide. Enfin, la narration se clôt au village nègre qui est une forme de peinture d'une civilisation en train de naître, littéralement « en chantier », en cours de construction et qui peut se lire comme un état pré-civilisationnel. Il y a donc une gradation apparente dans le roman, une remontée aux origines naturelles de la socialisation jusqu'à un état présocial. Or, dans ce parcours, le mal est partout, aucun espace n'est pur. Au château de Percy, injustices, inégalités et violence sont déjà présentes. À Châtillon se déploie l'affrontement entre les « loups » et les « agneaux » Numance, à Clostre le duel devient intime entre les époux. Au village nègre enfin, le meurtre final, rappel, peut-être, que toute civilisation se construit sur un meurtre (Firmin en Remus), n'est que le point d'orgue d'une série de méfaits qui témoignent d'un mal qui se déploie *quels que soient les espaces* dans les foins de Clostre comme dans les étages supérieurs du château. Giono rompt ainsi avec la nostalgie rousseauiste mythique d'une innocence naturelle primordiale. C'est dire on ne peut mieux que le mal ne naît pas du cadre de vie ni même des conditions sociales ou économiques mais qu'il est interne à l'homme, que celui-ci le transporte avec lui où qu'il aille. Il est, pour le dire autrement, *dans l'âme*. Il semble même que l'éloignement progressif de la civilisation libère de plus en plus la sauvagerie de ces âmes pour lesquelles cette « naturalisation » croissante estompe peu à peu puis efface toute barrière morale ou sociale.

⟩ Catastrophes

Le mal, c'est donc d'abord le malheur. Le texte est émaillé de catastrophes, grandes ou petites, la plus récurrente étant la figure de « l'incendie ». Dès l'ouverture, on évoque ce motif : « Je suis née deux ans après le gros incendie. » (8), « Sans doute une cheminée qui a flambé d'abord, puis un grenier à foin et, en fin de compte, une vingtaine de maisons à la file. » (11). L'origine de cet épisode reste floue, tout comme l'est celle de ce grésil de tempête qui blesse les piétons : « chose naturelle ». Le feu est bien sûr en outre un motif diabolique, il est la punition infernale, châtiment divin des pécheurs, Giono jouant avec cet arrière-fond culturel et religieux. Pour appuyer cette dimension de « châtiment », un épisode revient à plusieurs reprises :

le feu qui consume des corps (le feu après la mort). Pendant la veillée funèbre il faut veiller à ce que les cierges n'enflamment pas le pauvre Albert, ce qui est arrivé autrefois au château du Percy : « Le plus mauvais c'est que le corps avait bel et bien commencé à brûler. Il a fallu l'inonder et ça n'était pas beau. » (10), ainsi que dans les récits de Thérèse : « Un jour qu'elle faisait grand feu, sa crise l'a couchée dans les braises. On l'a retrouvée cuite. » (290). Le feu représente tout aussi bien l'un des plus grands dangers réels du monde rural (aspect réaliste) que le châtiment divin infernal (aspect symbolique). Giono use habilement de la connotation religieuse, mais pour la subvertir immédiatement, en romancier athée et polémique : le feu n'est en rien « purificateur », signe d'une faute antérieure de celui qui en est victime : c'est le sens de cette précision de Thérèse : « ...les neuf qui sont marqués sur la croix. Mais là il y a le nom d'une mère et de ses deux filles : deux jumelles. C'étaient des petites de toute beauté, il paraît. » (11). La mort de ces enfants qui sont dans le roman les seuls à être épargnés par la misanthropie gionienne est là pour montrer le scandale et la vacuité de l'explication religieuse ou des théodicées. Les noms ont beau être sur une croix, si ces enfants sont morts il faut bien y voir le signe de l'absence de Dieu et de la solitude des hommes face à une existence aléatoire et douloureuse où « la recherche des causes » se révèle aporétique. La catastrophe, l'incendie comme l'inondation dans *Batailles dans la montagne*, relève de la « chose naturelle » douloureuse et dénuée de sens.

❯ Douleurs et morts

Le corps souffre donc, du climat comme des catastrophes et il vit dans la menace perpétuelle d'un malheur venu de l'extérieur, auquel s'ajoute l'ennemi intérieur : la maladie. On connaît la symbolique conférée au choléra par Giono dans *Le Hussard sur le toit*, et *Les Âmes fortes* contiennent leur lot de corps malades et usés : « quand ils sont malades, les vieux aiment qu'on les plaigne. » (43), Rose raconte plus loin l'agonie de sa mère face à deux sœurs cupides. Plus dangereux cependant que le feu, les tempêtes ou la maladie, plus dangereux que la nature : l'homme lui-même. L'enfer, c'est d'abord et avant tout *les autres*. Le corps, en particulier celui des femmes, est maltraité par les autres hommes. Les violences sont un véritable leitmotiv du texte à commencer par les assauts sexuels. La sexualité est abordée sur le mode animal de l'accouplement. Le romantique Firmin manifeste son désir à Thérèse en ces mots : « Ah ! Ma pauvre Thérèse, tu vas passer à la casserole. Prépare-toi. » (62). L'allusion aux servantes du village nègre illustre bien ce rapport (sexuel) de force : « Il y a aussi deux bonnes, elles servent à un peu tout. Qu'elles se débrouillent. D'ailleurs elles changent souvent. Imaginez deux corps de bonnes sur lesquels on change de têtes tous les quinze jours. Elles font leurs petites histoires, rires, pleurs, cris, danses, gifles, départ... » (132). Les sentiments sont abolis et les corps exploités, avilis.

Ces derniers sont aussi bien sûr battus et meurtris. La violence est récurrente, avec son corollaire de douleur. La principale victime est Thérèse, alitée après la première rixe avec Firmin : « Les gestes de Madame Numance étaient sans mesure. Elle avait pressé si fort sur les meurtrissures de Thérèse que celle-ci ne put retenir un cri de douleur » (163), « elle reçut de sérieuses mornifles. Les coups la firent tomber de son haut... Elle fut obligée de penser à ses flancs qui lui faisaient mal, où s'arrondissaient même les ecchymoses bleues fort vilaines. C'était la deuxième fois en peu de temps qu'on la traitait de façon ignoble. [...] Voilà qui tu es, une femme rouée de coups. Et, au surplus, quand elle n'est pas rouée de coups, tout juste bonne apparemment à servir de jouet au premier venu et dans une écurie. » (208). Mais cette douleur des coups, les hommes la connaissent aussi. Au mutilé de la guerre de 1870 qui fait frire ses harengs répond l'éventration de Firmin par Thérèse qui marque sa prise de pouvoir : « il y avait ces estafilades dont il n'arrivait pas à étancher le sang. On les aurait dites faites au couteau. » (334), « Il était vraiment devenu un *minus*. Imaginez que Firmin était obligé de porter à même la peau une ceinture de cuir large comme ça et sanglée dur qu'il ne pouvait quitter ni jour ni nuit sans risquer l'éventration » (346). Le « minus » (« plus petit », en latin) montre l'amoindrissement qui guette le corps dans cet univers de violence, amoindrissement qui peut aller jusqu'à la disparition.

Le texte est en effet jonché de cadavres ou d'évocation de morts. D'Albert à Firmin, c'est un long cortège de disparus ou de disparitions qui scandent le récit. La première grande division du texte s'achève par la mort de Monsieur Numance, la seconde par celle de Firmin, ce qui fait dire à Thérèse (dont les trois fils sont morts) : « Si je m'étais soignée chaque fois que j'ai veillé un mort, je serais comme un galet de rivière. » (8). Giono rappelle la nature mortelle de l'homme (« memento mori », « souviens-toi que tu mourras »), mais insiste sur la douleur et le désespoir liés à cette mort par le motif des suicides : on nous parle du soldat « qui s'est finalement pendu dans le bois d'Archat » (14) et d'une ancienne conquête de Firmin qui résume toutes les vicissitudes du corps : « Cette fille qui s'était jetée dans un ruisseau, puis qui avait bu de la teinture d'iode, puis, qui avait essayé de se pendre » (74). Au sein même de la mort, ce corps n'est pas encore hors de danger ; il peut rôtir, on l'a vu, mais peut aussi être menacé par des bêtes : « je m'imagine qu'il y a des bêtes qui viennent, qui le mangent [...] des chats, ou des rats, ou je ne sais pas. » (32), ce qui autorise à « imaginer des choses auprès desquelles la mort n'est rien. » (61).

Vague à l'âme et maux d'esprit

La souffrance est également psychologique et morale. L'esprit souffre autant que le corps dans *Les Âmes fortes*.

La faute en revient d'abord à la solitude du lieu et des individus. Giono situe son action dans des contrées désertiques où l'homme se fait rare et où il mourra seul. C'est le bilan que dresse Thérèse : « Et pourquoi pas ? J'ai eu trois fils, je les ai perdus. Mon mari aussi. Mes belles-filles ? Une est d'ici, une est de là. Mes petits-enfants ? Une lettre au jour de l'an : "Ma chère mémé." Un point c'est tout. Et après ? C'est la vie. » (28). Dans cette solitude la vie peut se révéler elle-même pleine de vacuité et l'ennui menace les consciences : « Le mot qu'on y prononce le plus souvent c'est : soleil. On prend le soleil. On va prendre le soleil. Venez prendre le soleil. Il est allé prendre le soleil. Il ne fait pas soleil. Il va faire soleil. Il me tarde qu'il fasse soleil. Voilà le soleil, je vais prendre le soleil. Ainsi de suite. C'est le plus gros bruit. Avant qu'un commerçant ait fait un tour sur lui-même, tu tuerais un âne à coups de figues. Les sucres d'orge fondent dans les vitrines et il faut trois étés pour faire fondre un sucre d'orge. Ils ne fondent pas à cause de la chaleur ; ils fondent parce qu'ils restent là trop longtemps. C'est pour le sucre d'orge et c'est pour tout. C'est un pays où on a tellement de temps que, tout ce dont on a envie, on n'en finit par l'avoir que fondu » (141). Dans ce tableau pascalien qui rappelle l'aversion de Giono pour le soleil, le temps prend une épaisseur sirupeuse et noie les âmes. Même le « soleil », motif positif s'il en est, ne réchauffe pas les cœurs mais met en lumière leur lassitude. Le temps est « d'une extrême lenteur » (238), « il ne se passait rien » (90).

À cette vacuité du lieu s'ajoute la vacuité des temps. Giono insère ici une remarque discrète et personnelle sur la médiocrité de l'époque en écrivant à propos de Mme Numance : « Elle sent que le pays s'abêtit. Elle se trompe toutefois de cent ans. » (148). Le présent de Mme Numance ainsi que celui de l'auteur (petite vengeance sur ses contemporains) accordent une portion bien congrue aux âmes généreuses et vertueuses. Giono décrit donc un univers sans grandeur, sans intérêt, où l'homme survit plus qu'il ne vit dignement. Il faut noter l'absence dans le texte de toute allusion à la culture si essentielle aux yeux de Giono. Dans ces lieux, l'individu est plus simplement un homme « sans divertissement » et sans transcendance, nous y reviendrons plus loin. Il règne donc une aspiration universelle à « autre chose », « à plus », d'autant plus forte qu'il n'y a rien ici-bas, ou si peu.

Dès lors, avec l'envie, l'un des sentiments dominants est la peur. Tous redoutent (au moins) un autre personnage. Thérèse craint Firmin qui lui-même finit par être terrifié par son épouse. Mme Numance craint Firmin, Rampal redoute Thérèse... On songe alors au titre de l'un des romans de Ramuz, auteur suisse qui eut une grande influence sur Giono : *La Grande peur dans la montagne* qui gagne ici les habitants du Trièves. Aucun personnage ne peut vivre sereinement comme l'illustre cette terrible scène où, à Clostre, Thérèse fait la vaisselle entourée de seaux et de cruchons destinés à la prévenir des attaques de Firmin.

Une condition souffrante

› Identité sociale

Dans cet univers la reconnaissance sociale se fait de manière fort inégalitaire. « Monsieur » et « Madame » sont réservés aux riches et aux puissants comme les Numance ou les Carluque. Les riches non respectables ont encore droit à un nom : Reveillard, Rampal. Pour les pauvres du peuple, c'est-à-dire l'essentiel des protagonistes, le seul prénom est utilisé : Firmin, Thérèse, voire un surnom : « Le Muet », dont on perd même le prénom. Giono se livre en filigrane à la dénonciation d'une société fondamentalement inégalitaire par la seule variation sur la dénomination des personnages. De même Mme Numance tutoiera Thérèse sans réciprocité. La société est donc à l'image du Château du Percy où les lingères dédaignent les cuisinières : « Elle n'était pas de notre bord. Elle était de celles qui étaient là-haut avec Madame. C'étaient des *damotes*. Elles étaient mises comme des reines. » (70). Cette structure pyramidale crée jalousie et insatisfaction, Giono montrant comment la reconnaissance, l'existence sociale d'une personne sont intimement liées dans le monde moderne à sa richesse. Thérèse peut bien se plaindre : « Nous n'étions pas le dessus du panier. » (56).

› Exploitation économique

Giono n'est en rien un marxiste et s'est très vite écarté du Parti Communiste qu'il fréquenta brièvement avant la guerre. Il garde cependant une conscience très forte des injustices économiques et dénonce en arrière-plan dans ce roman l'exploitation de l'homme par l'homme et les souffrances afférentes. L'appellation du « village nègre » n'est pas sans rappeler la colonisation et l'esclavage : plus d'« esclaves » mais des ouvriers piémontais, employés à bâtir la France de demain, à qui l'on reprend ce qu'on leur donne par ailleurs, en particulier à la « cantine » possédée en sous-main par Rampal. L'auteur évoque également le temps où les enfants étaient placés en condition, comme l'est Thérèse chez les Charmasson et le tableau d'ensemble insiste sur l'existence d'une misère qui ne touche pas les seules grandes villes mais aussi les zones rurales. À Châtillon, Thérèse et Firmin vivent dans une « cabane à lapins », régressant au statut animal. Giono glisse même une allusion contemporaine dans le long épisode du « gros blond » qui guette les héritages et les faillites à l'affût des bonnes affaires. On apprend ainsi que le beurre manque à la ville, discret rappel des difficultés alimentaires de l'après-guerre « Tu devrais nous envoyer un peu de beurre. Ici on n'a rien. Je vois les os à travers la peau de ma petite. » (37). À côté de cette misère du peuple certains s'engraissent comme le « gros » blond : « il fait de bonnes affaires. Sa femme est grasse comme un lard. Les deux font la paire. Vous l'avez vu, lui dernièrement ? Il n'a plus figure humaine. C'est la tour de Babel. » (35). Babel, symbole de la séparation, illustre cette destruction du lien social dans une économie fondée sur l'intérêt individuel et non sur la répartition équitable où les « gros blonds » sont plus nombreux que les Numance.

Il y a donc bien dans ce roman une peinture de la souffrance physique et psychologique individuelle et collective. Le mal est d'abord abordé à travers la condition humaine, physiologique, spirituelle et sociale, le monde se présentant pour la plupart des individus, comme une vallée de larmes décrite sur le ton de la déploration. Malgré sa luxuriance et son style si particulier, ce roman dresse donc un inventaire « réaliste » des formes du mal comme souffrance ; il envisage par ailleurs l'homme tout entier et non sa simple condition métaphysique. Le « sujet » chez Giono n'est pas une simple « res cogitans » mais un être de chair et de pensée en qui, le plus souvent, comme chez Job, tout souffre.

Fautes

Les victimes sont donc exposées à des malheurs et des maux qui ont deux sources principales. La première est la nature. La seconde, de loin la plus menaçante, est l'homme. Pour surligner cette dimension de « mal commis », Giono instille quelques références explicites : ce sont d'abord les multiples allusions au Diable, (le « ramadan du diable » (208), « Il faudrait le diable et son train pour me réveiller » (64)), et à l'« antéchrist » (15) aussi biblique que nietzschéen, qui évoquent ce Malin déjà présent dans la nouvelle *Faust au village*. Le motif religieux se prolonge en motif philosophique et moraliste avec les « yeux de loup » (87, 258, 334) qui rappellent aussi bien Hobbes que La Fontaine. Rappelons la formule empruntée par Hobbes à Plaute : « l'homme est un loup pour l'homme » et la fable de La Fontaine *Le Loup et l'agneau*, réécrite pour ainsi dire par Giono dans l'épisode des Numance. La littérature est enfin mobilisée avec le genre du conte effrayant : « Je ne joue pas au Petit Chaperon Rouge » (250). Giono situe donc son texte dans un héritage multiple des grands textes sur le mal infligé à autrui.

Crimes et délits

❯ Médisances et méfaits

Le roman parcourt en premier lieu les fautes légères, de bouche et de langue. Le texte débute, au cours de cette veillée funèbre où serait davantage attendu un pieux recueillement, par un déchaînement des bouches. Celles-ci cèdent tout d'abord au péché de gourmandise avec le fameux repas nocturne agrémenté d'un vin frais. On y déguste des caillettes, dont il est essentiel de rappeler qu'elles sont réalisées à base de viande de porc, l'animal le plus adéquat pour décrire la majorité des hommes, comme le formule Thérèse : « c'étaient tous des cochons bien entendu » (286). À cette absence de vrai respect pour le mort s'ajoute une frénésie de médisance. On y moque la bêtise de la veuve d'Albert (9), la saleté et la laideur d'une voisine jalousée : « elle n'a rien d'attirant. Même propre, et c'est rare, elle est comme un navet. Il y a au moins dix ans qu'elle n'a plus de dents. » (38). On se prélasse dans les « zistonzestes » (73), histoires croustillantes et impitoyables qui touchent même les personnes présentes comme Thérèse : « Ma tante disait : "Thérèse, c'est une brave fille. Il n'y a que les hommes. Ça, il ne faut pas lui en laisser à côté... si vous avez un ramoneur, ou n'importe quoi qui porte un pantalon, tenez-le loin, sans quoi c'est vite fait. " » (75). Une forme de malveillance universelle se déploie. Le mal, c'est d'abord celui que l'on dit d'autrui. Ce « mal-parole » se parachève par les mots grossiers (« Tu veux nous faire manger ces saloperies ? »14) ou les injures (« c'était simplement une salope » 357). Symboliquement, en étant d'abord verbal, le mal est montré comme provenant de l'intériorité de l'homme, il est avant tout, pour reprendre le titre d'un ouvrage de J. L. Chrétien un « acte de parole ».

Ces médisances sont cependant l'occasion de dénoncer nombre de fautes morales ou sociales. Ainsi, l'égoïsme amer et jaloux des individus s'y manifeste. Cette voisine qui « n'a plus de dents » est jalousée pour son aventure avec le gros blond et le profit qu'elle a pu en retirer (qui est avant tout *qu'il lui est arrivé quelque chose*). La cupidité est au cœur de ces dénonciations qui ne sont qu'à demi calomnieuses. Ainsi tout le récit de la rivalité entre les deux sœurs au chevet de la mère mourante paraît stigmatiser la sœur qui ne s'est pas occupée de la mère et qui revient en humant l'héritage à venir, mais traduit aussi dans le récit la cupidité effrénée de celle qui s'en est occupée : « je lui ai relevé les paupières moi-même avec le doigt » (47) ne décrit pas ici un geste tendre ou filial, comme le traduit une curieuse conception de la loi : « Si la loi était la loi les cadettes ne devraient rien avoir : voilà la justice » (46). De manière générale, il en ressort que « les voisins ne se gênent pas » (46) et qu'on aurait donc tort de se gêner. Aucune gêne dans les agissements du gros blond qui réduit le commerce au statut de vol pur et simple (que conforte plus loin le statut d'« usurier » de Reveillard) en achetant son beurre 130 F et en le revendant une heure après 800 F (36-37). Le texte fourmille d'histoires de spoliations et de captations d'héritage et souligne à maintes reprises l'une des causes principales du mal « social » ou « économique » : l'argent. Ce dernier n'est cependant pas cette « cause de tout le mal » dont parle Flaubert. Il n'en est qu'une occasion parmi bien d'autres.

❯ Dérives du corps

L'homme paraît en effet laisser libre cours à tous ses excès. L'alcoolisme est une constante du texte, Giono s'y perd parfois, qui évoque le « réveillon » de Firmin et Thérèse à Lus après l'évasion (« Vous avez fait la *bombe* pendant deux jours et deux nuits avec les marchands de porcs » (73)), tout en insistant ensuite sur leur sobriété. Les figures de buveur sont nombreuses : la première saoulerie intervient pendant l'enterrement de M. Charmasson (écho de la veillée) : « S'ils boivent tout ça, on les enterrera avec le patron » (9). On trouve ensuite un oncle chaste, mais qui aime bien « licher » : « il montrait sa bouteille, il disait : "J'ai pas encore fini de lever les cotillons à celle-là. " » (24). L'homme y cherche l'oubli et l'anéantissement comme le montre l'exemple de Rampal : « Mais, à la longue, l'alcool usait les facultés ; et même les vices, ce qui est plus grave. De Cartouche il ne restait en réalité que les quatre murs et la façade. À l'intérieur il n'y avait plus grand chose » (127).

La sexualité est bien sûr l'occasion de fautes spécifiques. Là aussi, l'homme est enclin à enfreindre les lois morales, sociales, ou religieuses, dans le cas tout d'abord des adultères, comme celui de Mme Charmasson : « il aurait mieux valu que Madame continue à jouer à cachette avec les femmes de chambre plutôt que d'y jouer avec le sous-préfet. » (18). Plus grave, le mari y encourage sa femme. C'est le cas de Firmin avec Thérèse, qu'il aimerait voir dans les bras de Monsieur Numance, rassuré qu'il serait sur ses chances d'enrichissement : « Est-ce qu'elle fricoterait ?... Si Thérèse fricote avec le vieux, alors nous sommes des coqs en pâte et c'est parfait. » (161). Plus loin, Thérèse vit sous le toit marital avec son amant le Muet, parrain devant Dieu de ses propres enfants biologiques... À ces entorses immorales s'ajoutent des fautes plus graves. L'homme paraît incapable de refréner ses pulsions animales. Ainsi se profile l'inceste avec ce père qui aime trop sa fille : « Sa fille au contraire, il aime qu'elle soit bien mise. Il s'en occupe ; il la touche. Il faut que ça soit moi qui lui dise finalement : "Laisse-la un peu tranquille, ne lui donne pas toutes ces idées." » (21). S'y rajoutent bien sûr les nombreuses tentatives d'attouchements ou de viol dont est victime Thérèse à l'auberge qui culminent avec l'épisode du mal-nommé « Mignon » : « Un matin que cette ruelle était déserte "Le Mignon" profitant de sa masse poussa Thérèse dans une encoignure de porte, essayant de la tripoter, et lui fit des propositions fort grossières. » (204). L'Eros freudien ne souffre ici d'aucune censure, au grand désarroi d'autrui.

Ces excès du corps culminent avec la violence physique, omniprésente dans le texte. Elle ne touche pas que les hommes mais de manière générale, « les plus petits que soi ». Les animaux en sont ainsi victimes : « Il avait ses trois chiens dans les jambes ; il leur a donné de ces coups de botte ! À un point que Monsieur Charmasson a dû lui en envoyer une verte. Car le Blaise s'est arrêté net comme si on lui avait donné du fouet dans les reins. » (16). On voit ici la figure des coups en cascade sur le plus faible. Mais les coups entre hommes ne sont pas que métaphoriques. Les femmes battues sont légion, à commencer par celle de ce bon Albert qu'on est en train de veiller : « – L'Albert ne s'est jamais mis de gants ; et il n'y allait pas de main morte. » (19). La référence à Monsieur Charmasson illustre que cette violence touche toutes les classes sociales : « ...des jupons qui semblaient mangés par des chiens, déchirés comme avec des dents. Il devait la battre avec une ceinture, et du côté de la boucle. – Non, il avait un nerf de bœuf. » (18). Les scènes les plus violentes sont les rixes entre Firmin et Thérèse, dont Thérèse sort la première fois meurtrie et alitée, mais où elle finit par l'emporter grâce à l'énergie du désespoir :

« il la frappa. Mais il ne s'attendait pas à être assailli par un chat sauvage et il roula à terre, n'ayant pas assez de ses mains pour protéger ses yeux. On peut dire qu'ils se flanquèrent une bonne tripotée... Elle mordait et griffait pour une question de vie ou de mort. Firmin dut partir en courant. » (333). Le lexique de la guerre est donc omniprésent. L'homme est en guerre contre son prochain, en vue de satisfaire ses désirs ou de conforter sa position comme l'intendante du Château du Percy : « Pour un rond de tasse sur un marbre c'était le conseil de guerre. » (56) C'est ce qu'incarnent les propos martiaux de Firmin : « nous livrons bataille » (216), Reveillard « capitaine de guerre » (270) ou le Contre : « s'il avait compris ce *nous* tout de suite, il gagnait sa bataille d'Austerlitz » (153). Guerre de tous contre tous et par tous les moyens.

Cette guerre ne peut que conduire au crime le plus grave, le meurtre. Celui-ci est d'abord simplement imaginé, désiré, comme pour Thérèse avec Monsieur Numance : « S'il avait fallu tuer Monsieur Numance pour l'avoir, elle n'aurait peut-être pas réfléchi longtemps... Elle le tua deux ou trois fois pendant qu'elle chaussait et déchaussait Madame Numance » (156), mais il finit par être commis à deux reprises. On trouve, en langage juridique, un premier homicide qu'on peut qualifier d'« involontaire » : celui de Monsieur Numance qui meurt d'une attaque faisant suite à la venue de Reveillard. Il est donc une victime indirecte des agissements de Firmin et de l'usurier. La disparition de Madame Numance est aussi une forme de mort symbolique comme en témoigne la douleur qui assaille Thérèse. Le texte s'achève enfin par un meurtre, un vrai, soigneusement ourdi par Thérèse et perpétré avec la complicité du Muet, qui lui rapporte la pèlerine qui l'a protégé au cours de cette nuit de tempête qui vit Firmin avoir son fameux « accident ». L'individu est donc bien capable du pire et s'y abandonne quand l'occasion s'y prête. Le personnage de Firmin incarne cette montée de la violence et du mal physique, lui qui est d'abord bourreau, puis martyr de Thérèse qui n'a plus rien de la « Vierge Marie » mais tout d'un « antéchrist », son corps étant griffé, battu, éventré puis occis. La sauvagerie physiologique culmine avec le thème du cannibalisme, pour montrer que l'homme, à l'image du titre de compagnonnage emprunté par Firmin, est un véritable « dévorant » : lorsque, terrassée par une crise, une vieille femme tombe dans son feu, « avant qu'on sache que c'était elle qui cuisait, l'odeur avait donné faim à tout le monde. Et c'était une vieille de soixante-dix ans. Ce qui prouve que c'est humain. Si c'est l'enfer, je rôtirai. Et je donnerai faim à tout le monde. » (290). De manière globale, l'homme a faim d'autrui et lorsqu'il est le plus fort, ne résiste pas à la tentation : « Là-dessus, au fond des forêts/ Le loup l'emporte et puis le mange/ Sans autre forme de procès. » (La Fontaine, Le *Loup et l'agneau*).

Stratagèmes

On peut identifier dans le texte toute une série de forfaits et d'actes délictueux ou criminels qui constituent par un phénomène d'accumulation un véritable catalogue de la turpitude humaine. Giono se concentre cependant sur un aspect qui paraît l'intéresser davantage que l'acte lui-même : sa préparation. Il consacre beaucoup plus de pages à la planification de la ruine des Numance ou du meurtre de Firmin qu'à l'issue elle-même qui ne fait l'objet d'aucun commentaire ou développement. Ce faisant, Giono montre comment le mal n'est pas dans le seul acte ou événement négatif, mais dans la pensée de l'homme qui va le commettre, le prépare et s'en délecte. Le stratagème apparaît donc dans le roman comme l'aspect le plus essentiel du mal. Avant d'être délinquant ou criminel l'homme est essentiellement calculateur. Le stratagème comporte en outre une dimension beaucoup plus féconde du point de vue narratif : là où l'acte est rapidement épuisé par son récit, la « stratégie machiavélique » permet d'inscrire et d'analyser le mal dans sa *durée*, de montrer en quoi il n'est pas un accident exceptionnel de la vie d'un homme qui céderait à une pulsion, « loup éphémère », mais « agneau » en dehors de crises ponctuelles. Le calcul permet d'insister sur la dimension anthropologique, ontologique et non accidentelle du mal qui accompagne l'homme dans sa vie intérieure, en est indissociable, naturel et constant. Giono utilise ici pour développer ce motif la technique du discours direct et a souvent recours au monologue intérieur rapporté (très fréquent chez Thérèse) pour souligner à quel point le mal est obsédant et non irruptif.

❯ Secrets et théâtre

Le stratagème est nécessaire car personne ne joue franc-jeu. L'amertume de Giono est perceptible dans sa « théâtralisation » du réel, qui devient comme chez Shakespeare « *a tale* », un conte, où rien n'est vrai, où tous « jouent » un rôle, une scène. Le réel est fait de dissimulation : « – Tu fouillerais, tu en trouverais des choses ! Tout le monde en a. Qui plus, qui moins » (20). Cette occultation de sa vraie nature s'explique parfaitement dans le roman par la nécessité de cacher en société, où règnent les lois, les principes et les règles, une nature fondamentalement égoïste. Là où chacun ne pense qu'à lui-même, il est contraint par son milieu à une socialisation avec laquelle il doit composer. Il le fait par la ruse et le mensonge. Tout devient donc jeu de dupes.

Giono inscrit dans son roman la même mise en abîme de la théâtralité et de la comédie du monde que dans le théâtre élisabéthain ou baroque (qu'on songe à *Hamlet* de Shakespeare, à *La Vie est un songe* de Calderon, ou à *L'Illusion comique* de Corneille). Il insère une fiction généralisée à l'intérieur de cette fiction qu'est déjà le roman, pour souligner que tout est artificiel et composé. Les références au théâtre sont innombrables et s'ouvrent à un point stratégique de la narration : l'évasion initiale de Thérèse, c'est-à-dire son entrée dans ce qui, au sein du roman, incarne le monde réel, la vraie vie : « Je suis prise de peur. Le toit de la serre, il me semble que c'est la scène d'un théâtre et qu'on va me voir de partout. » (58). À l'auberge de Châtillon « c'était un spectacle » (78) que ces voyageurs empressés. Il faut également se marier vite : « Ne laissons pas refroidir le public. » (136). Firmin est jugé sévèrement par les Numance : « c'est un mauvais acteur. Il ne pouvait jouer sans décor. » (250). À cette dimension dramaturgique du réel s'ajoute une propension à l'imagination et à l'invention incontrôlable. On le voit bien dans la première évocation des dettes des Numance, où la rumeur enfle sans contrôle : « d'invention en invention, actuellement on en était loin de vingt mille » (105). Chacun invente donc sa propre partition et un réel accordé à sa volonté, à son paraître plus qu'à son être, qui en viennent à se confondre sauf accident imprévisible où semble alors éclater un « mal » qui en réalité est là depuis longtemps : « – Je veux dire être et paraître, la différence que c'est ! Tu vas, tu viens, tu es quelqu'un ; et puis un beau jour ça éclate. » (19). Ce qui éclate est ancien et vivait caché. Giono montre comment chacun s'emploie à se forger un moi social moins haïssable que le moi intime. Mais comment s'orienter dans ce labyrinthe des apparences, où toute spontanéité confiante ne peut que conduire à la catastrophe, puisque personne ne connaît réellement autrui ?

❯ Machiavélisme

Giono va alors s'employer à montrer la nécessité dans laquelle se trouve l'homme de s'adapter au monde réel et non idéal. En cela, il s'inspire d'une figure philosophique dont il est particulièrement familier : Machiavel. Giono rédigera en 1952 une préface pour l'édition dans la Bibliothèque de la Pléiade des œuvres du philosophe florentin et y consacrera plusieurs autres écrits. On sait aussi par ses biographes qu'il relisait assidûment son œuvre (ainsi que celle de Hobbes) au cours de la rédaction des premières Chroniques.

Il emprunte à Machiavel ses deux concepts essentiels qui permettent de comprendre les agissements des protagonistes des *Âmes fortes*. Le premier est la notion de « fortuna » qui désigne un « sort », un devenir du monde imprévisibles. La sagesse humaine est impuissante à tout comprendre et tout prévoir, elle ne peut que constater le surgissement d'aléas imprévus. C'est ce qu'illustre très bien la référence constante au jeu, notamment lors du passage à l'auberge des « écumeurs » qui ajoutent la tricherie au hasard. C'est là qu'intervient ce qui doit caractériser l'individu énergique et combatif, la « virtu » qui n'a pas ici de connotation morale (ce n'est en rien une « vertu ») : elle désigne la capacité qu'a l'homme à s'adapter aux circonstances et à en tirer le meilleur parti. C'est très exactement ce qui se produit pour les personnages principaux du roman. Rien ne peut être connu ni prédit avec certitude puisque tout est apparence trompeuse. Dès lors, l'homme doit orienter son action non plus en fonction de principes moraux ou métaphysiques qui ne lui garantissent en rien le succès puisqu'il serait seul à les appliquer, mais par la ruse et le calcul, il doit agir de manière inductive et non déductive, tirer ses principes de la réalité (mauvaise, égoïste, trompeuse) et non d'un savoir ou d'une révélation. La sagesse de l'homme, ce n'est plus dès lors sa « vertu morale » ou sa culture, mais sa souplesse, sa faculté à s'adapter. Giono est sans doute plus pessimiste à ce stade de son œuvre que Machiavel, qui malgré le peu d'illusions qu'il se fait sur la nature humaine s'emploie encore occasionnellement à une réflexion politique progressiste. En cela Machiavel est *machiavélien*, il peut exister de « bonnes fins », qui rendent parfois nécessaires de « bons moyens ». Les héros de Giono ne se proposent que des fins égoïstes, en cela ils sont *machiavéliques*. Ils n'évoluent plus dans cette logique pragmatique et utilitariste qui n'exclut pas parfois la recherche du bien collectif mais doit s'adapter à une situation donnée, ils ne retiennent, puisque chacun ne paraît vouloir que son bien propre, que la justification des moyens par la fin. Ce mal individuel *dans l'action* est donc rendu inévitable par la nature mauvaise de l'homme et par l'omniprésence du mal dans le monde. Il est d'abord « chose naturelle », ensuite « réponse » logique à l'environnement immédiat et universel.

Le texte propose au moins trois stratégies machiavéliques ; celle de Firmin pour ruiner les Numance, celles de Thérèse pour tromper l'amour de Madame Numance et assassiner Firmin. Dans les trois cas, la fin est totalement égoïste et nuisible à autrui. Les victimes sont éliminées (les Numance, Firmin) et les moyens sont eux aussi marqués par la négativité morale. La ruse et le mensonge font de la duplicité l'arme principale. Ulysse plutôt qu'Ajax ; Giono retient de sa culture mythologique les vertus (au sens « d'avantages ») et la fécondité du mensonge, déjà abordées dans son premier roman, *Naissance de l'Odyssée*. Le premier portrait est celui de Firmin : « Assez fouinard et se servant du produit de ses *fouines*, et sans vergogne pour prendre l'avantage. Taillé, quoi, pour aller de l'avant. Et il y allait bon train, jouant du piano à toute vitesse sur tout ce qui se trouvait autour de lui ; tapant ici, tapant là, sur n'importe quoi pourvu que ça fasse sa musique. Tout ce que je viens de vous dire peut se résumer en un mot : rusé. En deux mots : malhonnête. En trois mots : plaisant. Plaisant à tout le monde, arrachant toujours le morceau à cause de sa *plaisance*, sa gentillesse, sa rondeur, une générosité où il ne perdait jamais la tête, une générosité pas très généreuse, mais où manquait le fond il y avait la forme. » (125-126). La dissimulation, le théâtre maîtrisé, bien agencé, apporte le succès ; c'est également le cas pour Thérèse, le furet : « Faites tout pour sembler bonne » (291). Firmin va monter un plan complexe en s'endettant fictivement auprès de Reveillard et finit par usurper les dernières richesses des Numance. Thérèse, en jouant la Vierge Marie, parvient à se faire aimer de Madame Numance comme sa fille. Dans l'affrontement final entre époux, la ruse et le calcul mieux utilisés permettent à Thérèse de l'emporter, sans recourir elle-même à la force. Le mensonge devient l'arme absolue de toute bataille. Même Firmin, lorsqu'il veut évaluer l'attachement de Thérèse invente de toutes pièces une aventure de jeunesse qui l'aurait laissé endetté. Aucun personnage n'hésite à agir immoralement. Cette contamination de l'action égoïste et stratégique touchera même, nous allons le voir, les Numance qui paraissent avoir de bonnes fins, mais manifestent un égoïsme comparable, « naturel ». Les autres sont alors des « outils », comme le Muet : « J'ai peut-être un peu trop d'outils se dit Thérèse, mais celui-ci est très bon et il ne faut pas le jeter. » (363), sommet de l'immoralité, la morale kantienne, notamment, interdisant d'envisager autrui autrement que comme une fin.

Limites et ambivalences de la bonté

Persistance du bien

Une question se pose alors : le monde n'est-il que souffrance et exactions ? Le bien peut-il encore s'y déployer ? Giono nuance son tableau par l'allusion occasionnelle à d'innocentes figures du « bien ». Ainsi on peut lire à propos de la mère du Contre : « Ma mère qui est bonne comme le bon pain » (23). De manière plus générale, les figures épargnées sont les enfants, trop jeunes pour fauter, et les mères. Le symbole de la pureté est alors cette Vierge Marie que Thérèse s'emploie à être (« dans la cabane à lapins, elle est comme la Sainte Vierge » (139)) et qui provoque l'empathie voire l'amour des autres personnages. Son premier instant d'apaisement depuis sa fuite lui vient de « la grosse poitrine de Madame Gourgeon. C'était très consolant » (68). De même, pour signaler la bonté de Madame Numance, Giono nous la montre en mère de remplacement : elle qui n'a pas eu d'enfant, elle veut adopter Thérèse, et « en arrive même – (et il faudrait la peindre sur les murs d'une église) – à aller, avec son toujours joli visage, téter, à l'aide d'une pipe en terre, de nouvelles accouchées qui ont des abcès aux seins. » (148). La maternité incarne le don absolu de la vie, le renoncement à soi au profit d'un autre être, peut-être la seule manière de se défaire d'un moi haïssable car solipsiste.

Cette bonté signifie principalement générosité et charité. C'est ce qui explique la double référence à Saint Martin : « Dans le grand hall du rez-de-chaussée il y avait un Saint Martin sur le mur en train de partager son manteau avec un sabre. » (75), « Il cherche son manteau : elle l'a donné. Et elle ne l'a pas coupé en deux comme Saint Martin, car, il en rachète un autre, elle le donne : il lui en fallait deux. » (149). Là aussi, la logique du don permet en apparence d'échapper à celle de l'échange, traduit et permet l'oubli de soi. Cette générosité semble incarnée par les Dames de Sion évoquées par le Contre : « notamment il s'occupait de bonnes œuvres avec sa femme qui était dame patronnesse » (80) et surtout par les Numance dont l'historique dressé par le Contre frôle l'hagiographie : « C'est le Napoléon du malheur. Elle fait tête sur tous les fronts, dans une campagne d'Italie qui va de la jambe cassée à l'eczéma, du cordon de Saint Antoine à la variole, de la folie furieuse au choléra [...] elle est de son temps, elle donne à toutes les quêtes, toutes les œuvres, toutes les souscriptions... » (148). Elle incarne le combat contre le mal avec les armes dont elle dispose, sa volonté et son argent. De manière globale, elle va faire le bonheur de Thérèse en cédant à son amour ou à son piège selon les versions et de Firmin en acceptant de se laisser dépouiller.

Les figures du bonheur sont cependant très rares dans le roman et surtout, sont-elles si respectables et si pures ?

Limites du bien

❯ Bonté et candeur

Cette bonté (« bonne comme le bon pain ») est cependant le plus souvent menacée de *mastication*, comme Madame Numance envisagée comme « un chou à la crème » par Thérèse (« Elle se mit à aimer follement Madame Numance comme les ramoneurs aiment les choux à la crème en regardant la devanture des pâtisseries. » (204)). Cette bonté suave, appétissante, est exposée à la faim qu'elle suscite par sa naïveté candide comme le montre la réplique de Thérèse : « Ta mère a toujours été bonasse » (25). La bonté est donc victimaire, c'est toujours celle du martyr sans espoir de triomphe, une forme d'héroïsme inutile. Il est difficile d'être vraiment « bon » sans être « bonasse ». La vraie bonté, si elle existe ne peut se départir de cet « aveuglement » (250) que confesse vis-à-vis de Thérèse Madame Numance, elle pourtant si lucide sur la reconnaissance des hommes : « c'est qu'elle a l'habitude de l'ingratitude des gens qu'elle oblige » (175). Relâcher sa méfiance, accorder sa confiance, avoir foi dans la « bonté » d'autrui, c'est s'exposer au pire, comme elle l'expérimente à ses dépens : « C'est probablement de moi que je me moquais, dit Madame Numance. Les vieilles personnes sont souvent plus fatiguées que ce qu'elles imaginent. » (233). Pour avoir voulu être mère plutôt que Napoléon, elle est apparemment vaincue : c'est avec « des baisers de pigeon. » (261), animal symbole de la duperie qu'elle manifeste sa tendresse au « chat sauvage » (333) Thérèse. Monsieur Numance pour avoir voulu faire le bonheur de sa femme le paiera de sa vie, la mère bonasse elle-même se laisse toujours piéger par son frère buveur et sentimental : les « bons » se font posséder. Une question demeure : sont-ils totalement bons ?

123

❯ La fausse bonté

Le texte fait en effet le plus souvent planer un soupçon sur la réalité de cette bonté. La mère de Berthe est plus bête que bonne et les autres ne sont pas si bons qu'il n'y paraît. Ainsi la « meilleure » d'entre tous, cette Vierge Marie, est un pur rôle de composition de Thérèse, qui nous conduit à une forme de méfiance. Or, les Dames de Sion par exemple ne sont pas si généreuses, comme le montre la plainte de la dame patronnesse entendue dans sa jeunesse par le Contre à propos de Firmin et Thérèse : « la charité c'était bien beau mais il fallait une mesure en tout, en bonne règle, chacun devait s'occuper de ses propres affaires, [...] nous avions dans notre département à nous, suffisamment de gens riches, notamment les gens du Percy, pour nous occuper nous-mêmes de nos propres pécheurs [...] Elle est à Châtillon, dans une triste situation. Elle prétend qu'elle va se marier mais elle ne l'est pas... Son fiancé – enfin cet homme avec lequel elle est – travaille de son métier chez un maréchal-ferrant mais il est, à ce qu'on dit : coureur, buveur et même joueur. Ajoutez qu'elle est enceinte. Le pasteur s'est occupé d'eux, mais il en a d'autres. Ils ne vont jamais au culte. Ce qui ne les a pas empêchés d'aller pleurer misère de tous les côtés : chez le curé également. [...]. Je ne sais pas comment ils passeront l'hiver, je ne sais pas s'ils le passeront. Moi je vais les faire marier, parce que c'est intolérable. » (81-82). Dans ce passage, Giono se livre à une dénonciation féroce de la fausse charité, confite de préjugés moraux et de bons sentiments qui n'a comme but véritable que de soulager sa propre conscience de jouir de tant de richesses sans envisager à aucun moment un réel partage, sans rechercher prioritairement le bien-être des nécessiteux. Par l'adjectif « intolérable », elle manifeste qu'elle ne s'oublie en rien, que le don n'est pas gratuit et que nous sommes encore dans la logique de l'échange. C'est alors que Giono peut déployer sa belle tirade sur la « conscience tranquille », écho de la « mauvaise conscience » sartrienne : « Cette "conscience tranquille" on s'en servit à qui mieux mieux. Tu ne pouvais pas faire un pas dans la rue sans entendre : "S'ils avaient la conscience tranquille..." Tu entrais chez le boucher, chez l'épicier et il était en train de dire : "Quand on a la conscience tranquille..." Moi qui servais à boire dans la salle de l'auberge, à chaque table c'était : "Moi qui ai la conscience tranquille... Ceux qui ont la conscience tranquille" » (103). Sigismond Busch dans *L'Argent* de Zola pourfendait la charité en ces termes : « L'idée de charité le blessait, le jetait hors de lui : la charité, c'était l'aumône, l'inégalité consacrée par la bonté ». C'est très exactement l'idée défendue par Giono dans cette attaque. Les riches achètent avec leurs dons ponctuels qui n'écornent en rien leur fortune des nuits paisibles, la tranquillité de leur conscience (sans parler de l'admiration sociale dont bénéficie par exemple « le mystérieux mécène »), véritable but de leurs (faux) dons. Giono va extrêmement loin en montrant que tout acte même le plus extérieurement généreux est en réalité égoïste.

❯ La « monstruosité » des Numance

Les Numance poussent cette bonté à des extrémités littéralement « inhumaines » ce qui conduit Giono à en faire des personnages ambigus, ambivalents. Leurs actions aident et soulagent, ils font indéniablement le bien « matériel » et leur âme paraît aussi pure que le sont leurs yeux, en particulier pour Madame Numance (son mari fait essentiellement le bien pour rendre sa femme heureuse) : « quand je dis la bonté sur la terre c'est qu'il n'y a pas d'autres mots. C'était inscrit sur son visage.

Mais, ce qui est écrit n'est pas toujours parole d'Évangile, tandis que là, ça l'était. Vous savez qu'il y a un point où la bonté devient bête. Eh bien, cette femme allait jusque-là, et n'était pas bête ! Elle allait bien plus loin que ce point-là et, au lieu d'être bête on se disait : "Mon Dieu, qu'il y ait une femme comme ça sur terre ! Mais ce n'est pas possible !". » (145). Cette générosité dépourvue de candeur est si improbable qu'elle n'est peut-être pas réelle : leur conduite traduit-elle une bonté aussi absolue ? À maintes reprises, l'auteur insiste sur l'égoïsme paradoxal de cette générosité sans mesure, à l'occasion par exemple du don du pavillon : « Ce pavillon désaffecté, se disait-elle, et qui ne servait à rien, ne m'a jamais donné un plaisir semblable à celui que j'éprouve par lui. Il n'a même jamais donné, j'en suis sûre, un plaisir approchant à personne. » (183). Le *sentiment*, la *jouissance* tirés de leur propre générosité est ce qui nourrit la bonté des Numance ; il s'agit encore, ici comme ailleurs, d'une forme d'échange : « rien n'attache plus que les dons » (183) rappelle Monsieur Numance à son épouse. Celle-ci est consciente de l'égoïsme qui sourd au fond de toute générosité : « J'ai honte de profiter de toi et de ta jeunesse » (209). La générosité devient alors une arme, un moyen en vue d'une fin intéressée : « – Quelle arme terrible, dit Madame Numance ! J'ai presque honte de m'en servir [...] Du plaisir de donner. – Ah : c'est une arme de roi dit Monsieur Numance » (259-260), « Je me sers de ce pavillon comme de fuseaux pour une belle au bois dormant. » (184) : ainsi, le don est un piège et nous sommes bien dans un conte effrayant. Il y a du « furet » dans Madame Numance et on se souvient alors de ses « yeux de loup » dans la première version et qu'« elle avait aidé son mari à faire basculer un uhlan dans le Rhône » (165). Elle a *besoin* de Thérèse, qualifiée de son point de vue de « Messie » (« Il s'attendait à de la haute lutte : on les attendait comme le Messie. » (152)). Chacun est donc le Messie de l'autre dans une exploitation symbiotique : « Pendant que Firmin combinait d'un côté, les Numance combinaient de l'autre. Côté loups, côté agneaux, c'était un : "Embrassons-nous, Folleville !" » (152). Les agneaux ne sont que des loups un peu plus doux.

La générosité « féroce » des Numance dépasse toute mesure et acquiert une dimension monstrueuse. Leur plaisir est de « verser la mesure » (183), et c'est un immense péché d'orgueil. Firmin souligne « l'insolence » (200) de cette générosité « pas catholique » (153). Giono introduit ici le thème de l'hybris antique, de la démesure de l'homme qui usurpe les prérogatives de Dieu, excès que confesse Madame Numance elle-même : « J'ai vraiment là, mon chéri, un orgueil indomptable dont il faudra bien qu'un jour ou l'autre je me punisse, si Dieu ne le fait pas. » (260). Ces Numance ont l'air de « saints », l'allure de ceux qui s'oublient au profit d'autrui ou de Dieu, alors qu'ils ne sont en réalité que des hommes même et surtout quand ils font *plus* que les saints (elle donne deux manteaux quand Saint Martin n'en donne que la moitié d'un) : « Madame Numance, je vous l'ai dit, avait toujours aimé donner [...] mais, donner était sa jouissance à elle. Cette passion pour n'être jamais satisfaite, pousse ceux qui l'ont à donner sans mesure. Ils finissent par tellement donner qu'on croit que c'est eux qui reçoivent. Comme ils donnent trop on croit qu'ils reçoivent trop. Ils donnent tellement que par le fait même on est quitte. » (172). Les remontrances du pasteur vont dans ce sens : « Le pasteur eut l'air ennuyé : "Si je vous savais raisonnable, dit-il enfin, je n'aurais qu'à vous approuver" » (186). On songe ici au proverbe « le mieux est l'ennemi du bien », ou à Pascal pour qui « c'est sortir de l'humanité que de sortir du milieu ». Sortir de l'humanité, c'est très exactement l'un des sens du terme « monstre ». À ce stade les Numance ne sont plus des hommes mais des sortes de divinités fragiles et tragiques, semblables aux Danaïdes : « chez eux, ce qui vient de la flûte s'en va par le tambour. Elle dit : "J'ai ce que je donne. " » (147). « J'ai » signale la réciprocité attendue de ce don. Égoïsme, toujours. La bonté apparaît donc, subversion suprême, comme « naturelle » (non au sens rousseauiste d'« innée » mais enracinée dans l'égoïsme) et non « morale » : le couple se comporte généreusement non parce que le bien est une valeur intangible, universelle, mais parce que tel est leur désir le plus profond. L'abolition du « bien moral » annonce celle du mal et le basculement dans l'amoralité.

Cet égoïsme paradoxal transparaît dans le bonheur qu'apporte cette générosité. « Pour lui il était heureux comme un roi. » (183). Pour elle : « Je suis très heureuse, dit-elle en sanglotant et en riant. » (220). Le Napoléon du malheur a oublié dans l'amour son Dieu (« J'ai oublié Jésus, se dit-elle terrorisée. J'ai oublié Dieu sans m'en apercevoir. » (186)) et les misères du monde, preuve que sa générosité universelle ne naissait pas du désespoir face au spectacle intolérable du malheur mais d'une pure nécessité personnelle. Comme pour signifier les apories de cette fausse générosité, Giono montre alors la ruine définitive des Numance alors que par le passé, après la première faillite, ils avaient, comme récompensés pour leur bonté déjà égoïste mais utilisée « à bon escient » (147) pour des personnes anonymes (« Jacques, Pierre, Paul ») gagné à la loterie la somme qui leur permit de venir s'installer en confortables rentiers à Châtillon. Giono ajoute en commentaire des photographies qu'il joindra à certaines éditions des *Âmes fortes*, en annexe à celle censée représenter Madame Numance : « Dans quelles ténèbres sourd la générosité ? ».

Impasses de l'amour

Pour rester bonté, la générosité doit donc être désintéressée. Elle ne l'a jamais totalement été pour les Numance et elle l'est encore moins quand se noue entre Thérèse et Madame Numance, dans la version du Contre, un amour ambigu. Lorsqu'elle donne à celle qu'elle aime, Madame Numance cesse totalement d'être généreuse. L'amour pourrait alors tout sauver, constituer un îlot d'espoir en une persistance de la bonté humaine. Or, l'image que dresse Giono est tout aussi désabusée ; dans l'amour, il n'est, encore et toujours, question que de soi.

Cet amour est d'abord trouble : « Surtout un amour de cette sorte : d'abord maternel, presque entièrement maternel et qui, dans sa partie non maternelle était encore mille fois plus exigeant » (176). Giono joue avec le non-dit érotique, qui transparaît dans l'étreinte entre les deux femmes : « Des mots de tendresse s'étranglaient dans sa gorge. Puis, elle ne se retint plus de presser cette main avec violence et même de la porter à son cœur. Ses pensées étaient dans un trouble extrême. Elle passa beaucoup de temps dans cette confusion délicieuse et des frissons convulsifs » (162), mais disparaît assez vite au profit de la relation mère-fille qui s'installe. Or, dans cette relation, l'une souhaite certes s'identifier à l'autre mais c'est bien encore une fois à une « dévoration » que l'on assiste : « Elle a mes gestes, elle me ressemble, elle est à moi ! » (186). La fusion est impossible, elle n'est pas *elle*, elle est *à elle*. L'expression récurrente du désir dans *Les Âmes fortes* est : « On la voudrait toute ». L'instinct de possession est inévitable dans l'amour véritable, comme le pressentait dès le début Madame Numance : « Pour la première fois elle donnait à quelqu'un qui l'aimait et d'un amour sauvage, je veux dire simple, évident, animal... Le côté *bête* de l'amour de Thérèse embrasait Madame Numance. Elle donnait à quelqu'un qui l'aimait et elle donnait à quelqu'un qu'elle aimait... Pour comble de séduction, ce monde nouveau et magnifique était terrible. Elle n'était pas plus tôt dans du lait qu'elle était dans du feu... Elle était à cent lieues d'imaginer qu'on pouvait l'aimer pour son cœur. Elle avait d'ailleurs raison. Thérèse l'aimait parce qu'elle était aimable, propre, fine, fière, parfumée, maniable et, ajoutait Thérèse, "pas méchante du tout". » (175). L'amour est *in fine* solitude et illusion, feu autant que lait, et les deux êtres finiront par s'éloigner l'un de l'autre.

Le roman passe donc au crible les principales vertus chrétiennes et morales, la bonté, la charité, l'amour. Il les interroge, examine leur pureté dans un roman à sa manière « expérimental » et en dégage ce sombre constat que partout règnent les ténèbres de l'égoïsme. Si le mal est partout, est-ce encore le mal ? Une chose « naturelle » est-elle susceptible d'une qualification « morale » ?

« Par-delà bien et mal » ?

L'origine du mal

❯ L'absence de sens

Le surgissement et l'omniprésence du mal paraissent ancrés dans la condition humaine. De celle-ci se dégage une absence tragique de sens, incarnée par le motif récurrent de l'incompréhension ou de l'incompréhensibilité, résumé par l'allusion répétée à « Babel ». Les hommes ne parlent plus le même langage, ne se comprennent plus : « Mais on ne peut rien déduire de rien avec les gens. » (101), « Non, je n'avais rien vu, et plus ça allait moins j'y voyais » (115), « D'après ce qu'il a écrit, mais ça ne signifie rien. » (119). La logique a disparu, l'homme ne peut plus se fier à sa raison et à « cette soi-disant logique. » (217). Firmin en a l'intuition devant l'attitude mystérieuse de Mme Numance : « C'est donc que les narcisses ne signifient pas narcisses et les mésanges ne signifient pas mésanges. » (267). Loin de fonder son action sur la « raison » cartésienne, il faut au contraire s'en défier : « Il me fallait me bouger le sang et ne pas avoir trop à réfléchir. » (62), « elle tombait toujours dans le piège de raisonner. » (169).

L'homme avance donc à tâtons dans une nature où il est dépourvu de tout soutien, en particulier de celui de Dieu. Le « vide métaphysique », grand thème des œuvres de Giono, resurgit ici avec force, malgré la religiosité (égoïste) de certains personnages (Mme Numance) et la présence de deux hommes de Dieu (le pasteur de Châtillon et le curé de Clostre). Ainsi la générosité des Numance est évoquée dans des termes très ambigus : « Mais chaque soir, ils ne manquent pas de se prendre par la main et de ne plus se lâcher jusqu'au lendemain matin. Qu'est-ce que le vide ? Au plus fort du dépouillement, ils se regardent dans les yeux qui sont des trous à leur tête » (149). Cette bonté est présentée elle-même comme un « divertissement » destiné à combler une absence de transcendance que tout souligne en creux : dès que l'amour s'installe et comble ce vide, Mme Numance oublie Dieu. En outre, de manière très symbolique, plus Thérèse se rapproche de la nature, plus les « bergers spirituels » s'effacent. Au pasteur de Châtillon qui est de peu de force face à l'amour féroce qui unit Thérèse et Mme Numance (« Je n'ai pas perdu la tête, se disait-elle. Pourquoi Dieu parlerait-il par la bouche du pasteur plutôt que par la mienne, puisque j'ai eu le sang-froid de regarder les choses en face ? Pour Thérèse le pasteur ne comptait pas. » (215), succède le curé de Clostre qui doit se contenter des fausses confidences de Thérèse (« Je perds ma brebis, avait dit avec beaucoup de sentiment le curé de Clostre au moment du départ. Pensez à mon église. Tu parles, se dit Thérèse, je n'ai justement à penser qu'à ça ! » (361)) qui le manipule pour rejoindre le village nègre. Il est alors un « jeune solitaire », un « fou » et un « corbeau ». Dieu par l'intermédiaire de ses représentants voit son influence et sa présence s'amoindrir puis disparaît totalement dans le village nègre où aura lieu le meurtre. L'état de nature est donc un monde sans Dieu, comme l'est le réel pour l'athée Giono. Il faut apprendre à vivre sans ce Dieu tutélaire qui permit autrefois de trouver un sens à l'existence, mais est désormais révolu. Le roman nous dit à l'instar de la référence nietzschéenne si importante que Dieu est mort. De même, dans le dialogue initial, ces formules peu chrétiennes : « Il ne faudrait pas avoir vécu pour ne pas savoir que les plus malheureux sont ceux qui partent » (28) ou encore « Tout ce qu'on fait c'est plus pour les vivants que pour les morts » (28) sapent l'hypothèse d'une vie après la mort. Il faut pourtant tenter de vivre sans Dieu.

Giono donne à cette absence de sens une formidable manifestation stylistique. L'homme est désormais dans les ténèbres du sens : il s'agit de le faire, non simplement comprendre, mais ressentir au lecteur : contrairement au récit classique, qui promet et fournit généralement un sens final clair, le texte de Giono se caractérise par l'impossibilité de trancher sur la véracité des différentes versions. On ne saura pas si Thérèse était ou non sincère dans cet amour qui l'unit avec Mme Numance, si elle l'a ou non piégée. Le lecteur reste dans la même position que celle qui est pour Giono commune à tous les hommes face au réel : sentiment de complexité insoluble (le fameux « micmac »), obscurité. Au départ, comme le montrent ses carnets, Giono entendait opposer aux mensonges de Thérèse le rétablissement de la vérité par le Contre. Or progressivement, il voit tout le parti qu'il peut tirer de ce jeu narratif antithétique, en maintenant l'ambiguïté jusqu'au bout. Le roman prend alors une dimension anthropologique illustrant la difficulté voire l'impossibilité que rencontre l'homme dans sa recherche de la vérité. Si Dieu ne la lui révèle plus, ses moyens d'y accéder sont bien faibles. Pour insister sur cette aporie du sens Giono aura à propos de Thérèse cette remarque formidable du créateur dépassé par sa créature : « Ce qu'elle est, personne ne le sait, pas même moi. Thérèse, je la vois du dehors, pas moyen de pénétrer dedans. Thérèse, c'est le personnage que je ne connais pas. » (*Entretiens avec Robert Ricatte, 1955*). Il oppose donc au fréquent recours au narrateur omniscient (le Contre prétend ainsi savoir ce que pensait Firmin) les limites du savoir véritable pour souligner le paradoxe d'un homme sans cesse en quête de vérité mais incapable de dépasser le stade des suppositions.

Giono multiplie également les effets stylistiques de « brouillage », afin d'égarer le lecteur. Dans les premières pages, on ne sait jamais exactement « qui » parle. Les pronoms (« je » et « tu » essentiellement) ne renvoient à aucun personnage aisément identifiable, ils sont donc non-référentiels, usage grammatical générateur de confusion. Cette opacification générale est renforcée par le recours à une langue orale elliptique qui multiplie les expressions dialectales (« un œuf à repriser les bas » (10)), les digressions, les phrases inachevées (on notera l'omniprésence des points de suspension, qui précisément *suspendent* le sens) et les aphorismes nébuleux (« Thérèse était trop simple pour mentir, mais elle savait dire la vérité d'un air faux » (211)).

La structure du dialogue est enfin totalement subvertie : ce qui est chez Platon la condition de la maïeutique, du surgissement dialectique de la vérité, se heurte ici à une impasse conduisant au mieux au scepticisme, au pire au nihilisme. L'homme est donc dans une situation d'aveuglement, dépourvu de but et de sens transcendants. Il ne sait littéralement plus ce qu'il *doit* faire et c'est avec humour que Giono dresse la figure de ce maréchal-ferrant Gourgeon qui accueille Firmin à Châtillon, alternativement « compagnon du devoir » et escroc selon les versions : « Il s'appelle *Dauphiné l'appui du devoir*. Nous allons nous appuyer sur lui. Ah je lui dis, mon pauvre, si tu te fies à tous ces noms ! » (67). Le premier soubassement du mal, c'est d'abord l'absence de système moral révélé et incontestable : Dieu, le principal pilier « historique » du bien, rempart contre le mal, a disparu.

❭ Désir d'être et sauvagerie

Dans ce « vide métaphysique », l'homme esseulé « s'ennuie » au sens pascalien, c'est-à-dire ne parvient pas à donner du contenu à son être et ne sait vers quoi l'orienter. L'homme, comme la nature, a « horreur du vide » (adage d'Aristote) : c'est bien de la peur, du malheur, et non du simple désœuvrement qui naissent du vide de ces « espaces infinis » : « C'est un pays où on a tellement de temps que, tout ce dont on a envie, on n'en finit par l'avoir que fondu. » (141), « Les après-midi d'hiver sont très longues. Quand on est obligé de les passer toutes à Châtillon on finit par adorer même les sujets de conversation. » (211). La vacuité de l'existence est explicitement présentée comme l'une des origines du mal. C'est tout le sens de la première Chronique, *Un roi sans divertissement*, qui se conclut par la sentence de Pascal : « Qui a dit : *Un roi sans divertissement est un homme plein de misères ?* ». Langlois en vient à succomber à la fascination pour le sang qu'il a découverte lors de l'enquête sur les meurtres commis par M. V. et choisit de se suicider pour ne pas y céder. L'un des premiers titres choisi par Giono pour *Les Âmes fortes* était « Rien dans les mains », pour souligner que l'homme est ontologiquement « dépourvu », ce qui se caractérise par un sentiment continu de frustration, d'aspiration sans objet mais insatisfaite : « On n'est jamais content. On n'est surtout jamais content quand il faut l'être. » (59), qui culmine dans la formule décrivant Thérèse : « Son ardent *désir d'être* » (206), présenté ici sans attribut pour souligner la dimension essentielle et existentielle de cette misère de l'homme nu.

Cet homme seul et vide cède en effet à une forme d'amour-propre pascalien, qui n'est pas chez Giono la cause d'un oubli de Dieu, mais plutôt la conséquence de son absence. Sans devoir révélé, sans but à atteindre, l'homme s'abandonne à ses instincts naturels, agissant, dirait Simmel, de manière causale et non plus téléologique, « poussé par derrière » et non « tiré par devant ». Cette « nature » profonde est alors la cause directe de l'existence du mal (ici « radical » au sens kantien, enraciné en l'homme) car elle pousse à l'égoïsme et à la sauvagerie. Giono se positionne nettement dans la lignée de Hobbes, qu'il lit avec assiduité : « Et toujours revenir à Hobbes : l'homme est *naturellement* mauvais. » (*Carnets*, 24 janvier 1949). C'est ce qu'illustre la référence au cadavre qu'on n'arrive pas à extraire de la maison de sa maîtresse : « ce léviathan » (295), titre de l'œuvre maîtresse du philosophe anglais.

Ce dernier y développe une analyse d'un état de nature théorique qui s'oppose à la tradition aristotélicienne selon laquelle l'homme serait un « animal politique » (doté de tendances *naturelles* à la socialisation). Au contraire, dans l'ordre pré-étatique, pré-politique, l'homme est guidé par son seul désir instinctif de conservation (le « conatus ») et tente de se procurer par tous les moyens ce qui est susceptible de le satisfaire. Il en résulte la fameuse « guerre de tous contre tous » (« Bellum omnium contra omnes ») et la reprise de l'adage de Plaute : « homo homini lupus », « l'homme est un loup pour l'homme » : rappelons le leitmotiv des « yeux de loup » (87, 258, 334) de Madame Numance, Firmin, puis Thérèse, les allusions de Firmin : « S'ils veulent se jeter dans la gueule du loup, c'est leur affaire. » (158), ou du Contre : « Côté loups, côté agneaux, c'était un : « Embrassons-nous, Folleville ! » » (152). Menacé de disparition par cet état conflictuel universel, l'homme se résout à conclure un pacte avec ses semblables pour se sauver, mais la conception de la « nature » de l'homme est celle d'une universelle animalité égoïste.

Giono multiplie dans son texte les allusions à cette sauvagerie native, « L'Albert était très carnassier. (35), d'une humanité à laquelle l'odeur d'un corps humain qui rôtit donne faim. » Cet effet est accentué par la constante animalisation (menaçante) des personnages : « Plutôt que de lui parler de bêtes fauves, de tigres, de serpents ou seulement de chameaux (mais dont les ruades font très mal) comme le sont toutes ces belles dames en train de balancer leurs plumes d'autruches de droite et de gauche » (188), « Il avait l'air de laisser tomber des crottes de chèvre de sa bouche. » (90), « J'écartais mes jambes. Mon ventre devenait comme un chaudron à cuire la pâtée des porcs. » (330), « curieuse manière d'évoquer la descendance à nourrir, "Tu n'as pas fini, foutue bête, qu'est-ce que tu as à gueuler comme ça ?" dit-il. Et il la frappa. Mais il ne s'attendait pas à être assailli par un chat sauvage » (333), les autres sont du « fretin » (324), sans importance. L'homme est alors plus dangereux que certains animaux : « Ce n'étaient pas les chevaux qui me faisaient peur, nous en vivions mon mari et moi : c'étaient les messieurs » (76). Il est mû par son seul principe de plaisir égoïste : « On s'habitue à tout mais quand c'est bon on préfère. » (12), non concerné par le malheur des autres comme le montre symboliquement le repas de la veillée funèbre où l'on dévore les caillettes. Giono va plus loin en soulignant que l'état politique n'a pas étouffé cette nature bestiale et égoïste. L'homme reste fondamentalement animal, malgré l'officielle souscription au contrat politique, incapable de tout désintéressement absolu, jusqu'à celui qui donne deux manteaux, les donnant aussi et avant tout pour lui-même. Aussi le bonheur naît-il souvent de cet égoïsme assumé ; c'est le cas de Thérèse : « – Alors, qu'est-ce qui vous reste. – Il me reste moi. – Comme on devient égoïste ! » (52), « – Vous êtes si malheureuse que ça ? – Qui t'a dit que j'étais malheureuse ? – Vous dites que vous n'aimez personne et que vous n'avez que vous. – Eh bien ! où vois-tu du malheur dans tout ça ? – Si je n'aimais personne et si j'étais toute seule, moi, je serais malheureuse. – Tu te prépares une drôle de vieillesse. Il vaudrait mieux mourir dans ce cas. Mais tu changeras. » (53). Il faut noter que Thérèse est la plus âgée des interlocutrices, celle qui a le plus d'expérience de l'humanité et sa profession de foi est celle d'un solipsisme qui n'a rien de tragique, mais semble à l'inverse la condition du bonheur : « Pourquoi voudrais-tu que je ne sois pas fraîche comme la rose ? » (370). Le final de l'ouvrage résonne comme la description d'un bonheur « naturel » qui repose sur la satisfaction des désirs personnels et s'accommode du mal nécessaire qu'il peut impliquer pour autrui, ce que traduit la formule récurrente :

« on la voulait toute » (86, 145, 194), signe qu'autrui loin d'être envisagé comme un intouchable sujet de droits se réduit à un *moyen* de la satisfaction individuelle. Notons enfin que dans le roman, personne n'est puni pour les forfaits accomplis, à l'instar de l'impunité sereine dans laquelle Thérèse, meurtrière s'il en est, achève sa vie.

Le mal est donc d'abord « chose naturelle », souffrance que l'on inflige à autrui si celui-ci entrave la satisfaction du désir, principal moteur de l'action humaine dans un monde déserté par toute transcendance. Ce « mal » a-t-il encore une nature morale, est-il condamnable ?

Bonheur et volonté de puissance

> **Alternatives**

Dans *Les Âmes fortes*, sommes-nous confrontés à des personnages immoraux ou amoraux ? Giono semble proposer deux lectures possibles des caractères des personnages principaux, pour mettre en perspective la notion de faute et interroger notre rapport ordinaire aux valeurs morales. Celles-ci, quelles que soient leurs origines, sociale ou religieuse, paraissent devoir être suivies et appliquées pour vivre en communauté ; c'est le sens de la réflexion de Hobbes, pour qui l'homme élabore certaines valeurs pour mettre un terme à l'affrontement général et au risque de destruction universelle. Il n'y a donc pas pour lui de morale à l'état naturel, cette dernière étant une création sociale nécessaire. Dans la nature, il n'y a ni bien ni mal, la morale n'est pas originaire comme chez Rousseau. Le texte de Giono déplace précisément l'interrogation au cœur de la vie sociale en montrant à quel point elle s'apparente encore à un ordre naturel. L'homme n'a pas abdiqué en société ce qui constituait son ordinaire dans l'état de nature. Dans cet état « mixte » qu'est la société moderne pour Giono, mi-politique (régi officiellement par des règles et des lois), mi-naturel (chacun poursuivant officieusement son but particulier), le statut du bien et du mal en est bouleversé. Ce qui est mal d'un point de vue politique et social l'est-il d'un point de vue naturel ? Comment agir et juger dans cet ordre confus et hétérogène ?

Giono s'emploie d'abord à brouiller les pistes et les repères. Ainsi, il insiste sur la réversibilité du jugement en fonction du point de vue. Tel personnage est ainsi un « véritable antéchrist » (15) et quelques lignes plus bas « le Dieu qui fait pleuvoir » (15). De même Thérèse est dans la version du Contre une naïve victime de Firmin, dans la sienne « furet » froid. Aucun jugement d'auteur ne se dégage, comme pour souligner la difficulté de l'évaluation morale. Il semble qu'en réalité Giono inscrive dans son texte deux manières différentes d'aborder les actions des hommes. La première, symbole de l'ordre politique et moral où bien et mal existent, sont discernables, est incarnée par le Contre, celle qui cherche à établir la vérité et corrige, condamne les actions de Firmin à Châtillon ou de Thérèse au village nègre. Celle-ci incarne la « moralité », une forme de « conscience » personnifiée, la croyance en des principes objectifs de vérité et de conduite qui régissent la vie des hommes. Face à elle se dresse un ordre naturel incarné par Thérèse qui proclame elle un mode d'action affranchi des valeurs morales : bien et mal n'existent plus, rien n'est moral ou immoral, tout est amoral. La meilleure preuve de cette sortie hors de la morale est la remarque si précieuse de Thérèse lorsqu'elle se livre à son portrait intérieur : « je n'étais même pas méchante » (316). Ce passage essentiel est la clé de la psychologie d'un personnage qui ne voit pas de mal en lui-même, là où la société incarnée par le Contre en voit bien un. Ce personnage oppose à l'acceptation quasi universelle de lois et de règles une amoralité personnelle. S'appuyant sur une lucidité « féroce », le constat de la solitude et de l'égoïsme naturel de l'homme, son hypocrisie face aux prétendues valeurs morales, jamais contestées mais jamais respectées, l'absence d'instance supérieure, extérieure, de la morale, elle choisit d'agir « par-delà bien et mal » selon la formule-titre de Nietzsche, en décidant d'ignorer des principes qui ne sont pour elles que de pures et trompeuses conventions que personne ne respecte véritablement et que la plupart suivent par peur, mais dont certaines « âmes fortes » peuvent se passer.

❭ Liberté et puissance

Thérèse propose donc une forme d'éthique « naturelle » qui s'inscrit dans la lignée de la pensée de Nietzsche pour qui « Il n'y a pas de phénomènes moraux, mais seulement une interprétation morale des phénomènes » (*Par-delà bien et mal*). Bien et mal n'existent pas en eux-mêmes, concepts forgés par les faibles pour maîtriser les forts (idée développée par Nietzsche entre autres textes dans *Généalogie de la morale*), l'homme doit s'émanciper de lois qui lui sont imposées de manière infondée, se libérer des conventions. Ce désir d'*autonomie* (le fait de se donner à soi-même sa propre loi) est au cœur du texte et de chaque individu : « Il ne s'agit pas de la loi de 48 ou celle de 73... J'en ai soupé de toutes ces lois. Ce qu'elles veulent dire, je n'en sais rien » (266) comme le remarque Firmin. Il s'agit bien de refuser le réel tel qu'il nous est imposé, ce qui surgit avec force dans la célèbre définition des « âmes fortes » : « Thérèse était une âme forte. Elle ne tirait pas sa force de la vertu : la raison ne lui servait à rien ; elle ne savait même pas ce que c'était ; clairvoyante, elle l'était, mais pour le rêve ; pas pour la réalité. Ce qui faisait la force de son âme c'est qu'elle avait, une fois pour toutes, trouvé une *marche à suivre*. Séduite par une passion, elle avait fait des plans si larges qu'ils occupaient tout l'espace de la réalité ; elle pouvait se tenir dans ces plans quelle que soit la passion commandante ; et même sans passion du tout. La vérité ne comptait pas. Rien ne comptait que d'être la plus forte et de jouir de la libre pratique de la souveraineté. Être *terre à terre* était pour elle une aventure plus riche que l'aventure céleste pour d'autres. Il n'y avait pas de défaite possible. » (349-350). Le réel étant mesquinerie et tromperie, décevant donc, il faut inventer, forger un autre réel qui se plie à notre volonté. Cette « âme forte », cousine du « surhomme » de Nietzsche, fait le choix de la passion contre la raison, réhabilitant par là même la dimension du sujet la plus étouffée par les cultures et les sociétés politiques. La passion, par nature personnelle, s'accommode difficilement du respect de contraintes extérieures, juridiques ou morales comme l'illustre le comportement de Thérèse qui les enfreint à de nombreuses reprises.

Ce qui caractérise cette passion et qui la rend antisociale par nature, c'est qu'elle repose sur la volonté singulière de dominer, d'être « fort », qui évoque la fameuse « volonté de puissance » nietzschéenne qui doit se substituer à l'ancienne morale : « Est bon tout ce qui accroît la puissance. Est mauvais tout ce qui la diminue » (Nietzsche). Le critère n'est plus la morale mais l'efficacité personnelle. Il ne s'agit pas de dominer toute la société, de prendre le pouvoir, mais de jouir de sa propre puissance même lorsqu'elle est dissimulée : c'est bien le cas de Thérèse, chez qui personne ne soupçonne cette passion : « Rien ne comptait que d'être la plus forte et de jouir de la libre pratique de la souveraineté ». La spécificité et la supériorité de Thérèse apparaissent dans cette forme de « pureté » de la passion. Là où les passions de Mme, M. Numance et Firmin se portent sur des êtres ou des objets individuels et précis, celle de Thérèse porte sur le « sentiment » intérieur de cette puissance. Celle-ci nous est décrite dans le monologue heuristique de Thérèse : l'objectif premier est celui de la plénitude et du déploiement de l'être ; « deviens ce que tu es » enjoignait Nietzsche rappelant l'adage delphique, « Je me disais : "Vivons !" » (279) répond Thérèse, qui rappelle le « ce que tu es, deviens » des *Vraies richesses* de Giono. Le personnage décrit alors en des pages stupéfiantes comment elle en vient à une connaissance exacerbée de la médiocrité de l'humanité : « Des salauds, il y en a *floraison* » (290), de l'absence de transcendance déjà évoquée : « Il y en a qui sont pour le paradis. Très bien. Des goûts et des couleurs... mais, moi je suis modeste ; je me satisfais de peu. Après on verra. Je n'ai pas d'orgueil. Je me contente de la vallée de larmes. » (291). Dans ce désert l'homme recherche des divertissements susceptibles de transcender sa condition : le texte se fait pascalien ; au premier rang d'entre eux, pour la majorité des hommes, la sexualité et l'argent. Or Thérèse ne s'y retrouve pas, plus exactement elle ne s'en contente pas : la sexualité n'est qu'un moyen d'asservir Firmin, et « les sous ne m'intéressaient pas outre mesure. On m'aurait donné des millions, je les aurais pris, mais l'intérêt n'aurait pas été dans les millions. Il aurait été dans la manière de me les faire donner. Ce qui m'intéressait, c'était d'être ce que j'étais, et de faire ce que je faisais » (306). Giono invite ici à une véritable hiérarchisation des divertissements. En bas de l'échelle, la cupidité, qui peut donner un sens à l'action, comme pour Firmin qui « fait pour faire » (135). L'amour, le don de soi, est aussi un moyen de s'oublier, comme l'illustrent Madame et Monsieur Numance. Mais Thérèse précisément ne veut pas s'oublier, elle veut s'assumer pleinement comme « chose naturelle », son salut passant par la redécouverte en elle de ce qui caractérise tout animal à savoir sa dimension de « chasseur », son « goût du sang ». Thérèse fait le même constat que Langlois dans *Un roi sans divertissement*, mais ne se suicidera pas, bien au contraire : elle en vivra *réellement*, intensément. Elle s'est défaite de tout remords ou considération morale et politique et décide « d'être ce qu'elle est », ce que Langlois se refuse à accepter. Cette dimension naturelle commence par une adaptation à l'environnement : « Il faut toujours se servir de la nature. » (310) et à s'avouer une violence native : « "Je suis heureuse comme un furet devant le clapier." Ça, mes enfants, c'était une découverte ! J'étais heureuse d'*être un piège,* d'avoir des dents capables de saigner ; et d'entendre couiner les lapins sans méfiance autour de moi. Certes, auprès de ça, je comprenais maintenant que l'argent soit zéro. Je touchais du doigt l'important. » (316). Thérèse devient « furet », et cherche son plaisir dans le sang d'autrui : « Le furet ne mange pas de viande, voilà pourquoi je me foutais de l'argent. Il boit le sang. *Si je trouvais quelque part du sang à boire, ça voudrait peut-être la peine de me glisser dans le terrier.* Je me dis : tu as trouvé. » (317) Le « sang » ici désigne la quintessence d'autrui, ce qu'il a de plus précieux, de plus difficile à atteindre, ce qui le définit et non nécessairement sa vie. Elle ne rêve pas de tuer Mme Numance mais de la tromper et de s'en faire aimer comme sa fille. Elle met en place toute une stratégie pour y parvenir, imitant tous les sentiments, toutes les attitudes, se servant des autres, à l'instar de Firmin, comme d'outils en vue de la satisfaction de ses désirs : « Maintenant que nous voyons l'affaire après coup, nous nous rendons compte qu'elle l'a embobiné des pieds à la tête et poussé pas à pas vers ce qu'elle voulait, jouissant à chacun de ces pas de le voir tomber sans faute dans le piège. » (357). La volonté de puissance c'est avant tout refuser le réel tel qu'il est donné et le plier à ses désirs, en devenir l'auteur, se sentir maître de ce qui est et non victime.

C'est ce qui fait que la traque de Mme Numance est finalement un échec que reconnaît Thérèse puisque cette dernière lui échappe sans qu'elle puisse le prévoir ni l'éviter : « Je me disais : "Je vous serrerai le kiki, ma belle dame, jusqu'à ce que vous tiriez une langue d'un mètre ! J'étais loin de me douter qu'à la fin elle m'échapperait". » (332). Le désespoir de Thérèse que tous prennent pour de l'amour peut être lu comme la rage du chasseur qui a laissé échapper sa proie. Il faut donc alors devenir carnassière et Thérèse va combiner son goût du sang et sa vengeance en faisant de Firmin, responsable de son échec, son nouvel « or du monde ». La dernière partie du texte montre l'achèvement de la mue de Thérèse qui de furet devient chat sauvage et se voit dotée à son tour des « yeux de loup » : « En arrivant, elle regarda Firmin avec des yeux de loup. Mais elle n'était pas folle du tout, seulement, semble-t-il, dans une colère inexplicable. » (334). Elle jouira cette fois de la mise en place d'un meurtre et plus d'un simple contrôle d'autrui. Tout le texte narre en réalité son glissement progressif vers un état « naturel » de plus en plus absolu, signifié symboliquement par l'éloignement progressif de la ville et des lieux socialisés. Elle devient alors « belle comme un marteau » (340) et semblable à l'aigle, incarnation de la noblesse et de la sauvagerie, observé dans le ciel et métaphore de l'âme forte pour qui l'objet du désir est toujours une « proie » : « Parfois un aigle tombait du sommet des montagnes... Il s'éloignait en glissant, puis revenait vers son désir sur lequel les deux femmes le voyaient enfin plonger et s'abattre. » (177).

C'est alors un véritable bonheur qui naît de l'exercice de la puissance. Thérèse multiplie les évocations de cette jouissance : « Ma vie était pleine de charme. Je m'étonnais quand je voyais qu'on s'ennuyait... » (312), remarque essentielle qui prouve que ce divertissement supprime l'*ennui*, synonyme de vide ontologique. Au *charme* de la manipulation succèdent, dans une gradation, les *délices* du meurtre projeté : « À peine eut-elle pensé ces mots qu'elle se mit à jouir de vertige. Elle n'avait jamais cru avoir tant de plaisir. Elle demanda à Firmin : "Est-ce que tu es bien ? Es-tu heureux ?" Il lui répondit : "Je n'ai jamais été aussi heureux de ma vie." Elle se dit : "Parfait ! C'est exactement maintenant qu'il faut le tuer." Elle se mit à réfléchir dans un état de volupté qu'elle n'avait jamais encore connu. "Il faut, se dit-elle qu'il se voie mourir. Ça va être un peu plus difficile. Mais, quelle différence !" » (365). Les termes sont charnels, quasi sexuels, il y a bien de la volupté, c'est-à-dire du plaisir sensoriel et naturel dans cette approche du meurtre. Après avoir tenté de contrôler la vie de Mme Numance, c'est bien dans la mort de Firmin que Thérèse trouvera son plus grand plaisir, cet « or du monde » qui revient à de multiples reprises : « Je n'aurais pas voulu manquer la mort de Firmin pour tout l'or du monde. Je lui ai fermé les yeux vers midi. » (370). Syntaxiquement et symboliquement c'est elle qui lui ferme les yeux, comme l'artiste mettant la dernière main à son « chef-d'œuvre », métaphore récurrente du mal commis. Le bonheur final de Thérèse, son impunité, incarnent la fécondité de ce qui semble un « mal » à la plupart des hommes, mais est pour son auteur la simple condition de son bonheur. Giono emploie à propos de Mme Numance et Thérèse une expression qui peut résumer cette ambivalence : « les délices noirs » (219). Dans M. *Machiavel ou le cœur humain dévoilé*, Giono écrit à propos du philosophe : « Il sait qu'en réalité le crime est le divertissement par excellence. Qu'on y goûte et on est pris. L'univers n'est que de l'ennui en expansion. S'en distraire, voilà la grande affaire. La morale, c'est chercher des poux sur une tête de marbre ». L'égoïsme naturel, le libre exercice de sa volonté de puissance peuvent bien être envisagés en dehors de toute morale par certains individus : rappelons que Thérèse ne se perçoit pas comme « méchante », c'est-à-dire animée par la volonté première de nuire à autrui. Sa volonté est d'éprouver du plaisir, les autres n'étant que les moyens de parvenir à ce plaisir. Le mal n'est qu'un moyen nécessaire lorsqu'autrui refuse d'être un moyen docile. Au terme de ce cheminement intérieur surgit bien une forme indéniable de bonheur, celui de Thérèse, la seule à survivre à toutes ces péripéties et « fraîche comme la rose » (370). À l'image traditionnelle du mal qui ronge (au moins intérieurement, comme pour Dorian Gray), Giono substitue la plénitude épanouie de cette femme de 89 ans à l'éternelle jeunesse nourrie du sang d'autrui. Firmin « la tique » et Thérèse « le furet » puisent en autrui leur énergie vitale, comme le soulignent plusieurs références « vampiriques ».

Ambivalences et ambiguïtés : l'invention comme « divertissement de roi »

❯ Ambivalences

Giono se livre-t-il par là à une apologie du crime comme la forme la plus achevée du divertissement ? Le roman propose bien une fin en apparence cynique mais il convient alors de rappeler dans quelles *conditions* l'individu peut être poussé à rechercher et à trouver son bonheur dans l'exercice de cette sauvagerie native libérée. Giono place son intrigue dans un univers où règnent ennui et désolation. La *localisation* prend toute son importance : dans ce Trièves déshérité, « vallée de larmes » comme le souligne Thérèse, l'homme cherche son bonheur *où il le peut*. La première limite de ce modèle de bonheur est donc le cadre où il se déploie, Giono n'en faisant pas un absolu, il est promesse de bonheur quand plus rien d'autre n'est possible. Privé de Madame Numance, Thérèse bascule dans l'animalité sanguinaire. Le meurtre est en réalité le divertissement ultime, ce qui reste quand plus rien d'autre n'est envisageable. La partition du livre en deux étapes distinctes (ruine des Numance puis meurtre de Firmin) prend ici tout son sens : le meurtre est ce que l'individu risque de perpétrer si toute autre joie lui est refusée.

Le mal naît donc pour Giono du vide ontologique de l'homme. Ce dernier, privé de référence transcendante, de sens clair à son existence, recherche une orientation personnelle un investissement existentiel : désir d'être, mais d'être quoi ? Toutes les actions des hommes sont des formes de réponse à cette question ; le jeu, les vices, les complots, les « zistonzestes » et le mal dans son ensemble ne sont qu'autant de réactions de l'homme à sa condition « nue ». Pour autant, cessent-elles d'être un mal ? À la voix de Thérèse, qui déploie une amoralité brute et brutale (il n'y a pas de « mal ») répond cependant dans le roman la voix du Contre qui représente la persistance de l'exigence morale (tout ce qui s'est passé relève du « mal »). En d'autres termes, le roman aurait eu un sens « moral » et « philosophique » très différent si Thérèse avait été la seule à parler. Le texte ne présente pas une apologie univoque de l'amoralité mais une confrontation entre cette amoralité et une exigence de morale nécessaire à la vie en communauté. La nature dialectique du texte en fait une interrogation sur la question du mal plus qu'une simple illustration des textes nietzschéens. Il convient de nuancer l'issue cynique du roman par le statut interrogatif de la dernière phrase : « – Pourquoi voudrais-tu que je ne sois pas fraîche comme la rose ? » (370), qui peut suggérer que la question reste ouverte et ne saurait être définitivement tranchée par une victoire de l'amoralité, même si celle-ci constitue une indéniable voie vers le bonheur dans le monde moderne. Est-ce la seule envisageable ?

Cette dernière ne saurait en réalité être considérée comme totalement satisfaisante. C'est le sens notamment du premier échec de Thérèse avec Mme Numance. La fuite de celle-ci qui provoque la « colère » et le désespoir de la jeune fille manifeste une forme de supériorité de la générosité sur le machiavélisme, idée dont Giono, même aux heures de son plus grand pessimisme, n'a jamais pu totalement se défaire et qui resurgira dans la figure stendhalienne d'Angelo dans le cycle parallèle du Hussard. Mme Numance est certes mue par le même égoïsme mais cet égoïsme bénéfique, employé « à bon escient », peut récompenser et sauver son auteur. Tout l'historique initial des Numance dressé par le Contre se clôt par leur gain à la loterie, forme de gratification symbolique pour leurs bienfaits. De même, Thérèse croit faire de Mme Numance sa proie, mais est-on sûr qu'elle ne tombe pas elle-même dans les rets de ce furet moins sanguinaire et dont la bonté « extraordinaire » est publique, notoire, propre à piéger ceux qui pensent la piéger ? Qui est donc tombé dans le clapier ? La réponse reste obscure, mais il est certain que Mme Numance « échappe » à Thérèse. Un autre divertissement, celui de la bonté aux vertus sociales indubitables nous est proposé même si subsiste chez le charitable un fond d'égoïsme qu'on ne peut éradiquer. C'est en ce sens qu'on doit entendre le pluriel du titre : *Les Âmes fortes* : Mme Numance est bien l'autre « âme forte » qui « ne demande pas mieux » que d'être exploitée et survit également à la ruine. Les deux morts principaux du texte sont M. Numance et Firmin, aux passions symboliquement trop étroites (sa femme pour l'un, l'argent pour l'autre) pour qu'elles leur permettent précisément, de *vivre*. À la « meurtrière » Thérèse (héritière des Thérèse littéraires sanguinaires, Raquin ou Desqueyroux), Giono oppose donc une autre forme de divertissement bénéfique à l'humanité, celui de la générosité qui elle aussi peut conduire à une forme de bonheur naturel, plus sacrificiel, mais aussi intense : dans l'attente de la ruine qu'elle sait inéluctable, Mme Numance « était tellement heureuse de tout » (262) qu'elle n'a plus rien d'une victime, ce qui explique la fascination primitive de Thérèse : « Celle-là, on avait beau multiplier, diviser, faire des comptes : on n'arrivait pas à sa vie. "Celle-là, j'aimerais bien l'être, se disait Thérèse. Oui, celle-là, je la *voudrais toute*." » (194). Le meurtre final peut alors se lire comme un divertissement *par défaut*. La générosité absolue de cette autre âme forte emplit son être avec assez de force pour constituer dans le roman de Giono un puissant contre-modèle à la violence et à la sauvagerie. De fait, tant que Thérèse vit aux côtés de sa « mère », sa violence s'en trouve pacifiée, signe que la socialisation est possible malgré la sauvagerie égoïste des hommes pour peu que certains développent cette forme bienfaisante, unifiante, de divertissement (À Folleville, loups et agneaux s'embrassent). C'est lorsque ce dernier s'efface avec la double disparition des Numance que l'homme se retrouve confronté à ses extrémités et que le sang cesse d'être métaphorique. Livré à l'instinct de destruction, l'homme se condamne lui-même à la solitude : là où Thérèse, isolée, se dit certes heureuse, Mme Numance attend Reveillard sereinement en tenant la main de son mari. Le « bien » peut donc être une forme raffinée, supérieure, de divertissement, même s'il n'est jamais ce pur désintéressement que l'on se plaît à imaginer chez des hommes qui ne sont jamais des saints et si, dans un monde de loups, il ne peut s'imposer de manière universelle et constante.

❯ Triomphe de l'invention

Giono ajoute à cette autre voie une troisième forme de divertissement qui paraît la plus haute. La « volupté » sauvage éprouvée à l'instant de tuer Firmin n'est pas la première du texte. Lorsque Thérèse décide de s'inventer une personnalité afin de tromper son entourage, elle dit tirer son plaisir non des bénéfices objectifs et extérieurs qu'elle en reçoit, mais de l'invention elle-même : « J'étais seule à savoir la vérité. Je jouissais. » (309). Un motif essentiel de l'œuvre de Giono apparaît ici : si le réel est insatisfaisant, la forme de plénitude la plus élevée que l'homme peut obtenir résulte de la réinvention de ce réel, non dans une perspective intéressée et machiavélique, mais pour le pur plaisir de l'imagination, de la transformation, ce que traduit Mme Numance : « Peut-être faudrait-il aussi changer l'usage de tout pour être heureux ? » (184). Giono n'a cessé de proclamer que sa propre inventivité possédait pour lui une dimension « existentielle ». Inventer pour vivre, pour meubler le vide de l'âme. C'est exactement ce à quoi se livre Thérèse qui se charge de toutes les caractéristiques de l'écrivain dans ses manigances : elle s'invente un personnage qui n'existe pas (la bonne fille humble et candide), ce qui décrit précisément l'activité de tout romancier. « Ce portrait de Thérèse en artiste est bien évidemment celui de Giono lui-même faisant la nique à l'ennui par le truchement du mensonge créateur. » (J. Ibanès, « Le Mensonge pluriel », *Revue 20-50*, n° 3 juin 1987).

L'invention est donc promue au rang d'activité fondamentale et naturelle, ce que résume Firmin : « Quand j'invente moi, rien qu'avec ma petite jugeote, je suis plus humain. » (229). Avant de tromper Mme Numance, Thérèse l'utilise comme Muse inspiratrice : « Elle lui donna l'âge et l'âme de faire tout ce qu'elle aurait aimé faire dans une vie sans grossesse, Firmin, sans pauvreté, sans père ni mère. Naître tout d'un coup dans la vie sur une route bordée de peupliers, être une femme en amazone et palatine, Elle lui inventa des histoires d'une vie sans *légumes*. » (194). Dans ce roman, tous s'inventent un personnage, la vérité n'ayant aucune importance, l'essentiel étant dans cette création permanente, cette broderie, cette rhapsodie de récits et de versions. C'est pour cette raison que le texte multiplie les allusions aux lignes brisées : « Tu n'es pas ici en géométrie. » (180), ce que renforce la référence au billard et aux jeux. Il faut, comme le dit Thérèse adopter le « biais commun » (68), donner par des détours, des arabesques et des courbes personnelles un sens individuel à sa propre existence. La dimension la plus élevée de Thérèse réside sans doute dans cette activité créatrice. Ce n'est qu'ainsi qu'on peut comprendre, lorsqu'elle se met à jour (ou se travestit ?) en « furet », les paroles entièrement « poétiques » qu'elle prononce à l'entame de son récit : « L'homme c'est combien de temps ? J'allais me promener. Je me disais : "Les serpents se réveillent dans la terre. Ils sont en train de se désengluer les dents." Je rencontrais l'aubépine fleurie qui fait perdre la tête. Et l'arbre sec qui sifflait. Je me disais : "L'eau est noire, les montagnes sont débouchées." Je tenais un sou dans ma main. Je me disais : "Si tu entends le coucou, voilà de l'or." » (272). Thérèse se fait donc romancière (invention d'un personnage), dramaturge (elle met en scène son stratagème) et finalement poète, comme pour exploiter au mieux toutes les virtualités du langage, ici aux limites du sens, puisque la « profération » des mots est le seul but de la parole détachée d'un sens et d'une vérité aporétiques. De manière très symbolique, le « serpent », emblème biblique du mal, est détourné (par le « biais » de la métaphore) et réinterprété dans une mythologie personnelle où le mal est *désamorcé*. C'est par son usage artistique de la parole que Thérèse cesse pendant quelques instants d'être une Ève pécheresse et se transforme en héraut apaisé de la nature.

Giono multiplie par ailleurs dans *Les Âmes fortes* les allusions à d'autres textes, comme la Bible, la *Veillée des Chaumières* ou les contes traditionnels, plaçant tout son récit dans la tradition orale du conteur propre aux Chroniques. Le thème de la veillée où des personnages échangent des récits souligne la dimension fictionnelle de ces relations d'événements anciens que la transmission par la parole ne peut que modifier peu à peu et où l'exigence de vérité cède la place au plaisir du dire. Si la solution de l'énigme est refusée au lecteur des *Âmes fortes*, c'est tout aussi bien pour souligner que l'homme avance à tâtons dans une obscurité du sens, que pour manifester que la réponse la plus noble à cette absence de sens repose précisément dans un rapport à la parole où la quête de vérité, devenue vaine, doit être abandonnée et supplantée par un hédonisme de la narration, un plaisir de la création. C'est ce qu'illustre parfaitement la structure du texte. Pour lutter contre la peur de la mort (incarnée par le cadavre d'Albert) des femmes parlent et souvent inventent : si le mal provient de la condition mortelle et souffrante, de l'absence de sens et du vide ontologique, l'alternative la plus féconde n'est-elle pas d'inventer de toutes pièces et de partager un réel polymorphe où s'épanouit une forme de volonté de puissance (celle de l'auteur) procurant à autrui (auditeurs et lecteurs) une forme raffinée de divertissement qui permet de sublimer l'égoïsme natif et le vide des vies ?

« Rien n'est vrai. Même pas moi ; ni les miens, ni mes amis. Tout est faux. Maintenant, allons-y. » (*Noé*).

Conclusion

F. Aigon rappelle dans l'ouvrage présent (voir article : *Le problème du mal dans la philosophie antique*) la formule de P. Ricœur : « Que philosophie et théologie rencontrent le mal comme un défi sans pareil, les plus grands penseurs dans l'une ou l'autre discipline s'accordent à l'avouer, parfois avec de grands gémissements. L'important n'est pas cet aveu, mais la manière dont le défi, voire l'échec, est reçu : comme une invitation à penser moins ou comme une provocation à penser plus, voire à penser autrement. » (*Le mal : un défi à la philosophie et à la théologie* (1986)), qui paraît décrire très précisément la démarche de Giono. Ce dernier n'aborde pas la question du mal en philosophe, il ne le théorise ni ne l'analyse aucunement, mais nous le donne à voir de manière expérimentale et phénoménologique à travers ses manifestations, laissant au lecteur le soin de reconstituer certaines conclusions partielles sur l'origine principale de ce mal : le vide ontologique combiné à une sauvagerie native. Il montre les conséquences possibles du statut irréductiblement « naturel » et animal de l'homme, de la vacuité de ses espaces intérieurs qui peuvent le conduire au pire, ce « pire » étant peut-être la possible disparition de tout sens moral, incarnée par

Thérèse. La tonalité générale du roman est très pessimiste, l'homme y est peint sous son jour le plus sombre, mais Giono propose en arrière-plan un contre-modèle à travers Mme Numance, qui invite discrètement le lecteur à déployer une « bonté » plus « naturelle » que réellement « morale », abordée sur le mode du plaisir lié à la générosité plus que sur celui de l'exigence transcendante. L'interrogation centrale porte sur la possibilité réelle d'instaurer une « morale » au sens classique, système de valeurs objectives et communes, au vu de la nature profonde d'un homme qui ne s'est pas réellement et totalement socialisé.

Giono ajoute alors à l'ensemble de la réflexion traditionnelle une forme de *réponse esthétique* au problème du mal, d'abord dans la manière de l'aborder, en inventant un système narratif aporétique très moderne qui témoigne des impasses de la raison, puis dans les modes de dépassement ou de lutte contre ce mal : si le mal est naturel, il convient de lui opposer une autre aspiration primordiale de l'homme, celle de l'invention, de l'imagination, des jouissances du récit, de l'écriture ou de la lecture, qui détournent et neutralisent, dans et par l'art, la séduction que le mensonge exerce sur tout un chacun ; inventer et manipuler « pour le bien » (pour le plaisir) des lecteurs, plutôt que « pour le mal » des Numance ou de Firmin. Sublimer sa nature en culture, telle est sans doute l'invitation essentielle des *Âmes fortes*.

Bibliographie

Sur Giono

Citron Pierre, *Giono*, Seuil, 1995.

Godard Henri, *Giono, Le roman, un divertissement de roi*, Découvertes Gallimard, 2004.

Godard Henri, *D'un Giono l'autre*, Gallimard, 1995.

– On consultera également avec profit en guise d'introduction à l'œuvre de Giono la *Préface* aux *Œuvres romanesques complètes* dans le Bibliothèque de la Pléiade, par Robert Ricatte, T. I, p. IX-LIV., Gallimard, 1971, ainsi qu'une « Préface de Giono aux Chroniques romanesques » suivie d'une étude sur le genre de la Chronique dans le T. III, p. 1277 à 1295.

Magazine Littéraire consacrés à Giono : numéros 75, 162 et 329.

Sur *Les Âmes fortes*

« Giono, Les Âmes fortes, Roman 20-50 », *Revue d'étude du roman du XXe siècle*, n° 3, juin 1987.

Notice des *Âmes fortes*, par R. Ricatte, Bibliothèque de la Pléiade, T. V, p. 1008-1056.

Textes complémentaires

Giono J., *Faust au village*

Giono J., *Un roi sans divertissement*

Philosophie et histoire

Le problème du mal
dans la philosophie antique
Franck AIGON

> *Que philosophie et théologie rencontrent le mal comme un défi sans pareil, les plus grands penseurs dans l'une ou l'autre discipline s'accordent à l'avouer, parfois avec de grands gémissements. L'important n'est pas cet aveu, mais la manière dont le défi, voire l'échec, est reçu : comme une invitation à penser moins ou comme une provocation à penser plus, voire à penser autrement ?*
>
> Paul Ricœur, *Le mal : un défi à la philosophie et à la théologie* (1986)[1]

Non sans quelque raison, il est possible de distinguer entre deux types d'approches philosophiques du mal : l'une qui envisage le bien et le mal relativement l'un à l'autre, comme deux notions symétriques ; l'autre qui insiste sur la dissymétrie des deux notions et la nécessité de penser la spécificité du mal indépendamment du bien. Les morales de l'Antiquité ont privilégié la première approche. Pour les philosophes de l'Antiquité, en effet, le mal n'est que le contraire du bien. Il n'y aurait de mal que parce qu'il y a le bien. Et donc le mal se donne d'abord à penser comme **un défaut, un manque, un ratage du bien**. Au contraire d'un mode de vie épanoui, qu'on n'entendra pas cependant comme une vie confortable, mais comme une actualisation de sa nature, le fait d'être parvenu à être pleinement soi, c'est-à-dire humain, que l'on désigne dans l'Antiquité par la notion d'*eudaimonia* (le bonheur ou l'épanouissement humain), le mal désigne tout ce qui nous éloigne ou nous tient éloigné de cet effort d'une vie conforme à la raison : la douleur, l'injustice, la dépendance, le corps, les passions, etc.

Dix siècles de philosophie constituent cependant ce que nous appelons la philosophie antique. C'est donc une illusion de croire que sous le nom d'Antiquité se découvrirait une manière continue d'envisager les questions morales, une certaine permanence des problèmes du bien et du mal et de leur traitement. La tentation est grande parfois de définir quelque chose comme un âge antique de la conscience morale. L'idée que nous nous trouverions devant ce qu'il faudrait considérer comme une pensée qui se serait développée continûment sur une durée de dix siècles, que l'éloignement nous fait percevoir comme un tout cohérent dont on pourrait résumer le propos en quelques *thèses* ou *idées* sur le mal, est de celle dont nous devons apprendre à nous méfier prioritairement.

Cependant, il y a pour la conscience contemporaine quelque chose de profondément décevant dans cette manière d'approcher la question du mal, parce que nous savons bien, au terme d'un processus qui s'est construit du tremblement de terre de Lisbonne[2] jusqu'à l'expérience des camps de la mort, que le mal n'est pas seulement le contraire du bien, que la souffrance est le plus souvent un fait indépendant de

---

1. P. Ricœur, *Lectures 3*, Seuil, 1994, p. 211.
2. Le 1er novembre 1755, un tremblement de terre touche la ville portugaise de Lisbonne. Ce tremblement de terre, l'un des plus meurtrier de l'histoire, émut particulièrement et suscita, en plein développement de la philosophie des Lumières, des discussions nombreuses sur le thème de la responsabilité de Dieu devant le mal et celui de l'optimisme. Voltaire, en particulier en donne deux développements saisissants dans *Candide* et dans son *Poème sur le désastre de Lisbonne*.

l'existence ou de la définition d'un bien, voire qu'il n'y a pas nécessairement un contraire de la souffrance. Ce qui surprend donc dans le regard que les philosophes de l'Antiquité ont posé sur la question, c'est la singularité d'une approche qui s'attache à **définir le mal différemment qu'il ne s'éprouve**. De l'étonnement au contresens le trajet n'est pas long cependant : de l'idée du mal comme défaut du bien, on ne doit pas déduire qu'il n'y a pas de place dans la pensée antique pour des catégories telles que l'expérience individuelle ou historique du mal, l'opacité, l'omniprésence, la radicalité du mal, ou le mal comme adversité pure.

S'il n'y a donc pas *une* pensée antique du mal, une théorie unique, sans doute y a-t-il cependant une façon propre à l'Antiquité de poser la question du mal, une façon d'en parler, **un discours sur le mal**, qu'il faut d'abord pouvoir rendre audible. C'est cette tâche que nous poursuivrons ici. En nous concentrant sur la période qui court du IVe siècle avant J.-C. jusqu'au IIe siècle après J.-C., c'est-à-dire de Platon jusqu'aux développements de quelques-uns des grands courants philosophiques antiques – stoïcisme et épicurisme – nous chercherons à faire apparaître les continuités et les ruptures principales d'un discours antique sur le mal, relevant au passage certains des efforts produits par les philosophes de l'Antiquité pour rendre raison des maux qui, s'ils s'éprouvent tous différemment (sentiment de notre propre limitation, adversité, souffrances et mort, fatalité de l'erreur, désordres naturels ou politiques...) posent un même défi à la raison : de penser plus, ou penser autrement.

Le préalable mythologique

La philosophie ne pense pas à partir de rien. Avant d'être une question philosophique, le mal ou plutôt le défi de justifier l'existence des maux que nous expérimentons a été l'un des préalables à toute élaboration culturelle humaine. Ce défi a produit des discours, dont le plus construit est sans aucun doute le discours mythologique. **Par les mythes**, en effet, **les hommes s'efforcent de produire des raisons expliquant l'origine et la finalité du mal**. Ces discours sont des récits dont une esquisse de typologie est possible, permettant de distinguer trois grandes formes principales :

– **les mythes théogoniques**, qui donnent le récit de la naissance des dieux, identifient le mal à une survivance du désordre initial, dont le principe serait à rechercher dans le chaos qui aurait précédé l'ordre divin. Ce sont des mythes qui tendent à innocenter les hommes : ceux-ci n'ont pas leur part de responsabilité dans l'existence d'un mal qu'ils se contentent de trouver, de subir et de prolonger.

– **les mythes tragiques** sont construits au contraire sur l'idée d'une prédestination au mal, idée qui serait le fondement d'une théologie scandaleuse s'il s'agissait d'une théorie et non de ce qu'est la tragédie dans son principe : c'est-à-dire un spectacle. La vision tragique est d'abord la vision d'un héros tragique (Œdipe, Prométhée, ...), d'une action tragique, d'un dénouement tragique. Dans l'espace tragique, la prédestination de l'homme au mal butte contre la grandeur du héros, et la représentation de ce conflit constitue l'essentiel du spectacle qu'on appelle tragédie.

– une troisième sorte de mythes, enfin, propose une représentation malheureuse de la condition humaine. Les hommes sont le siège d'un drame, une division qu'ils expérimentent en eux entre le même (qu'ils sont : l'homme s'éprouve comme le *même* que son âme) et l'autre (qu'ils ne sont pas : il s'éprouve comme *autre* que son corps). Ce mythe de l'enfermement de l'âme dans le corps et d'une humanité devant faire l'expérience de l'altérité, y compris en soi-même, est ce qu'avec Paul Ricœur on pourra nommer « **le mythe de l'âme exilée**[1] ».

Platon, le mal et l'ignorance

La philosophie s'est d'abord construite contre ces visions mythiques. De tous les philosophes de l'Antiquité, Platon est celui qui prend le plus ouvertement de front les préalables culturels de son temps. En effet, la pensée de Platon est d'abord une réponse à deux au moins de ces discours mythologiques, et en particulier au mythe tragique. On résume souvent la pensée de Platon sur le mal en une formule qui est demeurée suffisamment célèbre pour qu'on y trouve aussi un résumé de l'ensemble de la pensée antique sur la question du mal : ***nul n'est méchant volontairement***. Cette formule en quoi souvent on se contente à tort de reconnaître simplement l'idée que **le mal procède d'une ignorance**, signifie beaucoup plus que cela. Car pour Platon l'important est-ce en quoi s'enracine **ce faux savoir** : celui-ci en effet **n'est pas seulement une façon erronée de penser,** *a fortiori* une absence de connaissances, mais se confond avec une **façon aberrante de conduire sa vie**.

Nul n'est méchant volontairement. Avant que Platon ne décide de la reprendre dans le *Protagoras* et dans le *Ménon*[2], cette formule est déjà un lieu commun. À l'origine, il y a un adage populaire chez les Grecs, d'un auteur inconnu (Solon ?) que Platon cite incomplètement : « nul n'est volontairement pervers, ni malgré soi bienheureux ». Le choix même de cette sentence est une provocation. Car non seulement Platon, et avant lui Socrate, ne retient que la moitié de la proposition, mais il traite en plus cette partie de façon à la retourner contre la compréhension immédiate, populaire de l'aphorisme. Dans la compréhension courante en effet, « nul n'est méchant volontairement » signifiait que la passion l'emporte sur nos résolutions et que c'est dans la passion que consiste la cause de nos malheurs[3]. Selon cette interpré-

---

1. P. Ricœur, *Philosophie de la Volonté. Finitude et culpabilité*, t. II, 2, *La Symbolique du mal*. Aubier, 1960, Points, coll. « essais », 2009. On trouvera dans ce livre une analyse approfondie des différents développements mythologiques : théogonie, tragédie et « mythe de l'âme exilée », ainsi que du mythe adamique ou vision pleinement anthropologique du mal. Sur les rapports de la pensée mythique, pré-philosophique, et de la philosophie, Paul Ricœur propose par ailleurs quelques remarques suggestives, qui permettent de s'interroger sur le fait que le rapport entre philosophie et mythe est un rapport complexe : le mythe étant à la fois le préalable à laquelle la philosophie s'oppose (visions tragique et théogonique), et qu'elle reprend, qu'elle prolonge (« mythe de l'âme exilée »).
2. Si l'idée est présente déjà dans l'aporie finale de l'*Hippias mineur* et qu'on la retrouve formulée dans plusieurs autres dialogues platoniciens, c'est dans le *Protagoras*, 352b-357a, et dans le *Menon*, 77b-78a, qu'on en lira le développement le plus complet.
3. Euripide, *Médée*, 1077-1080 : « Je suis vaincue, c'est trop de malheurs. / Je sais devant quel crime je me trouve / mais la colère [*thumos*] emporte mes résolutions, / la colère, qui a perdu tant d'hommes. » (EURIPIDE, *Tragédies complètes* 1, édition de Marie Delcourt-Curvers, Folio classique, 1995).

tation traditionnelle, donc, le mal résulterait de notre passivité. Son origine serait à rechercher dans ce que les Grecs appellent *thumos* (la passion). Bien sûr, qu'on soit passif ne signifie pas qu'on soit ignorant du mal que l'on commet. Mais le mal serait comme une défaite, l'issue tragique d'un combat. C'est dans ce cadre culturel qu'ont baigné les contemporains de Platon, illustré justement par les représentations du théâtre tragique. Même lucide en effet, le héros tragique est toujours entraîné au mal qu'il réprouve, selon une pente qui a pour nom la démesure (*hybris*) ou la fatalité (le destin). La tragédie tend un miroir aux hommes : c'est notre fragilité qui est la condition du mal.

D'emblée, Platon déplace la question. Dans la ligne de ce qu'on a appelé « l'intellectualisme moral » socratique, il reprend l'adage populaire, mais refuse toute interprétation du mal comme passivité. Au contraire, le mal serait rendu possible par une certaine activité de la connaissance. Il n'est pas une défaite, mais un défaut d'orientation. Pire, c'est une fausse route, mais que l'on prend pour vraie. Voici qui explique notamment qu'on puisse persévérer dans le mal. Si l'on parle pour qualifier cette thèse d' « **intellectualisme moral** », c'est parce que, pour être comprise, la possibilité du mal doit être mise en rapport avec ce que Platon dit de la nature du savoir. Savoir en effet ce n'est pas seulement posséder des connaissances. Le savoir n'est pas comme un panier qu'on remplirait de vérités. Et donc l'ignorance n'est pas un défaut de connaissances, mais une fausse connaissance, prisonnière des représentations. À la limite, celui qui ne sait pas en sait trop. Il est trop plein de représentations (ou opinions) qu'il substitue au savoir. Or celui qui sait ne saurait du même coup faire autre chose que ce qu'il sait être vrai. Telle est la thèse formulée par Socrate dans le *Protagoras* (358b-c) : « Si donc [...] ce qui est agréable est bon, personne, qui sache ou pense qu'il lui est possible de faire mieux que ce qu'il fait, ne le fait, alors qu'il est en son pouvoir de faire mieux ; se laisser vaincre par soi-même n'est alors rien d'autre qu'ignorance, et se dominer n'est rien d'autre que savoir[1]. » Le savoir est un pouvoir. Il y a identité de ce qui est rationnel et de ce qui est bon. Et celui qui sait, à la fois sait ce qui est bon et le fait.

On se convaincra de l'importance de cette thèse en retenant que, quelle que soit la question examinée, la tâche de tous les dialogues de Platon est de conduire à cette conception d'**une vertu qui est d'abord le savoir**. L'identité de la vertu et de la connaissance permet donc de reconnaître que nul ne veut le mal auquel il aspire : « De quoi s'agit-il donc [...] sinon de ce que personne, volontairement, ne tend vers ce qui est mauvais, ni vers ce qu'il pense être mauvais, et qu'il n'est pas, semble-t-il, dans la nature de l'homme de vouloir tendre vers ce qu'il pense être mauvais, au lieu de tendre vers ce qui est bon » (*Protagoras*, 358c-d)[2]. Confondant bien apparent et bien véritable, celui qui désire le mal ne peut vouloir le mal qu'il désire : désirer le mal, c'est en fait désirer le bien et se tromper de cible ; il est en

---

1. Platon, *Protagoras,* traduction, introduction et notes par Frédérique Ildefonse, GF Flammarion, 1997.
2. Dans le *Théétète*, 194a, Platon compare l'opinion fausse à un mauvais archer qui vise le vrai et le manque : « alors qu'on vous connaît tous les deux et qu'on vous voit tous les deux ou qu'on a, de vous deux, une autre sensation, on ne fait pas correspondre chacune de vos deux marques à la sensation qui lui est propre, mais, tirant comme un mauvais archer, on passe à côté de la cible et on la manque. C'est précisément cela qui, en fin de compte, reçoit le nom de faux. » (Platon, *Théétète,* traduction, introduction et notes : Michel Narcy, GF-Flammarion, 1994).

outre impossible que quelqu'un souhaite le mal pour soi-même et donc le mal qu'on désire est toujours un mal qu'on souhaite à autrui dans l'espoir d'un bien pour soi, donc, encore une fois, une façon inadéquate de désirer le bien.

L'enjeu de la question platonicienne du mal est donc celle de **la nature du vrai savoir**. Le mal ne naît pas de ce que nous ne savons pas, ni de l'incapacité de la raison à freiner suffisamment nos passions, mais d'une ignorance plus fondamentale encore. Car ne pas pouvoir pour la raison, c'est déjà être ignorante. Il n'y a pas une raison qui sait, et puis qui cède aux passions, comme le faisait entendre la conscience tragique. Mais d'une part une raison ignorante, car impuissante, c'est-à-dire passionnée, qui n'est donc que l'apparence de la raison ; et d'autre part une raison qui sait, qui sait vraiment, donc qui peut. C'est le bien, non pas simplement la compréhension ou la connaissance du bien, mais la volonté du bien, qui doit guider la connaissance. Savoir, savoir vraiment, c'est bien agir. Ceux qui croient donc que le mal ne serait qu'une défaite se trompent car ils croient qu'il y a d'un côté le vrai, la vérité qu'on peut dire concernant ce qu'il faut faire, et d'un autre côté le bien qu'on ne fait pas. Savoir ce qu'est le bien, c'est le faire. Et faire le mal, c'est ne pas savoir, autrement dit savoir mal.

On relèvera l'originalité de la thèse de Platon qui, à la fois, **intellectualise** le problème, puisqu'il déplace la question de la possibilité du mal du côté d'une enquête sur la nature du savoir véritable, et qui d'autre part **le rend plus concret**, plus pratique : le mal naît d'une interprétation trop intellectuelle du savoir, qui oublie que le savoir est aussi (c'est-à-dire d'abord) un engagement. Il y a en outre une autre conséquence qui tient à ce que l'intellectualisme de Platon n'est pas une conception toute théorique de la connaissance. Car c'est, au contraire, en se faisant d'abord du bien une idée théorique à quoi on pourrait penser indépendamment de notre pratique, qu'au lieu de le faire, on se contente d'en parler ou de se le représenter ; partant, on forge une représentation qui relève de l'opinion (*doxa*) sur le bien, et non pas du bien lui-même. Il faut donc lire dans la réflexion platonicienne sur le mal une invitation à **ne pas confondre passivité et impuissance**. La figure du tyran, telle qu'elle est évoquée dans le *Gorgias*, par exemple, vient nous rappeler que si le méchant est impuissant, en tant qu'il n'accomplit rien de ce qu'il veut, mais obéit seulement à son plaisir, son ignorance n'est pas une passivité. Il y a une violence de l'ignorance.

Aristote et la responsabilité du mal

« La maxime suivant laquelle *Nul n'est volontairement pervers, ni malgré soi bienheureux* est, semble-t-il, partiellement vraie et partiellement fausse. Si personne, en effet, n'est bienheureux à contrecœur, par contre la perversité est bien volontaire. Ou alors, il faut remettre en question ce que nous avons déjà soutenu, et refuser à l'homme d'être principe et générateur de ses actions, comme il l'est de ses enfants. Mais s'il est manifeste que l'homme est bien l'auteur de ses propres actions, et si nous ne pouvons pas ramener nos actions à d'autres principes que ceux qui sont en nous, alors les actions dont les principes sont en nous dépendent elles-mêmes de nous et sont volontaires[1]. »

---

1. Aristote, *Éthique à Nicomaque*. III, 7, 1113b, édition, J. Tricot, Paris, Vrin, 1990.

Lisant à son tour la maxime de Solon, Aristote en propose une discussion sensiblement différente de celle de son maître, Platon, considérant *d'emblée* la question sous l'angle de **la responsabilité**. Nullement absente de la perspective platonicienne, puisqu'elle était l'un des enjeux du mythe d'Er proposé à la fin de *La République*[1], cette question de la responsabilité demande cependant à être pensée dans un tout autre contexte que celui, théorique, que pouvait proposer Platon. Chez Aristote, en effet, c'est dans le cadre d'une **communauté sociale et politique** que la question se pose. La condition de la responsabilité est le caractère volontaire de l'action. Nulle distinction donc de traitement entre le vice et la vertu. Peu importe que, sur le plan théorique, l'homme méchant rate sa cible : si la vertu est volontaire, le vice le sera aussi.

La thèse d'Aristote peut surprendre, comme surprend l'exposé qu'il en donne au livre III de l'*Éthique à Nicomaque*. Car si, dans un premier temps, Aristote semble concéder à l'intellectualisme moral platonicien que celui qui agit mal se trompe sur la nature du bien et prend un mal pour un bien[2] (III, 6), c'est pour ajouter aussitôt qu'il n'y a pas de raison de traiter différemment la vertu et le vice, qui seront dits l'un et l'autre volontaires (III, 7).

L'essentiel réside dans les raisons de ce discours. Qu'est-ce qu'Aristote entend en effet par *volontaire* ? **Agir volontairement**, c'est agir de telle sorte qu'on pourra être tenu responsable de ses actions. La question du vice volontaire rejoint celle de l'imputabilité juridique des actes. Quels sont les actes qui encourent le blâme ou méritent l'éloge ? (*Éthique à Nicomaque*, V, 10) C'est son caractère volontaire ou involontaire qui détermine la justice ou l'injustice d'une action : pour qu'on puisse être loué ou blâmé, il faut que l'acte ait été accompli en connaissance de cause. Ce qui signifie que celui qui agit mal devra être tenu responsable du mal qu'il commet, c'est-à-dire des dispositions qu'il n'a pas acquises ou qu'il aurait dû refuser d'acquérir et qui le font mal agir. Celui qui agit mal est responsable du plaisir qu'il prend à mal agir, parce que le plaisir est le signe d'une action accomplie. La question du vice et de la vertu est d'abord celle des moyens de l'action et de la responsabilité qu'ils engagent.

C'est également dans ce contexte social et politique que doit être comprise la **réhabilitation aristotélicienne de la tragédie**, qui est l'autre écart que propose Aristote par rapport à la pensée de Platon. Alors que Platon, en effet, n'avait pas hésité à se montrer singulièrement méfiant à l'égard de la *mimesis* tragique, en quoi il voyait une corruption possible du spectateur, sur le modèle d'un spectacle dégradant, et que, d'autre part, sa doctrine du mal comme ignorance était construite contre l'appréhension tragique d'une défaite pathétique, Aristote défend l'idée que les effets de la tragédie sont la condition d'une libération. Autrement dit, la tragédie nous libérerait de la crainte et de la terreur en nous les représentant et en nous les faisant revivre : « La tragédie est la représentation d'une action noble, menée jusqu'à son terme et ayant une certaine étendue, au moyen d'un langage

---

1. Voir la conclusion de cet article.
2. Aristote, *Éthique à Nicomaque*, III, 6, 1113a-b : « En effet, l'homme de bien juge toutes choses avec rectitude, et toutes lui apparaissent comme elles sont véritablement. [...] Chez la plupart des hommes, au contraire, l'erreur semble bien avoir le plaisir pour cause, car, tout en n'étant pas un bien, il en a l'apparence ; aussi choisissent-ils ce qui est agréable comme étant un bien, et évitent-ils ce qui est pénible comme étant un mal. », Édition J. Tricot, Vrin, 1997).

relevé d'assaisonnements d'espèces variées, utilisés séparément selon les parties de l'œuvre ; la représentation est mise en œuvre par les personnages du drame et n'a pas recours à la narration ; et, en représentant la pitié et la frayeur, elle réalise une épuration de ce genre d'émotions. » (*La Poétique*, 6, 49b[1]). On relèvera que le succès historique de cette définition, en particulier à partir de la Renaissance où la question sera mise en relation avec celle de la moralité du théâtre, est sans rapport avec le développement très restreint qu'Aristote lui donne dans *La Poétique*. C'est la première fois dans le texte que les trois notions que le philosophe convoque ici (la pitié, la terreur, l'épuration) font leur apparition. Deux seulement se laissent comprendre facilement : la pitié (*eleos*) et la frayeur (*phobos*) sont des effets bien connus de la tragédie qu'Aristote, pour cette raison, ne se donne pas la peine de définir. Il s'agit d'effets émotionnels, spécifiques au genre tragique, qu'il définit ailleurs comme des émotions pénibles[2]. La tragédie fait donc trembler les spectateurs. Elle provoque en eux un trouble. Il ne s'agit pas de n'importe quel trouble. Pitié et frayeur sont des modalités de la crainte : pour soi (*eleos*) ou pour autrui (*phobos*). En transformant la représentation de ces peines en plaisir, celui qu'éprouve le spectateur à l'occasion de la représentation, la tragédie travaillerait donc à nous en libérer, c'est-à-dire à épurer leur effet sur nous.

Cette épuration (ou **katharsis**) est sans doute l'une des notions les plus délicates à définir de toute l'histoire de la philosophie antique et les commentateurs d'Aristote se contentent ordinairement de formuler des hypothèses. La plus répandue aujourd'hui est que la *catharsis* ne doit pas être entendue en un sens moral, mais esthétique. C'est sur ce point d'ailleurs que la distance entre Platon et Aristote est la plus nette : tandis que Platon dénonçait les mauvais effets en matière de morale de la tragédie sur le spectateur, qu'il accusait de corrompre, Aristote retient de la tragédie l'idée d'une purification plus proche du rituel sacré ou de l'hygiène médicale que de la morale. Ce n'est pas en effet le spectateur qui est dit par Aristote épuré, mais bien ces troubles eux-mêmes. Il ne s'agit pas de réorienter la volonté du spectateur car, dans ce cas, c'est Platon qui a raison : la tragédie tourne l'attention des spectateurs vers des sujets qui ne devraient pas les occuper. Mais il s'agit au contraire d'une substitution du plaisir aux troubles que pitié et terreur font naître en nous. La tragédie serait donc à elle seule le poison et son remède, la suggestion d'un mal et des moyens pour dominer ce mal, bref une sorte de répétition rituelle de l'expérience que nous faisons du mal en nous, du mal qui nous touche, en même temps qu'un apprentissage à dominer ce mal.

C'est ici que la dimension sociale et politique de la représentation tragique mérite d'être rappelée. Ce n'est pas seul en effet qu'on assiste à un spectacle tragique, mais à l'occasion de fêtes qui sont à la fois des fêtes religieuses et politiques au cours desquelles la Cité se réunit pour assister à des concours dramatiques. Dans leur *Introduction au théâtre grec antique*, Paul Demont et Anne Lebeau écrivent : « Le théâtre est à l'évidence l'affaire de la communauté civique tout entière : il n'existe pas, à Athènes, au Ve siècle, de représentation dramatique qui ne soit partie intégrante d'une fête religieuse célébrée par la cité athénienne ou qui soit destinée à un autre public que le peuple athénien rassemblé au théâtre, même si se mêlent aux citoyens des *métèques*, étrangers résidant à Athènes, et, à l'occasion

---

1. Aristote, *La Poétique*, texte, traduction, notes par Roselyne Dupont-Roc et Jean Lallot, Seuil, 1980.
2. Aristote, *Rhétorique*, II, chap. 5 et 8.

des fêtes les plus importantes, des représentants d'autres cités. [...] Le théâtre lui-même est un lieu public, où se déroulent d'autres manifestations destinées à célébrer la cité[1]. » Les évolutions des IVe et IIIe siècles n'entameront pas de façon significative ce dispositif. Autrement dit la *catharsis* n'est pas une purgation morale, individuelle, mais l'instrument d'une célébration religieuse et politique : grâce à la *catharsis* tragique, les citoyens de la Cité apprennent à convertir leurs émotions en pensées. Si Aristote ne va pas jusqu'à thématiser explicitement cette dimension de la question, il n'empêche que son propos est très clairement, au moyen d'une référence à l'expérience des spectateurs, de défendre l'idée d'un savoir qui, dans le domaine pratique, pourrait procéder de la représentation.

Vers une catharsis philosophique ?

On retiendra donc d'Aristote la notion d'une purgation (*catharsis*) susceptible de convertir la peine en joie, qui pourrait nous fournir le modèle de la liberté philosophique. Car à côté de la *catharsis* esthétique, épuration des émotions grâce à la représentation d'émotions épurées, il y a place pour une sorte de *catharsis* philosophique dont on peut dire qu'elle est la grande affaire qui occupe la plupart des philosophies de l'Antiquité. Déjà Platon offrait dans le *Phédon* la conception d'un savoir qui se prolonge dans l'abstinence des plaisirs et l'indifférence aux autres formes d'affections que sont les désirs, les peines, les frayeurs (82e sq.) ; il définissait la tempérance, la justice, le courage et la prudence comme des purifications (69c). Cette tendance **ascétique** de la philosophie se retrouve dans chacun des courants qui ont dominé la pensée antique à partir du IIIe siècle avant J.-C., et en particulier dans deux d'entre eux : le stoïcisme et l'épicurisme.

Théologie et liberté humaine : le stoïcisme

En partant de l'idée de l'universalité de la Raison, c'est-à-dire que nous devons éliminer tout recours à l'irrationnel, aussi bien dans nos explications de la nature que dans nos actions, **les Stoïciens** ont produit un système philosophique dont certains développements sont susceptibles de nous intéresser ici : le premier touche à la question du destin ; le second, à celle de la liberté.

Les Stoïciens, en effet, définissent **le destin**, non comme une force irrationnelle d'où procéderaient sort et malheurs, mais comme la raison universelle. La conséquence en est facile à mesurer : si tout procède de la raison, alors tout est justifiable, non seulement les biens, mais aussi les maux, qui seront dits, à leur manière, conformes à la nature. Ainsi, pour la première fois dans l'histoire de la philosophie, les Stoïciens rencontrent une question essentielle qui sera celle de toute **théodicée**[2] : si Dieu peut tout, pourquoi le mal ? C'est dans le livre IV de son

---

1. Paul Demont et Anne Lebeau, *Introduction au théâtre grec antique*, Le Livre de poche, coll. « Références », 1996, p. 38.
2. Discours visant à résoudre l'apparente contradiction entre, d'une part, l'existence du mal et, d'autre part, la bonté et la toute puissance divines.

traité *De la Providence* que Chrysippe jette les bases d'un discours qui amende Dieu, ou le destin, de la responsabilité du mal en justifiant son existence du point de vue de la raison universelle. Son propos tient en un argument qui renvoie à l'idée de la place du mal dans le système de la nature : **les biens ne sauraient exister s'il n'y avait en même temps des maux, car le bien étant le contraire du mal, il est nécessaire qu'ils existent tous deux, deux contraires ne pouvant exister l'un sans l'autre.** Autrement dit le mal serait indispensable à l'économie du monde. Pas de bien sans le mal. C'est le mal qui rend le bien possible, car de même que le mal est l'absence du bien, le bien est la cessation du mal.

Cet argument peut être affiné encore si l'on comprend que les maux sont à ranger du côté des moyens. Dieu recherche le bien, mais il peut se faire que, pour faire le bien, il utilise un moyen qui sera un mal en lui-même. Par exemple, pourquoi l'homme est-il sujet aux maladies ? Chrysippe répond que ce n'est pas en raison d'un dessein originel de la nature. Celle-ci n'a pas pu rechercher notre mal. En revanche, il n'y a pas de bien sans mal. Pour former notre corps le mieux possible, il a fallu que la nature procède à un arrangement, par exemple la finesse des os de notre crâne choisie parce qu'elle est nécessaire à notre vie, d'où peuvent naître des maux. La nature ne veut donc pas le mal ; mais le mal est l'accompagnement ou la conséquence du bien. Il résulte d'une sorte de loi de fatalité. À la rigueur, on dira que le mal n'existe que pris en lui-même, mais que relativement à la raison universelle ou à la nature il n'y a pas de mal, chaque mal étant le moyen du bien qui est visé par la raison universelle[1].

La promotion d'une raison universelle rend une autre question difficile, celle de **la liberté humaine** : si le destin peut tout et que tout résulte d'un enchaînement nécessaire, alors quelle est la part de la liberté dans les agissements des hommes ? Les raisons parfois peu convaincantes mobilisées par les premiers Stoïciens en réponse à cette question ne doivent pas nous voiler l'intention de leur propos : le destin n'est pas un refuge dont pourrait se réclamer le criminel pour excuser ses fautes ; nous sommes responsables du mal que nous commettons. Par la suite, les Stoïciens compléteront cette thèse en montrant que c'est dans l'acquiescement à l'ordre bien compris de la nature que consistent la liberté et la possibilité de dominer le mal. Car en situant son action au niveau du Tout, c'est-à-dire de la raison universelle, le sage stoïcien, modèle d'une vie conforme à la science et à la nature, déploie le cours harmonieux de sa vie dans un sens conforme au destin. **La sagesse est donc à la fois la condition de la vérité**, c'est-à-dire de la compréhension des raisons du bien et du mal, de l'ordre de la nature dont le bien est la fin, **et la condition du bonheur**, dépassement effectif, dans sa vie même, des maux qui nous affectent.

L'expression la plus spectaculaire et sans doute la plus célèbre de cette aspiration à la sagesse tient dans l'idée que **le sage stoïcien doit savoir résister à la douleur**. Encore faut-il comprendre qu'il n'y a de maux véritables que ceux que nous nous infligeons. « Ce qui trouble les hommes, ce ne sont pas les choses, mais les jugements relatifs aux choses ; ainsi la mort n'est rien d'effrayant, car Socrate lui aussi l'aurait dans ce cas trouvée telle ; mais que l'on juge la mort effrayante, voilà bien l'effrayant. Lors donc que nous sommes contrariés, troublés ou affligés, n'en incriminons jamais autrui, mais nous-mêmes, c'est-à-dire nos propres jugements. » (Épictète, *Manuel*, V[2]). L'opinion qu'on a qu'une chose est un mal, voilà le mal.

---

1. Aulu-Gelle, *Nuits attiques*, livre 6.
2. *Les Stoïciens*, textes traduits par Émile Bréhier, édités sous la direction de Pierre-Maxime Schuhl, Tel/Gallimard, 1997, tome II, p. 1113.

À rebours, notre liberté doit s'exercer sur ce qui dépend de nous : nous ne pouvons rien contre la mort ; mais nous pouvons quelque chose contre l'idée de la mort qui nous rend malheureux. Bref, la liberté du sage est la seule véritable riposte qui nous permette de triompher de l'existence du mal, non en le niant, mais en lui opposant la fermeté d'un homme qui veut ce qu'il peut et qui est indifférent à ce qu'il ne peut pas.

La thérapeutique du mal et la limite du plaisir : l'épicurisme

Ranger la **philosophie épicurienne** parmi les démarches relevant de l'ascétisme philosophique peut surprendre aujourd'hui, tellement le qualificatif s'est éloigné de son premier sens, jusqu'à désigner un mode de vie voluptueux, guidé par les plaisirs, quelles qu'en soient la nature ou les conséquences. On pourrait ne pas comprendre qu'il y ait dans ce cadre de quoi penser la question du mal. Mais l'épicurisme antique, nommé ainsi en référence à Épicure, le fondateur de ce courant, désigne une école philosophique qui, si elle place bien la raison de l'action dans le plaisir, n'entend pas se laisser aller à n'importe quel plaisir, ni à la débauche. C'est au contraire **dans une mauvaise compréhension de la nature du plaisir qu'Épicure va chercher l'origine du mal**. Le mal que nous subissons peut être évité, car il naît des craintes sans fondement : ni l'action des dieux, ni la mort ne sont de véritables sujets de crainte, une fois comprise la nature des choses. L'autonomie du sage consiste dans son indépendance, y compris à l'égard de l'opinion, ce qui implique qu'il adopte un mode de vie détaché de la foule et ne participe pas à la vie de la Cité. Enfin, si le plaisir est la fin, il n'est pas bon cependant de rechercher tous les plaisirs, ni leur accumulation, mais le bonheur consiste, au contraire, dans une discipline des plaisirs.

La philosophie d'Épicure est donc d'abord **une thérapeutique** : nous guérir des maux que nous endurons par le moyen d'une philosophie qui est d'abord une médecine de l'âme et combat le mal en nous aidant à rechercher la santé, c'est-à-dire l'absence de souffrance de l'âme, tel est l'enjeu de l'épicurisme. Car, pourrait-on dire, les hommes ne vont pas bien. Privés de la nature qu'ils ne savent pas prendre pour guide, ils souffrent diversement. Ils sont d'abord sujets à la crainte : crainte des dieux (on pourrait dire du destin), crainte de la mort, crainte de la douleur illimitée. Or par nature la crainte n'est pas à proprement parler une souffrance, mais plutôt l'attente d'une souffrance à venir. En montrant que les dieux, la mort, la douleur illimitée sont des maux impossibles, les épicuriens cherchent à ramener ces craintes à leur véritable nature : celles de fausses craintes. Qu'y a-t-il en effet à craindre des dieux ? Rien puisque les dieux, s'ils existent, ne se soucient pas de nous. Pourquoi croyons-nous que la mort est une souffrance ? Parce que nous oublions que, nous vivants, nous ne sommes pas morts et que, morts, nous ne sommes plus vivants. Pourquoi ne voyons-nous pas qu'il y a un terme à la souffrance ? Parce que nous imaginons que le plaisir consiste dans l'intensité et ne comprenons pas que le bonheur réside dans une absence de souffrance. Nous ne dépendons pas des dieux, nous ne rencontrerons jamais notre mort, le bonheur est à notre portée : en ces trois préceptes consistent pour partie la thérapeutique que l'épicurisme oppose à l'expérience du mal.

Un autre mal cependant frappe encore les hommes, lorsque, croyant que tout plaisir est bon à rechercher, ils poursuivent des biens qu'ils ne pourront jamais atteindre. La quête insatiable, les désirs que nous ne parvenons jamais à satisfaire, l'inquiétude qui en résulte, l'illimitation sont l'autre manifestation de la maladie dont nous souffrons. Dans sa *Lettre à Ménécée*, Épicure propose à son disciple d'y voir clair, en rappelant qu'il est bon de distinguer entre différents types de désirs. On distinguera d'abord entre les désirs naturels et ceux qui ne le sont pas (ou désirs vains). Et parmi les désirs naturels, entre ceux qui sont nécessaires et ceux qui ne sont pas nécessaires. Par cette dichotomie, Épicure trouve à **ramener les désirs à leur nature et à leur limite**. Les désirs naturels et nécessaires, en effet, le sont pour la vie elle-même (la faim et la soif), pour le bien-être physique (le désir de se vêtir et de s'abriter) ou encore pour le bonheur (la philosophie). Les désirs naturels et non nécessaires sont, par exemple, les désirs sexuels ou encore esthétiques. Les uns et les autres tirent de la nature le principe de leur limitation : la faim repue est dans une certaine mesure comparable au désir sexuel assouvi. Au contraire, les désirs vains souffrent de leur illimitation, soit qu'ils ne soient pas naturels (l'ambition, la recherche des honneurs, de la richesse, de la gloire, de l'immortalité), soit qu'ils procèdent de désirs naturels, voire naturels et nécessaires, mais sont poussés au-delà de la limite et donc s'opposent à la nature (la recherche du luxe et du raffinement, toujours insatiable, qui transforme le désir en une quête infinie).

En opposant à l'illimitation la simplicité d'un mode de vie frugal et en donnant des raisons de ne pas céder aux craintes qui nous assaillent, Épicure offre donc le secours d'une philosophie qui se pense d'abord elle-même comme le moyen d'être heureux. **Son propos n'est pas de définir ce qu'est le mal, mais de proposer un mode de vie vertueux permettant de lutter contre les maux que nous subissons.** Il en ressort cependant un réel effort pour se mesurer à cette question. Ainsi les Épicuriens ont trouvé, dans **un rapport erroné au plaisir et au temps de la réalisation de soi**, la racine unique du mal. L'aspiration à un bien impossible parce que vain, c'est-à-dire illimité, et l'attente de maux inexistants sont les manifestations d'une maladie qui nous frappe chaque fois que nous oublions de prendre la nature pour norme et guide de nos plaisirs. C'est de la vanité que naît le mal : l'attente vaine de biens et de maux impossibles est la source du mal. Mais pour cette même raison, lutter contre le mal n'est plus hors de portée. En refusant de souffrir de maux qui n'existent pas et de poursuivre des biens qui ne sont pas possibles, nous éloignerons l'attente vaine en quoi consiste notre souffrance.

Cette conception négative du plaisir, le plaisir consistant dès lors en une absence de souffrance, reçoit, chez les épicuriens, les noms d'*aponie* (ou absence de souffrance du corps) et d'*ataraxie* (ou absence de souffrance de l'âme). Aponie et ataraxie dépendent essentiellement de notre prudence, c'est-à-dire de notre capacité à moduler nos plaisirs. Épicure prévient : « Tout plaisir [...], du fait qu'il a une nature appropriée à la nôtre, est un bien : tout plaisir cependant ne doit pas être choisi ; de même aussi toute douleur est un mal, mais toute douleur n'est pas telle qu'elle doive toujours être évitée[1]. » C'est à cette sagesse pratique qu'il revient, « par la comparaison et l'examen des avantages et des désavantages » de distinguer, entre les plaisirs et les douleurs, ceux des plaisirs qui ne mériteront pas d'être pris, si

---

1. Épicure, *Lettre à Ménécée*, in Épicure, *Lettres et Maximes*, texte établi et traduit par Marcel Conche, PUF, 1990, p. 223.

une douleur plus grande risque de suivre, et celles des douleurs qui pourront être recherchées, lorsqu'elles sont le moyen d'un plus grand plaisir.

Qu'opposer cependant à l'adversité ? Les désordres naturels et l'Histoire offrent l'expérience de **maux dont nous accorderons qu'ils ne dépendent pas de nous**. Encore ne faudrait-il pas confondre **le destin** et **la nécessité**. Que certaines choses soient nécessaires ne signifie pas que tout arrive par nécessité : « certaines choses sont produites par la nécessité, d'autre par le hasard, d'autres enfin par nous-mêmes[1] ». En effet, la nécessité est irresponsable : si tout arrive par nécessité, alors plus personne n'est responsable des erreurs qu'il fait ou du mal qu'il commet. Le hasard est instable : on aura plus ou moins de chance. Mais liberté et contingence sont nécessaires à la possibilité de diriger sa vie. Au fond la solution est là : on ne pourra pas éviter la nécessité malheureuse ou le sort qui s'acharne ; on peut ne pas avoir de chance. Mais « il vaut mieux être infortuné en raisonnant bien que fortuné en raisonnant mal[2] », même si le mieux serait de voir ce qui est bien favorisé aussi par le hasard. Car celui qui raisonne bien, même dans l'adversité, trouvera le moyen d'être heureux en se contentant du peu qu'il a, tandis qu'un sort favorable n'assurera pas celui qui raisonne mal d'un bien qu'il laissera filer entre ses doigts.

Conclusion

On pourrait avoir envie de reprocher aux philosophes de l'Antiquité d'avoir évacué de leurs tentatives de rationalisation la question de l'opacité du mal, qui était en revanche le point central des visions tragique et théogonique, et ainsi d'avoir éloigné le discours par lequel la philosophie cherche à rendre raison de l'existence du mal de l'expérience des maux tels qu'ils s'éprouvent. Nous avons vu cependant ces philosophes attentifs à sonder la violence faite aux hommes et qu'ils se font. Si les morales de l'Antiquité sont d'abord des doctrines de la vertu et du moyen de parvenir effectivement à la maîtrise de soi-même, elles n'oublient pas de mesurer cependant la faille qui sépare l'expérience que les hommes font du mal de la possibilité de surmonter le mal par la raison, voire même de simplement le nommer par le moyen d'un discours rationnel.

C'est chez Platon peut-être qu'on trouve l'expression la plus parlante de ce défi pour la pensée, dans le récit qu'il propose en clôture du livre X de la *République*. Mort au combat, Er le pamphylien revient à la vie et raconte ce qu'il a vu dans ce lieu quasi divin où son âme a été conduite. Là sont rassemblées des âmes qui doivent se réincarner. Autant de destins leur sont proposés qu'il y a d'âmes pour se réincarner. Ayant le choix de leur destinée, elles seront tenues entièrement pour responsables du choix qu'elles auront fait, quand bien même elles ne se souviendront plus ensuite du moment de ce choix.

Dans **le mythe d'Er**, Platon décrit donc comment les âmes choisissent leur vie. Il insiste sur l'idée que nous sommes entièrement responsables de notre existence, y compris de nos erreurs ou du mal que nous commettons par ignorance. L'intérêt

---

1. *Ibid.*, p. 225.
2. *Ibid.*, p. 227.

du texte de Platon vient de ce qu'il ne s'agit pas d'un discours théorique, mais bien d'une ample fresque eschatologique. On pourrait s'étonner que le philosophe, après avoir construit la rationalité philosophique contre les mythes, propose de clore le développement de l'un de ses plus importants livres en ayant recours lui-même à la forme du mythe. Mais ce que le mythe dit ici, c'est le paradoxe qui veut que chacun soit responsable de sa propre nature, paradoxe que la raison ne saurait résoudre, mais qui engage cependant une certaine conception de la responsabilité humaine face au mal. Parce qu'il permet de rendre compte d'une expérience que l'on ne peut justifier rationnellement, le mythe retrouve donc une place dans l'espace de la philosophie. Est-ce à dire que la philosophie capitule finalement devant le mythe ? Pas exactement, car si pour Platon recourir au mythe sert à dire qu'il subsistera toujours une certaine opacité propre au mal, le récit d'Er est aussi le moyen de répéter, bien que d'une autre manière, ce que le philosophe s'efforce d'énoncer sur le mode de la rationalité discursive depuis le début du dialogue : c'est que l'ignorance n'empêche pas que les hommes soient tenus responsables du mal qu'ils commettent. Il y a à la racine du mal une faute radicale qui est comme un enfermement dans l'ignorance, un redoublement de l'ignorance : **le refus de savoir**, que la philosophie désigne, bien qu'elle soit peut-être condamnée à ne jamais pouvoir proposer à son encontre de réforme définitive, étant entendu qu'il n'y a sans doute aucune réponse pleinement rationnelle à une telle question.

La question du mal dans la pensée et l'imaginaire chrétiens
Franck THÉNARD-DUVIVIER

Introduction : au commencement était le mal...

Omniprésent dans les imaginaires et les sociétés humaines, le mal est à l'origine des grands mythes, comme celui du péché originel dans le christianisme. Du point de vue anthropologique, on pourrait dire que le mal est à l'origine de l'existence même de Dieu ou, en tout cas, du recours au divin face à l'impossibilité d'expliquer le mal. Face à la mort, aux maladies, aux souffrances, aux famines, aux guerres ou encore aux calamités naturelles, l'homme s'est posé la question de leur origine. Pourquoi ces maux ? Pourquoi le mal ? À qui la faute ? Faut-il incriminer les hommes, le ou les dieux ou bien son antithèse maléfique, le diable ?

Dans la pensée judéo-chrétienne s'exprime le paradoxe de la Création et de la toute-puissance divine. Si le monde est l'œuvre d'un Dieu bon et tout-puissant, pourquoi le mal est-il à l'œuvre sur Terre ? Comme le dieu unique est sans rival et qu'il est infiniment bon, il ne peut être à l'origine du mal. Pourtant, le mal existe : les hommes en souffrent et en meurent tous les jours. Comment expliquer dès lors que Dieu puisse tolérer cette victoire quotidienne du mal dans le monde ? Parmi les autres éléments du paradoxe « originel » : comment l'homme créé par Dieu « à son image[1] » peut-il faire le mal ? Comment et pourquoi la Création est-elle imparfaite ?

Pour répondre à ces apparentes contradictions, les penseurs chrétiens ont élaboré d'ingénieuses constructions conceptuelles (théologiques) dans les premiers siècles du christianisme puis ils les ont sans cesse consolidées à grand renfort de doctrine en puisant dans les grands mythes mais aussi dans les grandes peurs collectives. Ainsi, la doctrine du péché originel apporte la réponse de l'Église à ce paradoxe originel du mal. Les représentations du diable et de l'enfer viennent compléter un dispositif de culpabilisation déclinant le mal moral sur le mode des « péchés capitaux » tandis que les maux physiques (mort, maladies, souffrances) apparaissent comme des châtiments. Cela permet aussi de justifier d'autres carcans sociaux : les souffrances endurées ici-bas, la pénibilité du travail ou encore la supériorité de l'homme sur la femme...

Dès l'origine, le combat du bien contre le mal structure la pensée humaine, au-delà des seuls horizons du christianisme. En ce sens, on peut concevoir qu'au commencement était le mal mais aussi le bien, comme alternative fondamentale posée à l'humanité. D'où la nécessité, pour le christianisme, de séparer le mal et la Création, l'homme et Dieu afin de se démarquer des doctrines manichéennes* pour lesquelles le monde est l'ouvrage imparfait d'un démiurge et non du Dieu suprême. Il s'agit aussi de dédouaner ce dernier, le Dieu créateur, des imperfections du monde et de culpabiliser sa créature imparfaite.

---

1. « Dieu dit : "Faisons l'homme à notre image, comme notre ressemblance [...]". Dieu créa l'homme à son image, à l'image de Dieu il le créa, homme et femme il les créa » (Gn 1, 26-27). Traduction selon la *Bible de Jérusalem*, Paris, Cerf, 1998. Voir le lexique pour les abréviations utilisées des livres bibliques.

Les pères de l'Église et autres penseurs chrétiens se sont donc employés à écarter toute origine divine du mal. C'est, par exemple, ce qu'affirme Origène au IIIe siècle : « Ne va pas supposer que Dieu est la cause de l'existence du mal, ni t'imaginer que le mal a une subsistance propre. La perversité ne subsiste pas comme si elle était quelque chose de vivant[1] ». Comme le Dieu des chrétiens est bon, il ne saurait être la cause du mal : si, de fait, il le permet, il n'en porte pas la responsabilité. Aussi, pour Augustin*, Dieu a-t-il « jugé meilleur de tirer le bien du mal que de permettre l'existence d'aucun mal[2] ».

Notre propos n'est pas d'aborder la question du mal dans toutes les sociétés et périodes historiques – un ouvrage n'y suffirait pas ! – mais d'éclairer ses fondements dans la pensée chrétienne qu'on retrouve à travers les œuvres au programme.

Thérèse, protagoniste des *Âmes fortes*, apparaît comme une figure moderne du mal. Elle incarne à la fois certains vices, au premier rang desquels l'orgueil, mais surtout elle veut dépasser ses propres « passions » afin de mieux parvenir à ses fins : tromper est sa « marche à suivre » pour mieux dominer les autres, ce qui en fait une « âme forte ».

> Thérèse était une âme forte. Elle ne tirait pas sa force de la vertu : la raison ne lui servait de rien ; elle ne savait même pas ce que c'était [...]. Ce qui faisait la force de son âme c'est qu'elle avait, une fois pour toutes trouvé une *marche à suivre*. [...] La vérité ne comptait pas. Rien ne comptait que d'être la plus forte et de jouir de la libre pratique de la souveraineté[3].

Dans *Macbeth*, les trois « *weird sisters* » (« sœurs fatidiques » ou « sœurs fatales ») évoquent à la fois les Parques grecques et les sorcières de l'Occident chrétien quitte à user de quelques stéréotypes. On les retrouve ainsi dans une caverne, autour d'un « chaudron bouillant », à évoquer les ingrédients hétéroclites de leur « soupe d'enfer » : « écaille de dragon, dent de loup », « foie de juif blasphémateur » ou encore « nez de Turc et lèvre de Tartare » (acte IV, sc. 1) sont révélateurs de certaines peurs collectives de l'Occident chrétien.

En fait, la fin du Moyen Âge et les débuts des temps modernes offrent un angle d'attaque efficace puisqu'il permet d'évoquer les fondations chrétiennes du mal (péché originel, diable, vices, etc.) mais aussi ses manifestations concrètes dans les sociétés non sécularisées, à travers les phénomènes de sorcellerie par exemple.

Les origines bibliques : le mal originel

Transgression de l'ordre divin, le péché d'Adam et Ève est le déclencheur du premier des châtiments divins mais aussi de tous les autres péchés de l'humanité. Ainsi, dans l'Ancien Testament, les récits du Déluge, de la Tour de Babel ou encore de la destruction des cités de Sodome et de Gomorrhe sont montrés comme des châtiments divins liés à la désobéissance de l'humanité, dans la continuité de cet

---

1. Cité selon Jean-Yves Lacoste, *Dictionnaire critique de théologie,* Paris, PUF, 1998, rééd. 2002, p. 695.
2. *Ibid.*
3. Jean Giono, *Les Âmes fortes*, Paris, Gallimard, 1949, rééd. Folio, p. 349-350.

épisode fondamental de la Genèse qu'on appelle couramment le « péché originel ». Il permet la mise en place d'un principe de base dans la Bible et dans la société chrétienne : le châtiment sanctionne le péché en tant que désobéissance à la Loi, celle de Dieu et, par la suite, celle de l'Église. Si la Genèse ne mentionne pas le mot « péché » et si l'expulsion du paradis n'apparaît pas explicitement comme un châtiment, c'est pourtant autour de ces deux éléments fondateurs que s'organise la doctrine du péché originel, laquelle établit une sorte de lien de causalité entre Ève, la faute et la punition.

Le péché originel : Adam et Ève face au bien et au mal

Dans l'imaginaire judéo-chrétien, le jardin d'Éden offre le décor quasi théâtral du drame originel dont les conséquences seront supportées par l'humanité tout entière, malgré la venue du Christ Sauveur, dans l'attente du paradis eschatologique*. Cet Eden revêt certains aspects du paradis mythique tel qu'on le trouve dans d'autres religions et il apparaît comme une sorte d'oasis aux yeux des nomades qu'étaient les premiers Hébreux[1]. C'est dans ce cadre luxuriant que Dieu installe l'homme qu'il vient de créer mais, pour le malheur de l'humanité future, il y place aussi « l'arbre de la connaissance de ce qui est bon ou mauvais ».

> Yahvé Dieu planta un jardin en Eden, à l'orient, et il y plaça l'homme qu'il avait modelé. Yahvé Dieu fit pousser du sol toute espèce d'arbres séduisants à voir et bons à manger, l'arbre de vie au milieu du jardin, et l'arbre de la connaissance du bien et du mal (Gn 2, 8-9).

Malgré l'interdiction divine et la menace du châtiment mortel, Adam et Ève mangent le fruit « défendu[2] ». C'est le moment de la « Tentation » par le serpent (incarnation du mal) dont Ève est rendue principalement responsable. En raison de leur faiblesse (leur vulnérabilité est symbolisée par leur nudité) qu'exploite le serpent « rusé », ils sont coupables de désobéissance.

> Et Yahvé Dieu fit à l'homme ce commandement : « Tu peux manger de tous les arbres du jardin. Mais de l'arbre de la connaissance du bien et du mal tu ne mangeras pas, car, le jour où tu en mangeras, tu en mourras » (Gn 2, 16-17).

Dans le récit de la formation de l'homme et de la femme, au second chapitre de la Genèse, l'épisode de la création d'Ève est placé après celui de l'admonition divine (cité ci-dessus) et avant la « Tentation » décrite au chapitre suivant (ci-dessous). La femme n'a donc pas entendu directement l'avertissement de Dieu, ce qui la rend encore plus vulnérable aux ruses du serpent. Pourtant, dans la majorité des cycles narratifs ou iconographiques reprenant cet épisode, l'ordre des scènes est inversé afin d'insister sur la responsabilité de la femme dans la Chute.

---

1. Jean Delumeau, *Une histoire du paradis*, Paris, Fayard, 1992, rééd. 2002, t. 1, p. 11 et suiv.
2. Dans la Bible, ce fruit n'est pas une pomme, probablement inconnue au Proche-Orient à l'époque. Par contre, la pomme est un symbole de fécondité et de discorde dans la mythologie grecque.

> Le serpent était le plus rusé de tous les animaux des champs que Yahvé Dieu avait faits. Il dit à la femme : « Alors Dieu a dit : Vous ne mangerez pas de tous les arbres du jardin ? ». La femme répondit au serpent : « Nous pouvons manger du fruit des arbres du jardin. Mais du fruit de l'arbre qui est au milieu du jardin, Dieu a dit : Vous n'en mangerez pas, vous n'y toucherez pas sous peine de mort. » Le serpent répliqua à la femme : « Pas du tout ! Vous ne mourrez pas ! Mais Dieu sait que, le jour où vous en mangerez, vos yeux s'ouvriront et vous serez comme des dieux, qui connaissent le bien et le mal. » La femme vit que l'arbre était bon à manger et séduisant à voir, et qu'il était, cet arbre, désirable pour acquérir le discernement. Elle prit de son fruit et mangea. Elle en donna aussi à son mari, qui était avec elle, et il mangea. Alors leurs yeux à tous deux s'ouvrirent et ils connurent qu'ils étaient nus ; ils cousirent des feuilles de figuier et se firent des pagnes (Gn 3, 1-7).

La scène de la « Tentation » proprement dite pourrait résumer à elle seule le cycle du « péché originel » car elle en réunit les protagonistes. Dans l'iconographie, le serpent tentateur, instrument du Démon, est le plus souvent une créature hybride mi-femme mi-dragon car il n'a pas encore été maudit par Dieu et condamné à ramper par terre, mais aussi car il reflète à la fois l'incarnation féminine du mal, les caractéristiques du bestiaire fantastique, la puissance de l'imaginaire médiéval et des croyances primordiales[1]. Le « serpent » se tient dans « l'arbre de la connaissance du bien et du mal » avec, d'un côté, Ève qui le plus souvent porte un fruit à sa bouche tout en tendant ou en désignant un autre à Adam, de l'autre côté, portant parfois le fruit à la bouche. Cette illustration quasi littérale de la Genèse montre bien que c'est Ève qui est à l'origine de la faute d'Adam. Dans certaines images, Ève lève l'index avec une certaine autorité tandis qu'Adam l'écoute et s'exécute en tendant sa main vers le fruit. Après cet épisode, les conséquences du péché font l'objet de nombreuses représentations en raison des précisions apportées par la Bible, mais aussi à cause de leur retentissement sur l'humanité.

La conséquence immédiate du péché est la faculté de « discernement », c'est-à-dire la connaissance, qui se manifeste tout d'abord par la prise de conscience de leur nudité. Dans ce contexte, la nudité a valeur d'attribut car elle marque le passage de l'innocence édénique à la condition de pécheur et de simple mortel. Dans les images, on voit Adam et Ève essayer de couvrir leur sexe d'une main voire d'une feuille. Cette scène est souvent appelée « Honte » en référence à ce sentiment qu'ils n'éprouvaient pas avant la Tentation. Dans l'iconographie, Ève se cache généralement derrière Adam ; tous deux dissimulés derrière un arbre afin de cacher leur nudité de la vue de Dieu qui pointe vers eux un doigt menaçant.

Ensuite, la Genèse détaille assez longuement les châtiments que Dieu inflige à chacun des coupables. Pour sa part, le serpent est « maudit » et condamné à « [marcher] sur le ventre et [à manger] de la terre » (Gn 3, 14). Il devient un être chtonien*, une créature froide dépourvue de pattes, de poils et de plumes occupant, de ce fait, une place à part dans la Création : un animal déchu, symbole du mal et synonyme biblique de Satan qui est un ange déchu et qui rappelle le « serpent ancien ». Dans certains rites préchrétiens, le serpent était associé à la déesse-terre. Au Proche-Orient, le serpent et l'arbre, en tant que symbole féminin du renouveau

---

1. Voir Georges Minois, *Les origines du mal. Une histoire du péché originel*, Paris, Fayard, 2002, p. 18 : « à la fois symbole de phallus, de pénétration dans les orifices de la Terre-mère, de fécondité, de régénération et de longévité par ses mues, le serpent, comme la femme, fascine et inquiète ».

de la végétation sur terre, étaient liés dans les rites de la déesse de la fécondité Ishtar-Astarté.

Le bannissement du paradis est l'épisode final dans la Genèse (Gn 3, 23-24) : Adam et Ève sont désormais mortels. En outre, la femme est condamnée à enfanter « dans la peine » et à subir la domination de son mari qui devra travailler à la sueur de son front.

> À la femme il dit : « Je multiplierai les peines de tes grossesses, dans la peine tu enfanteras des fils. Ta convoitise te poussera vers ton mari et lui dominera sur toi. »
> À l'homme, il dit : « Parce que tu as écouté la voix de ta femme et que tu as mangé de l'arbre dont je t'avais interdit de manger, maudit soit le sol à cause de toi ! À force de peines tu en tireras subsistance tous les jours de ta vie. Il produira pour toi épines et chardons et tu mangeras l'herbe des champs. À la sueur de ton visage tu mangeras ton pain jusqu'à ce que tu retournes au sol puisque tu en fus tiré. Car tu es glaise et tu retourneras à la glaise.
> L'homme appela sa femme « Ève » [la Vivante], parce qu'elle fut la mère de tous les vivants (Gn 3, 16-20).

À un autre niveau de lecture, plus anthropologique, l'épisode du fruit défendu dépasse la tentation du mal et la Chute car l'arbre interdit est celui de la connaissance du bien ET du mal, donc du libre arbitre ! Selon Georges Minois, « c'est en mangeant la pomme qu'Adam s'affirme en tant qu'homme, être indépendant et libre. Sa désobéissance est la seule preuve de sa liberté et de sa volonté propre. [...] Le mythe d'Adam gardera probablement longtemps sa valeur. Il ne correspond à aucune vérité d'ordre historique, mais il reflète une réalité éternelle : le refus de l'homme d'accepter sa situation et la conscience de l'inutilité de ses efforts »[1]. Dans cette perspective, l'enjeu, pour l'être humain, est bien de dépasser sa condition et de pénétrer les secrets de l'univers réservé à Dieu.

Les fléaux et châtiments : les maux et souffrances de l'humanité

Au sens strict, le châtiment divin est une peine infligée par Dieu aux hommes pour les punir de leur péché. Cette peine est lourde, destructrice : le châtiment prend ici tout son sens de calamité en tant que catastrophe collective. Les vecteurs de ce châtiment et donc les formes de cette calamité sont principalement les éléments naturels (l'eau et le feu notamment), mais aussi la guerre ou toute autre forme de destruction massive : on peut également employer à ce titre le terme de fléau, et même de fléau de Dieu (*flagellum domini*). Les représentations qui nous intéressent ici correspondent principalement aux grands châtiments qui touchent tout ou partie de l'humanité dans la Genèse et qui traduisent la colère de Dieu à l'encontre d'une humanité coupable du péché : le Déluge, la Tour de Babel et l'incendie de Sodome.

Ces châtiments tendent à diviser l'humanité en deux catégories : les impies qui périssent sous l'action des fléaux de Dieu et les justes qui sont sauvés. Dieu punit dans sa justice en envoyant les châtiments les plus dévastateurs aux pécheurs, mais

---

1. Georges Minois, *Les origines, op. cit.*, p. 397-398.

il sauve les justes dans sa miséricorde. Le principe de la calamité qui s'abat sur une population tout entière et qui n'épargne que quelques individus est bien de souligner que la foi est récompensée : celle de Noé et de sa famille qui échappent au Déluge ; celle de Loth qui fuit la destruction de Sodome (tandis que sa femme est pétrifiée d'avoir regardé derrière elle) ; celle d'Abraham dont le geste infanticide est arrêté à la dernière minute ; celle de Job qui voit ses biens et sa famille décimés avant de recevoir en récompense le double de ses pertes. À travers ces récits vétérotestamentaires*, la vengeance et la justice de Dieu se confondent. Les manifestations de sa toute-puissance sont multiples : l'eau (Déluge), le feu (Sodome, Job), l'effondrement (Babel, Job) ou encore la maladie (Job).

La souffrance des hommes se distingue de celle des bêtes puisqu'elle résulte d'une interaction entre Dieu et les hommes : elle prend dès lors un sens moral par la réaction qu'elle suscite. Celle-ci est bonne ou mauvaise : patience ou impatience devant la tentation, courage ou lâcheté face au danger, fidélité ou reniement face à l'épreuve, etc. Les récits bibliques ou encore hagiographiques* mettent ainsi en scène des souffrances exemplaires destinées à édifier la foi des croyants.

Le traitement de la question du mal dans la pensée chrétienne vise à donner un sens aux souffrances endurées par les hommes en dépassant les limites de leur propre expérience pour la mettre en perspective, en quelque sorte pour la sublimer, grâce au modèle christologique : à travers Jésus-Christ, le Dieu des chrétiens assume une part de la souffrance et la mort des hommes ; il promet surtout leur rédemption*. Les maux physiques endurés par l'humanité s'inscrivent dans la perspective de cette souffrance. Il reste aux hommes à souffrir après que le Christ a souffert : comme le rappelle le Nouveau Testament, la souffrance des croyants achève « ce qui manque encore aux souffrances du Christ » (Col 1, 24). Cette théologie de la souffrance, propre au christianisme, scelle une sorte de communion entre Dieu et les hommes. Elle propose la Passion du Christ comme référentiel de la souffrance pour les hommes qui pourront ainsi vivre à leur humaine mesure une expérience que Dieu a connu en son être. Elle console ici-bas tout en ménageant l'espoir d'une situation meilleure dans l'au-delà.

Parmi les punitions divines mises en avant par les confesseurs pour dénoncer les péchés des hommes, on compte les trois principaux fléaux des XVe et XVIe siècles : la guerre, la peste et la faim. Cette dernière apparaît comme la moins terrible aux yeux des clercs, mais aussi comme la plus injuste socialement, car elle épargne les prêtres, les notaires et les princes qui peuvent ainsi continuer à remplir leurs fonctions respectives : confesser les mourants, établir les testaments et assurer le salut de l'État[1]. Quand la mort touche les populations, c'est l'au-delà qui compte : d'où le rôle capital des confesseurs. On pourrait même dire que la faim participe au renforcement des hiérarchies sociales puisque les pauvres sont atteints de manière prioritaire voire exclusive. À l'inverse, la peste touche toutes les catégories sociales sans distinction, y compris les prêtres, ce qui est de nature à ébranler les fondements – inégalitaires – des sociétés.

Dans la souffrance individuelle, celle du juste en particulier, la nature du mal prend un autre sens : l'homme n'est pas châtié pour ses péchés, mais il est éprouvé dans sa foi. La remise en cause de la justice divine répond aux doutes existentiels

---

1. Jean Delumeau, *Le péché et la peur. La culpabilisation en Occident (XIIIe-XVIIIe siècles)*, Paris, Fayard, 1983, p. 9.

de l'être humain. Leur mise en scène à travers l'épreuve exemplaire du juste et le triomphe de sa foi offre par avance les réponses à ces interrogations...

Job constitue l'archétype du juste qui souffre des épreuves que lui envoie Dieu, mais qui doit les recevoir avec patience et reconnaissance : « Heureux l'homme que Dieu corrige ! » clame l'un de ses amis (Jb 4, 17). Son histoire occupe un livre entier de l'Ancien Testament : le Livre de Job. Son refus obstiné de se détourner de Dieu dans l'adversité résume le problème de la souffrance humaine. Job est un homme riche, pieux, père de sept fils et trois filles. Mais un jour Satan décide de défier Dieu en mettant Job et sa foi à l'épreuve : ses troupeaux et ses biens sont volés ou incendiés, ses serviteurs massacrés, ses enfants ensevelis par la destruction de sa maison. Malgré ses malheurs Job ne se détourne pas de Dieu. Alors Satan propose de l'attendre dans son corps : c'est l'épisode célèbre de Job couvert d'ulcères et assis sur un tas de « fumier ». C'est pourquoi il est fréquemment représenté comme protecteur contre la peste au XIVe siècle. Dans la mesure où Job ne renie pas Dieu, ses épreuves cessent et il est récompensé : ses troupeaux sont multipliés, il engendre à nouveau sept fils et trois filles. Le Livre de Job est centré sur la question du mal et de la justice divine. La souffrance n'y est pas présentée comme un châtiment, mais comme une épreuve, voire une initiation au mystère de Dieu. Ce Livre a fait l'objet de nombreux commentaires, notamment des *Moralia in Job* de Grégoire le Grand*. Les souffrances de Job sont interprétées comme figurant la Passion et le triomphe final du Christ.

La rhétorique cléricale sur le mal : une « pastorale de la peur » ?

À l'origine de la production littéraire et iconographique consacrée en Occident à la question du mal, il faut aussi voir l'angoisse face à la mort, laquelle concentre les peurs eschatologiques* de l'homme et les moyens qu'il se donne pour essayer de les dominer. Or, nommer l'origine des maux permet de les intégrer dans un discours d'ensemble qui offre un moyen de les justifier et de les exorciser pour mieux les combattre ou, tout du moins, les faire accepter de la population. Ainsi, en réponse à l'effroyable crise démographique qui touche l'Occident aux XIVe et XVe siècles, avec les épidémies de peste et la recrudescence des guerres, se développe une nouvelle culture de la mort à travers la théâtralisation des rites funéraires, la diffusion de l'imaginaire des enfers dans les arts et la littérature, ou encore l'essor des *Artes moriendi** à travers la danse des morts par exemple. Il s'agit, d'une part, d'objectiver le mal en délit, d'en décliner les peines ici-bas et dans l'au-delà. D'autre part, le discours de l'Église se veut plus prégnant, insistant sur la culpabilité, les vices, la contrition, le diable et la menace infernale. La rhétorique du mal semble ainsi combiner une sorte de pédagogie moralisante et une véritable « pastorale de la peur[1] ».

---

1. Jean Delumeau, *Le péché et la peur, op. cit.,* p. 369.

Les vices ou la tentation du mal

À l'origine, le christianisme ne recherche pas l'origine du mal dans la matérialité du monde ou, plus particulièrement, dans le corps. D'ailleurs, le Nouveau Testament ne prône pas une attitude ascétique* face à la vie physique (alimentation, sexualité, etc.). Quand l'Écriture évoque la « chair », ce n'est pas tant le corps qui est visé que la disposition psychologique qui pousse l'homme à céder à ce mal moral.

D'ailleurs, l'idée de péchés ou vices « capitaux » est absente du texte biblique. Elle prend forme à partir du IVe siècle, avec la liste de huit péchés donnée tout d'abord par le moine Évagre le Pontique (346-399) et reprise par Jean Cassien (vers 360-432/435) :

> Il y a huit principaux vices qui font au genre humain la guerre : le premier est la gourmandise ou folie du ventre ; le deuxième, la fornication [luxure chez Eagre] ; le troisième, l'avarice ou l'amour de l'argent ; le quatrième, la colère ; le cinquième, la tristesse ; le sixième, l'acédie ou l'inquiétude et l'ennui du cœur ; le septième, la vaine-gloire ; le huitième, l'orgueil[1].

Cette liste est modifiée au VIe siècle par Grégoire le Grand* qui élabore un système complet et hiérarchisé : en tant que « racine de tous les maux », la superbe (ou orgueil) est placée à la tête d'une « armée » dont les « sept vices principaux » (vaine gloire, envie, colère, tristesse, avarice, gourmandise et luxure) commandent aux autres vices qui sont de « simples soldats ». Par exemple, la vaine-gloire est à la tête de la désobéissance, de la jactance, de l'hypocrisie, des querelles, de l'obstination, des discordes et des prétentions à la nouveauté.

> [Les vices] sont attachés par un lien de parenté très étroit dès qu'ils dérivent l'un de l'autre. La première fille de la superbe est en fait la vaine-gloire qui, une fois l'esprit vaincu et corrompu, engendre aussitôt l'envie, parce que qui aspire à un vain pouvoir est dévoré de jalousie si un autre réussit à l'atteindre. L'envie engendre la colère, parce que plus l'âme est exacerbée par la rancœur intérieure, plus elle perd la mansuétude de la tranquillité, et, semblable à une partie du corps endolorie, ressent comme insupportable la pression de la main qui la touche. De la colère naît la tristesse, parce que plus l'esprit troublé est secoué de mouvements violents, plus il se condamne à la confusion, et une fois perdue la douceur de la tranquillité il se repaît exclusivement de la tristesse qui suit ce trouble. De la tristesse on arrive à l'avarice, puisque le cœur, confus, a perdu le bien de la joie intérieure, il cherche à l'extérieur des motifs de consolation et, ne pouvant recourir à la joie intérieure, il désire d'autant plus ardemment posséder les biens extérieurs. À ce stade surviennent les deux vices charnels : la gourmandise et la luxure. Mais tout le monde sait que la luxure naît de la gourmandise, puisque dans la disposition même des membres les organes génitaux sont situés sous le ventre. C'est pourquoi, tandis que ce dernier se remplit de manière déréglée, ceux-ci s'excitent à la concupiscence[2].

---

1. Cassien, *Collations*, cité selon Carla Casagrande et Silvana Vecchio, *Histoire des péchés capitaux au Moyen Âge*, Paris, Aubier, 2003, p. 10.
2. Grégoire le Grand, *Moralia*, XXXI, LXV, 89, cité selon C. Casagrande et S. Vecchio, *Histoire des péchés, op. cit.*, p. 277-278.

Ce septénaire des vices conserve cette structure tout au long du Moyen Âge et même au-delà. En 1215, le concile de Latran IV s'en sert de base pour imposer la confession annuelle. Dès le début du XIIIe, les manuels des confesseurs intègrent de nouveaux péchés liés à l'évolution de la société : usure*, pratiques sexuelles, péchés de parole, paresse. Après 1270, les vices principaux sont appelés « péchés capitaux » car ils tiennent lieu de « chef » (*caput*) aux autres vices ; avec l'idée d'une distinction, déjà opérée par saint Augustin*, entre les péchés « mortels » menant à la damnation et les péchés « véniels » dont le pardon s'obtient plus facilement. En outre, la notion de péché (*peccatum*) repose sur le caractère conscient et délibéré de l'acte, sur la responsabilité du pécheur qui contrevient explicitement et délibérément à la volonté de Dieu et aux préceptes de l'Église. Le péché est ainsi conçu comme une absence ou un manque de bien, comme un mal moral. Le pécheur s'éloigne de Dieu et retourne vers la créature, vers le corporel et l'animal.

C'est pourquoi les vices – en tant que manifestations du mal – sont représentés par la métaphore animale ou monstrueuse dans la littérature et dans l'art[1]. Par exemple, dans le célèbre *Roman de Fauvel*, au XIVe siècle, le héros éponyme est un cheval vaniteux et malicieux qui cumule les vices comme le soulignent les lettres de son nom : flatterie, avarice, vilenie, variété (inconstance), envie et lâcheté (FAVVEL). Une autre image symbolisant à la fois l'unité et la multiplicité des vices, mais aussi leur lien consubstantiel avec le mal, se traduit par « la Bête à sept têtes et dix cornes » que décrit l'Apocalypse (13, 1). Il s'agit là d'une image vivante du mal associant les sept têtes aux sept vices capitaux : « le mal est un organisme vivant, un énorme animal, dont les traits monstrueux dénoncent une nature en dernière analyse diabolique[2] ». On retrouve aussi la symbolique du chiffre sept dans le récit biblique de la Création du monde sur le modèle des sept jours de la semaine. D'autres correspondances existent au Moyen Âge. Pour le théologien Jean Gerson*, les sept vices sont personnifiés par sept animaux et mis en relation avec sept maladies : l'orgueil est ainsi associé au lion et à l'enflure du corps ; l'envie au chien et à la lèpre ; la colère ou loup et à la folie ; la luxure au porc et à la fièvre, etc.

Quelle que soit la classification des vices adoptée par les théologiens ou encore les représentations qu'on en trouve dans la littérature ou l'art, l'univers de la faute est ordonné et intégré dans un système de valeurs opposant le bien et le mal, les vertus et les vices, Dieu et le diable ou encore le paradis et l'enfer. C'est ce qui rend le discours de culpabilisation cohérent et efficace depuis le récit des origines jusqu'à l'annonce de la fin des temps. Ainsi, comme le souligne Silvana Vecchio, « la généalogie des vices est une autre manière de raconter l'histoire des origines et de fonder la faillibilité humaine sur le mythe de la première faute[3] ».

Les récits bibliques et hagiographiques* donnent une leçon, un avertissement mais aussi un modèle de comportement ou de vertu, un exemple à suivre. Ce type d'*exemplum** est particulièrement utilisé dans le cadre de la « pastorale de la peur ».

---

1. Au portail septentrional de la cathédrale de Rouen (fin XIIIe siècle), le mal est figuré par une soixantaine de créatures hybrides dont la profusion apparaît comme la manifestation d'un monde en proie au péché dans lequel l'homme devient bête. Voir Franck Thénard-Duvivier, « Hybridation et métamorphoses au seuil des cathédrales », *Images re-vues*, n° 6, 2009 : http://www.imagesrevues.org/Article_Archive.php?id_article=41.
2. C. Casagrande et S. Vecchio, *Histoire des péchés, op. cit.*, p. 287.
3. *Ibid.*, p. 280.

L'enfer : les maux de l'au-delà

L'au-delà fait partie intégrante du monde de l'homme médiéval : il est omniprésent dans ses croyances, dans certains de ses rites et de ses représentations mentales ou figurées. Dans la pensée chrétienne, l'au-delà est le lieu où se réalise la justice divine. Par conséquent, la crainte de l'enfer et l'espoir du paradis guident le comportement de chacun et influent sur l'organisation de la société tout entière. À cette logique du salut se superpose une conception morale qui oppose le bien et le mal. Elle repose largement sur le modèle des deux cités établi par saint Augustin* : la « cité de Dieu » regroupe les justes ici-bas et l'Église céleste ; tandis que la « cité du Diable » rassemble les pécheurs ici-bas et les damnés voués à l'enfer.

La conception de l'enfer est étroitement liée à celle du paradis qui apparaît comme le lieu céleste de jouissance de la béatitude éternelle tandis que l'enfer, situé sous terre, est le lieu de la souffrance et du châtiment perpétuel. Voici la définition qu'en donne Jérôme Baschet : « À la rencontre des supplices et de la conception du péché, l'enfer médiéval est le lieu où résonnent les plaintes de l'homme coupable, voué à un châtiment sans fin. Il est au cœur du système chrétien, qui promet dans l'autre monde une rétribution – en bien ou en mal – des actes accomplis ici-bas[1] ».

Dans l'imaginaire médiéval, l'entrée de l'enfer apparaît souvent sous la forme d'un gouffre qui s'enfonce dans le sol. Il est, par ailleurs, peuplé de créatures monstrueuses et démoniaques chargées d'infliger les tourments aux damnés. Ces deux dimensions sont étroitement imbriquées dans le motif de la « gueule d'enfer » qui figure l'entrée monstrueuse et zoomorphe du gouffre infernal. Cette image de l'enfer comme une bête monstrueuse dérive du Léviathan mentionné dans le Livre de Job mais aussi du séjour de Jonas dans le ventre de la baleine : « Du ventre de l'enfer j'ai appelé... » (Jo 2, 3).

L'Église semble davantage mettre en avant la peur de l'enfer plutôt que le désir de paradis. En effet, ce sont les pécheurs – c'est-à-dire potentiellement tous les chrétiens – qui sont visés et non les « justes ». Dans l'Évangile de Luc, la parabole du Mauvais Riche et du pauvre Lazare offre un *exemplum* efficace de « pastorale de la peur ».

> Il y avait un homme riche qui se revêtait de pourpre et de lin fin et faisait chaque jour brillante chère. Et un pauvre, nommé Lazare, gisait près de son portail, tout couvert d'ulcères. Il aurait bien voulu se rassasier de ce qui tombait de la table du riche... Bien plus, les chiens eux-mêmes venaient lécher ses ulcères. Or il advint que le pauvre mourut et fut emporté par les anges dans le sein d'Abraham. Le riche aussi mourut, et on l'ensevelit.
>
> Dans l'Hadès, en proie à des tortures, il lève les yeux et voit de loin Abraham, et Lazare en son sein. Alors il s'écria : « Père Abraham, aie pitié de moi et envoie Lazare tremper dans l'eau le bout de son doigt pour me rafraîchir la langue, car je suis tourmenté dans cette flamme. » Mais Abraham dit : « Mon enfant, souviens-toi que tu as reçu tes biens pendant ta vie, et Lazare pareillement ses maux ; maintenant ici il est consolé, et toi, tu es tourmenté. Ce n'est pas tout : entre nous et vous un grand abîme a été fixé, afin que ceux qui voudraient passer d'ici chez vous ne le puissent, et qu'on ne traverse pas non plus de là-bas chez nous ». (Lc 16, 19-26)

---

1. Jérôme Baschet, *Les justices de l'au-delà. Les représentations de l'enfer en France et en Italie (XIIe-XVe siècles)*, Rome, École française de Rome, 1993, p. 1.

Ce court récit enseigne que l'on doit payer dans l'éternité pour les biens dont on a joui sur terre, tandis que les pauvres y reçoivent leur récompense, reprenant ainsi le thème évangélique fréquent des « premiers seront les derniers ». Cette parabole est souvent associée au Jugement dernier mais aussi à une leçon de charité : d'où sa représentation sous les porches d'églises où se tiennent les mendiants. Par ailleurs, la tradition populaire associe Lazare à un lépreux. Selon Jacques Le Goff, cette parabole est « l'acte de naissance de l'enfer chrétien ». À l'inverse le patriarche Abraham offre sa protection aux faibles et aux justes : c'est le motif du « sein d'Abraham » évoquant le paradis céleste[1].

Dans la seconde moitié du XIIe siècle, les penseurs chrétiens inventent le purgatoire qui devient un « troisième lieu de l'au-delà », intermédiaire entre le paradis et l'enfer, destiné à des élus « en sursis » car ils ne sont ni entièrement bons ni entièrement mauvais. La durée de leur séjour dépend de plusieurs facteurs : la quantité de péchés véniels (les péchés mortels n'étant pas rachetables) ; l'importance des « suffrages », c'est-à-dire des prières, aumônes et messes accordées par les vivants (les amis et la famille des défunts) ; enfin, les « indulgences » monnayées par le clergé pour permettre le rachat intégral ou partiel des fautes. On voit bien les intérêts de l'Église dans cette véritable « économie du salut » qui conforte sa prépondérance et participe à la préservation de l'ordre social.

La perception médiévale et moderne de l'enfer est marquée par la description qu'en brosse le poète italien Dante Alighieri (1265-1321) dans la *Divine Comédie*, commencée vers 1306/1307 et achevée dans les années précédant sa mort. À la jonction des conceptions populaire et théologique, l'enfer dantesque est structuré, et ordonné. Il se présente comme un énorme entonnoir convergeant vers Lucifer et il est composé de neuf cercles concentriques dans lesquels les damnés sont répartis selon leurs péchés. Un vestibule renferme d'abord les lâches et les indécis, puis les cinq premiers cercles du « haut enfer » (ou enfer extérieur) réunissent, par ordre croissant de gravité, les païens et infidèles, les impudiques et luxurieux, les gourmands, les avares et, enfin, les coléreux. Ensuite, une fois franchis les marais du Styx et l'enceinte de la cité de Dis, l'« enfer inférieur » est réservé aux pécheurs « positifs » dont la faute est active : dans le sixième cercle, les hérétiques ; dans septième cercle, les violents contre leur prochain, contre eux-mêmes (suicidés), contre Dieu (blasphémateurs), contre la nature (sodomites), contre l'art (usuriers*). Puis, au-delà de la Grande Barrière, le huitième cercle est divisé en dix fosses accueillant les adultères, les hypocrites, les falsificateurs, etc. Enfin, après la région des géants, le neuvième cercle rassemble les traîtres envers leurs parents, leur patrie, leurs hôtes ou leurs bienfaiteurs. À chaque péché correspondent une peine et des tourments adaptés : les avares poussent d'énormes rochers les uns contre les autres, ou encore les coléreux se déchirent à coup de dents.

Menace du châtiment d'un côté et promesse de récompense de l'autre : voilà en définitive les deux principaux arguments mis en avant par l'Église pour encadrer la masse des fidèles. Les *exempla** utilisés par les prédicateurs dans leurs sermons fournissent des récits tout autant édifiants. Cette évolution est particulièrement visible dans les derniers siècles du Moyen Âge qui apparaissent déjà comme ceux d'un « christianisme de la peur » (J. Delumeau) surmontée grâce à la recherche du salut. La menace de l'enfer et des tourments de l'au-delà sert à préserver l'ordre social ici-bas.

---

1. Voir Jérôme Baschet, *Le sein du père. Abraham et la paternité dans l'Occident médiéval*, Paris, Gallimard, 2000.

Lutter contre le mal et préserver l'ordre social

Entre le XIIIe et le XVIIe siècle, l'Occident chrétien est confronté à des maux dont il attribue la cause à des ennemis multiples en grande partie fantasmés : les idolâtres, les sarrasins, les juifs, les hérétiques ou encore les sorcières fournissent autant de boucs émissaires pour canaliser les peurs collectives et les tensions sociales. Jean Delumeau évoque ainsi la « mentalité obsidionale » de l'Occident qui se croit en état de « siège » (*obsidio* en latin) tandis que se met en place une vaste entreprise de « culpabilisation massive » à partir du XIVe siècle à mesure que l'Occident découvre « un nouvel ennemi en chacun des habitants de la cité assiégée et une nouvelle peur : la peur de soi »[1]. Cette culpabilisation passe par le discours de l'Église qui établit un lien entre les péchés des hommes et leurs maux présentés comme des punitions collectives non sans rappeler les récits vétérotestamentaires* sur les fléaux et les châtiments divins. Au XVIe siècle par exemple, le chirurgien français Ambroise Paré (vers 1509-1590) continue d'associer des maladies comme la peste ou la syphilis avec la colère divine[2].

Le mal est universel et, de ce fait, il n'épargne aucune société. Nous avons vu que les grands fléaux affectent directement les hommes et déstabilisent leurs structures sociales : les guerres, les épidémies ou les calamités naturelles. D'autres « maux » menacent les fondements religieux et occasionnent le désordre public : l'idolâtrie supposée des musulmans et des juifs ; l'hérésie des Cathares au XIIIe siècle, celle des protestants aux XVIe-XVIIe siècle ; la sorcellerie qu'on associe à la magie « noire » et au satanisme. Autant de manifestations de fortes tensions sociales nécessitant des exutoires collectifs. Le mal a ses propres agents, diaboliques par exemple, mais il offre aussi ses boucs émissaires. Au niveau sociétal, le mal est une réalité mais aussi une angoisse, un fantasme. Lutter contre le mal devient dès lors un prétexte pour réaffirmer l'ordre social. Les sorcières et les juifs en sont les cibles fréquemment désignées à travers l'histoire : la diabolisation devenant racisme à partir du XIXe siècle.

Le diable : incarnation et agent du mal

Les figures du mal sont innombrables : cette diversité manifeste sa redoutable fécondité mais aussi son omniprésence dans l'imaginaire et dans la vie des hommes qui l'ont pensé pour mieux le combattre voire l'instrumentaliser. Parmi ces figures, le diable occupe évidemment la première place car il personnifie le mal : on l'appelle alors Satan. En vertu de sa polymorphie, il apparaît sous différentes formes : les démons mais aussi d'autres créatures qualifiées de diaboliques, démoniaques ou sataniques. Ce sont des animaux (crapauds, chats, boucs), des monstres imaginaires (dragons, sirènes, centaures) ou encore des êtres humains remettant en cause les « normes » (êtres difformes, sorcières).

---

1. Jean Delumeau, *Le Péché et la Peur, op. cit.*, p. 7.
2. Jean Delumeau, *La Peur en Occident (XIVe-XVIIIe siècles). Une cité assiégée*, Paris, Fayard, 1978, p. 136-137.

Étymologiquement, le diable est celui qui divise l'unité, l'ordre divin en utilisant la ruse et le mensonge. Le terme *diaule* est attesté dans un manuscrit de la fin du IXe siècle et celui de *diable* à la fin du Xe siècle. Il est emprunté du latin chrétien *diabolus*, « esprit du mal », du grec *diabolos*, « celui qui désunit », et même en grec classique, le « calomniateur ». La démonologie chrétienne n'opère pas de distinction fondamentale entre les diables et les démons. Ce sont deux termes d'origine grecque qu'on retrouve fréquemment dans le Nouveau Testament et dans les textes médiévaux : le *diabolus* est celui « qui sépare » nous l'avons vu, tandis que *daemon* désigne, dans la religion gréco-romaine, les esprits intermédiaires entre les hommes et les dieux. Un certain nombre d'expressions rappelle l'origine angélique du diable et son caractère spirituel : *spiritus malignus* (« esprit malin »), *spiritus immundus* (« esprit immonde »), *angelus malignus* (« ange malin »). D'autres termes évoquent ses pouvoirs et sa nature : *hostis* ou *adversarius* (« adversaire »), *malignus* (« malin »), *temptator* (« tentateur »). Enfin, des noms spécifiques sont parfois utilisés : Belzébuth, Baal, Belphégor, Béhémoth, Asmodée, Léviathan[1]...

Dans la pensée chrétienne, le diable possède des formes différentes. Selon le contexte de ses apparitions, le diable est soit une figure identifiée comme le « chef » et qualifiée de Satan, Lucifer ou Diable (au singulier) ; soit un démon parmi d'autres. Tout comme l'ange, avec lequel il est étroitement lié à l'origine, le diable est omniprésent dans l'univers médiéval. En fait, l'existence même du diable pose une double question aux théologiens médiévaux : celle de sa création et celle de la source de son pouvoir. Le problème posé étant également celui de l'origine du mal. Ange mauvais, Lucifer est chassé du paradis avec ses partisans et il est condamné à demeurer éternellement dans les profondeurs infernales. Mais il conserve la possibilité de se déplacer librement et, comme les anges, il peut intervenir auprès des hommes. C'est ce qu'il fait auprès d'Adam et Ève à travers la Tentation. De ce point de vue, le péché originel peut apparaître comme la revanche du diable...

Le diable devient omniprésent dans l'iconographie médiévale à partir de l'an Mil. Auparavant, il était presque totalement absent des images chrétiennes. On voit alors apparaître la figure de Satan qui réunit la multitude des esprits démoniaques du paganisme et du judaïsme. Il est souvent figuré sous des traits zoomorphes (oreilles pointues, pelage, pattes et griffes). Dans l'univers médiéval, comme le souligne Jacques le Goff, c'est lui qui « mène le bal de l'imaginaire ». Dans le Livre de Job, le diable est « l'accusateur » (*ha-sâtân* en hébreu) qui lance un défi à Dieu et qui éprouve le juste dans ses biens, dans sa famille et dans sa propre chair. Ainsi Satan permet d'endosser la responsabilité du mal bien qu'il demeure subordonné à Dieu. On lui attribue désormais tous les malheurs qui frappent l'humanité. Par la suite, Satan (ou Lucifer) devient le chef des démons, ce que le Nouveau Testament qualifie de « Prince de ce monde » (Jn 12, 31) ou encore de « dieu de ce monde » (2 Co 4, 4).

Satan apparaît même comme une figure royale dès le XIIIe siècle et il est représenté en majesté dans les images du XIVe siècle comme dans l'épisode du « pacte de Théophile ». Il s'agit d'un miracle de la Vierge plutôt connu au Moyen Âge sous le nom de « repentance de Théophile ». Son succès est tel qu'on le retrouve parmi les *exempla** les plus couramment utilisés dans les sermons, l'iconographie

---

1. Jérôme Baschet, « Diable », *Dictionnaire raisonné de l'Occident médiéval*, Paris, Fayard, 1999, p. 261-262.

ou encore le théâtre, avec le *Miracle de Théophile*, une pièce en 663 vers composée par Rutebeuf vers 1260. Selon la légende, Théophile est vidame (économe) d'une église de Cilicie (en Asie mineure) au VIe siècle, mais le nouvel évêque le destitue. Pour retrouver les honneurs, il signe alors un pacte avec Satan que Rutebeuf décrit comme une sorte d'hommage féodal, celui du vassal à son seigneur.

> Satan : Joins tes mains et deviens ainsi mon féal [serviteur] ; je t'aiderai au-delà de ce que tu peux attendre.
> Théophile : Voyez, je vous fais serment de fidélité [...].
> Satan : Et moi, de mon côté, je te fais la promesse que je ferai de toi un grand seigneur, plus grand qu'on ne te vit jamais on ne vit. Et puisque les choses sont telles, sache en vérité, qu'il faut que j'aie de toi une lettre scellée, bien rédigée et bien claire[1].

Après sept ans, Théophile se repent et s'adresse à la Notre-Dame qui lui restitue le pacte arraché au diable sous la menace de lui « fouler la panse ». La Vierge apparaît à la fois comme un recours particulièrement efficace contre Satan et comme la figure emblématique de l'Église victorieuse du mal. Le pacte avec le diable est un thème récurrent de la littérature jusqu'à nos jours. Pensons à la célèbre tragédie *Faust* de Goethe (deux versions, 1808 et 1832) dans laquelle Faust livre son âme à Méphistophélès.

Les récits du Moyen Âge et de l'époque moderne soulignent l'étendue des pouvoirs du diable qui peut déployer de nombreuses ruses pour qu'un homme tombe sous son emprise. Il peut, par exemple, investir le corps de sa victime, c'est-à-dire la « posséder ». La possession se traduit par des crises de démence et nécessite, pour sa guérison, l'intervention d'un prêtre. Ce pouvoir d'exorcisme est accordé aux serviteurs de Dieu dans leur combat contre le mal. On retrouve souvent une scène de guérison d'un possédé parmi les miracles thaumaturgiques des saints. C'est le cas des saints évêques du haut Moyen Âge qui se chargent de l'évangélisation de leurs diocèses, en détruisant les foyers du paganisme ou encore en extirpant l'idolâtrie ou le diable de l'âme des chrétiens. Par ailleurs, la tentation – notamment charnelle – fait partie des ruses du Malin. Les saints eux-mêmes y sont soumis. Ainsi, saint Romain (évêque de Rouen au VIIe siècle) reçoit la visite d'une femme transie par le froid lors d'une nuit d'hiver. Pris de pitié, il l'accueille chez lui après avoir néanmoins hésité. Mais cette femme essaie de séduire l'évêque : dans un bas-relief rouennais[2], on voit la femme qui se réchauffe près du feu, nue et les cheveux dénoués en signe de luxure. Appelé à l'aide par l'évêque, un ange chasse la femme nue à coup de bâton tandis que Romain tient probablement à la main la Bible comme secours spirituel contre la tentation charnelle... Enfin, l'ange la précipite, tête la première dans une sorte de puits qui représente l'enfer. Car c'est bien l'enfer qui attend ceux qui succombent à la tentation et, plus globalement, au mal.

---

1. Rutebeuf, *Miracles de Théophile*, éd. R. Dubuis, Paris, H. Champion, 1986, p. 7-8.
2. Voir Franck Thénard-Duvivier, « L'image du saint évêque à travers les cycles sculptés de la cathédrale et de Saint-Ouen de Rouen (XIVe siècle) », *Annales de Normandie*, 3-4, déc. 2008, fig. 3, p. 11.

La sorcière, nouvelle incarnation féminine du mal

La sorcière est une figure féminine de la déviance et de l'exclusion. La désigner comme « bouc émissaire » est un moyen de canaliser les peurs et les violences sociales. À la fin du Moyen Âge, le stéréotype de la sorcière est parachevé comme exutoire à un certain nombre d'obsessions collectives liées au sexe, au sang, à l'animalité, à la magie, au diable et, globalement, aux différentes formes du mal. La sorcière est ainsi accusée de « maléfice » (*maleficium*) touchant les fondements de la société chrétienne : la sexualité (le sort du « nouement de l'aiguillette » cause la stérilité) ; la production agricole (les orages des « faiseurs de tempêtes ») et l'élevage (les sorts jetés sur le bétail) ; la foi (l'hérésie). Par ailleurs, le pouvoir des sorciers et sorcières s'apparente à celui du diable capable d'« illusions » (*illusiones*) qui leur permettent de tromper et d'ensorceler.

La sorcière est généralement représentée en partie dénudée, tenant un chat et chevauchant un animal « maléfique » comme le bouc : cette chevauchée illustre le vol nocturne pour se rendre à des réunions secrètes que l'on nomme parfois « synagogues » avant que le terme de « sabbat » ne s'impose, avec la même malveillance, dans le discours chrétien de la fin du XVe siècle. Selon Robert Muchembled, la cristallisation se fait « moins autour du thème du sabbat que de celui de la nudité des corps comme expression du péché originel[1] ». On retrouve sans doute la même expression d'une chute de l'humanité vers l'animalité, ici satanique.

La sorcière renvoie à une image féminine maléfique qui menace l'ordre social et l'Église, qui suscite peurs et fantasmes. À travers elle, c'est le principe même du mal qui est identifié, c'est-à-dire le diable, à l'origine de tous les dysfonctionnements de l'ordre naturel et social. D'où la confusion (volontaire) entre la sorcellerie, la luxure, l'hérésie ou encore le judaïsme. D'ailleurs, la femme focalise les frayeurs de la séduction depuis le péché originel, non sans une forte misogynie exprimée par un grand nombre d'auteurs médiévaux, clercs pour la plupart. La manifestation de ces peurs et fantasmes collectifs est particulièrement visible à travers le sabbat qui devient un véritable *topos* littéraire qu'on retrouve dans *Macbeth*. En fait, la sorcellerie offre un moyen d'interpréter le monde en identifiant le principe du mal, c'est-à-dire le diable, cause des dysfonctionnements de la société.

Si le premier « vol nocturne » de sorcière est mentionné dans les textes dès le Xe siècle, il ne devient « sabbat » qu'au XVe siècle. D'ailleurs, la sorcellerie n'est pas la principale préoccupation des clercs aux XIIe et XIIIe siècles car les hérésies, celle des Cathares par exemple, apparaissent autrement plus menaçantes pour l'Église. On assiste en fait à un glissement progressif du grief d'hérésie à celui de sorcellerie au cours du XIVe siècle, avant que se déchaîne véritablement la « chasse aux sorcières » à travers l'Europe et en commençant par les régions alpines, du XVe siècle au début du XVIIIe siècle. Évidemment, la sorcellerie a pu constituer une sorte de « grief cumulatif » avec d'autres accusations d'ordre politique ou religieuse, dans le cas de la répression brutale menée par le roi Philippe le Bel contre les Templiers (arrêtés en 1307). De même, Jeanne d'Arc est jugée comme hérétique et sorcière par un tribunal ecclésiastique présidé par l'évêque Pierre Cauchon à Rouen en 1431. Dans ces deux cas et bien d'autres, la sorcellerie est une accusation commode et démagogue qui masque à peine l'arrière-plan politique des affaires.

---

1. Robert Muchembled, *Une histoire du diable (XIIe-XXe siècles)*, Paris, Seuil, 2000, p. 67.

L'âge d'or de la sorcellerie n'est pas le Moyen Âge mais le début de l'époque moderne. Ainsi, l'Inquisition, créée au XIIIᵉ siècle pour lutter contre l'hérésie, trouve une extension naturelle à son terrain de « chasse » et elle renforce son emprise séculière. Ce sont d'ailleurs deux inquisiteurs dominicains de Catalogue, Jacobus Spengler et Henricus Institor, qui publient en 1486 un volumineux ouvrage compilant le savoir démonologique et présentant les mesures à prendre pour éradiquer ce mal : le *Marteau des sorcières* (*Malleus malericarum*). L'imprimerie participe à sa large diffusion (plus de 30 000 exemplaires) et son format in-octavo (dans la plupart des nombreuses rééditions) en fait le « livre de poche » des inquisiteurs jusqu'au XVIIᵉ siècle.

Conclusion : le mal omniprésent dans l'histoire ?

La question du mal et de ses origines fait toujours l'objet de débats au XVIᵉ siècle que le concile de Trente (1545-1563) tranche en quelques jours face à la nécessité de réfuter les thèses protestantes et de lancer la Contre-Réforme catholique. Mais les décrets pris sont parfois imprécis et sujets à des interprétations divergentes. La pensée moderne admet plus facilement que le mal existe, dans le cadre de la théodicée*. Le mal existe mais les hommes ne peuvent l'imputer à Dieu puisque le monde tel qu'il est apparaît comme le meilleur des mondes possibles selon la formule du philosophe allemand Leibniz (1646-1716). Certes, Dieu aurait pu créer un monde parfait d'où le mal aurait été absent, mais cela aurait impliqué l'absence de toute liberté pour l'homme. En effet, dans le monde imparfait, les hommes sont libres de vouloir le bien comme le mal : ils sont dès lors responsables de leurs maux et imperfections.

Au siècle des Lumières, les philosophes commencent même à en contester le dogme au nom de la raison. Rapidement, la question du péché originel se trouve liée à celle de la diversité des origines de l'humanité et à son ancêtre commun. L'existence « historique » d'Adam implique, d'une part, l'origine divine et l'unité de l'espèce humaine ; elle confirme, d'autre part, la thèse du péché originel et, dès lors, l'impossibilité d'éradiquer le mal qui serait inscrit dans les racines ou, pour utiliser une terminologie contemporaine, dans les gènes de l'humanité. Après la raison, c'est la science qui vient ébranler les fondements du christianisme : théorie de l'évolution des espèces d'un côté face à une lecture littérale et historique du récit biblique de la Création et de la Chute de l'autre. Mais, au XXᵉ siècle encore, il semble difficile pour l'Église catholique d'adapter la doctrine du péché originel car elle justifie la venue du Christ sur terre pour racheter les péchés de l'humanité…

Il n'en reste pas moins que la pensée scientifique a ébranlé les réponses chrétiennes à la question du mal. À la grande période de « culpabilisation en Occident » étudiée par Jean Delumeau du XIIIᵉ au XVIIIᵉ siècle, succède une « grande entreprise de déculpabilisation menée par les sciences humaines dès le XVIIIᵉ siècle » comme le souligne Georges Minois[1]. C'est l'action conjointe de l'anthropologie, de la psychanalyse, de la sociologie ou encore de la génétique qui favorise cette distanciation

---

1. Georges Minois, *Les origines du mal. Une histoire du péché originel*, Paris, Fayard, 2002, p. 397.

critique dans le cadre plus général de la sécularisation des sociétés occidentales à l'époque contemporaine. L'homme se libère peu à peu de ses fautes et du péché originel. En perd-il pour autant ses responsabilités ?

La question du mal dans l'histoire met en jeu les fondements des sociétés confrontées à des maux qui les affectent, qui les déstabilisent, qui les menacent. Les élites – politiques, sociales, religieuses, intellectuelles – sont ainsi sommées de réagir, d'apporter des « réponses » à la fois concrètes pour contrer ces menaces mais aussi de nature plus morale pour protéger les valeurs communes. Évidemment, les réponses ont varié au cours de l'histoire en raison de l'évolution de la nature des maux et des sociétés. Par exemple, la peste du Moyen Âge est davantage l'apanage de l'Église que de l'État qui n'est pas encore suffisamment structuré pour prévenir et affronter les catastrophes : la réponse est dès lors spirituelle et morale, l'épidémie est un « fléau » envoyé par Dieu pour punir les hommes…

La sécularisation des sociétés occidentales et les avancées scientifiques ont transformé le discours, les réponses mais aussi les maux eux-mêmes. Qui d'autre que l'homme peut être rendu responsable des génocides, de la prolifération nucléaire ou encore de la menace terroriste aux XXe et XXIe siècles ? Autres maux, donc autres causes et autres réponses ? Pourtant, les discours les plus contemporains peuvent raviver les ressorts d'une rhétorique millénaire portant sur le bien et le mal. Ainsi, dans les années 1980, dernière décennie de la « guerre froide », le président américain Ronald Reagan, désignait l'URSS comme l'« Empire du Mal » tandis qu'en Iran, l'ayatollah Khomeyni qualifiait les Etats-Unis de « Grand Satan ». Plus récemment, en réponse à un supposé état de siège provoqué par l'attaque terroriste du 11 septembre 2001, le président George W. Bush a évoqué la « lutte du Bien contre le Mal » en appelant même à un nouvel « esprit de croisade ». Dans tous les cas, le « mal » est mis au service d'une idéologie, politique ou religieuse, et il justifie les mesures prises par le pouvoir pour le « bien » de son peuple…

Quelques personnages et termes cités

Augustin (saint) (354-430) : docteur et père de l'Église, évêque d'Hippone (dans l'Algérie actuelle), auteur des *Confessions* et de *La Cité de Dieu*.

Gerson (1363-1429) Jean Le Charlier dit Gerson : théologien, chancelier de l'Université de Paris, surnommé le « Docteur très chrétien ».

Grégoire le Grand (saint) (540-604) : docteur et père de l'Église, pape, auteur notamment des *Moralia in Job*. S'il simplifie la liturgie romaine, il ne crée par le « chant grégorien » comme l'indique la tradition.

Thomas d'Aquin (saint) (1224/1225-1274) : théologien dominicain surnommé le « Docteur angélique », auteur notamment de la *Somme théologique*.

Ars moriendi (pluriel *artes*) : « art de bien mourir » selon les ouvrages du début du XVe siècle, dans une société chrétienne marquée par l'art macabre et par le souvenir des grandes épidémies de peste du siècle précédent.

Ascèse (adj. ascétique) : discipline religieuse ou spirituelle que l'on s'impose pour tendre vers la perfection morale et l'affranchissement de l'esprit.

Chtonien : se dit des divinités qui vivent sous la terre, des divinités infernales.

Eschatologie : doctrine théologique relative au jugement dernier et au salut assigné aux fins dernières de l'homme, de l'histoire et du monde.

Exemplum (pluriel *exempla*) : « récit bref donné comme véridique et destiné à être inséré dans un discours (en général un sermon) pour convaincre un auditoire par une leçon salutaire » (J. Le Goff).

Hagiographie : étude de la vie et des actions des saints ; ouvrage consacré à la vie d'un ou de plusieurs saints.

Livres bibliques : divisés en chapitres et versets ; par exemple : Gn 2, 8-9. Sont cités de manière abrégée, pour l'Ancien Testament : Genèse (Gn), Livre de Job (Jb), Livre du prophète Jonas (Jo). Pour le Nouveau Testament : Évangile selon saint Luc (Lc), Évangile selon saint Jean (Jn), seconde Épître aux Corinthiens (2 Co), Épître aux Colossiens (Col), Apocalypse (Ap).

Néotestamentaire / vétérotestamentaire : relatif au Nouveau / à l'Ancien Testament.

Manichéisme : doctrine religieuse (conçue par Mani au IIIe siècle) pour laquelle le bien et le mal sont deux principes fondamentaux, égaux et antagonistes ; (par ext.) conception dualiste du bien et du mal.

Rédemption (avec majuscule) : rachat du genre humain par le sacrifice du Christ présenté comme le Rédempteur des hommes ; (sans majuscule) acte par lequel un pécheur se « rachète » par l'expiation de ses fautes afin de participer au salut de son âme.

Théodicée (du gr. *theos*, « dieu », et *dikê*, « justice ») : justification de la bonté de Dieu malgré l'existence du mal dans le monde.

Usure : fait de prêter de l'argent à un taux d'intérêt supérieur à la coutume ou à la loi. L'usurier est une figure du mal associant cupidité, avidité et avarice : c'est le personnage de Reveillard dont les manigances causent la ruine du couple Numance dans les *Âmes fortes* de Giono.

Repères bibliographiques

Bechtel Guy, *La Sorcière en Occident. La destruction de la sorcellerie en Europe des origines aux grands bûchers*, Paris, Plon, 1997.

Casagrande Carla et Vecchio Silvana, *Histoire des péchés capitaux au Moyen Âge* [2000], trad. fr., Paris, Aubier, 2003.

Cohn Norman, *Démonolâtrie et sorcellerie au Moyen Âge. Fantasmes et réalités* [1975], trad. fr., Paris, Payot, 1982.

Delumeau Jean, *La Peur en Occident (XIVe-XVIIIe siècles). Une cité assiégée*, Paris, Fayard, 1978.

– *Le Péché et la Peur. La culpabilisation enOccident (XIIIe-XVIII[e]siècles)*, Paris, Fayard, 1983.

– *Une histoire du paradis*, Paris, Fayard, 1992-2000, 3 vol.

Ginzburg Carlo, *Le Sabbat des sorcières* [1989], trad. fr., Paris, Gallimard, 1992.

Le Goff Jacques, *La Naissance du purgatoire*, Paris, Gallimard, 1981.

Minois Georges, *Histoire des enfers*, Paris, Fayard, 1991.

– *Les Origines du mal. Une histoire du péché originel*, Paris, Fayard, 2002

Muchembled Robert, *Une histoire du diable (XIIe-XXe siècles)*, Paris, Seuil, 2000.

Nabert Nathalie (dir.), *Le Mal et le Diable. Leurs figures à la fin du Moyen Âge*, Actes de colloque, Beauchesne, 1996.

Le mal
dans la philosophie moderne et contemporaine
Carole WIDMAIER

Le mal se présente d'abord comme une donnée de l'expérience. Chacun a fait l'expérience du mal, c'est-à-dire de la souffrance physique ou morale : l'expérience première du mal est celle du mal subi. Elle comporte une forte dimension affective : le sujet qui subit le mal est dans la plainte, il se replie sur lui-même. C'est ainsi que pour Arendt la douleur, dans la mesure où elle réduit la sensibilité à n'être que sensation de soi, est une forme de « perte du monde[1] ».

Depuis cette plainte se trouve formulée une question unique : la question « pourquoi ? », qui doit conduire à une élaboration rationnelle de l'expérience du mal, qui doit permettre au sujet, par un processus de rationalisation, de dépasser la dimension simplement affective de son expérience. Le problème qui se pose est alors le suivant : à quelles conditions une telle rationalisation est-elle possible ? À la sidération, à l'incompréhension, à la détresse dans lesquelles le mal nous place dans un premier temps, s'oppose ce qui apparaît comme une exigence, celle de connaître et de comprendre. Le mal peut-il être connu ? Est-il seulement pensable ? L'enjeu consiste à déterminer la modalité de la raison qui serait apte : à saisir la nature même du mal ; à comprendre dès lors la spécificité de cette expérience du mal, toujours singulière, mais dont la portée est universelle.

Or, précisément, la question « pourquoi ? » a elle-même plusieurs significations : en tant qu'interrogation sur la cause du mal, elle implique une démarche explicative ; en tant qu'interrogation sur sa fin, elle conduit à envisager sa justification ; en tant qu'interrogation sur son sens, elle signale une volonté de compréhension. Le problème peut donc être formulé ainsi : le mal peut-il être expliqué / justifié / compris ?

Cependant une telle démarche de rationalisation, quelle que soit la forme particulière qu'elle prend, se heurte immédiatement à un constat : derrière l'expérience du mal se trouve une pluralité de maux, susceptible de faire douter de la pertinence même du concept de mal. L'emploi du terme de « mal » ne serait-il pas simplement la conséquence de l'incompréhension du sujet devant son expérience ? Autrement dit, n'appelle-t-on pas « mal » précisément ce qui est impensable, ce qui se situe toujours en excès par rapport à la raison ? À cet égard, l'idée d'une unité du mal ne serait que l'expression de la sidération dans laquelle se trouve le sujet qui fait l'expérience de l'un des maux. C'est ainsi que, en deçà du mal, se trouvent des réalités et des expériences hétérogènes : on distingue entre douleur physique et souffrance morale, entre douleur, tristesse et malheur, entre maux d'origine naturelle et maux humains, entre mal subi et mal commis.

Cette dernière distinction est fondamentale : l'expérience, première, du mal subi, a en effet un envers, l'expérience du mal commis, qui elle aussi laisse place à une pluralité d'attitudes affectives et rationnelles ; à l'incompréhension face au mal subi, à la plainte de la victime, au désir de vengeance, à la volonté de justice qu'il entraîne, viennent s'opposer l'incompréhension propre au bourreau (« pourquoi ai-je fait cela ? » ou encore : « qu'ai-je fait de mal ? »), la culpabilité, qui a en commun

---

1. Arendt, *Condition de l'homme moderne*, chap. III, trad. G. Fradier, Calmann-Lévy, Presses Pocket « Agora », 1961, p. 163.

avec la douleur de laisser le sujet seul avec lui-même, le désir de se disculper par des processus variés et obsessionnels de rationalisation par l'explication ou la justification, la volonté de se « racheter ».

Dans ces deux expériences opposées, mais complémentaires dans le cas des maux humains (le mal subi comme conséquence d'un mal commis), il est possible d'identifier trois éléments communs : la pluralité des réactions affectives ; la mise en route de procédés de rationalisation ; l'urgence d'une forme d'action ou de réaction.

Revenons à la question « pourquoi le mal ? ». Elle recouvre donc un ensemble de problèmes :

– le mal existe-t-il ? Le concept de « mal » est-il légitime ou bien n'est-il qu'un terme exprimant notre incompréhension ?

– du point de vue du sujet souffrant : le mal a-t-il une raison d'être ? Est-il possible, notamment, de penser une fonction du mal moral de la même façon que l'on attribue une fonction à la douleur physique naturelle (celle de signe d'une maladie) ?

– dans le passage du mal subi au mal commis, l'incompréhension se déplace : l'homme qui commet le mal est-il méchant ? Son acte peut-il être rapporté à sa nature ? Le mal commis peut-il être relié à une intention ou est-il le signe de l'ignorance ? Peut-on vouloir faire le mal ? Plus fondamentalement encore : qu'est-ce qui dans la nature humaine rend le mal possible ?

L'expérience du mal, dans son hétérogénéité même, met donc en jeu : le problème de l'origine ; le problème de la nature humaine et de la définition du sujet ; le problème de la liberté de l'homme ; le problème de la bonne attitude face au mal. Autrement dit les enjeux sont indissociablement d'ordre métaphysique, ontologique, moral et éthique, dans la mesure où Dieu et l'homme sont mis en cause, et dans la mesure où la pensée et l'action se trouvent toutes deux mobilisées.

Il faut remarquer à cet égard une spécificité de l'expérience du mal : le mal n'est pas immédiatement éprouvé comme défaut ou absence de bien, et en ce sens il existe une positivité du mal ; mais il conduit en revanche à formuler une idée de ce qui est bien. Au fondement ne se trouve donc pas l'idée du bien, qui permettrait, dans un second temps, d'identifier le mal comme son défaut ou son absence. Le bien n'est pas norme de lui-même et du mal comme le vrai, selon Spinoza, est norme de lui-même et du faux[1].

Autrement dit, c'est l'existence du mal, au sein de l'expérience, qui signale sa distance avec le bien : le mal implique donc de penser l'écart entre ce qui est et ce qui doit être ou ce qui devrait être. L'expérience du mal appelle donc une pensée de la justice : mais celle-ci se définit-elle comme équilibre (dans la relation entre mal commis et mal subi) ou comme perfection (par rapport à l'expérience du mal comme expérience positive, c'est-à-dire réelle, de la négativité) ? Définir le mal comme ce qui est injuste manifeste le processus même dans lequel la pensée et l'action se trouvent engagées : un processus qui doit conduire de l'injuste au juste, ou encore du mal au bien. De ce point de vue, le mal de scandale[2] apparaît

---

1. Spinoza, *Éthique*, livre II, Prop. XLIII, Scolie, trad. Ch. Appuhn, GF-Flammarion, 1965, p. 118.
2. L'expression est de Kant. Voir Kant, *Sur l'insuccès de tous les essais de théodicée*, in *Pensées successives sur la théodicée et la religion*, trad. P. Festugière, Vrin, p. 141.

comme l'expérience cruciale du mal : le fait qu'il existe des vertueux malheureux et des méchants heureux, c'est-à-dire l'absence d'équilibre entre ce que commet le sujet et ce qu'il subit.

La philosophie moderne et contemporaine aborde ces questions dans une perspective spécifique : le mal se trouve pensé dans le cadre d'une définition de l'homme comme sujet. C'est pourquoi le processus réflexif, globalement, a lieu en trois temps : du mal à l'homme et à sa nature, de l'homme à Dieu et à sa nature, de Dieu à l'homme.

Il s'agit donc pour nous :
– d'interroger la légitimité, devant les expériences multiples du mal, des démarches rationnelles d'explication, d'essentialisation, de réduction et de justification de ces expériences ;
– de comprendre dans quelle mesure les expériences du mal, en fonction de la démarche adoptée, conduisent à penser la nature humaine, l'ordre du monde et la justice ;
– de tenter d'établir dès lors quelle est la modalité la plus apte à saisir le mal dans sa dimension d'expérience, c'est-à-dire à répondre à la question du sens ;
– de tenter d'identifier l'attitude éthique appropriée face au mal.

Au fond, les procédés de rationalisation (qu'il s'agisse d'explication, de généalogie ou de justification) ne risquent-ils pas de nous éloigner du mal comme expérience ? Le parcours que nous proposons nous conduira à interroger la légitimité d'un ancrage de l'expérience du mal dans une théorie du sujet. Dans ce cadre, c'est l'expérience du mal politique qui fera office de révélateur : en tant qu'expérience critique et collective, le mal politique est en effet susceptible de remettre en question la fondation de la morale sur une définition de la nature humaine. Peut-être du même coup nous autorisera-t-il à renouer, au-delà des questions de la cause et de la fin, avec la question du sens.

Défendre Dieu et justifier le mal

Voltaire, devant le grand tremblement de terre de Lisbonne, pointe l'illégitimité des théodicées, c'est-à-dire des tentatives de défense de Dieu et de justification de l'existence du mal[1]. Le mal qu'il a devant les yeux n'a pas de cause humaine, il est impossible de lire derrière lui une quelconque intention, et il semble tout aussi vain de vouloir identifier un bien futur dont un tel mal serait porteur. Il s'agit en effet d'un mal naturel : son origine ne peut donc être attribuée ni à une perversion de l'homme ni à l'exercice de sa liberté. Les hommes sont ici de pures victimes sans bourreau : le mal subi ne peut être relié à aucun mal commis. L'injustice est totale, et sans origine humaine. Une telle expérience du mal semble donc à même de montrer l'absurdité des théodicées. Mais elle devient du même coup susceptible, pour nous, de nous aider à saisir ce qui se joue dans la théodicée, à partir du moment où l'on reconnaît qu'elle cherche précisément des réponses à l'apparente absurdité

---

1. Voir Voltaire, *Poème sur le désastre de Lisbonne*, in *Œuvres de Voltaire*, Gallimard, coll. « Bibliothèque de la Pléiade », 1961, pp. 301-309.

du mal. Un événement comme le tremblement de terre de Lisbonne constitue très exactement le type de fait qui conduit à une démarche de justification.

Comme nous l'avons vu, l'incompréhension, le sentiment d'injustice produits par l'expérience du mal conduisent l'homme à une quête de sens qui peut rendre compte de deux attitudes opposées :

– ils peuvent mener à l'acceptation pure de la perte des repères, la résignation à ce que la vie n'ait aucun sens, la soumission de son existence au hasard, la disparition de toute confiance et de toute croyance, l'abandon définitif de toute foi. C'est ainsi que l'on peut comprendre comment les maux qui s'abattent sur le personnage de Job peuvent apparaître comme une mise à l'épreuve de sa foi[1] ;

– à l'inverse, à distance de toute rationalité, la quête de sens peut plonger le sujet dans une foi superstitieuse, qui mobilise l'imagination et le fait recourir à l'interprétation et non à la connaissance. Spinoza décrit ainsi l'attitude du superstitieux[2] : un phénomène naturel tel qu'une tempête, qui devient un événement à partir du moment où il me concerne et modifie le cours de mon existence, devient signe à mon intention lorsque l'imagination délirante prend le pas sur la raison ; le phénomène naturel, d'abord vécu comme événement malheureux, est finalement interprété comme un signe de la colère de Dieu à mon égard, de même que l'événement heureux se trouve interprété comme signe de sa bienveillance. Autrement dit, l'homme prête à Dieu des intentions (anthropomorphisme) et se considère comme leur destinataire (anthropocentrisme[3]).

Cependant il faut remarquer que le Dieu des philosophes n'est pas identique au Dieu des superstitieux. La remontée de l'expérience du mal à Dieu peut être également le fait d'une démarche rationnelle dans la mesure où, dans l'expérience du mal, par l'écart qu'elle oblige à penser entre l'injustice et la justice, entre l'imperfection et la perfection, entre l'être et le devoir-être, l'idée de Dieu et l'idée d'un ordre du monde se trouvent nécessairement mobilisées. À ce niveau, le problème du mal est un problème métaphysique.

Comment comprendre le passage du mal comme expérience singulière à une réflexion sur la nature de Dieu ? La souffrance non méritée, le mal de scandale, comme injustice et imperfection, conduit à interroger la part de responsabilité divine : pourquoi Dieu laisse-t-il faire cela ? Cette question se pose avec une force particulière dans le cas des maux naturels, mais elle implique également de répondre au problème posé par les maux humains : si l'homme peut commettre le mal et est donc imparfait, pourquoi Dieu l'a-t-il ainsi créé ? Le mal a donc ici le statut d'expérience critique, qui place Dieu devant le tribunal de la raison. Théoriquement, comment concilier l'existence du mal avec les deux attributs de Dieu, défini comme absolument bon et absolument puissant ? La défense de Dieu avec préservation du mal peut prendre alors plusieurs voies ; dans chaque cas sont en jeu : une conception de Dieu ; une conception de la nature humaine, de son imperfection et de son degré de liberté ; une définition du mal[4].

---

1. Voir *Ancien Testament*, « Livre de Job », trad. T. O. B., Éd. du Cerf et Société biblique française, 1988.
2. Voir Spinoza, *Traité théologico-politique*, Préface, trad. Ch. Appuhn, GF-Flammarion, 1965, pp. 19-24.
3. Voir Spinoza, *Éthique*, livre I, Appendice, *op. cit.*, pp. 61-68.
4. Sur la diversité des voies empruntées par la théodicée : voir Francis Wolff, *Le Mal*, in *Notions de philosophie III*, dir. D. Kambouchner, Gallimard, coll. « Folio », 1995, pp. 151-219.

La théodicée emblématique est celle de Leibniz, et c'est d'ailleurs lui que vise directement Voltaire. Pour Leibniz[1], le mal n'est un scandale que parce que nous sommes dans l'ignorance : notre entendement, inférieur à celui de Dieu, ne nous permet pas de voir que notre monde est le meilleur parmi les mondes compossibles, et il se trouve dès lors incapable de nous faire sortir de l'expérience subjective du mal. Pourquoi Dieu alors ne nous a-t-il pas dotés d'un entendement parfait ? Parce que sa définition implique logiquement que ses créatures soient inférieures à lui, leur créateur. Autrement dit, aussi étendue que soit la puissance de Dieu, elle ne peut rien contre le principe de non-contradiction. Voici donc le discours que Leibniz adresse au fond à ceux qui souffrent : « Vous voyez plus de mal que de bien ? Vous voyez mal. Il faudrait pouvoir *tout* voir et bien voir comme Dieu, et alors on ne pourrait manquer de tout vouloir et de bien vouloir, comme lui, et par conséquent de vouloir ce monde avec tous les maux qu'il comporte[2]. » La liberté de l'homme consiste donc essentiellement dans la reconnaissance active que le monde est le meilleur possible et est issu de la volonté divine.

La démarche de Leibniz soulève deux interrogations majeures :
– le mal est-il véritablement reconnu comme tel ? Que devient l'expérience du mal ? Peut-on dire que celle-ci fasse l'objet d'une connaissance ?
– autrement dit, l'exigence rationnelle de sauver l'ordre du monde ne conduit-elle pas à des procédures de justification, distinctes d'une réelle légitimation ? Une théodicée comme celle de Leibniz, avant même d'être une pensée du mal, serait peut-être l'expression du désir de cohérence de la raison logique, désir qui, devant la dimension décevante du réel, est commun à l'imagination et à la raison. Fondamentalement, justifier, est-ce connaître ? Dans ce type de démarche métaphysique, il est probable qu'intervienne le besoin de sens, et que la volonté de défendre Dieu précède logiquement l'élaboration de l'expérience du mal.

Plus précisément, une telle démarche se fonde sur la distinction entre le réel et le bien ou le parfait. C'est pourquoi il s'agit toujours également de préserver la possibilité du jugement moral (en fonction du bien et du mal, comme s'il équivalait au jugement en fonction du vrai et du faux). Poursuivons l'exercice du soupçon : ne pouvons-nous dès lors penser que la volonté de préserver le jugement moral, qui porte sur l'imperfection de la nature humaine, précède là aussi logiquement la défense même de Dieu ?

C'est ainsi que nous sommes amenés à distinguer entre justification et connaissance : dans la justification, la raison n'avance pas seule ; peut-être n'est-elle pas première et sommes-nous à même de l'accuser de procéder à des rationalisations secondaires. Il s'agirait donc plutôt de reconnaître que l'ordre du monde est absolument nécessaire. Seule notre imagination nous fait considérer les « événements » (et, au premier rang d'entre eux, le mal subi) comme relevant d'un statut différent de celui des autres phénomènes, et sur ce point Leibniz serait d'accord ; mais c'est notre imagination encore qui nous fait interpréter le mal commis comme l'expression de l'imperfection intrinsèque de la nature humaine. À rebours de toute tentative de justification il s'agit donc d'appliquer à l'expérience du mal la perspective explicative.

---

1. Leibniz, *Essais de théodicée*, GF-Flammarion, 1969.
2. Wolff, *Le Mal*, *op. cit.*, p. 212.

Expliquer le mal et le réduire au mauvais

C'est ce que fait Spinoza, qui envisage de connaître ce que nous appelons « mal », c'est-à-dire de l'expliquer. Pour cela, il faut lutter contre tout ce qui, subjectivement et affectivement, nous pousse à lui conférer un statut singulier par rapport aux autres phénomènes de la nature. La nature est une, et Dieu est la Nature ; la liberté de Dieu se définit comme nécessité : dire que Dieu est absolument libre, c'est dire qu'il agit par la seule nécessité de sa nature[1]. Il s'agit donc de porter le même regard sur les phénomènes humains, ou encore sur les phénomènes qui nous concernent (et que nous appelons événements) que sur les phénomènes dits naturels : ce regard doit être scientifique. Ainsi nous sommes des choses, plus précisément des modes, c'est-à-dire des expressions singulières de Dieu ou de la Substance selon les deux attributs de la Pensée et de l'Étendue. Chaque mode est défini par son *conatus*, c'est-à-dire la puissance de persévérer dans son être. Chacun recherche ce qui lui est utile et fuit ce qui lui est nuisible : l'existence peut être comprise comme la recherche de l'utile propre.

De ce point de vue :

 – le mal que je subis, quelle que soit sa forme, n'est que du mauvais pour moi[2] ;

 – le mal que je commets n'est que la manifestation d'une erreur quant à l'appréhension de ce qui m'est utile, c'est-à-dire d'une idée inadéquate de l'utile pour moi, qui me conduit à la production de passions tristes (haine, colère, vengeance, jalousie, etc.) contribuant à la diminution de ma puissance d'agir.

Les actions humaines obéissent aux mêmes lois, naturelles et nécessaires, que le reste de la nature : l'homme n'est pas « un empire dans un empire[3] ». L'idée de liberté humaine s'en trouve modifiée : si la liberté équivaut à la nécessité, la liberté humaine ne relève pas du libre arbitre, comme si je pouvais choisir en toute distance le bien (absolu) et non le mal (tout aussi absolu). Elle réside dans la connaissance des causes qui me font agir. L'homme n'est donc pas doué de volonté : l'action bonne n'est pas la conséquence d'une maîtrise de ses désirs. Il faut plutôt dire que nous avons des volitions, qui ne sont qu'une des formes que prend la recherche de l'utile.

L'homme n'est donc pas imparfait, ni comme espèce, ni comme individu singulier ; chaque chose singulière est parfaite en son genre. Par là, il s'agit donc de ne pas absolutiser, en dépit de la tendance de l'imagination à franchir ce pas, ce qui nous plaît et ce qui nous déplaît. Ce n'est que la représentation, imaginaire et non rationnelle, d'un bien absolu qui nous fait juger de l'imperfection voire de la perversion de la nature humaine. Il est donc nécessaire de substituer au jugement moral, absolu, selon les critères du bien et du mal, une attitude éthique, qui consiste à connaître ce qui est bon pour soi.

Dans cette perspective :

 – la perfection et l'imperfection sont des notions relatives à chaque chose singulière ;

---

1. Spinoza, *Éthique*, livre I, *op. cit.*, pp. 21-22.
2. Sur la réduction du bien au bon et du mal au mauvais, voir *Ibid.*, livre IV, Préface et Définitions, pp. 217-221.
3. *Ibid.*, livre III, Préface, p. 133.

– le bien et le mal n'existent pas : il y a seulement du bon et du mauvais pour soi ;

– le jugement moral absolu est illégitime dans la mesure où le libre arbitre est une illusion ;

– Dieu n'a pas besoin d'être sauvé : la métaphysique spinoziste se passe de théodicée. Car il n'est au fond rien d'autre que ce qui est, c'est-à-dire la nécessité. Lui attribuer la bonté revient à lui prêter des intentions qu'il n'a pas ; sa « toute-puissance » n'a rien d'un pouvoir dont il pourrait s'agir, pour rendre compte de ses effets, d'établir les limites.

– de même qu'il est irrationnel de mettre Dieu en cause, il est irrationnel de chercher l'origine du mal dans une perversion de la nature humaine.

Pour résumer, la démarche explicative de Spinoza s'oppose à toute justification et même à toute légitimation, dans la mesure où celles-ci sont toujours d'abord morales avant d'être rationnelles. Le jugement moral n'est pas un jugement de connaissance.

Cependant un problème se pose. Nous pouvons accorder que le bien et le mal ne peuvent être définis de manière objective parce qu'ils ne sont au fond que le produit de notre imagination et qu'ils résultent d'une forme de désir de juger ; mais ne devons-nous pas considérer que le jugement moral a pourtant le statut d'une expérience ? Le jugement moral, en tant qu'expérience, ne relève pas d'une simple application de normes extérieures au sujet (hétéronomie), mais il est susceptible de se produire, au sein même du sujet, comme le signe de son autonomie. Par ailleurs, si la théorie spinoziste est loin d'être une théorie de la résignation dans la mesure où elle exige réellement ce mouvement éthique de la connaissance de ce qui nous est utile, elle ne permet pas de rendre compte de la dynamique propre à l'action bonne.

Ainsi la considération du jugement moral comme expérience nous invite, sans pour autant faire retour aux théodicées, à redonner une légitimité aux notions de bien et de mal, dans leur irréductibilité au bon et au mauvais.

Mal de scandale, mal radical et pensée de la justice

C'est la démarche de Kant, qui définit le jugement moral comme le produit de la raison pure pratique. Celle-ci énonce la loi morale, c'est-à-dire qu'elle produit les critères de l'action par devoir, et, ayant son origine dans la raison, elle est universelle. C'est pourquoi commettre le mal relève de notre liberté. L'enjeu est pratique : il s'agit essentiellement ici de donner sens à nos actions. Or, sans la possibilité du mal, le bien n'aurait aucune valeur. Kant fonde donc sa pensée de la morale, et donc du mal, sur une théorie des facultés : le mal, tout comme le bien, est le résultat d'une décision de la volonté libre. Si l'on distingue en l'homme le sujet pathologique (ses tendances égoïstes) et le sujet rationnel et moral (sa capacité à agir par obéissance à la loi morale, c'est-à-dire selon les maximes qu'elle nous dicte), le courage ou la valeur morale ne se définit pas comme la capacité à affronter les circonstances (courage héroïque), mais comme la capacité à lutter contre ses propres penchants égoïstes.

Kant identifie donc en l'homme l'existence d'un mal radical[1], c'est-à-dire d'une forme de « penchant naturel » au mal. Il ne s'agit pas pour lui de condamner l'homme en tant qu'espèce au nom d'un « péché originel », mais de bien comprendre que le choix du mal est un choix originaire, puisqu'il s'agit du choix, nécessairement conscient et libre, de la transgression de la loi morale. Dans ce cadre, la culpabilité apparaît comme un signe que le mal est bien affaire de liberté : c'est notre conscience morale qui, en deçà de toutes les tentatives de justification que l'on peut mener pour tenter de se disculper lorsque l'on a commis le mal, s'exprime dans le sentiment de sa faute, c'est-à-dire de sa responsabilité pleine et entière.

Conjointement, l'expérience qui prend ici tout son sens est celle du mal de scandale ou de l'injustice. Dans les faits, il n'existe aucune relation nécessaire entre la vertu et le bonheur : et c'est précisément parce que la logique, pratique, de l'acte moral se distingue de la logique, pragmatique, de la recherche du bonheur. Cependant, pour que l'acte moral ou immoral ait du sens, le sujet a l'exigence de postuler, comme une idée de la raison, c'est-à-dire comme ce qu'il convient d'espérer rationnellement tout en sachant que sa réalisation ne sera jamais totale, l'union du bonheur et de la vertu, autrement dit le Souverain Bien[2].

L'idée de justice acquiert donc le statut de guide rationnel pour l'action, sans qu'il faille penser pouvoir l'établir ici et maintenant : la théorie kantienne à cet égard n'est pas une théodicée.

Par conséquent, l'homme n'a aucune excuse à commettre le mal, notamment dans le domaine politique. L'opposition à Machiavel est ici très nette. Machiavel en effet distingue le bien moral et le bien politique (défini comme unité et durée de l'État) : c'est ainsi que la vertu du Prince, sa capacité politique, ne peut être identifiée à la vertu prise en son sens moral. La poursuite du bien politique implique de pouvoir ne pas être bon[3]. À Machiavel, Kant oppose la supériorité de la loi morale sur la logique politique, de la même façon qu'il oppose la rationalité du devoir à la dimension imaginaire des représentations du bonheur. Le bonheur n'est jamais garanti par l'action morale : il ne peut qu'être rationnellement espéré pour les vertueux. Selon le même modèle, seule la morale donne son sens à l'action politique, même si elle ne peut garantir son efficacité pragmatique. Quant à la pensée du sujet sur laquelle se fonde une telle conception, elle défend que l'homme, même lorsqu'il entre dans le domaine politique, ne peut pas pour autant se scinder en deux et mettre simplement de côté ce qui fait de lui un être moral ; car sa valeur propre, ce qui le définit comme personne, tient à la présence en lui de la loi morale.

Lorsque Kant affirme qu'il existe en l'homme un penchant naturel au mal, cela ne signifie donc pas que l'homme commet le mal parce qu'il a en lui des désirs ou encore des passions, mais plutôt parce que, entre le mouvement de ses désirs et ce qui lui dicte la loi morale, il fait le choix, libre, de ne pas suivre cette dernière. Le mal radical est donc celui de la volonté ; l'acte immoral doit être rapporté à la maxime qui le guide : il est impossible de l'isoler d'un choix originaire pour le mal[4].

---

1. Kant, *La Religion dans les limites de la simple raison*, I, 4, trad. J. Gibelin revue par M. Naar, Vrin, 1983, pp. 82-83.
2. Voir Kant, *Critique de la raison pratique*, livre II, chap. 2, trad. F. Picavet, PUF, p. 119.
3. Machiavel, *Le Prince*, chap. XV, trad. Y. Lévy, GF-Flammarion, 1980, pp. 131-132.
4. Voir Michaël Foessel, *Le mal*, Hatier, coll. « Profil », 1999, pp. 35 et 46.

À cet égard, la théorie kantienne du mal radical se rapproche de la pensée rousseauiste de la perfectibilité. Selon Rousseau en effet[1] l'homme est prompt à accuser la nature de tous les maux qu'il subit. Or l'homme seul en est responsable : qu'il soit perfectible signifie également qu'il peut se pervertir. La méchanceté de l'homme tient essentiellement à son éloignement vis-à-vis de la nature, sensible, capable de pitié, qui est la sienne : l'homme devient méchant à partir du moment où il se met à distance de l'une de ses passions fondamentales (la pitié) et entre dans le jeu social des faux-semblants, de l'hypocrisie, du mensonge et des calculs froids. La différence majeure entre les pensées des deux auteurs tient à ce que, si Kant établit lui aussi l'existence d'une nature morale, il l'identifie à notre raison pure pratique et non à notre sensibilité.

La théorie kantienne permet :

– de penser l'existence du mal, son expérience, dans la singularité du sujet qui subit le mal comme dans la singularité du sujet qui le commet ;

– de penser, par la puissance rationnelle qu'il accorde au jugement moral, l'universalité dont il est porteur ;

– de fonder cette pensée sur une conception de la nature humaine, douée de facultés plurielles, tout en évitant un certain nombre d'impasses : le sujet ne se trouve pas scindé en deux, le mal radical ne se confond pas avec le péché originel (ce qui permet de sauver la liberté), Dieu n'est pas mis en accusation et la raison ainsi n'est pas conduite à produire un système philosophique dogmatique tel que celui des théodicées, c'est-à-dire à « délirer » ;

– d'inscrire le mal subi et le mal commis, le mal moral et le mal physique dans l'horizon d'un Souverain Bien défini rationnellement comme l'idée de l'union entre bonheur et vertu, seule apte à guider pratiquement nos actions, et de répondre par là à la détresse dans laquelle nous plonge le mal de scandale.

Le mal n'est donc ni absolutisé, ni relativisé, ni nié ; il reste une possibilité réelle inscrite dans notre liberté.

Cependant, en fondant la pensée du mal sur une théorie du sujet transcendantal et sur les facultés qui conditionnent son rapport au monde, cette théorie ne permet pas de rendre compte d'une forme spécifique du mal : le mal politique, qui est apparu en tant qu'événement au cours du XXe siècle, sous la figure du totalitarisme.

Le mal politique, par son statut d'événement, nous oblige en effet à reconsidérer la nature du mal, son origine, son fondement anthropologique, la modalité rationnelle apte à le penser, les modalités de l'action susceptibles d'y répondre. C'est la réflexion que conduit Hannah Arendt dans sa confrontation avec le phénomène totalitaire.

---

1. Voir notamment Rousseau, *Émile ou de l'éducation*, IV (« Profession de foi du vicaire savoyard »), GF-Flammarion, 1966, p. 366.

La banalité du mal et le mal absolu

Le phénomène totalitaire a le statut d'un événement[1]. En effet, il introduit, par sa nouveauté, une rupture par rapport au cours de l'Histoire. Sa portée n'est pas simplement singulière, mais un événement ne peut être considéré comme tel que s'il est politique, c'est-à-dire s'il concerne tous les hommes en tant qu'ils constituent une communauté, autrement dit en tant qu'ils vivent ensemble. L'événement, en tant que tel, ne concerne donc essentiellement ni l'homme en tant qu'individu, qu'il soit victime ou acteur, ni l'homme en tant qu'espèce (l'humanité dans son universalité abstraite), mais l'homme en tant qu'il entre en correspondance avec la condition humaine fondamentale de la pluralité.

L'événement constitue à cet égard un moment critique : il met en crise la pensée et l'action dans la mesure où il signale la caducité des modes traditionnels de pensée (juridiques, politiques, moraux), incapables de rendre compte de sa nouveauté, et où il contraint également l'action à trouver de nouvelles ressources pour y répondre. Contre la sidération dans laquelle il ne manque pas de nous plonger d'abord, il oblige la pensée à se confronter à la question du sens. En effet, l'événement est ce qui ne peut être entièrement connu, c'est-à-dire ce qui ne peut pas être maîtrisé par la raison :

– la démarche explicative est insuffisante : le sens de l'événement ne s'épuise pas dans l'identification des causes qui le produisent, et c'est ce qui permet de comprendre qu'il soit imprévisible ;

– la démarche généalogique, qui consiste à mettre en valeur ses origines, ne convient pas non plus : aucun fait du passé ne contient l'événement en puissance ;

– quant aux procédés de justification, ils se heurtent, plus encore que devant le tremblement de terre de Lisbonne, à l'impossibilité de rendre ce mal « dialectisable ».

En effet, s'il est possible d'identifier un certain nombre d'éléments qui se sont cristallisés dans l'événement totalitaire (c'est ce que fait Arendt tout au long de son ouvrage *Les Origines du totalitarisme*), il est vain de vouloir réduire l'événement à ces éléments comme s'ils en étaient les causes. L'événement ne peut donc pas être réduit à ce qui l'a précédé, mais il a en revanche une fonction de révélateur : l'événement peut être défini comme ce qui vient éclairer son propre passé.

Il exige donc d'être pensé, mais il conduit la raison (c'est sa « vertu » critique) à abandonner sa posture scientifique ou philosophique : le mal politique demande à la raison d'intervenir, mais il ne peut pas à proprement parler être rationalisé. Il s'agit donc de tenter d'en élaborer le sens, en ayant conscience qu'il sera impossible d'en établir la vérité. C'est ainsi que, par différence avec la volonté de connaître, Arendt définit la compréhension comme la modalité rationnelle apte à se situer à même l'événement comme expérience politique[2] : en ce qui concerne l'événement totalitaire, il s'agit donc de se situer au plus près de l'expérience du mal politique. Or cette expérience est celle de la disparition de la possibilité d'agir et de penser :

---

1. Voir Arendt, *Les Origines du totalitarisme*, et plus précisément *Le Système totalitaire*, trad. J.-L. Bourget, R. Davreu et P. Lévy, Seuil, coll. « Points essais », 1972.
2. Arendt, « Compréhension et politique » in *La Nature du totalitarisme*, trad. M.-I. Brudny-de Launay, Payot, 1990, pp. 33-53.

elle est donc l'expérience de la non-correspondance de l'homme à ses conditions fondamentales d'existence. La compréhension est un processus infini d'élaboration du sens. Elle seule constitue une réponse à la légitimité et à l'urgence de la question « pourquoi ? » et à l'impossibilité d'y apporter une réponse définitive.

Le mal politique met donc notamment en crise les théories philosophiques du mal, les philosophies morales en tant qu'elles sont incapables de se situer à même l'expérience du mal. En rupture avec la tradition philosophique, Arendt adopte sur l'expérience un regard que l'on peut qualifier de phénoménologique. L'expérience du mal politique est celle de la terreur absolue, de la disparition des conditions du vivre-ensemble, et plus profondément encore celle de la superfluité de l'homme, incarnée dans la tentative, double, de fabrication de l'humain par le biais de l'idéologie et de son annihilation dans les camps d'extermination.

La question « pourquoi ? », qui est par excellence la question que pose le mal, devient au plus haut point la question du sens, dans la mesure où toute tentative de connaissance ou de rationalisation se heurte à des obstacles insurmontables. Par ailleurs, le mal totalitaire se présente comme la forme extrême du mal de scandale, du fait de l'innocence absolue des victimes et donc de l'absence totale de corrélation entre l'acte et la souffrance, entre le mal commis et le mal subi. Comment un tel mal peut-il alors être pensé ? Deux concepts en apparence contradictoires permettent de s'en approcher : l'idée de banalité du mal et l'idée de mal absolu.

À son ouvrage relatant le procès Eichmann, Arendt donne le sous-titre suivant : « Rapport sur la banalité du mal[1] ». L'idée peut être résumée ainsi : ce qui a conduit Eichmann à contribuer avec zèle et efficacité à la solution finale et aux camps (qu'Arendt définit comme « fabriques de cadavres et oubliettes[2] ») n'est pas ce que l'on appelle traditionnellement le défaut ou l'absence de conscience morale : Eichmann ne peut être simplement qualifié de pervers ou de monstre. L'origine du mal ne peut être trouvée dans la nature par essence mauvaise de l'individu. Le mal provient plutôt de ce qu'Arendt nomme « l'absence de pensée[3] ». Certes, Eichmann ne possède pas de critère absolu lui permettant, au-delà des formes de la légalité, d'envisager la distinction entre le légitime et l'illégitime, le juste et l'injuste : il ne fait qu'obéir. Mais plus fondamentalement, cette absence de pensée n'est pas tant une absence de critères moraux qu'une absence de jugement, le jugement étant entendu non pas comme une décision produite d'en haut par la raison et extérieure à son objet (obéissance à des valeurs plus hautes que l'ordre), mais plutôt comme la capacité à se mettre à la place de tout autre : ce qu'Arendt, reprenant d'ailleurs une expression kantienne, appelle la « mentalité élargie ». C'est donc le sens politique qui fait défaut, le sens de la pluralité ainsi que de cette forme de liberté qui n'est pas celle d'un sujet isolé ne dépendant que de lui-même (autonomie), mais qui n'existe qu'au milieu des autres hommes (liberté politique).

La « banalité du mal » signifie donc que le mal peut être le fait d'individus dont on ne peut dire qu'ils soient animés d'une volonté perverse : le mal n'est pas choisi en toute liberté – et c'est en ce sens que la théorie kantienne du mal radical devient

---

1. Arendt, *Eichmann à Jérusalem. Rapport sur la banalité du mal*, trad. A. Guérin, Gallimard, « Folio », 1966.
2. Voir notamment *Le Système totalitaire*, op. cit., p. 201.
3. Voir notamment Arendt, *Considérations morales*, trad. M. Ducassou et D. Maes, Payot-Rivages, 1993, pp. 70-71.

caduque – mais il n'est pas non plus le résultat de la contrainte ; le sujet y contribue activement sur le fond d'une disparition de sa capacité à penser, c'est-à-dire avant tout à dialoguer avec lui-même.

Quant au mal dont il est question, il n'a rien de banal. Arendt le qualifie même d'« absolu » : le mal absolu est celui d'un monde dans lequel l'homme est devenu superflu[1]. Ce monde ainsi n'est pas seulement celui du mal de scandale, mais aussi celui du malheur moral, c'est-à-dire de l'impossibilité pour les victimes d'avoir le choix entre le bien et le mal : l'exercice de la liberté y a disparu.

L'implication théorique majeure de cette expérience du mal absolu tient dans l'obligation de renoncer à la fois à une dissolution du mal dans la nécessité et à son inscription dans le libre arbitre. La liberté fondamentale n'est pas l'autonomie, mais bien plutôt la liberté politique : c'est l'expérience de sa disparition qui nous permet de le comprendre. C'est pourquoi il devient nécessaire d'abandonner les tentatives mêmes de définition d'une nature humaine. La question de la nature humaine (« qu'est-ce que l'homme ? ») est une question théologique, à laquelle seul Dieu pourrait répondre. Seule la question « qui est l'homme ? » est une question humaine ; elle signifie essentiellement : « de quoi est-il capable ? ». Le mal politique signale l'impossibilité de fonder le mal sur la conception d'un sujet doué de facultés ; en revanche il nous oblige à penser la condition humaine. Le mal peut être alors compris comme expérience de la « perte en monde », c'est-à-dire de l'absence de correspondance entre l'existence humaine et ses conditions fondamentales[2].

Contrairement à ce que l'on croit lorsque l'on est encore pris dans la dimension exclusivement affective de l'expérience du mal, celle-ci n'est pas de l'ordre de l'impensable. Penser le mal est une exigence qui n'est pas strictement théorique, mais également morale, dans la mesure où cette exigence est celle, pour tout homme (et pas seulement pour les « penseurs professionnels ») de tenter de comprendre, même si ce processus est en droit infini, ce dont l'homme est capable. Les rationalisations qui conduisent à nier l'existence du mal, à en produire des justifications pour garantir l'ordre du monde ou à la fonder sur la nature humaine pour préserver le libre arbitre, ne permettent jamais, en dépit des apparences théoriques, de penser la totalité du mal. C'est sans doute parce que le mal restera ce qui est en excès par rapport à la pensée comme par rapport à l'action. Les systèmes philosophiques qui tentent de cerner le mal permettent toujours d'en saisir au moins l'un de ses aspects, mais se laissent déborder par ce dont il est porteur en tant qu'expérience critique. En ce sens, ils disent essentiellement le désarroi dans lequel le mal plonge la raison et les efforts qu'elle déploie pour maîtriser l'immaîtrisable.

On retrouve le même excès du mal vis-à-vis des tentatives pratiques de réponse au mal : car, nous l'avons vu, le mal est également un problème éthique. Le mal de scandale implique ainsi une pensée de la justice, à deux niveaux : il s'agit de rendre la justice par un système de compensation et d'équilibre entre le mal subi et le mal commis ; devant l'impossibilité de répondre ici et maintenant au mal de scandale, il devient impératif, pratiquement, avec Kant, de postuler rationnellement le Souverain Bien comme union du bonheur et de la vertu.

---

1. Voir Arendt, *Le Système totalitaire*, op. cit., p. 200.
2. Sur les conditions fondamentales de l'existence humaine voir Arendt, *Condition de l'homme moderne*, op. cit., chap. I, pp. 41-42.

Nous pouvons progresser d'un pas encore en direction de l'expérience : il semble que l'action elle-même recèle une potentialité susceptible de répondre à l'une des formes de l'excès que représente le mal. L'action en effet est habitée par ce qu'Arendt appelle ses deux « calamités » : l'imprévisibilité et l'irréversibilité[1]. Autrement dit, le propre de l'action est d'être imprévisible dans la totalité de ses conséquences et de ne pouvoir être détruite. Or il existe deux modalités, issues de l'action elle-même, qui constituent chacune une réponse à ces deux calamités : la promesse comme réponse à l'imprévisibilité, le pardon comme réponse à l'irréversibilité. Le pardon serait ainsi peut-être cette capacité spécifiquement humaine apte à répondre, hors de toute logique du calcul ou de l'équilibre, à l'excès permanent du mal.

Cependant, cette réponse même ne saurait être une solution : l'excès persiste, parce qu'il est inhérent au mal. Il reste donc que le mal, en tant que problème éthique, tend à reléguer au second plan le questionnement spéculatif sur son origine : comme l'écrit Ricœur, le mal appelle immédiatement le combat, et ce combat implique déjà un postulat métaphysique, dont la vertu est pratique : le postulat de la contingence du mal[2]. En ce sens, la compréhension du mal n'est pas censée précéder le combat, mais plutôt l'accompagner et le prolonger. Fort heureusement, il n'est pas besoin de connaître le mal pour le combattre : il suffit de l'avoir éprouvé en tant qu'expérience. De même que le mal politique est l'expérience de la disparition de la liberté, le combat collectif a lui aussi le statut d'événement : l'événement de la réapparition du « trésor de la liberté[3] ».

---

1. Sur l'irréversibilité et l'imprévisibilité, sur le pardon et la promesse, voir *Ibid.*, chap. V, pp. 301-314.
2. Ricœur, *Le mal : un défi à la philosophie et à la théologie*, in *Lectures 3*, Seuil, 1994, pp. 229-230.
3. L'expression est dans Arendt, *La Crise de la culture. Huit exercices de pensée politique*, Préface, trad. P. Lévy, Gallimard, coll. « Folio Essais », 1989, p. 15.

Littérature et langage

Anthologie
Une littérature du mal ?
Marika DOUX

Présentation

La littérature est « un danger » car elle « permet de voir le pire ». Les choses humaines y « sont restituées sous le jour le plus entier, la perspective la plus violente » au point « qu'on n'est vraiment homme » qu'en affrontant ce qu'elle dit. Mais la littérature permet aussi de « surmonter » « l'horreur », déclare Georges Bataille à propos de son livre *La littérature et le mal*.

On pourra donc se risquer à lire les textes qui suivent à la lumière de cette « mise en garde ».

Ils sont avant tout une invitation à un « affrontement » littéraire plus radical et plus complet. On espère qu'ils permettront d'explorer certaines questions qui orchestrent les textes au programme. On verra que la question « Pourquoi le mal ? » n'y reçoit pas de réponse satisfaisante et qu'elle se déplace vers d'autres enjeux : comment agir malgré le mal et même, parfois, à travers lui.

Agrippa d'Aubigné, *Tragiques* (1616), « Misères » I, v. 97-130

De 1562 à 1598, la France est déchirée par une guerre civile qui oppose catholiques et protestants. Pour en dénoncer le scandale et l'horreur, Agrippa d'Aubigné rédige un long poème épique, les *Tragiques*, où il défend la grandeur de l'Église réformée.

Il peint la rivalité des partis en présence sous les traits de deux enfants jumeaux assimilés aux figures bibliques d'Esaü et Jacob.

> Je veux peindre la France une mère affligée,
> Qui est, entre ses bras, de deux enfants chargée.
> Le plus fort, orgueilleux, empoigne les deux bouts
> Des tétins nourriciers ; puis, à force de coups
> D'ongles, de poings, de pieds, il brise le partage
> Dont nature donnait à son besson[1] l'usage ;
> Ce voleur acharné, cet Esau malheureux,
> Fait dégât du doux lait qui doit nourrir les deux,
> Si que[2], pour arracher à son frère la vie,
> Il méprise la sienne et n'en a plus d'envie.
> Mais son Jacob, pressé d'avoir jeûné meshui[3],
> Ayant dompté longtemps en son cœur son ennui,
> À la fin se défend, et sa juste colère
> Rend à l'autre un combat dont le champ est la mère.
> Ni les soupirs ardents, les pitoyables cris,

---

1. *jumeau*
2. *si bien que*
3. *aujourd'hui*

Ni les pleurs réchauffés[1] ne calment les esprits ;
Mais leur rage les guide et leur poison redouble.
Leur conflit se rallume et fait si furieux
Que d'un gauche malheur ils se crèvent les yeux.
Cette femme éplorée, en sa douleur plus forte,
Succombe à la douleur, mi-vivante, mi-morte ;
Elle voit les mutins, tout déchirés, sanglants,
Qui, ainsi que du cœur, des mains se vont cherchant.
Quand, pressant à son sein d'une amour maternelle
Celui qui a le droit et la juste querelle,
Elle veut le sauver, l'autre, qui n'est pas las,
Viole, en poursuivant, l'asile de ses bras.
Adonc[2] se perd le lait, le suc de sa poitrine ;
Puis aux derniers abois de sa proche ruine,
Elle dit : « Vous avez, félons, ensanglanté
Le sein qui vous nourrit et qui vous a porté ;
Or, vivez de venin, sanglante géniture[3],
Je n'ai plus que du sang pour votre nourriture !

On pourra étudier comment cette allégorie de la guerre civile montre le Mal comme ce qui attaque singulièrement la catégorie du corps – personnel, social ou symbolique. Le Mal apparaît ici sous l'un de ses visages essentiels, celui du Diviseur, du dia-bolique, au sens étymologique du terme.

Pascal, *Pensées* (1669), extraits du fragment 122, (Édition de Michel Le Guern)

Pour Pascal, la doctrine chrétienne a su éclairer le mystère de l'existence du Mal et de la lancinante question de son origine – d'où vient le mal ?-, par le dogme du péché originel. Ce mythe permet d'accepter aussi la dualité de la nature humaine, faite de grandeur et de misère tout à la fois.

Car enfin si l'homme n'avait jamais été corrompu, il jouirait dans son innocence et de la vérité et de la félicité avec assurance. Et si l'homme n'avait jamais été que corrompu, il n'aurait aucune idée ni de la vérité, ni de la béatitude. Mais, malheureux que nous sommes, et plus que s'il n'y avait point de grandeur dans notre condition, nous avons une idée du bonheur et nous ne pouvons y arriver, nous sentons une image de la vérité et ne possédons que le mensonge, incapables d'ignorer absolument et de savoir certainement, tant il est manifeste que nous avons été dans un degré de perfection dont nous sommes malheureusement déchus. [...]

Chose étonnante, cependant, que le mystère le plus éloigné de notre connaissance, qui est celui de la transmission du péché, soit une chose sans laquelle nous ne pouvons avoir aucune connaissance de nous-mêmes !
Car il est sans doute qu'il n'y a rien qui choque plus notre raison que de dire que le péché du premier homme ait rendu coupables ceux qui, étant si éloignés de cette source, semblent incapables d'y participer. Cet écoulement ne nous paraît

---

1. *ravivés*
2. *alors*
3. *progéniture*

pas seulement impossible, il nous semble même très injuste : car qu'y a-t-il de plus contraire aux règles de notre misérable justice que de damner éternellement un enfant incapable de volonté pour un péché où il paraît avoir si peu de part qu'il est commis six mille ans avant qu'il fût en être ? Certainement, rien ne nous heurte plus durement que cette doctrine, et cependant sans ce mystère, le plus incompréhensible de tous, nous sommes incompréhensibles à nous-mêmes. Le nœud de notre condition prend ses replis et ses tours dans cet abîme. De sorte que l'homme est plus inconcevable sans ce mystère, que ce mystère n'est inconcevable à l'homme.

L'argumentation de Pascal est-elle convaincante ? L'idée du péché originel est utilisée de façon contradictoire : elle permet d'expliquer l'origine du mal mais elle invite aussi à dénoncer l'injustice de sa transmission. On pourra donc relire ce fragment des *Pensées* à la lumière de différentes réflexions contemporaines abordant la notion du péché originel sous d'autres perspectives, anthropologiques, psychanalytiques... (notamment : Marie Balmary, *Abel ou la Traversée de l'Éden*, Grasset, 1999 ; François Flahault, *Adam et Ève. La condition humaine*, éditions Mille et une nuits, 2007)

Racine, *Phèdre* (1677) Acte I, scène II, v. 269-316

Dans *Phèdre*, Racine explore essentiellement la question de la faute et celle des passions. Dès sa première apparition, son héroïne fait l'aveu de l'amour qu'elle porte à son beau-fils, Hippolyte.

D'où viennent ce « crime » et ce « mal » ? Des dieux ?

On pourra se souvenir avec intérêt des diverses transgressions commises par les ascendants de Phèdre et d'Hippolyte : elles ne sont pas étrangères à ce qui leur arrive, même si ces personnages demeurent les artisans de leur destin.

> Mon mal vient de plus loin[1]. À peine au fils d'Égée
> Sous les lois de l'hymen je m'étais engagée,
> Mon repos, mon bonheur semblait être affermi,
> Athènes me montra mon superbe ennemi.
> Je le vis, je rougis, je pâlis à sa vue ;
> Un trouble s'éleva dans mon âme éperdue ;
> Mes yeux ne voyaient plus, je ne pouvais parler ;
> Je sentis tout mon corps et transir et brûler ;
> Je reconnus Vénus et ses feux redoutables,
> D'un sang qu'elle poursuit tourments inévitables.
> Par des vœux assidus je crus les détourner :
> Je lui bâtis un temple, et pris soin de l'orner ;
> De victimes moi-même à toute heure entourée,
> Je cherchais dans leurs flancs ma raison égarée.
> D'un incurable amour remèdes impuissants !
> En vain sur les autels ma main brûlait l'encens :
> Quand ma bouche implorait le nom de la Déesse,
> J'adorais Hippolyte ; et le voyant sans cesse,
> Même au pied des autels que je faisais fumer,
> J'offrais tout à ce Dieu que je n'osais nommer.
> Je l'évitais partout. Ô comble de misère !

---

1. Phèdre répond à Oenone, sa confidente.

Mes yeux le retrouvaient dans les traits de son père.
Contre moi-même enfin j'osai me révolter :
J'excitai mon courage à le persécuter.
Pour bannir l'ennemi dont j'étais idolâtre,
J'affectai les chagrins d'une injuste marâtre ;
Je pressai son exil, et mes cris éternels
L'arrachèrent du sein et des bras paternels.
Je respirais, Oenone ; et depuis son absence,
Mes jours moins agités coulaient dans l'innocence.
Soumise à mon époux, et cachant mes ennuis,
De son fatal hymen je cultivais les fruits.
Vaines précautions ! Cruelle destinée !
Par mon époux lui-même à Trézène amenée,
J'ai revu l'ennemi que j'avais éloigné :
Ma blessure trop vive aussitôt a saigné.
Ce n'est plus une ardeur dans mes veines cachée :
C'est Vénus toute entière à sa proie attachée.
J'ai conçu pour mon crime[1] une juste terreur ;
J'ai pris la vie en haine, et ma flamme en horreur.
Je voulais en mourant prendre soin de ma gloire,
Et dérober au jour une flamme si noire :
Je n'ai pu soutenir tes larmes, tes combats ;
Je t'ai tout avoué ; je ne m'en repens pas,
Pourvu que de ma mort respectant les approches,
Tu ne t'affliges plus par d'injustes reproches,
Et que tes vains secours cessent de rappeler
Un reste de chaleur tout prêt à s'exhaler.

Quelle est la complicité de l'homme avec le mal, voire sa responsabilité dans le mal qui pourtant le détruit ? De Phèdre, Racine déclare qu'elle « n'est ni tout à fait coupable, ni tout à fait innocente. »...

Reste cette vérité humaine : le mystère de la fatalité du mal n'allège en rien la souffrance à laquelle il condamne.

Voltaire, *Candide ou l'Optimisme* (1759), extrait du chapitre XIX

Comment accorder l'existence du mal avec l'idée de la perfection de l'univers et d'un Dieu bon ?

En novembre 1755, le tremblement de terre de Lisbonne, suivi d'un raz-de-marée et d'un incendie, fait plus de cinquante mille victimes.

Voltaire, sincèrement bouleversé, y voit l'occasion de réfuter l'« optimisme », terme qui désigne alors la doctrine leibnizienne de l'excellence de la Création divine. Il écrit le « *Poème sur le désastre de Lisbonne* » auquel Rousseau répond par sa « *Lettre sur la Providence* ». Nous sommes en 1756.

Trois plus tard, avec *Candide ou l'optimisme*, Voltaire réitère son entreprise et lui donne l'ampleur d'un conte philosophique. Tout en simplifiant à l'extrême la pensée de Leibniz, il s'emploie à montrer la diversité des formes du Mal à travers les aventures et mésaventures de son héros éponyme.

---

1. *ma faute*

Candide vient de sortir de l'Eldorado « le pays où tout va bien » quand il se dirige vers Surinam.

> En approchant de la ville, ils rencontrèrent un nègre étendu par terre, n'ayant plus que la moitié de son habit, c'est-à-dire d'un caleçon de toile bleue ; il manquait à ce pauvre homme la jambe gauche et la main droite. « Eh ! mon Dieu ! lui dit Candide en hollandais, que fais-tu là, mon ami, dans l'état horrible où je te vois ? – J'attends mon maître, M. Vanderdendur, le fameux négociant, répondit le nègre. – Est-ce M. Vanderdendur, dit Candide, qui t'a traité ainsi ? – Oui, monsieur, dit le nègre ; c'est l'usage. On nous donne un caleçon de toile pour tout vêtement deux fois dans l'année ; quand nous travaillons aux sucreries et que la meule nous attrape le doigt, on nous coupe la main ; quand nous voulons nous enfuir, on nous coupe la jambe : je me suis trouvé dans les deux cas. C'est à ce prix que vous mangez du sucre en Europe. Cependant, lorsque ma mère me vendit dix écus patagons sur la côte de Guinée, elle me disait : « Mon cher enfant, bénis nos fétiches, adore-les toujours, ils te feront vivre heureux ; tu as l'honneur d'être esclave de nos seigneurs les blancs, et tu fais par là la fortune de ton père et de ta mère. » Hélas ! je ne sais pas si j'ai fait leur fortune, mais ils n'ont pas fait la mienne. Les chiens, les singes et les perroquets sont mille fois moins malheureux que nous ; les fétiches hollandais qui m'ont converti me disent tous les dimanches que nous sommes tous enfants d'Adam, blancs et noirs. Je ne suis pas généalogiste ; mais si ces prêcheurs disent vrai, nous sommes tous cousins issus de germain. Or, vous m'avouerez qu'on ne peut pas en user avec ses parents d'une manière plus horrible.
>
> – O Pangloss ! s'écria Candide, tu n'avais pas deviné cette abomination ; c'en est fait, il faudra qu'à la fin je renonce à ton optimisme. – Qu'est-ce qu'optimisme ? disait Cacambo. – Hélas ! dit Candide, c'est la rage de soutenir que tout est bien quand on est mal. » Et il versait des larmes en regardant son nègre ; et en pleurant il entra dans Surinam.

En littérature, dénoncer le mal passe par l'utilisation de registres bien différents. On pourra examiner comment la naïveté et le pathétique s'allient à l'ironie et à l'humour au sein d'un ensemble plus argumentatif qu'il n'y paraît.

Sade, *La philosophie dans le boudoir* (1795), extrait du Troisième Dialogue

La nature, que bien des Philosophes du XVIIIe siècle tiennent pour ce qui est et ce qui doit être, induit dans le système de Donatien-Alphonse-François, marquis de Sade, des comportements spécifiques – viols, incestes, tortures diverses –, accompagnés et justifiés par d'abondants discours.

La *Philosophie dans le boudoir* relate l'éducation physique et morale que ses « instituteurs immoraux » dispensent à la jeune Eugénie. Dans l'extrait qui suit, l'actif et prolixe Dolmancé analyse « les plaisirs de la cruauté ».

> À quel titre ménagerions-nous donc un individu qui ne nous touche en rien ? À quel titre lui éviterions-nous une douleur qui ne nous coûtera jamais une larme, quand il est certain que de cette douleur va naître un très grand plaisir pour nous ? Avons-nous jamais éprouvé une seule impulsion de la nature qui nous conseille de préférer les autres à nous, et chacun n'est-il pas pour soi dans le monde ? Vous nous parlez d'une voix chimérique de cette nature, qui nous dit de ne pas faire aux autres ce que nous ne voudrions pas qu'il nous fût fait ;

mais cet absurde conseil ne nous est jamais venu que des hommes, et d'hommes faibles. L'homme puissant ne s'avisera jamais de parler un tel langage. Ce furent les premiers chrétiens qui, journellement persécutés pour leur imbécile système, criaient à qui voulait l'entendre : « Ne nous brûlez pas, ne nous écorchez pas ! *La nature dit qu'il ne faut pas faire aux autres ce que nous ne voudrions pas qu'il nous fût fait.* » Imbéciles ! Comment la nature, qui nous conseille toujours de nous délecter, qui n'imprime jamais en nous d'autres mouvements, d'autres aspirations, pourrait-elle, le moment d'après, par une inconséquence sans exemple, nous assurer qu'il ne faut pourtant pas aviser de nous délecter si cela peut faire de la peine aux autres ? Ah ! croyons-le, croyons-le, Eugénie, la nature, notre mère à tous, ne nous parle jamais que de nous : rien n'est égoïste comme sa voix, et ce que nous y reconnaissons de plus clair est l'immuable et saint conseil qu'elle nous donne de nous délecter, n'importe aux dépens de qui. Mais les autres, vous dit-on à cela, peuvent se venger... À la bonne heure, le plus fort seul aura raison. Eh bien, voilà l'état primitif de guerre et de destruction perpétuelles pour lequel sa main nous créa et dans lequel seul il lui est avantageux que nous soyons. Voilà, ma chère Eugénie, comme raisonnent ces gens-là[1], et moi j'y ajoute, d'après mon expérience et mes études, que la cruauté, bien loin d'être un vice, est le premier sentiment qu'imprime en nous la nature. L'enfant brise son hochet, mord le téton de sa nourrice, étrangle son oiseau, bien avant que d'avoir l'âge de raison. La cruauté est empreinte dans les animaux chez lesquels, ainsi que je crois vous l'avoir dit, les lois de la nature se disent bien plus énergiquement que chez nous ; elle est chez les sauvages bien plus rapprochée de la nature que chez l'homme civilisé : il serait donc absurde d'établir qu'elle est une suite de la dépravation. Ce système est faux, je le répète. La cruauté est dans la nature ; nous naissons tous avec une dose de cruauté que la seule éducation modifie ; mais l'éducation n'est pas dans la nature, elle nuit autant aux effets sacrés de la nature que la culture aux arbres. Comparez dans vos vergers l'arbre abandonné aux soins de la nature, avec celui que votre art soigne en le contraignant, et vous verrez lequel est le plus beau, vous éprouverez lequel vous donnera de meilleurs fruits. La cruauté n'est autre chose que l'énergie de l'homme que la civilisation n'a point encore corrompue : elle est donc une vertu et non pas un vice.

Sade, en révélant la vérité dérangeante du plaisir pris à l'exercice de la cruauté, inaugure un thème nouveau promis à un vif succès : celui du « bonheur dans le mal ». La dimension subversive de ses propos a donc conduit à voir dans son œuvre, suivant les époques et les critiques, une illustration de la Révolution, une image de la Terreur, ou l'annonce des totalitarismes et des camps de concentration.

On pourra voir ici comment la rhétorique mise à l'œuvre dans le discours cherche à faire de la pratique du mal une loi rationnelle, une sorte d'« impératif catégorique » perverti.

---

1. Ceux qui cherchent le plaisir dans la douleur des autres (on les appellera plus tard « sadiques »).

Baudelaire, *Les Fleurs du Mal* (1857)

« Extraire la beauté du mal… », tel est le projet affiché de Baudelaire, qu'il faut entendre ici à la fois comme esthétique et éthique.

Le poème liminaire du recueil annonce les différents thèmes qui y seront abordés.

AU LECTEUR

La sottise, l'erreur, le péché, la lésine,
Occupent nos esprits et travaillent nos corps,
Et nous alimentons nos aimables remords,
Comme des mendiants nourrissent leur vermine.

Nos péchés sont têtus, nos repentirs sont lâches ;
Nous nous faisons payer grassement nos aveux,
Et nous rentrons gaiement dans le chemin bourbeux,
Croyant par de vils pleurs laver toutes nos taches.

Sur l'oreiller du mal c'est Satan Trismégiste
Qui berce longuement notre esprit enchanté,
Et le riche métal de notre volonté
Est tout vaporisé par ce savant chimiste.

C'est le Diable qui tient les fils qui nous remuent !
Aux objets répugnants nous trouvons des appas ;
Chaque jour vers l'Enfer nous descendons d'un pas,
Sans horreur, à travers des ténèbres qui puent.

Ainsi qu'un débauché pauvre qui baise et mange
Le sein martyrisé d'une antique catin,
Nous volons au passage un plaisir clandestin
Que nous pressons bien fort comme une vieille orange.

Serré, fourmillant, comme un million d'helminthes,
Dans nos cerveaux ribote un peuple de Démons,
Et, quand nous respirons, la Mort dans nos poumons
Descend, fleuve invisible, avec de sourdes plaintes.

Si le viol, le poison, le poignard, l'incendie,
N'ont pas encore brodé de leurs plaisants dessins
Le canevas banal de nos piteux destins,
C'est que notre âme, hélas ! n'est pas assez hardie.

Mais parmi les chacals, les panthères, les lices,
Les singes, les scorpions, les vautours, les serpents,
Les monstres glapissants, hurlants, grognants, rampants,
Dans la ménagerie infâme de nos vices,

Il en est un plus laid, plus méchant, plus immonde !
Quoiqu'il ne pousse ni grands gestes ni grands cris,
Il ferait volontiers de la terre un débris
Et dans un bâillement avalerait le monde ;

C'est l'Ennui ! – l'œil chargé d'un pleur involontaire,
Il rêve d'échafauds en fumant son houka.
Tu le connais, lecteur, ce monstre délicat,
 – Hypocrite lecteur, – mon semblable, – mon frère !

Ce poème permet d'étudier différentes images culturelles. La figurabilité du mal semble une nécessité incontournable, de même que sa personnification ; on pourra se demander pour quelles raisons.

Lautréamont, *Les chants de Maldoror* (1869)

« La lecture de *Maldoror* est un vertige » déclare le critique Maurice Blanchot dans *Lautréamont et Sade*. Isidore Ducasse, « comte de Lautréamont », s'inscrit, à la suite de Baudelaire, dans la mouvance de l'expression esthétique du mal, venue du romantisme et du roman noir. Le chant I, dont nous donnons ici deux extraits, repose sur le constat qui va fonder le parcours du personnage de Maldoror : « Il est une puissance plus forte que la volonté ». Cette puissance est, bien entendu, le mal, « force vers le bas », « loi de la pesanteur ».

J'établirai en quelques lignes comment Maldoror fut bon pendant ses premières années, où il vécut heureux ; c'est fait. Il s'aperçut ensuite qu'il était né méchant : fatalité extraordinaire ! Il cacha son caractère tant qu'il put, pendant un grand nombre d'années ; mais, à la fin, à cause de cette concentration qui ne lui était pas naturelle, chaque jour le sang lui montait à la tête ; jusqu'à ce que ne pouvant plus supporter pareille vie, il se jeta résolument dans la carrière du mal... atmosphère douce ! Qui l'aurait dit ! lorsqu'il embrassait un petit enfant, au visage rose, il aurait voulu lui enlever ses joues avec un rasoir, et il l'aurait fait très souvent, si Justice, avec son cortège de châtiments, ne l'eût chaque fois empêché. Il n'était pas menteur, il avouait la vérité et disait qu'il était cruel. Humains, avez-vous entendu ? il ose le redire avec cette plume qui tremble ! Ainsi donc, il est une puissance plus forte que la volonté... Malédiction ! La pierre voudrait se soustraire aux lois de la pesanteur ? Impossible. Impossible, si le mal voulait s'allier avec le bien. [...]
(Strophe III)

On doit laisser pousser ses ongles pendant quinze jours. Oh ! comme il est doux d'arracher brutalement de son lit un enfant qui n'a rien encore sur la lèvre supérieure, et, avec des yeux très-ouverts, de faire semblant de passer suavement la main sur son front, en inclinant en arrière ses beaux cheveux ! Puis, tout à coup, au moment où il s'y attend le moins, d'enfoncer ses ongles longs dans sa poitrine molle, de façon qu'il ne meure pas ; car, s'il mourait, on n'aurait pas plus tard l'aspect de ses misères. Ensuite, on boit le sang en léchant les blessures ; et, pendant ce temps, qui devrait durer autant que l'éternité dure, l'enfant pleure.
(Strophe VI)

L'ironie du scripteur dans sa présentation de Maldoror malmène quelque peu le lecteur de même que, dans le second extrait, la façon dont est parodié un « discours de la méthode ». Lautréamont déclare, dès l'incipit, adresser « ces pages sombres et pleines de poison » au « lecteur, enhardi et devenu momentanément féroce comme ce qu'il lit ». Écrire le mal vise donc à éveiller, par tous les moyens et de toutes les façons. On étudiera comment est illustrée cette déclaration de Ducasse à son éditeur : « J'ai chanté le mal [et] le désespoir pour opprimer le lecteur et lui faire désirer le bien comme remède ».

Céline, *Voyage au bout de la nuit* (1932)

Paradoxe : avant de devenir un écrivain ouvertement antisémite et fasciste, Céline s'emploie à peindre le mal sous bon nombre de ses formes dans son roman, *Voyage au bout de la nuit*. « Le style émotif » comme le désigne l'auteur lui-même, s'avère redoutablement efficace, en effet, pour dénoncer l'« immense narcissisme sadico-masochiste » des sociétés modernes.

Conduit à la première personne, le récit expose les tribulations de l'anti-héros Bardamu qui exerce un temps comme médecin à La Garenne-Rancy, où même les « petits oiseaux des concierges » vivent « en désespoir... ».

> Cent ivrognes mâles et femelles peuplent ces briques et farcissent l'écho de leurs querelles vantardes, de leurs jurons incertains et débordants, après les déjeuners du samedi surtout. C'est le moment intense dans la vie des familles. Avec la gueule on se défie et des verres plein le nez, papa manie la chaise, faut voir, comme une cognée, et maman le tison comme un sabre ! Gare aux faibles alors ! C'est le petit qui prend. Les torgnoles aplatissent au mur tout ce qui ne peut pas se défendre et riposter : enfants, chiens ou chats. Dès le troisième verre de vin, le noir, le plus mauvais, c'est le chien qui commence à souffrir, on lui écrase la patte d'un grand coup de talon. Ça lui apprendra à avoir faim en même temps que les hommes. On rigole bien à le voir disparaître en piaulant sous le lit comme un éventré. C'est le signal. Rien ne stimule les femmes éméchées comme la douleur des bêtes, on n'a pas toujours des taureaux sous la main. La discussion repart vindicative, impérieuse comme un délire, c'est l'épouse qui mène, lançant au mâle une série d'appels aigus à la lutte. Et après ça c'est la mêlée, les objets cassés se morcellent. La cour recueille le fracas, l'écho tourne autour de l'ombre. Les enfants dans l'horreur glapissent. Ils découvrent tout ce qu'il y a dans papa et maman ! Ils attirent sur eux la foudre en gueulant.
> Je passais bien des jours à attendre qu'il arrive ce qui arrivait de temps à autre au bout des séances ménagères.
> C'est au troisième, devant ma fenêtre que ça se passait, dans la maison de l'autre côté.
> Je ne pouvais rien voir mais j'entendais bien.
> Il y a un bout à tout. Ce n'est pas toujours la mort, c'est souvent quelque chose d'autre et d'assez pire, surtout avec les enfants.
> Ils demeuraient là ces locataires, juste à la hauteur de la cour où l'ombre commence à pâlir. Quand ils étaient seuls le père et la mère, les jours où ça arrivait, ils se disputaient d'abord longtemps et puis survenait un long silence. Ça se préparait. On en avait après la petite fille d'abord, on la faisait venir. Elle le savait ce qui l'attendait. D'après sa voix, elle devait bien avoir dans les dix ans. J'ai fini par comprendre après bien des fois ce qu'ils lui faisaient tous les deux.
> Ils l'attachaient d'abord, c'était long à l'attacher comme une opération. Ça les excitait. « Petite charogne » qu'il jurait lui. « Ah ! la petite salope ! » qu'elle faisait la mère. » On va te dresser salope ! » qu'ils criaient ensemble et des choses et des choses qu'ils lui reprochaient en même temps, des choses qu'ils devaient imaginer. Ils devaient l'attacher après les montants du lit. Pendant ce temps-là, l'enfant se plaignotait comme une souris prise au piège. « T'auras beau faire petite vache, t'y couperas pas. Va ! T'y couperas pas ! » qu'elle reprenait la mère, puis avec toute une bordée d'insultes comme pour un cheval. Tout excitée. « Tais-toi maman, que répondait la petite doucement. Tais-toi maman ! Bats-moi maman ! Mais tais-toi maman ! » Elle n'y coupait pas et elle prenait quelque chose comme raclée. J'écoutais jusqu'au bout pour être bien certain que je ne me trompais pas, que c'était bien ça qui se passait. Je n'aurais pas pu manger mes haricots tant que ça se passait. Je ne pouvais pas fermer la fenêtre non plus. Je n'étais bon à rien.

Je ne pouvais rien faire. Je restais à écouter seulement comme toujours, partout. Cependant, je crois qu'il me venait des forces d'aller plus loin, des drôles de forces et la prochaine fois, alors je pourrais descendre encore plus bas la prochaine fois, écouter d'autres plaintes que je n'avais pas encore entendues, ou que j'avais du mal à comprendre avant, parce qu'on dirait qu'il y en a encore toujours au bout des autres des plaintes encore qu'on n'a pas encore entendues ni comprises.
Quand ils l'avaient tellement bien battue qu'elle ne pouvait plus hurler, leur fille, elle criait encore un peu quand même à chaque fois qu'elle respirait, d'un petit coup.
J'entendais l'homme alors qui disait à ce moment-là :
« Viens-toi grande ! Vite ! Viens par là ! » Tout heureux.
C'était à la mère qu'il parlait comme ça, et puis la porte d'à côté claquait derrière eux. Un jour, c'est elle qui lui a dit, je l'ai entendu : « Ah ! je t'aime Julien, tellement, que je te boufferais ta merde, même si tu faisais des étrons grands comme ça... »
C'était ainsi qu'ils faisaient l'amour tous les deux que m'a expliqué leur concierge, dans la cuisine ça se passait contre l'évier. Autrement, ils n'y arrivaient pas.
C'est peu à peu, que j'ai appris toutes ces choses-là sur eux dans la rue. Quand je les rencontrais, tous les trois ensemble, il n'y avait rien à remarquer. Ils se promenaient comme une vraie famille.

Comment l'écriture de Céline engendre-t-elle une expérience de lecture particulière, interrogeant notre responsabilité, « une émotion éthique » (Denis Bertrand) ? On pourra s'intéresser au « voyeurisme » que toute mise en scène du mal sollicite.

Bernanos, *Sous le soleil de Satan* (1926)

La première partie de *Sous le soleil de Satan* a pour titre *La tentation du désespoir*. Au chapitre III, la rencontre de l'abbé Donissan avec le diable constitue un des moments clés du roman.

En route pour le confessionnal du village voisin, le jeune prêtre s'égare plusieurs fois. Un « jovial » marchand de bestiaux le rejoint providentiellement, semble-t-il, pour le remettre sur le droit chemin. C'est en fait Satan en personne, que Donissan n'identifie que peu à peu. Le diable propose, à celui qui va devenir « le saint de Lumbres », de se reposer un moment en s'appuyant contre lui.

– Calez-vous bien... ne tombez pas, jusqu'à ce que ce petit accès soit passé. Je suis vraiment votre ami – mon camarade – je vous aime tendrement.
Un bras ceignait ses reins d'une étreinte lente, douce, irrésistible. Il laissa retomber tout à fait sa tête, pressée au creux de l'épaule et du cou, étroitement. Si étroitement qu'il sentait sur son front et sur ses joues la chaleur de l'haleine.
– Dors sur moi, nourrisson de mon cœur, continuait la voix sur le même ton. Tiens-moi ferme, bête stupide, petit prêtre, mon camarade. Repose-toi. Je t'ai bien cherché, bien chassé. Te voilà ! Comme tu m'aimes ! Mais comme tu m'aimeras mieux encore, car je ne suis pas près de t'abandonner, mon chérubin, gueux tonsuré, vieux compagnon pour toujours !
C'était la première fois que le saint de Lumbres entendait, voyait, touchait celui-là qui fut le très ignominieux associé de sa vie douloureuse, et, si nous en croyons quelques-uns qui furent les confidents ou les témoins d'une certaine épreuve secrète, que de fois devra-t-il l'entendre encore, jusqu'au définitif élargissement !

C'était la première fois, et pourtant il le reconnut sans peine. Il lui fut même refusé de douter à cette minute de ses sens ou de sa raison. Car il n'était pas de ceux qui prêtent naïvement au bourreau familier, présent à chacune de nos pensées, nous couvant de sa haine, bien qu'avec patience et sagacité, le port et le style épiques... Tout autre que le vicaire de Campagne, même avec une égale lucidité, n'eût pu réprimer, dans une telle conjoncture, le premier mouvement de la peur, ou du moins la convulsion du dégoût. Mais lui, contracté d'horreur, les yeux clos, comme pour recueillir au-dedans l'essentiel de sa force, attentif à s'épargner une agitation vaine, toute sa volonté tirée hors de lui ainsi qu'une épée du fourreau, il tâchait d'épuiser son angoisse.

Toutefois, lorsque, par une dérision sacrilège, la bouche immonde pressa la sienne et lui vola son souffle, la perfection de sa terreur fut telle que le mouvement même de la vie s'en trouva suspendu, et il crut sentir son cœur se vider dans ses entrailles.

– Tu as reçu le baiser d'un ami, dit tranquillement le maquignon, en appuyant ses lèvres au revers de la main. Je t'ai rempli de moi, à mon tour, tabernacle de Jésus-Christ, cher nigaud ! Ne t'effraie pas pour si peu : j'en ai baisé d'autres que toi, beaucoup d'autres. Veux-tu que je te dise ? Je vous baise tous, veillants ou endormis, morts ou vivants. Voilà la vérité. Mes délices sont d'être avec vous, petits hommes-dieux, singulières, singulières, si singulières créatures ! À parler franc, je vous quitte peu. Vous me portez dans votre chair obscure, moi dont la lumière fut l'essence – dans le triple recès de vos tripes – moi, Lucifer... Je vous dénombre. Aucun de vous ne m'échappe. Je reconnaîtrais à l'odeur chaque bête de mon petit troupeau.

Le rôle étonnant de la voix narrative peut être analysé en relation avec les enjeux philosophiques et esthétiques de ce passage.

© Plon

Camus, *La Peste* (1947)

La peste ravage la ville d'Oran. Elle frappe sans distinction de rang, d'âge ou de fortune. Les médecins luttent contre le mal mais aussi, à sa façon, le jésuite Paneloux. Le docteur Rieux vient de tester sur un petit garçon un nouveau sérum préparé par son collègue, le docteur Castel, afin d'enrayer la maladie. L'enfant va mourir.

Mais brusquement, les autres malades se turent. Le docteur reconnut alors que le cri de l'enfant avait faibli, qu'il faiblissait encore et qu'il venait de s'arrêter. Autour de lui, les plaintes reprenaient, mais sourdement, et comme un écho lointain de cette lutte qui venait de s'achever. Car elle s'était achevée. Castel était passé de l'autre côté du lit et dit que c'était fini. La bouche ouverte, mais muette, l'enfant reposait au creux des couvertures en désordre, rapetissé tout d'un coup, avec des restes de larmes sur son visage.

Paneloux s'approcha du lit et fit les gestes de la bénédiction. Puis il ramassa ses robes et sortit par l'allée centrale.

– Faudra-t-il tout recommencer ? demanda Tarrou à Castel.

Le vieux docteur secouait la tête.

– Peut-être, dit-il avec un sourire crispé. Après tout, il a longtemps résisté.

Mais Rieux quittait déjà la salle, d'un pas si précipité, et avec un tel air, que lorsqu'il dépassa Paneloux, celui-ci tendit le bras pour le retenir.

– Allons, docteur, lui dit-il.

Dans le même mouvement emporté, Rieux se retourna et lui jeta avec violence :

— Ah ! celui-là, au moins, était innocent, vous le savez bien !

Puis il se détourna et, franchissant les portes de la salle avant Paneloux, il gagna le fond de la cour d'école. Il s'assit sur un banc, entre les petits arbres poudreux, et essuya la sueur qui lui coulait déjà dans les yeux. Il avait envie de crier encore pour dénouer enfin le nœud violent qui lui broyait le cœur. La chaleur tombait lentement entre les branches des ficus. Le ciel bleu du matin se couvrait rapidement d'une taie blanchâtre qui rendait l'air plus étouffant. Rieux se laissa aller sur son banc. Il regardait les branches, le ciel, retrouvant lentement sa respiration, ravalant peu à peu sa fatigue.

— Pourquoi m'avoir parlé avec cette colère ? dit une voix derrière lui. Pour moi aussi, ce spectacle était insupportable.

Rieux se retourna vers Paneloux :

— C'est vrai, dit-il. Pardonnez-moi. Mais la fatigue est une folie. Et il y a des heures dans cette ville où je ne sens plus que ma révolte.

— Je comprends, murmura Paneloux. Cela est révoltant parce que cela passe notre mesure. Mais peut-être devons-nous aimer ce que nous ne pouvons pas comprendre.

Rieux se redressa d'un seul coup. Il regardait Paneloux, avec toute la force et la passion dont il était capable, et secouait la tête.

— Non, mon père, dit-il. Je me fais une autre idée de l'amour. Et je refuserai jusqu'à la mort d'aimer cette « création » où des enfants sont torturés.

Sur le visage de Paneloux, une ombre bouleversée passa.

— Ah ! docteur, fit-il avec tristesse, je viens de comprendre ce qu'on appelle la grâce.

Mais Rieux s'était laissé aller de nouveau sur son banc. Du fond de sa fatigue revenue, il répondit avec plus de douceur :

— C'est ce que je n'ai pas, je le sais. Mais je ne veux pas discuter avec vous. Nous travaillons ensemble pour quelque chose qui nous réunit au-delà des blasphèmes et des prières. Cela est seul important.

Paneloux s'assit près de Rieux. Il avait l'air ému.

— Oui, dit-il, oui, vous aussi vous travaillez pour le salut de l'homme.

Rieux essayait de sourire.

— Le salut de l'homme est un trop grand mot pour moi. Je ne vais pas si loin. C'est sa santé qui m'intéresse, sa santé d'abord.

Paneloux hésita.

— Docteur, dit-il.

Mais il s'arrêta. Sur son front aussi la sueur commençait à ruisseler. Il murmura : « Au revoir » et ses yeux brillaient quand il se leva. Il allait partir quand Rieux, qui réfléchissait, se leva aussi et fit un pas vers lui.

— Pardonnez-moi encore, dit-il. Cet éclat ne se renouvellera plus.

Paneloux tendit sa main et dit avec tristesse :

— Et pourtant je ne vous ai pas convaincu !

— Qu'est-ce que ça fait ? dit Rieux. Ce que je hais, c'est la mort et le mal, vous le savez bien. Et que vous le vouliez ou non, nous sommes ensemble pour les souffrir et les combattre.

Rieux retenait la main de Paneloux.

— Vous voyez, dit-il en évitant de le regarder, Dieu lui-même ne peut pas nous séparer.

La question est moins de comprendre le mal que de s'unir pour lutter contre lui.

Le jeu entre la narration et le dialogue révèle ici le travail nécessaire à l'accomplissement d'une conversion réciproque à la fraternité.

© Éditions Gallimard

Robert Antelme, *L'espèce humaine* (1947)

Ce que l'on a coutume aujourd'hui d'appeler la « littérature concentrationnaire » permet d'appréhender, dans l'histoire du mal, la rupture que le XXe siècle représente avec ses atrocités massives et programmées. Dans *L'espèce humaine*, Robert Antelme raconte « la banalité du mal » (Hannah Arendt) à travers ses souvenirs de captivité.

Nous sommes au point de ressembler à tout ce qui se bat pour manger, au point de nous niveler sur une autre espèce, qui ne sera jamais nôtre et vers laquelle on tend ; mais celle-ci qui vit du moins selon la loi authentique – les bêtes ne peuvent pas devenir plus bêtes – apparaît aussi somptueuse que la nôtre « véritable » dont la loi peut être aussi de nous conduire ici. Mais il n'y a pas d'ambiguïté, nous restons des hommes, nous ne finirons qu'en hommes. La distance qui nous sépare d'une autre espèce reste intacte, elle n'est pas historique. C'est un rêve SS de croire que nous avons pour mission historique de changer d'espèce, et comme cette mutation se fait trop lentement, ils tuent. Non, cette maladie extraordinaire n'est autre chose qu'un moment culminant de l'histoire des hommes. Et cela peut signifier deux choses : d'abord que l'on fait l'épreuve de la solidité de l'espèce, de sa fixité. Ensuite, que la variété des rapports entre les hommes, leur couleur, leurs coutumes, leur formation en classes masquent une vérité qui apparaît ici, éclatante, au bord de la nature, à l'approche de nos limites : il n'y a pas des espèces humaines, il y a une espèce humaine. C'est parce que nous sommes des hommes comme eux que les SS seront en définitive impuissants devant nous. C'est parce qu'ils auront tenté de mettre en cause l'unité de cette espèce qu'ils seront finalement écrasés. Mais leur comportement et notre situation ne sont que le grossissement, la caricature extrême – où personne ne veut, ni ne peut sans doute se reconnaître – de comportements, de situations qui sont dans le monde et qui sont même cet ancien « monde véritable » auquel nous rêvons. Tout se passe effectivement comme si l'appartenance à l'espèce n'était pas sûre, comme si l'on pouvait y entrer et en sortir, n'y être qu'à demi ou y parvenir pleinement, ou n'y jamais parvenir au prix de générations-, la division en races ou en classes étant le canon de l'espèce et entretenant l'axiome toujours prêt, la ligne ultime de défense : « Ce ne sont pas des gens comme nous. »

Eh bien, ici, la bête est luxueuse, l'arbre est la divinité et nous ne pouvons devenir ni la bête ni l'arbre. Nous ne pouvons pas et les SS ne peuvent pas nous y faire aboutir. Et c'est au moment où le masque a emprunté la figure la plus hideuse, au moment où il va devenir notre figure, qu'il tombe. Et si nous pensons alors cette chose qui, d'ici, est certainement la chose la plus considérable que l'on puisse penser : « Les SS ne sont que des hommes comme nous » ; si, entre les SS et nous – c'est-à-dire dans le moment le plus fort de distance entre les êtres, dans le moment où la limite de l'asservissement des uns et la limite de la puissance des autres semblent devoir se figer dans un rapport surnaturel – nous ne pouvons apercevoir aucune différence substantielle en face de la nature et en face de la mort, nous sommes obligés de dire qu'il n'y a qu'une espèce. Que tout ce qui masque cette unité dans le monde, tout ce qui place les êtres dans la situation d'exploités, d'asservis et impliqueraient par là même l'existence de variétés d'espèces, est faux et fou ; et que nous tenons ici la preuve, et la plus irréfutable preuve, puisque la pire victime ne peut faire autrement que de constater que, dans son pire exercice, la puissance du bourreau ne peut être autre qu'une de celles de l'homme : la puissance du meurtre. Il peut tuer l'homme, il ne peut pas le changer en autre chose. »

Dans ce texte, Robert Antelme affirme que le mal sans limites trouve malgré tout sa limite dans ce qui appelle l'« espèce humaine ». On pourra s'interroger sur ce qu'il entend par là (en relation avec l'idée d'une nature humaine ? Ou bien s'agit-il d'autre chose ?). On étudiera par ailleurs comment le discours allie argumentation et lyrisme pour restituer une vérité que seule l'expérience a permis de découvrir.

© Éditions Gallimard

André Gide, *Nouvelles Nourritures* (1935)

Dans *Les Nourritures terrestres*, André Gide écrit déjà « Que mon livre t'enseigne à t'intéresser plus à toi qu'à lui-même, puis à tout le reste plus qu'à toi ».

Trente-huit ans plus tard, l'auteur affirme plus nettement encore la nécessité de s'opposer au mal dans les *Nouvelles nourritures*, ainsi qu'en témoigne la dernière page de son livre.

> Ô toi pour qui j'écris [...] Travaille et lutte et n'accepte pas de mal rien de ce que tu pourrais changer. Sache te répéter sans cesse : il ne tient qu'à moi. On ne prend point son parti sans lâcheté de tout le mal qui dépend des hommes. Cesse de croire, si tu l'as jamais cru, que la sagesse est dans la résignation ; ou cesse de prétendre à la sagesse.
> Camarade, n'accepte pas la vie telle que la proposent les hommes. Ne cesse point de te persuader qu'elle pourrait être plus belle, la vie ; la tienne et celle des autres hommes ; non point une autre, future, qui nous consolerait de celle-ci et qui nous aiderait à accepter sa misère. N'accepte pas. Du jour où tu commenceras de comprendre que le responsable de presque tous les maux de la vie, ce n'est pas Dieu, ce sont les hommes, tu ne prendras plus parti de ces maux.
>
> Ne sacrifie pas aux idoles.

© Éditions Gallimard

Les mots du mal
Autour du mal : quelques citations
Gilbert Pons

Brèves recommandations quant à leur usage

Qu'ils soient issus de textes dont la provenance et le style sont variés, ou de ceux des trois auteurs au programme (dont la teneur et le ton ne sont d'ailleurs pas moins diversifiés), les courts fragments qui suivent ne sont pas destinés à remplacer la lecture de Shakespeare, de Rousseau et de Giono, non, du reste, rien ne peut légitimement se substituer à la confrontation directe avec les œuvres mêmes. Toutefois, le temps disponible des candidats au concours étant compté, on s'est proposé de leur venir en aide en frayant des voies, en fournissant des points de repère différents, des points de comparaison, et pour ce faire on a extrait exemples, concepts et références de domaines parfois lointains ou difficiles d'accès. À l'instar de son antonyme, le Bien, le mal a des « contours » fort peu déterminés, c'est la raison pour laquelle on a privilégié ici ses manifestations particulières, brutales ou insidieuses, individuelles ou collectives, matérielles ou symboliques, sans négliger non plus, cela va de soi, sa signification et sa valeur éminemment équivoques.

Cette anthologie n'a pas pour but, on l'imagine, de flatter la paresse intellectuelle en mâchant la besogne à ceux qui répugnent à lire et à s'impliquer ; c'est qu'une ambition l'anime : proposer aux élèves et aux étudiants un ensemble substantiel de citations, accompagnées de leurs références précises, ensemble qui leur permettra d'améliorer la qualité de leurs prestations écrites, mais aussi orales, en se frottant aux pensées des grands auteurs. Qu'il s'agisse de littérature, de philosophie, ou de culture générale, le programme des examens et des grands concours est vaste, on le sait, et du coup intimidant ; mais un tel recueil n'a pas pour but de relever une mixture en soi insipide en fournissant des épices dûment conditionnées, étiquetées, et prêtes à l'emploi, au gâte-sauce qui l'a réalisée à la hâte, ni de donner un semblant de hauteur à une pensée plate grâce à des reliefs postiches qu'il suffirait de plaquer ici ou là, au fil des pages, pour être quitte du devoir – une citation n'est pas une garniture et le remède alors serait pire que le mal. Non, son objet est de montrer qu'on ne pense pas seul, que les idées des autres, anciens ou modernes, romanciers, intellectuels, savants, possèdent une vie, à la fois propre et communicative, un éclat singulier qui ne fait pas d'ombre à ceux qui les importent, pour peu, bien sûr, qu'au nom de la reconnaissance due aux auteurs, soit signalé, par des guillemets notamment, qu'il s'agit d'un emprunt ; pour peu aussi que l'usage qui en est fait ne confine pas à la marqueterie[1]. En amont comme en aval de la prise, il existe une technique du recours aux citations, un ensemble de soins à prendre afin de ne pas gaspiller leur potentiel et même de le faire fructifier ; l'autre propos de cette introduction est de donner quelques conseils pratiques à ce sujet.

---

1. Dans son *Journal* (17 octobre 1853), Eugène Delacroix use de cette image pour qualifier la peinture qu'il n'aime pas – il s'agit pourtant d'un tableau de Courbet ! –, mais appliquée à l'écriture elle ne perd riens de sa pertinence critique.

Il s'agit donc, également, en travaillant sur des passages d'une certaine ampleur, eux-mêmes extraits d'un contexte plus large, de s'exercer à la méthode du prélèvement. En effet, hormis pour des recueils de pensées ou d'aphorismes (ceux de Pascal, de La Rochefoucauld, de Lichtenberg, par exemple), où les citations en puissance sont présentes, pour ainsi dire, « clefs en main », les phrases composant les textes, qu'ils soient philosophiques, littéraires, ou autres, appartiennent à un « corps », dont elles ne peuvent être détachées sans quelques précautions, celles-là mêmes qui ont été prises dans la composition de ce petit inventaire. Comment distinguer la phrase importante de ses voisines, ou plutôt, comment discerner son « autonomie » potentielle, c'est-à-dire son aptitude à fonctionner ailleurs, et procéder à son extraction, surtout quand on sait qu'elle est enracinée, parfois en profondeur, dans le terrain où on la trouve ? Signalons au passage que les auteurs suggèrent parfois le processus en soulignant eux-mêmes un mot, voire une phrase entière, c'est comme si, dans ce dernier cas, ils l'entouraient de pointillés, la rendant ainsi très propice au transport. Comment « opérer » pour faire « prendre » le greffon loin de sa souche, et cela sans l'endommager, ni l'édulcorer, sans altérer non plus la zone où la transplantation a lieu. On le voit, les métaphores de la plante et de l'organisme[1] viennent spontanément à l'esprit lorsqu'il s'agit de problèmes de cet ordre...

Si les maximes, sentences, et autres aphorismes, sont doués d'une identité remarquable, *ipso facto* facile à repérer, leur implantation requiert un aménagement du terrain qui les reçoit ; on veut dire par là que l'« idée-force » qui les sous-tend, dont on ignore, et pour cause, les racines ou le chemin aboutissant à elle, l'« idée-force », donc, doit prolonger, appuyer, et même cristalliser, les idées, sans doute un peu moins fortes, qui les précèdent et qui, en quelque sorte, les appelaient. Bref, si belle ou si percutante soit-elle, une citation doit répondre à deux impératifs : elle ne doit pas être répétitive par rapport au contexte où on tient à l'encastrer, car cela nuirait à son efficace ; mais elle ne doit pas intervenir non plus à la façon d'une invitée surprise et quelque peu providentielle, d'un simili *deus ex machina*.

Répétons-le, parmi les morceaux choisis certains ont une taille qui exclut qu'ils soient intégrés tels quels dans le corps de la dissertation ; ils figurent néanmoins dans ce recueil, en raison, d'une part, de leur forte cohérence, de la quasi-impossibilité de les tronquer sans nuire à leur intelligibilité, en raison d'autre part de leur valeur heuristique, de leur fécondité. Pour optimiser l'usage qu'on veut en faire, il faut donc se caler sur l'option qu'ils illustrent – au moins provisoirement, puisque le fait de citer tel ou tel, si prestigieux soit-il, n'impose aucune allégeance servile à son égard, les citations ne sont pas des dogmes et l'argument d'autorité n'a pas cours quand il s'agit de raisonner –, il faut s'en inspirer, décalquer peu ou prou, toutes proportions gardées bien sûr, les phrases qui ne seront pas nommément citées, ou plutôt leur esprit ; pour le dire autrement, il s'agit de traduire dans son propre langage ce qui a été écrit dans un style – philosophique ou littéraire – plus typé et plus soutenu ; une façon comme une autre de se hisser, autant que faire se peut, à la hauteur d'une pensée magistrale que l'on va immanquablement faire dévier de

---

1. « ... tout discours doit être organisé à la façon d'un être vivant ; avoir lui-même un corps à lui, de façon à n'être ni sans tête ni sans pieds ; mais à avoir un milieu aussi bien que des extrémités, tout cela ayant, dans l'écrit, convenance mutuelle et convenance avec l'ensemble. » (Platon, *Œuvres complètes*, vol. 2, *Phèdre*, 264 c, Pléiade, 1950, p. 60.)

sa trajectoire initiale. Bien sûr, à cause de la toujours possible fadeur du discours succédant à la perle enchâssée, le lecteur peut avoir le sentiment désagréable que l'intérêt de la page diminue brusquement, d'autant que si on peut attendre du rédacteur un effort concernant la cohésion du propos, il est difficile d'exiger de lui, par surcroît, une sorte de mimétisme littéraire, ce qui, en cas de citations multiples, l'obligerait à changer plusieurs fois de style : une gageure ! Mais, *a contrario*, il est raisonnable de penser que le texte ayant eu l'heur de recevoir un corps étranger compatible en est comme enrichi ou dynamisé.

Agressivité

« Il est d'innombrables civilisés qui reculeraient épouvantés à l'idée du meurtre ou de l'inceste, mais qui ne se refusent pas la satisfaction de leur cupidité, de leur agressivité, de leurs convoitises sexuelles, qui n'hésitent pas à nuire à leur prochain par le mensonge, la tromperie, la calomnie, s'ils peuvent le faire avec impunité. Et il en fut sans doute ainsi de temps culturels immémoriaux. » (Sigmund Freud, *L'avenir d'une illusion* (1927), PUF, 1976, pp. 17-18.)

« ... l'homme n'est point cet être débonnaire, au cœur assoiffé d'amour, dont on dit qu'il se défend quand on l'attaque, mais un être, au contraire, qui doit porter au compte de ses données instinctives une bonne somme d'agressivité. Pour lui, par conséquent, le prochain n'est pas seulement un auxiliaire et un objet sexuel possibles, mais aussi un objet de tentation. L'homme est, en effet, tenté de satisfaire son besoin d'agression aux dépens de son prochain, d'exploiter son travail sans dédommagements, de l'utiliser sexuellement sans son consentement, de s'approprier ses biens, de l'humilier, de lui infliger des souffrances, de le martyriser et de le tuer. *Homo homini lupus*[1] : qui aurait le courage, en face de tous les enseignements de la vie et de l'histoire, de s'inscrire en faux contre cet adage ? » (Sigmund Freud, *Malaise dans la civilisation* (1929), PUF, 1973, pp. 64-65.)

« Si l'humanité a, après tout, survécu, elle n'a jamais réussi à se garantir contre le danger d'autodestruction. La responsabilité morale et la répugnance à tuer ont sans doute augmenté, mais la facilité d'exécuter un meurtre et son impunité émotionnelle ont augmenté dans la même mesure. La distance à laquelle les armes à feu sont efficaces, est devenue suffisamment grande pour que le tireur soit à l'abri des situations stimulantes qui, autrement, activeraient ses inhibitions contre le meurtre. Les couches émotionnelles profondes de notre personne n'enregistrent tout simplement pas le fait que le geste d'appuyer sur la gâchette fait éclater les entrailles d'un autre humain. Aucun homme normal n'irait jamais à la chasse aux lapins pour son plaisir, s'il devait tuer de gibier avec ses dents et ses ongles et atteignait ainsi à la réalisation émotionnelle complète de ce qu'il fait en réalité.

Le même principe s'applique, dans une mesure encore plus grande, à l'usage des armes modernes commandées à distance. L'homme qui appuie sur le bouton est complètement protégé contre les conséquences perceptibles de son acte ; il ne peut ni les voir ni les entendre. Donc il peut agir impunément, même s'il est doué d'imagination. » (Konrad Lorenz, *L'agression* (1963), Flammarion, 1975, pp. 257-258)

---

1. « L'homme est un loup pour l'homme. » Cette formule, mémorable, est de Plaute (*La Comédie des ânes*, II, 4)

Barbarie

« ... chacun appelle barbarie ce qui n'est pas de son usage. » (Michel Eyquem de Montaigne, *Essais*, (1595), I, XXX, L. de Poche La Pochothèque, 2007, p. 318.)

« Le savoir ôte aux esprits humains la sauvagerie, la barbarie et la férocité, mais il faut faire porter l'accent sur le *fideliter* du poète [sincèrement], car un peu d'instruction superficielle produit l'effet inverse. » (Francis Bacon, *Du progrès et de la promotion des savoirs* (1605), Gallimard, 1991, p. 71.)

« Nous voyons en effet ceux qui vivent en barbares, sans civilisation, mener une vie misérable et presque animale, et cependant le peu qu'ils ont, tout misérable et grossier, ils ne se le procurent pas sans se prêter mutuellement une assistance quelle qu'elle soit. » (Baruch de Spinoza, *Traité théologico-politique* (1670), V, GF-Flammarion, 1966, p. 106.)

« Ce qui est crime dans un état de civilisation perfectionné n'est que trait d'audace dans un état de civilisation moins avancé, et peut-être est-ce une action louable dans un temps de barbarie. » (Prosper Mérimée, *Chronique du temps de Charles IX* (1830), Les Belles-Lettres, 1933, p. 2)

« Mais l'homme lui-même, quand il s'abandonne à l'instinct sauvage qui est le fond même de sa nature, ne conspire-t-il pas avec les éléments pour détruire les beaux ouvrages ? La barbarie ne vient-elle pas presque périodiquement, et semblable à la Furie qui attend Sisyphe roulant sa pierre au haut de la montagne, pour renverser et confondre, pour faire la nuit après une trop vive lumière ? Et ce je ne sais quoi qui a donné à l'homme une intelligence supérieure à celle des bêtes, ne semble-t-il pas prendre plaisir à le punir de cette intelligence même ? » (Eugène Delacroix, *Journal*, 1er mai 1850, Plon, 1982, p. 234.)

« Je regarde des Barbares tatoués, comme étant moins antihumains, moins spéciaux, moins cocasses, moins rares que des gens vivant en commun et qui s'appellent jusqu'à la mort *Monsieur* ! » (Gustave Flaubert, *Salammbô* (1862), Appendice, *in* Herbert B. Gershman et Kernan B. Whitworth, JR., *Anthologie des préfaces de romans français du XIXe siècle*, Juillard, 1964, p. 218.)

« Cependant, les crimes de l'extrême civilisation sont certainement plus atroces que ceux de l'extrême barbarie par le fait de leur raffinement, de la corruption qu'ils supposent et de leur degré supérieur d'intellectualité. » (Jules Barbey d'Aurevilly, *Les Diaboliques* (1874), « La vengeance d'une femme », Pléiade, 1966, p. 231.)

« Je voudrais faire un civilisé qui se barbarise et un barbare qui se civilise ! Développer ce contraste des deux mondes finissant par se mêler. » (Gustave Flaubert, *Correspondance*, vol. 5, à Edma Roger des Genettes, 10 novembre 1877, Pléiade, 2007, p. 324.)

« ... c'est dans la mesure même où l'on prétend établir une discrimination entre les cultures et les coutumes que l'on s'identifie le plus complètement avec celles qu'on essaye de nier. En refusant l'humanité à ceux qui apparaissent comme les plus "sauvages" ou "barbares" de ses représentants, on ne fait que leur emprunter une de leurs attitudes typiques. Le barbare, c'est d'abord l'homme qui croit à la barbarie. » (Claude Lévi-Strauss, *Anthropologie structurale II, Race et histoire* (1952), Plon, 1973, p. 384.)

Calomnie

« ... il n'est pas facile, en peu de temps, de se disculper d'imposantes calomnies. » (Platon, *Œuvres complètes*, vol. 1, *Apologie de Socrate*, 37 b, Pléiade, 1950, p. 176.)

« La vertu même n'échappe pas aux traits de la calomnie. » (William Shakespeare, *Hamlet* (1600), I, 3, GF-Flammarion, 1995, p. 95.)

« ... on a dit *audacter calumniare, semper aliquid haeret*[1] [calomnie hardiment, il en restera toujours quelque chose]. » (Francis Bacon, *Du progrès et de la promotion des savoirs* (1605), Gallimard, 1991, p. 256.)

« Qui pourrait se défendre contre la calomnie quand elle est armée du bouclier le plus fort de la tyrannie, le *secret* ? » (Cesare Beccaria, *Des délits et des peines* (1765), GF-Flammarion, 1991, p. 94.)

« La calomnie est comme la guêpe qui vous importune, et contre laquelle il ne faut faire aucun mouvement, à moins qu'on ne soit sûr de la tuer, sans quoi elle revient à la charge, plus furieuse que jamais. » (Sébastien-Roch-Nicolas de Chamfort, *Maximes et pensées* (1795), § 294, Folio, 2005, p. 96.)

« Il y a une arme plus terrible encore que la calomnie, c'est la vérité. » (Charles-Maurice de Talleyrand-Périgord, *Mots, propos, aphorismes,* Éditions Horay, 2004, p. 74.)

« S'il ne faut pas calomnier la nature humaine, il est aussi très inutile de la voir meilleure qu'elle ne l'est en effet. » (François-René de Chateaubriand, Préface à *Atala* et *René* (1805), in Herbert B. Gershman et Kernan B. Whitworth, JR., *Anthologie des préfaces de romans français du XIXᵉ siècle*, Julliard, 1964, p. 63.)

« J'avais résolu d'opposer une impassibilité stoïque aux attaques et aux injures ; mais, en deux occasions, de lâches calomnies ont rendu la défense nécessaire. Si les partisans du pardon des injures regrettent que j'aie montré mon savoir en fait d'escrime littéraire, plusieurs chrétiens pensent que nous vivons dans un temps où il est bon de faire voir que le silence a sa générosité. » (Honoré de Balzac, *La Comédie humaine*, Avant-propos (1842), in Herbert B. Gershman et Kernan B. Whitworth, JR., *Anthologie des préfaces de romans français du XIXᵉ siècle*, Julliard, 1964, p. 205.)

« De la calomnie ? La belle affaire ! Non, mais tu essaies de m'intimider avec de grands mots ? Tu peux lancer contre un homme n'importe quelle calomnie, sois certain qu'il en mérite vingt fois plus en réalité ! » (Ivan Tourguéniev, *Pères et fils* (1862), Folio, 2007, p. 191.)

« *Calomnie*. – La calomnie est une supposition que l'on fait d'après une misanthropie générale. La calomnie qui porte sur des actes imaginaires est un mensonge ; mais la calomnie qui porte sur des motifs est juste autant plausible que la misanthropie elle-même. La calomnie ne cesse jamais, et d'elle-même descend. On finit par nier tout l'homme. Le venin de la calomnie est en ceci que l'on voit bien qu'elle n'épargnera personne. » (Alain, *Définitions* (1953), Gallimard, 1954, p. 50.)

---

1. Phrase inspirée de Plutarque, philosophe grec (46-125) : « Ce dernier [Médios] était dans le chœur des flatteurs d'Alexandre une sorte de chef d'orchestre, de maître-coryphée toujours sous les armes contre les meilleurs. Ses instructions étaient d'attaquer hardiment et de déchirer à grand renfort de calomnies, prêchant que même si la victime soigne sa blessure, la calomnie laissera une cicatrice. » (*Œuvres morales, Les moyens de distinguer le flatteur de l'ami*, 65 c, Les Belles Lettres, 2003, p. 120.)

Crime

« Ceux qui sont incapables de commettre de grands crimes n'en soupçonnent pas facilement les autres. » (La Rochefoucauld, *Maximes* (1664), « Maximes supprimées », § 37, GF-Flammarion, 1997, p. 96.)

« Mais de qui tenons-nous d'ailleurs ces mouvements qui nous entraînent au mal ? N'est-ce pas sa main [celle de la nature] qui nous les donne ? Est-il une seule de nos sensations qui ne vienne d'elle ? un seul de nos désirs qui ne soit son ouvrage ? Est-il donc raisonnable de dire qu'elle nous laisserait ou nous donnerait des penchants pour une chose qui lui nuirait, ou qui lui serait inutile ? Si donc les vices lui servent, pourquoi voudrions-nous y résister ? de quel droit travaillerions-nous à les détruire ? et d'où vient que nous étoufferions leur voix ? Un peu plus de philosophie dans le monde remettrait bientôt tout dans l'ordre, et ferait voir aux magistrats, aux législateurs, que les crimes qu'ils blâment et punissent avec tant de rigueur ont quelquefois un degré d'utilité bien plus grand que ces vertus qu'ils prêchent sans les pratiquer eux-mêmes et sans jamais les récompenser. » (Donatien Alphonse François de Sade, *Les Infortunes de la vertu* (1787), Folio, 2008, pp. 355-356.)

« Il faut commencer par une analyse exacte de tout ce que les hommes appellent crime ; par se convaincre que ce n'est que l'infraction à leurs lois et à leurs mœurs nationales qu'ils caractérisent ainsi ; que ce qu'on appelle crime en France, cesse de l'être à deux cents lieues de là ; qu'il n'est aucune action qui soit réellement considérée comme crime universellement sur la terre ; aucune qui, vicieuse ou criminelle ici, ne soit louable et vertueuse à quelques milles de là ; que tout est affaire d'opinion, de géographie, et qu'il est donc absurde de vouloir s'astreindre à pratiquer des vertus qui ne sont que des vices ailleurs, et à fuir des crimes qui sont d'excellentes actions dans un autre climat. » (Donatien Alphonse François de Sade, *Les Infortunes de la vertu* (1787), Folio, 2008, pp. 355-356.)

« La pauvreté met le crime au rabais. » (Sébastien-Roch-Nicolas de Chamfort, *Maximes et pensées* (1795), § 312, Folio, 2005, p. 99.)

« ... je ruminais déjà une question qui me tourmenta sans répit au cours de ma réclusion, et qui aujourd'hui encore me paraît en partie insoluble, à savoir l'inégalité du châtiment pour des crimes similaires. Car, en vérité, aucun crime n'est tout à fait semblable à un autre. » (Fédor Dostoïevski, *Souvenirs de la maison des morts* (1862), Folio, 1994, pp. 95-96)

« ... s'il est normal que, dans toute société, il y ait des crimes, il n'est pas moins normal qu'ils soient punis. L'institution d'un système répressif n'est pas un fait moins universel que l'existence d'une criminalité, ni moins indispensable à la santé collective. Pour qu'il n'y eût pas de crimes, il faudrait un nivellement des consciences individuelles qui, pour des raisons qu'on trouvera plus loin, n'est ni possible ni désirable ; mais pour qu'il n'y eût pas de répression, il faudrait une absence d'homogénéité morale qui est inconciliable avec l'existence d'une société. » (Émile Durkheim, *Les règles de la méthode sociologique* (1894), Préface de la première édition, Champs Flammarion, 2008, p. 72)

« Le crime ne s'observe pas seulement dans la plupart des sociétés de telle ou telle espèce, mais dans toutes les sociétés de tous les types. Il n'en est pas où il n'existe une criminalité. Elle change de forme, les actes qui sont ainsi qualifiés ne sont pas partout les mêmes ; mais, partout et toujours, il y a eu des hommes qui se conduisaient de manière à attirer sur eux la répression pénale. » (Émile Durkheim, *Les règles de la méthode sociologique* (1894), Champs Flammarion, 2008, pp. 158-159)

« ... le crime est normal parce qu'une société qui en serait exempte est tout à fait impossible.

Le crime, nous l'avons montré ailleurs, consiste dans un acte qui offense certains sentiments collectifs, doués d'une énergie et d'une netteté particulières. Pour que, dans une société donnée, les actes réputés criminels pussent cesser d'être commis, il faudrait donc que les sentiments qu'ils blessent se retrouvassent dans toutes les consciences individuelles sans exception et avec le degré de force nécessaire pour contenir les sentiments contraires. Or, à supposer que cette condition pût être effectivement réalisée, le crime ne disparaîtrait pas pour cela, il changerait seulement de forme ; car la cause même qui tarirait ainsi les sources de la criminalité en ouvrirait immédiatement de nouvelles. » (Émile Durkheim, *Les règles de la méthode sociologique* (1894), Champs Flammarion, 2008, p. 160)

« Ce qui fait que l'homicide est aujourd'hui prohibé sous la menace des peines les plus fortes dont disposent nos codes, c'est que la personne humaine est l'objet d'un respect religieux qui, jadis, s'attachait à de tout autres choses. N'en faut-il pas conclure que ce qui fait qu'un peuple a plus ou moins de penchant au meurtre, c'est que ce respect est plus ou moins répandu, c'est qu'une valeur plus ou moins grande y est attribuée à tout ce qui regarde l'individu. » (Émile Durkheim, *Leçons de sociologie* (1890-1900), X, PUF, 1950, p. 135)

« ... *le meurtre se cultive suffisamment de lui-même... À proprement dire, il n'est pas le résultat de telle ou telle passion, ni la forme pathologique de la dégénérescence. C'est un instinct vital qui est en nous... qui est dans tous les êtres organisés et les domine, comme l'instinct génésique... Et c'est tellement vrai que, la plupart du temps, ces deux instincts se combinent si bien l'un par l'autre, se confondent si totalement l'un dans l'autre, qu'ils ne font, en quelque sorte, qu'un seul et même instinct, et qu'on ne sait plus lequel des deux nous pousse à donner la vie et lequel à la reprendre, lequel est le meurtre et lequel est l'amour. J'ai reçu les confidences d'un honorable assassin qui tuait les femmes, non pour les voler, mais pour les violer. Son sport était que le spasme de plaisir de l'un concordât exactement avec le spasme de mort de l'autre : « Dans ces moments là, me disait-il, je me figurais que j'étais un Dieu et que je créais le monde ! »* (Octave Mirbeau, *Le Jardin des supplices* (1899), Frontispice, Folio, 1991, pp. 44-45.)

« Dans le *Père Goriot*, Balzac[1] fait allusion à un passage des œuvres de J.-J. Rousseau dans lequel cet auteur demande au lecteur ce qu'il ferait si – sans quitter Paris et naturellement sans être découvert – il pouvait, par un simple acte de volonté, tuer à Pékin un vieux mandarin dont le décès ne manquerait pas de lui apporter un grand avantage. Il laisse deviner qu'il ne tient pas la vie de ce dignitaire pour très assurée. "Tuer son mandarin" est devenu une expression proverbiale pour cette disposition secrète, propre aux hommes d'aujourd'hui. » (Sigmund Freud, *Essais de psychanalyse*, « Considérations actuelles sur la guerre et sur la mort » (1915), Payot, 1983, pp. 37-38.)

« La plupart des crimes étant des actes de somnambulisme, la morale consisterait à réveiller à temps le terrible dormeur. » (Paul Valéry, *Œuvres*, vol. 2, *Tel Quel, Moralités* (1930), Pléiade, 1988, p. 531.)

« *Crime*. – Diminution volontaire d'une personne humaine. Que ce soit mort ou blessure, ou abandon d'enfant ou de vieillard, c'est toujours par une atteinte à la personne que le crime se distingue du délit. Ainsi c'est par un abus de pouvoir que la contrefaçon des monnaies est dite crime. Ce n'est qu'un genre d'escroquerie. » (Alain, *Définitions* (1953), Gallimard, 1954, p. 69.)

Cruauté

« La *Cruauté* ou *Férocité* est un Désir qui excite quelqu'un à faire du mal à celui que nous aimons ou qui nous inspire commisération. » (Baruch de Spinoza, *Éthique* (1677), III, déf. 38, GF-Flammarion, 1965, p. 211.)

« Il y en a qui écrivent pour rechercher les applaudissements humains, au moyen de nobles qualités du cœur que l'imagination invente ou qu'ils peuvent avoir. Moi, je fais servir mon génie a peindre les délices de la cruauté ! Délices non passagères,

---

1. « – Tu ris sans savoir ce dont il s'agit. As-tu lu Rousseau** ?
   – Oui.
   – Te souviens-tu de ce passage où il demande à son lecteur ce qu'il ferait au cas où il pourrait s'enrichir en tuant à la Chine par sa seule volonté un vieux mandarin, sans bouger de Paris. » (Honoré de Balzac, *Le Père Goriot* (1835), GF-Flammarion, 2008, p. 171.)

** En vérité, Balzac commet ici une confusion, c'est Chateaubriand qu'il aurait dû citer : « Ô conscience ! ne serais-tu qu'un fantôme de l'imagination, ou la peur des châtiments des hommes ? je m'interroge ; je me fais cette question : "Si tu pouvais par un seul désir, tuer un homme à la Chine, et hériter de sa fortune en Europe, avec la conviction surnaturelle qu'on n'en saurait jamais rien, consentirais-tu à former ce désir ?" J'ai beau m'exagérer mon indigence ; j'ai beau vouloir atténuer cet homicide, en supposant que, par mon souhait, le Chinois meurt tout à coup sans douleur, qu'il n'a point d'héritier, que même à sa mort ses biens seront perdus pour l'État ; j'ai beau me figurer cet étranger comme accablé de maladies et de chagrins ; j'ai beau me dire que la mort est un bien pour lui, qu'il l'appelle lui-même, qu'il n'a plus qu'un instant à vivre : malgré mes vains subterfuges, j'entends au fond de mon cœur une voix qui crie si fortement contre la seule pensée d'une telle supposition, que je ne puis douter un seul instant de la réalité de la conscience. » (François-René de Chateaubriand, *Le génie du Christianisme* (1802), vol. 1, GF-Flammarion, 1966, pp. 200-201.) Signalons que Richard Matheson, célèbre auteur de science-fiction américain, a proposé une intéressante variation sur ce thème : « Le jeu du bouton » (1970), *Nouvelles*, tome 3, J'ai lu, 2008, pp. 287-294, que Richard Kelly a d'ailleurs portée à l'écran en 2009, sous le titre *The box*.

artificielles ; mais, qui ont commencé avec l'homme, finiront avec lui. Le génie ne peut-il pas s'allier avec la cruauté dans les résolutions secrètes de la Providence ? ou, parce qu'on est cruel, ne peut-on pas avoir du génie ? » (Lautréamont, *Les chants de Maldoror* (1869), José Corti, 1991, pp. 125-126.)

« Voir souffrir fait du bien, faire souffrir plus de bien encore – voilà une vérité, mais une vieille et puissante vérité capitale, humaine, trop humaine, à quoi du reste les singes déjà souscriraient peut-être : on raconte en effet que par l'invention de bizarres cruautés ils annoncent déjà pleinement l'homme, ils "préludent" pour ainsi dire à sa venue. » (Friedrich Nietzsche, *La généalogie de la morale* (1887), Deuxième dissertation, Gallimard, 1966, p. 91.)

« Ces niches contenaient des bois peints et sculptés qui représentaient, avec cet effroyable réalisme particulier à l'art de l'Extrême-Orient, tous les genres de torture en usage dans la Chine : scènes de décollation, de strangulation, d'écorchement et de dépècement des chairs..., imaginations démoniaques et mathématiques, qui poussent, jusqu'à un raffinement inconnu de nos cruautés occidentales, pourtant si inventives, la science du supplice. Musée de l'épouvante et du désespoir, où rien n'avait été oublié de la férocité humaine et qui, sans cesse, à toutes les minutes du jour, rappelait par des images précises, aux forçats, la mort savante à laquelle les destinaient leurs bourreaux. » (Octave Mirbeau, *Le Jardin des supplices* (1899), Folio, 1991, p. 174.)

« *Cruauté*. – Genre d'ivresse qui vient de répandre le sang, et qui porte à le faire. On sait que la vue du sang produit une sorte d'horreur, qui physiologiquement consiste en un mouvement du sang dans le spectateur, qui s'enfuit vers l'intérieur, et peut être cause d'évanouissement. L'homme ne peut réagir que par une action redoublée, et par une sorte d'emportement voulu. La cruauté est donc une colère, mais qui est juste au niveau d'un genre de peur qui est physiologique et sans aucune réflexion. La cruauté se multiplie par la foule ; et c'est par là que la foule se porte à assister à des supplices dont elle a peur. » (Alain, *Définitions* (1953), Gallimard, 1954, pp. 71-72.)

Douleur

« ... les maux de cette vie touchent plus vivement l'âme que les biens. Le sentiment de douleur est plus vif que le sentiment du plaisir. » (Nicolas Malebranche, *De la recherche de la vérité* (1674), tome II, Vrin, 1962, p. 152.)

« Loin d'être attentif à éviter qu'Émile ne se blesse, je serais fort fâché qu'il ne se blessât jamais, et qu'il grandît sans connaître la douleur. Souffrir est la première chose qu'il doit apprendre, et celle qu'il aura le plus grand besoin de savoir. » (Jean-Jacques Rousseau, *Émile*, I (1762), Garnier, 1982, p. 53.)

« Or, il n'est aucune sorte de sensation qui soit plus vive que celle de la douleur ; ses impressions sont sûres, elles ne trompent point comme celles du plaisir, perpétuellement jouées par les femmes et presque jamais ressenties par elles ; que d'amour-propre d'ailleurs, que de jeunesse, de force, de santé ne faut-il pas pour être sûr de produire dans une femme cette douteuse et peu satisfaisante impression du plaisir ! » (Donatien Alphonse François de Sade, *Justine ou les malheurs de la vertu* (1791), Gallimard, 2005, p. 242.)

« La jouissance est le sentiment d'une promotion de la vie, la douleur celui d'une entrave à la vie. Mais comme les médecins l'ont remarqué, la vie (de l'animal) est le jeu continu de leur antagonisme. [...] La douleur est l'aiguillon de l'activité ; c'est en elle, avant tout, que nous éprouvons notre vie ; sans la douleur la vie viendrait à s'éteindre. » (Emmanuel Kant, *Anthropologie du point de vue pragmatique* (1798), Vrin, 1970, p. 94.)

« Croyez-moi, mon fils, les douleurs ne sont point éternelles, il faut tôt ou tard qu'elles finissent, parce que le cœur de l'homme est fini ; c'est une de nos grandes misères : nous ne sommes pas même capables d'être longtemps malheureux. » (François-René de Chateaubriand, *Atala* (1801), GF-Flammarion, 1996, p. 155.)

« Ce qui révolte à vrai dire contre la douleur ce n'est pas la douleur en soi, mais le non-sens de la douleur. » (Friedrich Nietzsche, *La généalogie de la morale* (1887), *Deuxième dissertation*, Gallimard, 1966, p. 94.)

« D'ailleurs, de ce que le crime est un fait de sociologie normale, il ne suit pas qu'il ne faille pas le haïr. La douleur, elle non plus, n'a rien de désirable, l'individu la hait comme la société hait le crime, et pourtant elle relève de la physiologie normale. Non seulement elle dérive nécessairement de la constitution même de tout être vivant, mais elle joue un rôle utile dans la vie et pour lequel elle ne peut être remplacée. » (Émile Durkheim, *Les règles de la méthode sociologique* (1894), Champs Flammarion, 2008, p. 165, note.)

« Je me mis aussi à comprendre que le rôle de la douleur, des déceptions et des idées noires, n'est pas de nous aigrir, de nous faire perdre notre valeur et notre dignité, mais de nous mûrir et de nous purifier. » (Hermann Hesse, *Peter Camenzind* (1904), La Pochothèque, 1999, p. 87.)

« Toute douleur veut être contemplée, ou bien elle n'est pas sentie du tout. Qu'est-ce qu'un mal d'un millième de seconde, et aussitôt oublié ? La douleur, comme d'un mal de dents, suppose que l'on prévoit, que l'on attend, que l'on étale quelque durée en avant et en arrière du présent ; le seul présent est comme nul. Nous craignons plus que nous souffrons. » (Alain, *Propos sur le bonheur* (1928), Folio, 1985, p. 39.)

« Nous savons bien qu'une douleur physique peut nous occuper tout entier ; mais au lieu de dire qu'elle absorbe alors toutes les puissances de la conscience, il faudrait dire plutôt qu'elle les paralyse et qu'elle en suspend le cours. Au contraire, le caractère original de la douleur morale, c'est qu'elle remplit vraiment toute la capacité de notre âme, qu'elle oblige toutes nos puissances à s'exercer et qu'elle leur donne même un extraordinaire développement. Mais alors, il vaudrait mieux sans doute employer ici le mot de souffrance que le mot de douleur. Car la douleur, je la subis, mais la souffrance, j'en prends possession, je ne cherche pas tant à la rejeter qu'à la pénétrer. Je la sais et je la fais mienne. Quand je dis "je souffre", c'est toujours un acte que j'accomplis. » (Louis Lavelle, *Le mal et la souffrance*, Plon, 1940, p. 86.)

« Un malade me disait : "À quoi bon mes douleurs ? Je ne suis pas poète pour pouvoir m'en servir ou en tirer vanité." » (E. M. Cioran, *Syllogismes de l'amertume* (1952), Gallimard, 1976, p. 148.)

« En ce qui concerne la douleur, je ne puis me convaincre qu'elle élève, et les hommes que j'ai vu souffrir m'ont toujours paru enfermés dans leur douleur et non point ouverts sur des vues cosmiques. Si la douleur élève, je voudrais savoir vers quoi. Vers un Dieu auquel on demande de nous soulager ? Vers les autres, qui ne peuvent participer à notre douleur car celle-ci est une construction personnelle, à laquelle participe toute l'histoire de notre système nerveux, à nulle autre pareille ? La douleur ne peut être que la conséquence d'une mésentente entre l'organisme et le milieu. Comme nous ne sommes pas toujours capables d'agir sur le milieu, il nous reste de pouvoir agir sur l'organisme par les analgésiques et les psychotropes. » (Henri Laborit, *Éloge de la fuite*, Robert Laffont, 1976, p. 109.)

Guerre

« ... personne n'est assez fou pour préférer la guerre à la paix : dans la paix, les fils ensevelissent leur père, dans la guerre, les pères ensevelissent leurs fils. Mais sans doute les dieux ont-ils voulu qu'il en fût ainsi. » (Hérodote, *L'enquête*, I, 87, Folio, 1990, p. 87.)

« Les actions guerrières semblent même l'exclure [le loisir] tout à fait ; personne en effet ne choisit de faire la guerre pour faire la guerre et nul ne la prépare dans cette intention-là, car on passerait pour être un parfait meurtrier à vouloir transformer ses amis en ennemis dans le simple but de susciter des batailles et des massacres. » (Aristote, *Éthique à Nicomaque*, X, 1177 b, 8-12, GF-Flammarion, 2004, p. 527.)

« La guerre est chose si féroce qu'elle est faite pour les bêtes et non pour les hommes ; c'est une démence envoyée par les Furies, selon la fiction des poètes, une peste qui détruit les mœurs partout où elle passe, une injustice, puisque les pires bandits sont d'habitude les meilleurs guerriers, une impiété qui n'a rien de commun avec le Christ. » (Érasme, *Éloge de la folie*, (1511), LIX, GF-Flammarion, 1964, p. 78.)

« Il vaut mieux courir le risque de faire une guerre malheureuse que de donner de l'argent pour avoir la paix : car on respecte toujours un prince lorsqu'on sait qu'on ne le vaincra qu'après une longue résistance. » (Montesquieu, *Œuvres complètes, Considérations sur les causes de la grandeur des Romains et de leur décadence* (1721), XVIII, Seuil, 1970, p. 472.)

« Après tout, la guerre est la débauche du sang, comme la politique est celle des intérêts. Tous les excès sont frères. Ces monstruosités sociales possèdent la puissance des abîmes, elles nous attirent comme Sainte-Hélène appelait Napoléon ; elles donnent des vertiges, elles fascinent, et nous voulons en voir le fond sans savoir pourquoi. [...] En guerre, l'homme ne devient-il pas un ange exterminateur, une espèce de bourreau, mais gigantesque. Ne faut-il pas des enchantements bien extraordinaires pour nous faire accepter ces atroces douleurs, ennemies de notre frêle enveloppe, qui entourent les passions comme d'une enceinte épineuse ? S'il se roule convulsivement et souffre une sorte d'agonie après avoir abusé du tabac, le fumeur n'a-t-il pas assisté je ne sais en quelles régions à de délicieuses fêtes ? Sans se donner le temps d'essuyer ses pieds qui trempent dans le sang jusqu'à la cheville, l'Europe n'a-t-elle pas sans cesse recommencé la guerre ? » (Honoré de Balzac, *La peau de chagrin* (1831), Pocket, 1998, pp. 180-181.)

« Je me félicite aujourd'hui d'avoir essayé du naufrage, entrevu la guerre, partagé les souffrances des classes les plus humbles de la société comme je m'applaudis d'avoir rencontré, dans les temps de prospérité, l'injustice et la calomnie. J'ai profité à ces leçons : la vie, sans les maux qui la rendent grave, est un hochet d'enfant. » (François-René de Chateaubriand, *Mémoires d'outre-tombe* (1848), I, X, 7, Classiques Garnier, 1989, p. 561.)

« *Guerre*. – On peut dire au désavantage de la guerre : elle abêtit les vainqueurs, rend méchant le vaincu. En faveur de la guerre : elle introduit la barbarie par les deux effets mentionnés, et rapproche ainsi de la nature ; elle est sommeil ou hivernage de la civilisation, l'homme en sort plus fort pour le bien comme pour le mal. » (Friedrich Nietzsche, *Humain, trop humain* (1878), vol. 1, § 444, Folio, 2004, p. 267.)

« On a assez dit que l'existence de l'homme de guerre, les projectiles mis à part, était bonne pour la santé. J'ai pu m'en rendre compte, ayant mené pendant trois ans l'existence du lapin de garenne, qui fait trois tours dans la rosée, et rentre en son trou au moindre bruit. Trois années sans ressentir autre chose que la fatigue et le besoin de dormir. » (Alain, *Propos sur le bonheur* (1928), LXXXVI, Folio, 1985, p. 197.)

« Sans diminuer en rien l'importance des causes économiques de la guerre, on est en droit d'affirmer que la guerre impérialiste, dans ce qu'elle a précisément de plus dur et de plus néfaste, est partiellement déterminée par la disparité criante entre les moyens gigantesques de la technique et l'infime travail d'élucidation morale dont ils sont l'objet. » (Walter Benjamin, *Œuvres II*, « Théories du fascisme allemand » (1930), Folio, 2001, pp. 198-199.)

« En toute chose l'État agit comme dans sa justice, qui punit le meurtre et s'en réserve le monopole. Il nous interdit de refuser la vie à notre progéniture : il entend s'en charger. Il se réserve de pratiquer lui-même l'avortement : sur la personne d'adultes valides. » (Bertolt Brecht, *Écrits sur la politique et la société*, « Sur le paragraphe 218 » (1930), L'Arche, 1971, p. 38.)

« Et, d'ailleurs, sans manquer de déplorer les maux que les armes traînent après elles, comment ne point saluer leur rôle prodigieux ?

La destruction est leur œuvre. À leur bilan s'inscrit un total odieux de vies brisées, de biens disparus, d'États mis en poudre. On ne compterait point ce qu'elles ont gaspillé de travaux, éteint d'efforts, empêché de bien-être. Friches, incendies, famines, voilà leurs beaux résultats. Mais, à combien d'hommes leur protection permit-elle de naître et de vivre ? Sans leur concours quelle tribu, quelle cité, quelle nation se fussent établies ? Que de moissons ont pu croître, d'artisans produire parce qu'elles les gardaient ! À quel progrès matériel n'ont-elles pas lié leur destin ? Comment mesurer ce que les richesses, les voies, les navires, les machines doivent aux désirs conquérants ? » (Charles de Gaulle, *Le fil de l'épée* (1932), 10/18, 1962, pp. 99-100.)

« Les peuples ont beau jouir de la paix et maudire les batailles. Ce n'en sont pas moins les guerres qui luisent au loin dans la perspective de l'histoire, qui y paraissent illuminées, se détachant avec éclat et brillant de mille couleurs sur le fond morne et obscur de la paix. L'humanité conserve plus pieusement le nom des conquérants qui firent son malheur que celui des artisans attentifs auxquels elle doit ses moments de quiétude. Ceci n'est rien encore. À mesure que la guerre grandit en horreur et en puissance, elle reçoit plus d'hommages et qui sont toujours plus fervents. » (Roger Caillois, *Chroniques de Babel*, « Prestiges de la guerre », 27 août 1946, Gonthier Médiations, 1981, pp. 121-122.)

« La brutalité n'explique en rien la guerre ; pourtant elle y trouve son meilleur moyen. » (Gilles Deleuze, *Instincts et institutions* (1955), Introduction, Hachette, 1971, p. IX.)

« Il faut une étrange capacité d'aveuglement pour méconnaître le rôle qu'ont joué, dans le devenir des sociétés humaines, les guerres et les guerriers. Libre au philosophe de décréter que les guerres ont été stériles et que le travail seul est créateur. Le jugement me paraît, à bien des égards, critiquable. Encore serait-il vrai qu'il n'ôterait rien au fait que les rois et leurs combats, naguère objet privilégié de la curiosité de l'historiographe, demeurent une des activités qui ont modelé l'histoire telle que nous l'observons. » (Raymond Aron, *Dimensions de la conscience historique* (1961), Plon, 1964, p. 107.)

Haine

« La haine n'est pas une passion de caprice ; elle dénonce une réalité scandaleuse et réclame impérieusement que celle-ci soit effacée du monde. On ne hait pas la grêle, ni la peste ; on ne hait que les hommes, et non en tant que cause matérielle d'un dégât matériel, mais comme auteurs conscients d'un véritable mal. Un soldat qui tue en combattant n'est pas haïssable parce qu'il obéit à des consignes et parce qu'il y a réciprocité de dissuasion entre son adversaire et lui ; ni la mort, ni la souffrance, ni la captivité ne sont en soi des scandales. Il n'y a scandale que du moment où un homme traite ses semblables comme des objets, où il leur dénie par les tortures, l'humiliation, la servitude, l'assassinat, leur existence d'hommes. La haine, c'est la saisie de la liberté d'autrui en tant qu'elle s'emploie à réaliser ce mal absolu qu'est la dégradation de l'homme en chose. Et elle appelle immédiatement la vengeance qui s'efforce de détruire le mal dans sa source en atteignant la liberté du coupable. » (Simone de Beauvoir, *L'existentialisme et la sagesse des nations*, « Œil pour œil », Nagel, 1963, pp. 115-116.)

Mal

« Recevoir une pierre sur la tête, c'est un mal qui existe ; la honte, l'infamie, l'opprobre, l'insulte, ne sont des maux qu'autant qu'on les sent. Il n'y a point de mal quand on ne sent rien. » (Érasme, *Éloge de la folie* (1511), GF-Flammarion, 1964, p. 40.)

« C'est au milieu du sommeil, c'est dans le sein d'un doux repos, qu'il faut se défier des surprises ; mais c'est surtout la continuité des maux qui rend leur poids insupportable ; et l'âme résiste bien plus aisément aux vives douleurs qu'à la tristesse prolongée. » (Jean-Jacques Rousseau, *Julie ou La Nouvelle Héloïse* (1761), I, 25, GF-Flammarion, 1969, p. 52.)

« J'ai voulu peindre le mal que font éprouver même aux cœurs arides les souffrances qu'ils causent, et cette illusion qui les porte à se croire plus légers ou plus corrompus qu'ils ne le sont. » (Benjamin Constant, *Adolphe* (1816), Préface (1824), *in* Herbert B. Gershman et Kernan B. Whitworth, JR., *Anthologie des préfaces de romans français du XIXᵉ siècle*, Juillard, 1964, p. 89.)

« C'est lorsqu'un mal entre en nous, que nous nous croyons en danger. Dès qu'il sera installé, nous pourrons faire bon ménage avec lui, voire même ne pas soupçonner sa présence. » (Raymond Radiguet, *Le bal du comte d'Orgel* (1924), GF-Flammarion, 1984, p. 104.)

Maladie

« Lorsque l'homme se met à réfléchir sur sa santé ou son moral, il se trouve généralement souffrant. » (Johann Wolfgang Goethe, *Maximes et Réflexions* (1833), § 1063, Rivages, 2005, p. 19.)

« ... j'ai observé une chose dans les hôpitaux : quand un patient est furieux contre son mal, il finit toujours par en guérir. » (Ivan Tourguéniev, *Pères et fils* (1862), Folio, 2007, p. 166.)

« La maladie sensibilise l'homme pour l'observation comme une plaque de photographie. » (Edmond et Jules de Goncourt, *Idées et sensations*, Librairie internationale, 1866, p. 228.)

« *Vertu de la maladie.* » Il peut arriver au malade couché dans son lit de découvrir que, le reste du temps, il est malade de son emploi, de ses affaires ou de la société, et qu'il y a perdu toute conscience claire de soi : il tire cette sagesse du loisir même où le contraint sa maladie. » (Friedrich Nietzsche, *Humain trop humain*, vol. 1 (1878), § 289, Folio, 2004, p. 217.)

« *Maladie.* – Sous le nom de maladie il faut entendre : une approche prématurée de la vieillesse, de la laideur et des jugements pessimistes : toutes choses qui vont ensemble. » (Friedrich Nietzsche, *Aurore* (1881), § 409, Gallimard, 1980, p. 294.)

« N'avais-je pas raison de le dire, les états de dépression et d'exaltation féconde de l'artiste, la maladie et la santé, ne sont pas dissociés et ne s'opposent pas nettement ? Plutôt, dans la maladie et en quelque sorte à son couvert, des éléments de santé sont en travail et des éléments morbides subsistent dans l'état sain et constituent un apport au génie. » (Thomas Mann, *Le docteur Faustus* (1947), Club du livre du mois, 1957, p. 339.)

« Le malade crée la maladie par l'excès même de sa défense et l'importance d'une réaction qui le protège moins qu'elle ne l'épuise et le déséquilibre. Les remèdes qui nient ou stabilisent prennent alors le pas sur tous ceux qui stimulent, favorisent ou soutiennent. » (François Dagognet, *La raison et les remèdes*, PUF, 1964, p. 310.)

« Les maladies sont le plus court chemin de l'homme pour arriver à soi. » (Thomas Bernhard, *Perturbation* (1967), Gallimard, 1999, p. 212.)

« Qu'est-ce qu'une maladie, sinon l'exagération ou la déficience de certains processus qui se déroulent chez l'animal en bonne santé ? » (François Jacob, *La logique du vivant* (1970), Gallimard, 1971, p. 139.)

« Les malades ne comprennent pas les bien-portants, tout comme, inversement, les bien-portants ne comprennent pas les malades, et ce conflit est très souvent un conflit mortel, que le malade, en fin de compte, n'est pas de taille à affronter, mais, bien entendu, pas davantage le bien-portant, qu'un tel conflit, souvent, rend malade. » (Thomas Bernhard, *Le neveu de Wittgenstein* (1982), Quarto Gallimard, 2007, p. 741.)

« Les maladies sont les instruments de la vie par lesquels le vivant, lorsqu'il s'agit de l'homme, se voit contraint de s'avouer mortel. » (Georges Canguilhem, *Écrits sur la médecine*, « Les maladies » (1989), Seuil, 2002, p. 48.)

Malentendu

« Se méprendre sur les sentiments d'une femme est l'indice d'une médiocre virilité. » (Italo Svevo, *La conscience de Zeno* (1923), Folio, 2008, p. 113.)

« Rien ne fatigue autant que les malentendus. » (Bertolt Brecht, *Écrits sur le théâtre*, vol. 1, « La nouvelle objectivité » (1928), L'Arche, 1972, p. 156.)

« Plus droitement on s'exprime, plus on s'expose à être jugé de travers. » (Jean Rostand, *Inquiétudes d'un biologiste* (1967), Livre de Poche, 1973, p. 122.)

Malheur

« On n'est jamais si malheureux qu'on croit, ni si heureux qu'on avait espéré. » (La Rochefoucauld, *Maximes* (1664), « Maximes supprimées », § 9, GF-Flammarion, 1997, p. 93.)

« Presque toute l'histoire n'est qu'une suite d'horreurs. Si les tyrans la détestent, tandis qu'ils vivent, il semble que leurs successeurs souffrent qu'on transmette à la postérité les crimes de leurs devanciers, pour faire diversion à l'horreur qu'ils inspirent eux-mêmes. En effet, il ne reste guère, pour consoler les peuples, que de leur apprendre que leurs ancêtres ont été aussi malheureux, ou plus malheureux. » (Sébastien-Roch-Nicolas de Chamfort, *Maximes et pensées* (1795), § 473, Folio, 2005, p. 137.)

« L'homme est si bizarre qu'il trouve dans le malheur même des sujets de consolation et presque du plaisir, comme celui, par exemple, de se sentir injustement persécuté et d'avoir en soi la conscience d'un mérite supérieur à sa fortune présente ; mais il lui arrive bien plus souvent de s'ennuyer dans la prospérité et même de s'y trouver très malheureux. » (Eugène Delacroix, *Journal*, 19 juillet 1854, Plon, 1982, p. 440.)

« L'affreux, dans les malheurs, c'est qu'ils vous habituent à interpréter comme des malheurs même les choses indifférentes. » (Cesare Pavese, *Le métier de vivre* (1952), 24 janvier 1938, Folio, 1997, p. 106.)

Masochisme

« Aimer, être aimé, quel bonheur ! Et pourtant, comme cette splendeur pâlit devant la torturante félicité d'adorer une femme qui fait de nous son jouet, d'être l'esclave d'une belle qui nous tyrannise, qui nous foule impitoyablement à ses pieds ! » (Leopold von Sacher-Masoch, *La Vénus à la fourrure* (1870), Pocket, 1985, p. 64.)

Méchanceté

« ... c'est bien clair, ceux-là ne désirent pas les mauvaises choses, qui ignorent qu'elles sont telles ; ce sont au contraire celles qu'ils croyaient être bonnes, tandis que ces choses sont en vérité mauvaises ; par conséquent, ceux qui sont, à leur égard, dans cette ignorance et qui les croient bonnes, désirent, c'est bien clair, les choses bonnes. » (Platon, *Œuvres complètes*, vol. 1, *Ménon*, 27 d-e, Pléiade, 1950, p. 524.)

« ... et j'eus la cruelle satisfaction d'apprendre là que s'il est des hommes qui, guidés par la vengeance ou par d'indignes voluptés, peuvent s'amuser de la douleur des autres, il est d'autres êtres assez barbarement organisés pour goûter les mêmes charmes sans autres motifs que la jouissance de l'orgueil, ou la plus affreuse curiosité. L'homme est donc naturellement méchant, il l'est donc dans le délire de ses passions presque autant que dans leur calme, et dans tous les cas les maux de son semblable peuvent donc devenir d'exécrables jouissances pour lui. » (Donatien Alphonse François. de Sade, *Les Infortunes de la vertu* (1791), Folio, 2007, p. 212.)

« *Méchante* est la disposition d'esprit qui consiste à nuire à autrui *sciemment* et *volontairement*. *Mauvaise* celle qui consiste, en cédant à son inclination par *faiblesse*, à violer des devoirs envers autrui ou même envers soi. » (Georg Wilhelm Friedrich Hegel, *Propédeutique philosophique* (1808-1811), Gonthier Médiations, 1964, p. 66.)

« La méchanceté est de tous les esprits le plus facile. Rien n'est si aisé que d'apercevoir un ridicule ou un vice, et de s'en moquer : il faut des qualités supérieures pour comprendre le génie et la vertu. » (François-René de Chateaubriand, *Pensées, réflexions et maximes* (1836), Éditions de la Première Heure, 2008, p. 25.)

« Autrefois j'ai connu un enfant qui s'écriait, dès que sa mère le contredisait : oh ! je sais, maman est méchante ! La plupart des hommes n'ont pas recours à une autre logique à l'égard de leurs semblables, même s'ils ne le disent pas avec autant d'ingénuité. » (Giacomo Leopardi, *Pensées* (1845), XC, Allia, 2007, pp. 96-97.)

« J'établirai dans quelques lignes comment Maldoror fut bon pendant ses premières années, où il vécut heureux ; c'est fait. Il s'aperçut ensuite qu'il était né méchant : fatalité extraordinaire ! Il cacha son caractère tant qu'il put, pendant un grand nombre d'années ; mais, à la fin, à cause de cette concentration qui ne lui était pas naturelle, chaque jour le sang lui montait à la tête ; jusqu'à ce que, ne pouvant plus supporter une pareille vie, il se jeta résolument dans la carrière du mal... atmosphère douce ! Qui l'aurait dit ! lorsqu'il embrassait un petit enfant, au visage rose, il aurait voulu lui enlever ses joues avec un rasoir, et il l'aurait fait très souvent, si Justice, avec son long cortège de châtiments, ne l'en eut chaque fois empêché. Il n'était pas menteur, il avouait la vérité et disait qu'il était cruel. Humains, avez-vous entendu ? il ose le redire avec cette plume qui tremble ! Ainsi donc, il est une puissance plus forte que la volonté... Malédiction ! » (Lautréamont, *Les chants de Maldoror* (1869), © José Corti, 1991, p. 125.)

« *Innocence de la méchanceté*. – La méchanceté n'a pas pour but le mal d'autrui pour lui-même, mais notre propre jouissance, celle par exemple d'un sentiment de vengeance ou d'une excitation nerveuse plus intense. La moindre taquinerie suffit à montrer quel plaisir on éprouve à exercer sa puissance sur l'autre et à en tirer le sentiment stimulant de sa supériorité. » (Friedrich Nietzsche, *Humain trop humain*, vol. 1 (1878), § 103, Folio, 2004, p. 97.)

« La haine, la joie au malheur d'autrui, la soif de rapine et de domination, et tout ce qui est décrié comme méchant : tout cela appartient à l'étonnante économie de la conservation de l'espèce, à une économie sans doute coûteuse, gaspilleuse, et dans l'ensemble prodigieusement insensée ; – mais dont on peut prouver qu'elle a conservé notre espèce jusqu'à ce jour. » (Friedrich Nietzsche, *Le gai savoir* (1882), § 1, 10/18, 1973, p. 70.)

« D'être méchant, c'est se venger d'avance. » (Paul-Jean Toulet, *Les trois impostures* (1922), § 205, 10/18, 1985, p. 58.)

« Il est vrai que ceux qui préfèrent les contes de fées font la sourde oreille quand on leur parle de la tendance native de l'homme à la "méchanceté î, à l'agression, à la destruction, et donc aussi à la cruauté. » (Sigmund Freud, *Malaise dans la civilisation* (1929), PUF, 1973, p. 75.)

« Si les gens sont si méchants, c'est peut-être seulement parce qu'ils souffrent, mais le temps est long qui sépare le moment où ils ont cessé de souffrir de celui où ils deviennent un peu meilleurs. » (Louis-Ferdinand Céline, *Voyage au bout de la nuit* (1932), Folio, 2008, p. 74.)

« Moi, je suis méchante : ça veut dire que j'ai besoin de la souffrance des autres pour exister. » (Jean-Paul Sartre, *Huis clos* (1944), L. de Poche, 1964, pp. 46-47.)

Médisance

« Si l'on te rapporte que l'un dit du mal de toi, ne te défends pas de ce qu'il a dit, mais réponds : «C'est qu'en effet il ignorait les autres vices qui sont en moi, car il ne s'en serait pas tenu à ceux-là. » (Épictète, *Manuel*, XXXIII, GF-Flammarion, 1997, pp. 81-82.)

« Bien des gens n'eussent jamais été connus, si d'excellents adversaires n'eussent pas fait état d'eux. Il n'y a point de plus haute vengeance que l'oubli ; car c'est ensevelir ces gens-là dans la poussière de leur néant. Les téméraires s'imaginent de s'éterniser en mettant le feu aux merveilles du monde et des siècles. L'art de réprimer la médisance, c'est de ne s'en point soucier. Y répondre, c'est se porter préjudice ; s'en offenser, c'est se décréditer, et donner à l'envie de quoi se complaire ; car il ne faut que cette ombre de défaut, sinon pour obscurcir entièrement une beauté parfaite, du moins pour lui ôter son plus vif éclat. » (Balthazar Gracian, *L'homme de cour* (1646), CCV, Ivrea, 2005, p. 126.)

« Les propos malveillants ou la *médisance*, par où je n'entends pas la *calomnie*, une relation *fausse* qui peut être appelée devant le tribunal, mais seulement la tendance immédiate à divulguer, sans dessein particulier, ce qui porte préjudice à la considération d'autrui, est quelque chose de contraire au respect dû à l'humanité en général, puisque tout scandale donné affaiblit ce respect sur lequel repose le mobile au bien moral et rend autant que possible incrédule à ce sujet. » (Emmanuel Kant, *Métaphysique des mœurs II, Doctrine de la vertu* (1797), Vrin, 1985, p. 144.)

« À la *calomnie*, qui est un véritable mensonge, s'apparente la *médisance*, c'est-à-dire la divulgation de faits qui nuisent à l'honneur d'un tiers et qu'on rapporte sans les connaître de façon évidente en eux-mêmes et pour eux-mêmes. Il arrive souvent qu'on se livre à la médisance dans un zèle désapprobateur pour des conduites immorales, mais on précise parfois qu'on ne saurait garantir la vérité de ce qu'on rapporte et qu'on préférerait n'avoir rien dit. En ce cas, la médisance se double de cette *déloyauté* qui consiste à faire effectivement circuler des récits qu'on prétend ne point vouloir connaître ; et, dans l'autre cas, elle se double de cette hypocrisie qui consiste à prétendre parler sur un mode moral alors qu'en fait on se conduit avec méchanceté. » (Georg Wilhelm Friedrich Hegel, *Propédeutique philosophique* (1808-1811), Gonthier Médiations, 1964, p. 66.)

« Le temps est un grand remède contre la médisance, comme d'ailleurs contre toutes les peines de l'âme. Si le monde dénigre nos façons d'être et de faire, bonnes ou mauvaises, le mieux n'est-il pas pour nous de persévérer ? Après peu de temps le sujet s'épuise, les mauvaises langues s'en détournent et s'attaquent à autre chose. Plus nous montrerons de fermeté et de constance dans notre mépris de l'opinion d'autrui, plus vite ce qui fut condamné tout d'abord ou ce qui paraissait insolite sera considéré comme raisonnable et naturel. Le monde, incapable de croire que celui qui ne lui cède pas puisse avoir tort, finit par se déjuger et nous absoudre. Il en résulte, chose facile à constater, que les faibles vivent suivant le bon plaisir du monde, et les forts selon le leur. » (Giacomo Leopardi, *Pensées* (1845), XLV, Allia, 2007, p. 59.)

« La médisance est encore le plus grand lien des sociétés. » (Edmond et Jules de Goncourt, *Idées et sensations*, Librairie internationale, 1866, p. 171.)

« Médire v. Faire le portrait d'un homme comme il est, quand il n'est pas là. » (Ambrose Bierce, *Le Dictionnaire du Diable* (1911), Rivages, 1996, p. 180.)

« Vous ne direz jamais autant de mal de moi que j'en penserais de vous, si je pensais à vous. » (Jules Renard, *Journal* (1925-27), 1er mai 1899, Robert Laffont-Bouquins, 1990, p. 416.)

« *Médisance*. – C'est la calomnie vraie. Toutefois on ne peut vérifier que le fait. Tout ce qui vise l'intention, dans la médisance, est réellement calomnie.

Il n'est pas beau d'accabler sans savoir, mais il n'est pas beau non plus d'accabler parce que l'on sait. On n'a d'excuse qu'en justice ; et encore faut-il se borner au fait, sans aucune supposition. Une supposition n'est permise que favorable, et à l'honneur de l'homme. Le vrai ici c'est le juste ; et le juste va jusqu'à la charité. Il est injuste de supposer l'injustice ; et l'injustice, même dans le vol, n'est pas une chose que l'on puisse prouver ; c'est une faute de la vouloir prouver.

Beaucoup conseillent de ne jamais parler des personnes, sauf le cas d'obligation. Il est mieux encore de ne parler des personnes que pour leur enlever cette apparence de monstres qu'on leur prête si aisément. Il y a plus de perspicacité à excuser qu'à accuser. » (Alain, *Définitions* (1953), Gallimard, 1954, pp. 142-143.)

Sadisme

« Nous appelons sadisme la nécessité, pour obtenir une satisfaction sexuelle, de faire souffrir, de maltraiter, d'humilier l'objet sexuel, et masochisme, le besoin d'être soi-même ce souffre-douleur. Vous n'ignorez pas non plus que ces deux tendances jouent aussi leur rôle dans les rapports sexuels normaux et qu'on les qualifie de perversions quand, après avoir éliminé les autres buts sexuels, elles parviennent à les remplacer par leurs propres fins. Vous avez pu remarquer aussi que le sadisme est plus intimement lié à la virilité et le masochisme à la féminité, comme s'il y avait là quelque affinité secrète ; ajoutons cependant sans plus tarder que nous n'avons pas avancé sur cette voie. » (Sigmund Freud, *Nouvelles conférences sur la psychanalyse* (1932), « L'angoisse et la vie instinctuelle », Gallimard, 1936, p. 142.)

« Le sadisme est passion, sécheresse et acharnement. » (Jean-Paul Sartre, *L'être et le néant* (1943), Gallimard, 1965, p. 469.)

« Il [le sadique] vise à faire prendre à l'Autre des attitudes et des positions telles que son corps paraisse sous l'aspect de l'*obscène*. » (Jean-Paul Sartre, *L'être et le néant* (1943), Gallimard, 1965, p. 473.)

« Chez le héros sadique, l'agressivité mâle n'est pas atténuée par l'ordinaire métamorphose du corps en chair ; pas un instant, il ne se perd dans son animalité : il demeure si lucide, si cérébral qu'au lieu de le gêner dans ses élans les discours philosophiques sont pour lui un aphrodisiaque. » (Simone de Beauvoir, *Faut-il brûler Sade ?* (1955), Gallimard, 1972, p. 32.)

Souffrance

« ... nous avons tous la prétention de souffrir beaucoup plus que les autres. » (Honoré de Balzac, *La Peau de chagrin* (1831), Pocket, 1998, p. 91.)

« On a bien mal compris Épicure, ce pauvre bougre, comme moi, qui plaçait l'absence de souffrances au-dessus de tout. » (Johann Wolfgang Goethe, *Maximes et Réflexions* (1833), § 1373, Rivages, 2005, p. 47)

« ... la souffrance dépourvue de sens a au plus profond quelque chose de révoltant. » (Friedrich Nietzsche, *Considérations inactuelles III, Schopenhauer éducateur* (1874), Folio, 1992, p. 52.)

« Les circonstances, pour moi, n'ont été que douloureuses ; j'ai été, pour me servir de l'expression consacrée, formé à l'école du malheur : – tout ce que je sais, je l'ai appris à mes dépens ; aussi je le sais bien ; c'est pourquoi je l'exprime parfois d'une manière un peu tranchante. Si j'ai l'air parfois de dogmatiser, c'est que j'ai la prétention, moi qui ai souffert beaucoup, d'en savoir plus que ceux qui ont moins souffert que moi, et de parler mieux qu'ils ne le pourraient faire en connaissance de cause. » (Pierre Loti, *Aziyadé* (1879), Omnibus, 1989, p. 61.)

« Quand on a beaucoup souffert – le degré de souffrance auquel un homme peut atteindre suffit à déterminer sa place dans la hiérarchie – il arrive qu'on soit plein d'orgueil intellectuel et de dégoût, qu'on se sente imprégné et comme coloré par une certitude terrifiante, celle d'en savoir plus long, du fait de sa souffrance, que les plus malins et les plus sages, parce qu'on a exploré les terres lointaines de l'horreur où l'on a vécu un temps "comme chez soîî, ces terres dont vous autres ne savez rien. Ce taciturne orgueil du souffrant, cette fierté de l'élu de la connaissance, de l'initié, presque de la victime de la connaissance, l'oblige à adopter toutes sortes de déguisements pour se protéger du contact des mains indiscrètes et secourables, et en général de tout ce qui ne l'égale pas en douleur. La souffrance profonde fait de nous des aristocrates, elle isole. » (Friedrich Nietzsche, *Par-delà le bien et le mal* (1886), § 270, 10/18, 1973, pp. 287-288.)

« Les souffrances fécondes sont accompagnées d'une jouissance ineffable ; elles ressemblent à ces sanglots qui, rendus par la musique d'un maître, deviennent harmonie. » (Jean-Marie Guyau, *Esquisse d'une morale sans obligation ni sanction* (1884), Allia, 2008, p. 152.)

« Une chose curieuse que cette circulation de l'argent que nous donnons à des femmes, qui à cause de cela nous rendent malheureux, c'est-à-dire nous permettent d'écrire des livres – on peut presque dire que les œuvres, comme dans les puits artésiens, montent d'autant plus haut que la souffrance a plus creusé le cœur. » (Marcel Proust, *À la recherche du temps perdu*, *Le Temps retrouvé* (1927), Laffont-Bouquins, 1996, p. 735.)

« La souffrance nous menace de trois côtés : dans notre propre corps qui, destiné à la déchéance et à la dissolution, ne peut même se passer de ces signaux d'alarme que constituent la douleur et l'angoisse ; du côté du monde extérieur, lequel dispose de forces invincibles et inexorables pour s'acharner contre nous et nous anéantir ; la troisième menace enfin provient de nos rapports avec les autres êtres humains. La souffrance issue de cette source nous est plus dure peut-être que toute autre ; nous sommes enclins à la considérer comme un accessoire en quelque sorte superflu, bien qu'elle n'appartienne pas moins à notre sort et soit aussi inévitable que celles dont l'origine est autre. » (Sigmund Freud, *Malaise dans la civilisation* (1929), PUF, 1973, p. 21.)

« Mais les plus intéressantes méthodes de protection contre la souffrance sont encore celles qui visent à influencer notre propre organisme. En fin de compte, toute souffrance n'est que sensation, n'existe qu'autant que nous l'éprouvons ; et nous ne l'éprouvons qu'en vertu de certaines dispositions de notre corps. » (Sigmund Freud, *Malaise dans la civilisation* (1929), PUF, 1973, p. 23.)

« ... la souffrance passée, comparée à la présente, est une vieille amie inoffensive. » (Robert Musil, *L'homme sans qualités* (1930-33), vol. 2, Seuil, 2004, p. 151.)

Torture

« La torture est le plus sûr moyen d'absoudre les scélérats robustes et de condamner les innocents débiles*. » (Cesare Beccaria, *Des délits et des peines* (1764), GF-Flammarion, 1991, p. 96.)

* Le mot désigne ici la faiblesse, conformément à son étymologie latine.

« Vois, mon amour, comme les Chinois sont de merveilleux artistes et comme ils savent rendre la nature complice de leurs raffinements de cruauté !... En notre affreuse Europe qui, depuis si longtemps, ignore ce que c'est que la beauté, on supplicie secrètement au fond des geôles, ou sur les places publiques, parmi d'ignobles foules avinées... Ici, c'est parmi les fleurs, parmi l'enchantement prodigieux et le prodigieux silence de toutes les fleurs, que se dressent les instruments de torture et de mort, les pals, les gibets et les croix... » (Octave Mirbeau, *Le Jardin des supplices* (1899), Folio, 1991, p. 188.)

« La propagande, la torture sont des moyens directs de désintégration ; plus encore la déchéance systématique, l'amalgame avec le criminel cynique, la complicité forcée. Celui qui tue ou torture ne connaît qu'une ombre à sa victoire : il ne peut pas se sentir innocent. » (Albert Camus, *L'Homme révolté* (1951), Gallimard, 1980, p. 222.)

« *Torture.* – La souffrance volontairement employée, soit pour se venger, soit pour obtenir l'aveu. Le tyran arrive nécessairement à torturer celui qui le brave ; car c'est le seul moyen de l'humilier. Le juge aussi se voit bravé par un homme impénétrable, et il veut au moins l'émouvoir. L'abaissement de tous les pouvoirs au niveau d'une fonction supprime naturellement ces procédés atroces, mais le moindre retour de la tyrannie les fait aussitôt revenir. » (Alain, *Définitions* (1953), Gallimard, 1954, pp. 214-215.)

Vengeance

« ... la vengeance est toujours le plaisir d'une âme petite, faible, mesquine ; et la preuve immédiate en est que personne plus que la femme ne trouve sa joie à se venger. » (Juvénal, *Satires*, XIII, v. 190-193, Les Belles-lettres, 1967, p. 165.)

« Ainsi, par exemple, la colère peut quelquefois exciter en nous des désirs de vengeance si violents qu'elle nous fera imaginer plus de plaisir à châtier notre ennemi, qu'à conserver notre honneur ou notre vie, et nous fera exposer imprudemment l'un et l'autre pour ce sujet. Au lieu que, si la raison examine quel est le bien ou la perfection sur laquelle est fondé ce plaisir qu'on tire de la vengeance, elle n'en trouvera aucune autre (au moins quand cette vengeance ne sert point pour empêcher qu'on nous offense derechef), sinon que cela nous fait imaginer que nous avons quelque sorte de supériorité et quelque avantage au-dessus de celui dont nous nous vengeons. Ce qui n'est souvent qu'une vaine imagination, qui ne mérite point d'être estimée à comparaison de l'honneur ou de la vie, ni même à comparaison de la satisfaction qu'on aurait de se voir maître de sa colère, en s'abstenant de se venger. » (René Descartes, *Correspondance avec Élisabeth*, 1er septembre 1645, GF-Flammarion, 1989, pp. 126-127.)

« Le vrai secret d'obtenir les choses qu'on désire est de les mépriser. D'ordinaire on ne les trouve pas quand on les cherche ; au lieu qu'elles se présentent d'elles-mêmes quand on ne s'en soucie pas. Comme les choses de ce monde sont l'ombre du ciel, elles tiennent cette propriété de l'ombre, qu'elles fuient celui qui les suit, et poursuivent celui qui les fuit. Le mépris est aussi la plus politique vengeance. C'est la maxime universelle des sages de ne se défendre jamais avec la plume, parce qu'elle laisse des traces qui tournent plus à la gloire des ennemis qu'à leur humiliation : outre que cette sorte de défense fait plus d'honneur à l'envie que de mortification à l'insolence. » (Baltasar Gracian, *L'homme de cour* (1647), CCV, Éditions Ivrea, 2005, pp. 125-126.)

« La Vengeance est un Désir qui nous excite à faire du mal par une Haine réciproque à qui, affecté du même sentiment à notre égard, nous a porté dommage. » (Baruch de Spinoza, *Éthique* (1677), III, déf. 37, GF-Flammarion, 1965, p. 211.)

« C'est par faiblesse que l'on hait un ennemi et que l'on songe à s'en venger, et c'est par paresse que l'on s'apaise et que l'on ne se venge point. » (La Bruyère, *Les caractères* (1688), « Du cœur », 10/18, 1963, p. 93.)

« La vengeance se distingue de la punition en ce que l'une est une réparation obtenue par un acte de la partie lésée, tandis que l'autre est l'œuvre d'un juge. C'est pourquoi il faut que la réparation soit effectuée à titre de punition, car, dans la vengeance, la passion joue un rôle et le droit se trouve ainsi troublé. De plus, la vengeance n'a pas la forme du droit, mais celle de l'arbitraire, car la partie lésée agit toujours par sentiment ou selon un mobile subjectif. Aussi bien le droit qui prend la forme de la vengeance constitue à son tour une nouvelle offense, n'est senti que comme conduite individuelle et provoque, inexpiablement, à l'infini, de nouvelles vengeances. » (Georg Wilhelm Friedrich Hegel, *Propédeutique philosophique* (1808-1811), Gonthier Médiations, 1964, p. 45.)

« Une orgie de vengeance. – Les rustres qui se sentent offensés prennent d'habitude l'offense au degré le plus haut qu'il se puisse et en racontent la cause en termes fortement exagérés, ceci afin de pouvoir s'offrir une véritable orgie de ces sentiments désormais ranimés de haine et de vengeance. » (Friedrich Nietzsche, *Humain trop humain*, vol. I (1878), § 62, Folio, 2004, p. 79.)

« Il est moins doux d'assouvir son amour que de satisfaire sa vengeance. » (Paul-Jean Toulet, *Les trois impostures* (1922), § 92, 10/18, 1985, p. 33.)

« Se venger d'un tort qu'on vous a fait, c'est se priver du réconfort de crier à l'injustice. » (Cesare Pavese, *Le métier de vivre* (1952), 5 mars 1938, Folio, 1997, p. 115.)

« Il n'y a pas de vengeance plus belle que celle que les autres infligent à notre ennemi. Elle a même le mérite de vous laisser le rôle de l'homme généreux. » (Cesare Pavese, *Le métier de vivre* (1952), 4 mars 1946, Folio, 1997, p. 368.)

Vice

« Les philosophes conçoivent les affections qui se livrent bataille en nous, comme des vices dans lesquels les hommes tombent par leur faute, c'est pourquoi ils ont accoutumé de les tourner en dérision, de les déplorer, de les réprimander, ou, quand ils veulent paraître plus moraux, de les détester. Ils croient ainsi agir divinement et s'élever au faîte de la sagesse, prodiguant toute sorte de louanges à une nature humaine qui n'existe nulle part, et flétrissant par leurs discours celle qui existe réellement. Ils conçoivent les hommes en effet, non tels qu'ils sont, mais tels qu'eux-mêmes voudraient qu'ils fussent : de là cette conséquence, que la plupart, au lieu d'une Éthique, ont écrit une Satire, et n'ont jamais eu en Politique de vues qui puissent être mises en pratique, la Politique, telle qu'ils la conçoivent, devant être tenue pour une Chimère, ou comme convenant soit au pays d'Utopie, soit à l'âge d'or, c'est-à-dire à un temps où nulle institution n'était nécessaire. » (Baruch de Spinoza, *Traité politique* (1677), I, § 1, GF-Flammarion, 1966, p. 11.)

« La source de toutes les passions est la sensibilité, l'imagination détermine leur pente. Tout être qui sent ses rapports doit être affecté quand ces rapports s'altèrent et qu'il en imagine ou qu'il en croit imaginer de plus convenables à sa nature. Ce sont les erreurs de l'imagination qui transforment en vices les passions de tous les êtres bornés, même des anges, s'ils en ont. » (Jean-Jacques, Rousseau, *Émile* (1762), IV, Garnier, 1982, pp. 256-257.)

« La plupart des vices naissent de ce que l'état de culture fait violence à la nature et cependant notre destination en tant qu'hommes est de sortir du pur état de nature où nous ne sommes que des animaux. » (Emmanuel Kant, *Réflexions sur l'éducation* (1803), Vrin, 1966, p. 141.)

« Que presque tout ce que nous appelons vices est plutôt causé par surabondance et excès de matière que par disette ou défaut. » (Joseph Joubert, *Pensées* (1838), 10/18, 1966, p. 89.)

« Les vices sont des propriétés de la Nature, comme les inondations, les tempêtes. » (Gustave Flaubert, *Bouvard et Pécuchet* (1881), Folio, 2009, p. 318.)

« Le masochisme, le sadisme et presque tous les vices, enfin, ne sont que des moyens de se sentir plus humain – parce qu'en rapports plus profonds et plus abrupts avec les corps, – à la manière dont la vue, terrible pour certains, des rides et des viscères, nous fait faire un pas de plus dans le sens de l'intensification de notre conscience humaine. » (Michel Leiris, *Brisées*, « L'homme et son intérieur » (1930), Mercure de France, 1966, p. 52.)

Violence

« ... sommes-nous les maîtres de nos goûts ? Ne devons-nous pas céder à l'empire de ceux que nous avons reçus de la nature, comme la tête orgueilleuse du chêne plie sous l'orage qui le ballotte ? Si la nature était offensée de ces goûts, elle ne nous les inspirerait pas ; il est impossible que nous puissions recevoir d'elle un sentiment fait pour l'outrager, et, dans cette extrême certitude, nous pouvons nous livrer à nos passions, de quelque genre, de quelque violence qu'elles puissent être, bien certains que tous les inconvénients qu'entraîne leur choc ne sont que des desseins de la nature dont nous sommes les organes involontaires. Et que nous font les suites de ces passions ? Lorsque l'on veut se délecter par une action quelconque, il ne s'agit nullement des suites. » (Donatien Alphonse François de Sade, *Justine ou les malheurs de la vertu* (1791), Gallimard, 2005, p. 243.)

« L'État est l'organisation spéciale d'un pouvoir ; c'est l'organisation de la violence destinée à mater une certaine classe. Quelle est donc la classe que le prolétariat doit mater ? Évidemment la seule classe des exploiteurs, c'est-à-dire la bourgeoisie. » (Vladimir Illitch Oulianov – Lénine, *L'État et la révolution* (1917), Éditions du Progrès, Moscou, 1981, p. 36.)

« La violence se connaît à ce caractère, qu'elle ne peut choisir : on dit fort bien que la colère est aveugle ; une explosion ou un incendie affecte un certain volume et tout ce qu'il contient. C'est donc une illusion de ceux qui imaginent une révolution ou une guerre comme des solutions à des problèmes déterminés que de croire que le mal seul sera supprimé. » (Paul Valéry, *Œuvres*, vol. 2, *Regards sur le monde actuel* (1931), Pléiade, 1988, p. 965.)

« *Violence* – C'est un genre de force, mais passionnée, et qui vise à briser la résistance par la terreur. La violence définit le crime, lorsqu'elle s'exerce contre la personne humaine. Et la loi des punitions est au contraire qu'elles soient entièrement purifiées de violence. » (Alain, *Définitions* (1953), Gallimard, 1954, pp. 223-224.)

« La violence symbolique est une violence qui s'exerce avec la complicité tacite de ceux qui la subissent et aussi, souvent, de ceux qui l'exercent dans la mesure où les uns et les autres sont inconscients de l'exercer ou de la subir. » (Pierre Bourdieu, *Sur la télévision* (1996), Raison d'agir, 2008, p. 16.)

Petit recueil de citations : Shakespeare

« Hamlet – Le Danemark est une prison.
Rosenkrantz – Alors le monde en est une aussi.
Hamlet – Une vaste prison, dans laquelle il y a beaucoup de cellules, de cachots et de donjons. Le Danemark est un des pires.
Rosenkrantz – Nous ne sommes pas de cet avis, monseigneur.
Hamlet – C'est qu'alors le Danemark n'est point une prison pour vous ; car il n'y a de bien et de mal que selon l'opinion qu'on a. Pour moi, c'est une prison.
Rosenkrantz – Soit ! Alors c'est votre ambition qui en fait une prison pour vous : votre pensée y est trop à l'étroit.
Hamlet – Ô Dieu ! je pourrais être enfermé dans une coquille de noix, et me regarder comme le roi d'un espace infini, si je n'avais pas de mauvais rêves.
Guildenstern – Ces rêves-là sont justement l'ambition ; car toute la substance de l'ambition n'est que l'ombre d'un rêve.
Hamlet – Un rêve n'est lui-même qu'une ombre. »

William Shakespeare, Hamlet (1598-1601 ?), II, 2,
© GF-Flammarion, 1964, pp. 292-293.

« Le mal que font les hommes vit après eux ; le bien est souvent enterré avec leurs os. »

William Shakespeare, Jules César (1599), III, 2,
© GF-Flammarion, 1965, p. 162.

« Le vieillard – Que la bénédiction de Dieu soit avec vous et avec ceux qui veulent changer le mal en bien et les ennemis en amis ! »

William Shakespeare, Macbeth (1603-1607 ?), II, 4,
© GF-Flammarion, 1969, p. 273.

« Macbeth – La lumière s'obscurcit, et le corbeau vole vers son bois favori ; les bonnes créatures du jour commencent à s'assoupir et à dormir, tandis que les noirs agents de la nuit se dressent vers leur proie. Tu t'étonnes de mes paroles ; mais sois tranquille ; les choses que le mal a commencées se consolident par le mal. »

William Shakespeare, Macbeth (1603-1607 ?), III, 2,
© GF-Flammarion, 1969, p. 280.

« Ross – Mais ce sont des temps cruels que ceux où nous sommes des traîtres sans le savoir, où nous écoutons les rumeurs de la crainte sans savoir ce que nous craignons, flottant sur une mer farouche et violente qui nous agite en tout sens !... Je prends congé de vous. Avant peu, je reviendrai. Quand une situation est au pire, il faut qu'elle cesse ou qu'elle se relève. »

William Shakespeare, Macbeth (1603-1607 ?), IV, 2,
© GF-Flammarion, 1969, p. 295.

« Lady Macduff – Où dois-je fuir ? Je n'ai pas fait de mal. Mais je me rappelle à présent que je suis dans ce monde terrestre, où faire le mal passe souvent pour louable, et faire le bien, parfois, pour une dangereuse folie. »

William Shakespeare, Macbeth (1603-1607 ?), IV, 3,
© GF-Flammarion, 1969, p. 297.

« Le Docteur – Oui, seigneur. Il y a là un tas de misérables êtres qui attendent de lui la guérison ; leur maladie défie les plus puissants efforts de l'art, mais il n'a qu'à les toucher, et telle est la vertu sainte dont le ciel a doué sa main, qu'ils se rétablissent sur le champ.
Malcolm – Je vous remercie, docteur.
(Sort le docteur.)
Macduff – De quelle maladie veut-il parler ?
Malcolm – On l'appelle le *mal du roi*
C'est une opération tout à fait miraculeuse de ce bon prince, et que souvent, depuis mon séjour en Angleterre, je lui ai vu faire. Comment il sollicite le ciel, lui seul le sait au juste. Le fait est que des gens étrangement atteints, tout enflés et couverts d'ulcères, pitoyables à voir, vrai désespoir de la chirurgie, sont guéris par lui : il pend autour de leur cou une pièce d'or qu'il attache avec de pieuses prières ; et l'on dit qu'il laisse à la dynastie qui lui succédera le pouvoir béni de guérir. Outre cette étrange vertu, il a le céleste don de prophétie ; et les mille bénédictions suspendues à son trône le proclament plein de grâce. »

William Shakespeare, *Macbeth* (1603-1607 ?), IV, 3,
© GF-Flammarion, 1969, pp. 301-302.

« ... il est dans la nature des hommes de quereller pour de petites choses, bien que les grandes seules les préoccupent. C'est toujours ainsi : qu'un doigt vous fasse mal, et il communiquera même aux autres parties saines le sentiment de la douleur. D'ailleurs, songeons-y ! les hommes ne sont pas des dieux. Nous ne devons pas toujours attendre d'eux les prévenances qui sont de rigueur au jour des noces... »

William Shakespeare, *Othello* (1604), III, 4,
© GF-Flammarion, 1969, p. 86.

Le mal dans quelques œuvres de Rousseau, un florilège de citations

« En politique, comme en morale, c'est un grand mal que de ne point faire de bien ; et tout citoyen inutile peut être regardé comme un homme pernicieux. »

Jean-Jacques Rousseau, *Discours sur les sciences et les arts* (1750), II,
GF-Flammarion, 1971, p. 47.

« ... on n'est point obligé de faire de l'homme un philosophe avant que d'en faire un homme ; ses devoirs envers autrui ne lui sont pas uniquement dictés par les tardives leçons de la sagesse ; et tant qu'il ne résistera point à l'impulsion intérieure de la commisération, il ne fera jamais du mal à un autre homme ni même à aucun être sensible, excepté dans le cas légitime où sa conservation se trouvant intéressée, il est obligé de se donner la préférence à lui-même. Par ce moyen, on termine aussi les anciennes disputes sur la participation des animaux à la loi naturelle. Car il est clair que, dépourvus de lumières et de liberté, ils ne peuvent reconnaître cette loi ; mais tenant en quelque chose à notre nature par la sensibilité dont ils sont doués, on jugera qu'ils doivent aussi participer au droit naturel, et que l'homme est assujetti envers eux à quelque espèce de devoirs. Il semble, en effet, que si je suis obligé de ne faire aucun mal à mon semblable, c'est moins parce qu'il est un être raisonnable que parce qu'il est un être sensible ; qualité qui, étant commune à la bête et à l'homme, doit au moins donner à l'une le droit de n'être point maltraitée inutilement par l'autre. »

Jean-Jacques Rousseau,
Discours sur l'origine et les fondements de l'inégalité parmi les hommes (1755),
Préface, Folio, 1995, p. 56.

« Il paraît d'abord que les hommes dans cet état [l'état de nature] n'ayant entre eux aucune sorte de relation morale, ni de devoirs connus, ne pouvaient être ni bons ni méchants, et n'avaient ni vices ni vertus, à moins que, prenant ces mots dans un sens physique, on n'appelle vices dans l'individu les qualités qui peuvent nuire à sa propre conservation, et vertus celles qui peuvent y contribuer ; auquel cas, il faudrait appeler le plus vertueux celui qui résisterait le moins aux simples impulsions de la nature. Mais sans nous écarter du sens ordinaire, il est à propos de suspendre le jugement que nous pourrions porter sur une telle situation, et de nous défier de nos préjugés, jusqu'à ce que, la balance à la main, on ait examiné s'il y a plus de vertus que de vices parmi les hommes civilisés, ou si leurs vertus sont plus avantageuses que leurs vices ne sont funestes, ou si le progrès de leurs connaissances est un dédommagement suffisant des maux qu'ils se font mutuellement, à mesure qu'ils s'instruisent du bien qu'ils devraient se faire, ou s'ils ne seraient pas, à tout prendre, dans une situation plus heureuse de n'avoir ni mal à craindre ni bien à espérer de personne que de s'être soumis à une dépendance universelle, et de s'obliger à tout recevoir de ceux qui ne s'obligent à leur rien donner. »

Jean-Jacques Rousseau,
Discours sur l'origine et les fondements de l'inégalité parmi les hommes (1755),
I, Folio, 1995, pp. 82-83.

« Il est donc bien certain que la pitié est un sentiment naturel, qui, modérant dans chaque individu l'activité de l'amour de soi-même, concourt à la conservation mutuelle de toute l'espèce. C'est elle qui nous porte sans réflexion au secours de ceux que nous voyons souffrir : c'est elle qui, dans l'état de nature, tient lieu de lois, de mœurs et de vertu, avec cet avantage que nul n'est tenté de désobéir à sa douce voix : c'est elle qui détournera tout sauvage robuste d'enlever à un faible enfant, ou à un vieillard infirme, sa subsistance acquise avec peine, si lui-même espère pouvoir trouver la sienne ailleurs ; c'est elle qui, au lieu de cette maxime sublime de justice raisonnée : *Fais à autrui comme tu veux qu'on te fasse*, inspire à tous les hommes cette autre maxime de bonté naturelle bien moins parfaite, mais plus utile peut-être que la précédente : *Fais ton bien avec le moindre mal d'autrui qu'il est possible*. C'est, en un mot, dans ce sentiment naturel, plutôt que dans des arguments subtils, qu'il faut chercher la cause de la répugnance que tout homme éprouverait à mal faire, même indépendamment des maximes de l'éducation. Quoiqu'il puisse appartenir à Socrate, et aux esprits de sa trempe, d'acquérir de la vertu par raison, il y a longtemps que le genre humain ne serait plus, si sa conservation n'eût dépendu que des raisonnements de ceux qui le composent. »

Jean-Jacques Rousseau,
Discours sur l'origine et les fondements de l'inégalité parmi les hommes (1755),
I, Folio, 1995, pp. 86-87.

« Avec des passions si peu actives, et un frein si salutaire, les hommes plutôt farouches que méchants, et plus attentifs à se garantir du mal qu'ils pouvaient recevoir que tentés d'en faire à autrui, n'étaient pas sujets à des démêlés fort dangereux :

comme ils n'avaient entre eux aucune espèce de commerce, qu'ils ne connaissaient par conséquent ni la vanité, ni la considération, ni l'estime, ni le mépris, qu'ils n'avaient pas la moindre notion du tien et du mien, ni aucune véritable idée de la justice, qu'ils regardaient les violences qu'ils pouvaient essuyer comme un mal facile à réparer, et non comme une injure qu'il faut punir, et qu'ils ne songeaient pas même à la vengeance si ce n'est peut-être machinalement et sur-le-champ, comme le chien qui mord la pierre qu'on lui jette, leurs disputes eussent eu rarement des suites sanglantes, si elles n'eussent point eu de sujet plus sensible que la pâture : mais j'en vois un plus dangereux, dont il me reste à parler. »

Jean-Jacques Rousseau,
Discours sur l'origine et les fondements de l'inégalité parmi les hommes (1755),
I, Folio, 1995, p. 87.

« Sitôt que les hommes eurent commencé à s'apprécier mutuellement et que l'idée de la considération fut formée dans leur esprit, chacun prétendit y avoir droit, et il ne fut plus possible d'en manquer impunément pour personne. De là sortirent les premiers devoirs de la civilité, même parmi les sauvages, et de là tout tort volontaire devint un outrage, parce qu'avec le mal qui résultait de l'injure, l'offensé y voyait le mépris de sa personne souvent plus insupportable que le mal même. C'est ainsi que chacun punissant le mépris qu'on lui avait témoigné d'une manière proportionnée au cas qu'il faisait de lui-même, les vengeances devinrent terribles, et les hommes sanguinaires et cruels. Voilà précisément le degré où étaient parvenus la plupart des peuples sauvages qui nous sont connus ; et c'est faute d'avoir suffisamment distingué les idées, et remarqué combien ces peuples étaient déjà loin du premier état de nature, que plusieurs se sont hâtés de conclure que l'homme est naturellement cruel et qu'il a besoin de police pour l'adoucir, tandis que rien n'est si doux que lui dans son état primitif, lorsque placé par la nature à des distances égales de la stupidité des brutes et des lumières funestes de l'homme civil, et borné également par l'instinct et par la raison à se garantir du mal qui le menace, il est retenu par la pitié naturelle de faire lui-même du mal à personne, sans y être porté par rien, même après en avoir reçu. Car, selon l'axiome du sage Locke, *il ne saurait y avoir d'injure, où il n'y a point de propriété* »

Jean-Jacques Rousseau,
Discours sur l'origine et les fondements de l'inégalité parmi les hommes (1755),
II, Folio, 1995, p. 100.

« Le christianisme est une religion toute spirituelle, occupée uniquement des choses du ciel ; la patrie du chrétien n'est pas de ce monde. Il fait son devoir, il est vrai, mais il le fait avec une profonde indifférence sur le bon ou mauvais succès de ses soins. Pourvu qu'il n'ait rien à se reprocher, peu lui importe que tout aille bien ou mal ici-bas. Si l'État est florissant, à peine ose-t-il jouir de la félicité publique ; il craint de s'enorgueillir de la gloire de son pays : si l'État dépérit, il bénit la main de Dieu qui s'appesantit sur son peuple.
Pour que la société fût paisible et que l'harmonie se maintînt, il faudrait que tous les citoyens sans exception fussent également bons chrétiens : mais si malheureusement il s'y trouve un seul ambitieux, un seul hypocrite, un Catilina par exemple, un Cromwell, celui-là très certainement aura bon marché de ses pieux compatriotes. La charité chrétienne ne permet pas aisément de penser mal de son prochain. Dès qu'il aura trouvé par quelque ruse l'art de leur en imposer et de s'emparer d'une partie de l'autorité publique, voilà un homme constitué en dignité ; Dieu veut qu'on le respecte : bientôt voilà une puissance ; Dieu veut qu'on lui obéisse. Le dépositaire de cette puissance en abuse-t-il, c'est la verge dont Dieu punit ses enfants. On se ferait conscience de chasser l'usurpateur : il faudrait troubler

le repos public, user de violence, verser du sang ; tout cela s'accorde mal avec la douceur du chrétien, et après tout, qu'importe qu'on soit libre ou serf dans cette vallée de misères ? L'essentiel est d'aller en paradis, et la résignation n'est qu'un moyen de plus pour cela. »

Jean-Jacques Rousseau, *Du contrat social* (1762), IV, 8, GF-Flammarion, 2001, pp. 175-176.

« On étouffe les enfants dans les villes à force de les tenir enfermés et vêtus. Ceux qui les gouvernent en sont encore à savoir que l'air froid, loin de leur faire du mal, les renforce, et que l'air chaud les affaiblit, leur donne la fièvre et les tue. »

Jean-Jacques, Rousseau, *Émile* (1762), I, Garnier, 1982, p. 38.

« Comme le premier état de l'homme est la misère et la faiblesse, ses premières voix sont la plainte et les pleurs. L'enfant sent ses besoins, et ne les peut satisfaire, il implore le secours d'autrui par des cris : s'il a faim ou soif, il pleure ; s'il a trop froid ou trop chaud, il pleure ; s'il a besoin de mouvement et qu'on le tienne en repos, il pleure ; s'il veut dormir et qu'on l'agite, il pleure. Moins sa manière d'être est à sa disposition, plus il demande fréquemment qu'on la change. Il n'a qu'un langage, parce qu'il n'a, pour ainsi dire, qu'une sorte de mal-être : dans l'imperfection de ses organes, il ne distingue point leurs impressions diverses ; tous les maux ne forment pour lui qu'une sensation de douleur. »

Jean-Jacques, Rousseau, *Émile* (1762), I, Garnier, 1982, p. 46.

« L'abbé de Saint-Pierre appelait les hommes de grands enfants ; on pourrait appeler réciproquement les enfants de petits hommes. Ces propositions ont leur vérité comme sentences ; comme principes, elles ont besoin d'éclaircissement. Mais quand Hobbes appelait le méchant un enfant robuste, il disait une chose absolument contradictoire. Toute méchanceté vient de faiblesse ; l'enfant n'est méchant que parce qu'il est faible ; rendez-le fort, il sera bon : celui qui pourrait tout ne ferait jamais de mal. De tous les attributs de la Divinité toute-puissante, la bonté est celui sans lequel on la peut le moins concevoir. Tous les peuples qui ont reconnu deux principes ont toujours regardé le mauvais comme inférieur au bon ; sans quoi ils auraient fait une supposition absurde. Voyez ci-après la Profession de foi du Vicaire savoyard.

Jean-Jacques, Rousseau, *Émile* (1762), I, Garnier, 1982, p. 48.

« La raison seule nous apprend à connaître le bien et le mal. La conscience qui nous fait aimer l'un et haïr l'autre, quoiqu'indépendante de la raison, ne peut donc se développer sans elle. Avant l'âge de raison, nous faisons le bien et le mal sans le connaître ; et il n'y a point de moralité dans nos actions, quoiqu'il y en ait quelquefois dans le sentiment des actions d'autrui qui ont rapport à nous. Un enfant veut déranger tout ce qu'il voit : il casse, il brise tout ce qu'il peut atteindre ; il empoigne un oiseau comme il empoignerait une pierre, et l'étouffe sans savoir ce qu'il fait.
Pourquoi cela ? D'abord la philosophie en va rendre raison par des vices naturels : l'orgueil, l'esprit de domination, l'amour-propre, la méchanceté de l'homme ; le sentiment de sa faiblesse, pourra-t-elle ajouter, rend l'enfant avide de faire des actes de force, et de se prouver à lui-même son propre pouvoir. Mais voyez ce vieillard infirme et cassé, ramené par le cercle de la vie humaine à la faiblesse de l'enfance : non seulement il reste immobile et paisible, il veut encore que tout y reste autour de lui ; le moindre changement le trouble et l'inquiète, il voudrait voir régner un calme universel. Comment la même impuissance jointe aux mêmes pas-

sions produirait-elle des effets si différents dans les deux âges, si la cause primitive n'était changée ? Et où peut-on chercher cette diversité de causes, si ce n'est dans l'état physique des deux individus ? Le principe actif, commun à tous deux, se développe dans l'un et s'éteint dans l'autre ; l'un se forme, et l'autre se détruit ; l'un tend à la vie, et l'autre à la mort. L'activité défaillante se concentre dans le cœur du vieillard ; dans celui de l'enfant, elle est surabondante et s'étend au dehors ; il se sent, pour ainsi dire, assez de vie pour animer tout ce qui l'environne. Qu'il fasse ou qu'il défasse, il n'importe ; il suffit qu'il change l'état des choses, et tout changement est une action. Que s'il semble avoir plus de penchant à détruire, ce n'est point par méchanceté, c'est que l'action qui forme est toujours lente, et que celle qui détruit, étant plus rapide, convient mieux à sa vivacité. »

Jean-Jacques, Rousseau, *Émile* (1762), I, Garnier, 1982, pp. 48-49.

« Quand les enfants commencent à parler, ils pleurent moins. Ce progrès est naturel : un langage est substitué à l'autre. Sitôt qu'ils peuvent dire qu'ils souffrent avec des paroles, pourquoi le diraient-ils avec des cris, si ce n'est quand la douleur est trop vive pour que la parole puisse l'exprimer ? S'ils continuent alors à pleurer, c'est la faute des gens qui sont autour d'eux. Dès qu'une fois Émile aura dit : J'ai *mal*, il faudra des douleurs bien vives pour le forcer de pleurer. »

Jean-Jacques, Rousseau, *Émile* (1762), II, Garnier, 1982, p. 59.

« Nous ne savons ce que c'est que bonheur ou malheur absolu. Tout est mêlé dans cette vie ; on n'y goûte aucun sentiment pur, on n'y reste pas deux moments dans le même état. Les affections de nos âmes, ainsi que les modifications de nos corps, sont dans un flux continuel. Le bien et le mal nous sont communs à tous, mais en différentes mesures. Le plus heureux est celui qui sent le moins de peines ; le plus misérable est celui qui sent le moins de plaisirs. Toujours plus de souffrances que de jouissances : voilà la différence commune à tous. La félicité de l'homme ici-bas n'est donc qu'un état négatif ; on doit la mesurer par la moindre quantité de maux qu'il souffre. »

Jean-Jacques, Rousseau, *Émile* (1762), II, Garnier, 1982, p. 63.

« ... plus l'homme est resté près de sa condition naturelle, plus la différence de ses facultés à ses désirs est petite, et moins par conséquent il est éloigné d'être heureux. Il n'est jamais moins misérable que quand il paraît dépourvu de tout ; car la misère ne consiste pas dans la privation des choses, mais dans le besoin qui s'en fait sentir. »

Jean-Jacques, Rousseau, *Émile* (1762), II, Garnier, 1982, p. 64.

« C'est à force de nous travailler pour augmenter notre bonheur, que nous le changeons en misère. Tout homme qui ne voudrait que vivre, vivrait heureux ; par conséquent il vivrait bon ; car où serait pour lui l'avantage d'être méchant ? »

Jean-Jacques, Rousseau, *Émile* (1762), II, Garnier, 1982, p. 65.

« Connaître le bien et le mal, sentir la raison des devoirs de l'homme, n'est pas l'affaire d'un enfant.
La nature veut que les enfants soient enfants avant que d'être hommes. Si nous voulons pervertir cet ordre, nous produirons des fruits précoces, qui n'auront ni maturité ni saveur, et ne tarderont pas à se corrompre ; nous aurons de jeunes docteurs et de vieux enfants. L'enfance a des manières de voir, de penser, de sentir, qui lui sont propres ; rien n'est moins sensé que d'y vouloir substituer les nôtres ;

et j'aimerais autant exiger qu'un enfant eût cinq pieds de haut, que du jugement à dix ans. En effet, à quoi lui servirait la raison à cet âge ? Elle est le frein de la force, et l'enfant n'a pas besoin de ce frein. »

Jean-Jacques, Rousseau, Émile (1762), II, Garnier, 1982, p. 78.

« Posons pour maxime incontestable que les premiers mouvements de la nature sont toujours droits : il n'y a point de perversité originelle dans le cœur humain ; il ne s'y trouve pas un seul vice dont on ne puisse dire comment et par où il y est entré. La seule passion naturelle à l'homme est l'amour de soi-même, ou l'amour-propre pris dans un sens étendu. Cet amour-propre en soi ou relativement à nous est bon et utile ; et, comme il n'a point de rapport nécessaire à autrui, il est à cet égard naturellement indifférent ; il ne devient bon ou mauvais que par l'application qu'on en fait et les relations qu'on lui donne. Jusqu'à ce que le guide de l'amour-propre, qui est la raison, puisse naître, il importe donc qu'un enfant ne fasse rien parce qu'il est vu ou entendu, rien en un mot par rapport aux autres, mais seulement ce que la nature lui demande ; et alors il ne fera rien que de bien.
Je n'entends pas qu'il ne fera jamais de dégât, qu'il ne se blessera point, qu'il ne brisera pas peut-être un meuble de prix s'il le trouve à sa portée. Il pourrait faire beaucoup de mal sans mal faire, parce que la mauvaise action dépend de l'intention de nuire, et qu'il n'aura jamais cette intention. S'il l'avait une seule fois, tout serait déjà perdu ; il serait méchant presque sans ressource. »

Jean-Jacques, Rousseau, Émile (1762), II, Garnier, 1982, pp. 81-82.

« Sur cette terre, dont la nature eût fait le premier paradis de l'homme, craignez d'exercer l'emploi du tentateur en voulant donner à l'innocence la connaissance du bien et du mal ; ne pouvant empêcher que l'enfant ne s'instruise au dehors par des exemples, bornez toute votre vigilance à imprimer ces exemples dans son esprit sous l'image qui lui convient. »

Jean-Jacques, Rousseau, Émile (1762), II, Garnier, 1982, pp. 86-87.

« Je tiens pour impossible qu'au sein de la société l'on puisse amener un enfant à l'âge de douze ans, sans lui donner quelque idée des rapports d'homme à homme, et de la moralité des actions humaines. Il suffit qu'on s'applique à lui rendre ces notions nécessaires le plus tard qu'il se pourra, et que, quand elles deviendront inévitables, on les borne à l'utilité présente, seulement pour qu'il ne se croie pas le maître de tout, et qu'il ne fasse pas du mal à autrui sans scrupule et sans le savoir. Il y a des caractères doux et tranquilles qu'on peut mener loin sans danger dans leur première innocence ; mais il y a aussi des naturels violents dont la férocité se développe de bonne heure, et qu'il faut se hâter de faire hommes, pour n'être pas obligé de les enchaîner. »

Jean-Jacques, Rousseau, Émile (1762), II, Garnier, 1982, p. 88.

« … qu'il ne faut jamais infliger aux enfants le châtiment comme châtiment, mais qu'il doit toujours leur arriver comme une suite naturelle de leur mauvaise action. Ainsi vous ne déclamerez point contre le mensonge, vous ne les punirez point précisément pour avoir menti ; mais vous ferez que tous les mauvais effets du mensonge, comme de n'être point cru quand on dit la vérité, d'être accusé du mal qu'on n'a point fait, quoiqu'on s'en défende, se rassemblent sur leur tête quand ils ont menti. »

Jean-Jacques, Rousseau, Émile (1762), II, Garnier, 1982, pp. 93-94.

« La seule leçon de morale qui convienne à l'enfance, et la plus importante à tout âge, est de ne jamais faire de mal à personne. Le précepte même de faire du bien, s'il n'est subordonné à celui-là, est dangereux, faux, contradictoire. Qui est-ce qui ne fait pas du bien ? tout le monde en fait, le méchant comme les autres ; il fait un heureux aux dépens de cent misérables ; et de là viennent toutes nos calamités. Les plus sublimes vertus sont négatives : elles sont aussi les plus difficiles, parce qu'elles sont sans ostentation, et au-dessus même de ce plaisir si doux au cœur de l'homme, d'en renvoyer un autre content de nous. O quel bien fait nécessairement à ses semblables celui d'entre eux, s'il en est un, qui ne leur fait jamais de mal ! »

Jean-Jacques, Rousseau, *Émile* (1762), II, Garnier, 1982, p. 99.

« Le précepte de ne jamais nuire à autrui emporte celui de tenir à la société humaine le moins qu'il est possible ; car, dans l'état social, le bien de l'un fait nécessairement le mal de l'autre. Ce rapport est dans l'essence de la chose, et rien ne saurait le changer. Qu'on cherche sur ce principe lequel est le meilleur, de l'homme social ou du solitaire. Un auteur illustre dit qu'il n'y a que le méchant qui soit seul ; moi je dis qu'il n'y a que le bon qui soit seul. Si cette proposition est moins sentencieuse, elle est plus vraie et mieux raisonnée que la précédente. Si le méchant était seul, quel mal ferait-il ? C'est dans la société qu'il dresse ses machines pour nuire aux autres. »

Jean-Jacques, Rousseau, *Émile* (1762), II, Garnier, 1982, p. 99, note.

« On joue toujours lâchement les jeux où l'on peut être maladroit sans risque : un volant qui tombe ne fait de mal à personne ; mais rien ne dégourdit les bras comme d'avoir à couvrir la tête, rien ne rend le coup d'œil si juste que d'avoir à garantir les yeux. S'élancer du bout d'une salle à l'autre, juger le bond d'une balle encore en l'air, la renvoyer d'une main-forte et sûre ; de tels jeux conviennent moins à l'homme qu'ils ne servent à le former. »

Jean-Jacques, Rousseau, *Émile* (1762), II, Garnier, 1982, p. 159.

« Les panthères et les lions, que vous appelez bêtes féroces, suivent leur instinct par force, et tuent les autres animaux pour vivre. Mais vous, cent fois plus féroces qu'elles, vous combattez l'instinct sans nécessité, pour vous livrer à vos cruelles délices. Les animaux que vous mangez ne sont pas ceux qui mangent les autres : vous ne les mangez pas, ces animaux carnassiers, vous les imitez ; vous n'avez faim que des bêtes innocentes et douces qui ne font de mal à personne, qui s'attachent à vous, qui vous servent, et que vous dévorez pour prix de leurs services. »

Jean-Jacques, Rousseau, *Émile* (1762), II, Garnier, 1982, p. 171.

« Crains l'attrait spécieux du mensonge et les vapeurs enivrantes de l'orgueil. Souviens-toi, souviens-toi sans cesse que l'ignorance n'a jamais fait de mal, que l'erreur seule est funeste, et qu'on ne s'égare point parce qu'on ne sait pas, mais parce qu'on croit savoir. »

Jean-Jacques, Rousseau, *Émile* (1762), III, Garnier, 1982, p. 184.

« Quoique la pudeur soit naturelle à l'espèce humaine, naturellement les enfants n'en ont point. La pudeur ne naît qu'avec la connaissance du mal : et comment les enfants, qui n'ont ni ne doivent avoir cette connaissance, auraient-ils le sentiment qui en est l'effet ? Leur donner des leçons de pudeur et d'honnêteté, c'est leur apprendre qu'il y a des choses honteuses et déshonnêtes, c'est leur donner un désir secret de connaître ces choses-là. Tôt ou tard ils en viennent à bout, et la première étincelle qui touche à l'imagination accélère à coup sûr l'embrasement des sens. Quiconque rougit est déjà coupable ; la vraie innocence n'a honte de rien. »

Jean-Jacques, Rousseau, *Émile* (1762), IV, Garnier, 1982, pp. 253-254.

« Pour plaindre le mal d'autrui, sans doute il faut le connaître, mais il ne faut pas le sentir. Quand on a souffert, ou qu'on craint de souffrir, on plaint ceux qui souffrent ; mais tandis qu'on souffre, on ne plaint que soi. Or si, tous étant assujettis aux misères de la vie, nul n'accorde aux autres que la sensibilité dont il n'a pas actuellement besoin pour lui-même, il s'ensuit que la commisération doit être un sentiment très doux, puisqu'elle dépose en notre faveur, et qu'au contraire un homme dur est toujours malheureux, puisque l'état de son cœur ne lui laisse aucune sensibilité surabondante qu'il puisse accorder aux peines d'autrui. »

Jean-Jacques, Rousseau, *Émile* (1762), IV, Garnier, 1982, p. 270.

« Un des grands vices de l'histoire est qu'elle peint beaucoup plus les hommes par leurs mauvais côtés que par les bons ; comme elle n'est intéressante que par les révolutions, les catastrophes, tant qu'un peuple croît et prospère dans le calme d'un paisible gouvernement, elle n'en dit rien ; elle ne commence à en parler que quand, ne pouvant plus se suffire à lui-même, il prend part aux affaires de ses voisins, ou les laisse prendre part aux siennes ; elle ne l'illustre que quand il est déjà sur son déclin : toutes nos histoires commencent où elles devraient finir. Nous avons fort exactement celle des peuples qui se détruisent ; ce qui nous manque est celle des peuples qui se multiplient ; ils sont assez heureux et assez sages pour qu'elle n'ait rien à dire d'eux : et en effet nous voyons, même de nos jours, que les gouvernements qui se conduisent le mieux sont ceux dont on parle le moins. Nous ne savons donc que le mal ; à peine le bien fait-il époque. Il n'y a que les méchants de célèbres, les bons sont oubliés ou tournés en ridicule : et voilà comment l'histoire, ainsi que la philosophie, calomnie sans cesse le genre humain. »

Jean-Jacques, Rousseau, *Émile* (1762), IV, Garnier, 1982, pp. 282-283.

« ... nul ne fait le mal pour le mal. »

Jean-Jacques, Rousseau, *Émile* (1762), IV, Garnier, 1982, p. 291.

« Les voyages poussent le naturel vers sa pente, et achèvent de rendre l'homme bon ou mauvais. Quiconque revient de courir le monde est à son retour ce qu'il sera toute sa vie : il en revient plus de méchants que de bons, parce qu'il en part plus d'enclins au mal qu'au bien. Les jeunes gens mal élevés et mal conduits contractent dans leurs voyages tous les vices des peuples qu'ils fréquentent, et pas une des vertus dont ces vices sont mêlés ; mais ceux qui sont heureusement nés, ceux dont on a bien cultivé le bon naturel et qui voyagent dans le vrai dessein de s'instruire, reviennent tous meilleurs et plus sages qu'ils n'étaient partis. »

Jean-Jacques, Rousseau, *Émile* (1762), V, Garnier, 1982, p. 580.

« On sait en quels lieux il est aisé de se faire riche, mais qui sait où l'on peut se passer de l'être ? Qui sait où l'on peut vivre indépendant et libre sans avoir besoin de faire du mal à personne et sans crainte d'en recevoir ? Croyez-vous que le pays où il est toujours permis d'être honnête homme soit si facile à trouver ? »

Jean-Jacques, Rousseau, *Émile* (1762), V, Garnier, 1982, p. 583.

« ... on ne doit punir dans le mal que la volonté. »

Jean-Jacques Rousseau, *Œuvres complètes, vol. 3, Lettres écrites de la montagne* (1764), I, Seuil, 1971, p. 403.

« La superstition est le plus terrible fléau du genre humain ; elle abrutit les simples, elle persécute les sages, elle enchaîne les nations, elle fait partout cent maux effroyables : quel bien fait-elle ? Aucun ; si elle en fait, c'est aux tyrans ; elle est leur arme la plus terrible, et cela même est le plus grand mal qu'elle ait jamais fait. »

Jean-Jacques Rousseau, *Œuvres complètes, vol. 3, Lettres écrites de la montagne* (1764), I, Seuil, 1971, pp. 404-405.

« Tant qu'un homme dogmatise, il fait du mal continuellement ; jusqu'à ce qu'il se soit rangé, cet homme est à craindre ; sa liberté même est un mal, parce qu'il en use pour nuire, pour continuer de dogmatiser. Que s'il se range à la fin, n'importe ; les enseignements qu'il a donnés sont toujours donnés, et le délit à cet égard est autant consommé qu'il peut l'être. An contraire, aussitôt qu'un livre est publié, l'auteur ne fait plus de mal, c'est le livre seul qui en fait. Que l'auteur soit libre ou soit arrêté, le livre va toujours son train. La détention de l'auteur peut être un châtiment que la loi prononce ; mais elle n'est jamais un remède au mal qu'il a fait, ni une précaution pour en arrêter le progrès. »

Jean-Jacques Rousseau, *Œuvres complètes, vol. 3, Lettres écrites de la montagne* (1764), V, Seuil, 1971, p. 442.

« Pour moi qui ne trouve à me reprocher que des fautes, j'en accuse ma faiblesse et je me console ; car jamais mal prémédité n'approcha de mon cœur. »

Jean-Jacques Rousseau, *Les rêveries du promeneur solitaire* (1776-1778), VIII, Garnier, 1997, p. 107.

« Dans tous les maux qui nous arrivent, nous regardons plus à l'intention qu'à l'effet. Une tuile qui tombe d'un toit peut nous blesser davantage mais ne nous navre pas tant qu'une pierre lancée à dessein par une main malveillante. Le coup porte à faux quelquefois mais l'intention ne manque jamais son atteinte. La douleur matérielle est ce qu'on sent le moins dans les atteintes de la fortune, et quand les infortunés ne savent à qui s'en prendre de leurs malheurs ils s'en prennent à la destinée qu'ils personnifient et à laquelle ils prêtent des yeux et une intelligence pour les tourmenter à dessein. C'est ainsi qu'un joueur dépité par ses pertes se met en fureur sans savoir contre qui. Il imagine un sort qui s'acharne à dessein sur lui pour le tourmenter, et trouvant un aliment à sa colère, il s'anime et s'enflamme contre l'ennemi qu'il s'est créé. L'homme sage, qui ne voit dans tous les malheurs qui lui arrivent que les coups de l'aveugle nécessité, n'a point ces agitations insensées ; il crie dans sa douleur mais sans emportement, sans colère ; il ne sent du mal dont il est la proie que l'atteinte matérielle, et les coups qu'il reçoit ont beau blesser sa personne, pas un n'arrive jusqu'à son cœur. »

Jean-Jacques Rousseau, *Les rêveries du promeneur solitaire* (1776-1778), VIII, Garnier, 1997, pp. 110-111.

« Dans quelque situation qu'on se trouve ce n'est que par lui [l'amour-propre] qu'on est constamment malheureux. Quand il se tait et que la raison parle elle nous console enfin de tous les maux qu'il n'a pas dépendu de nous d'éviter. Elle les anéantit même autant qu'ils n'agissent pas immédiatement sur nous, car on est sûr alors d'éviter leurs plus poignantes atteintes en cessant de s'en occuper. Ils ne sont rien pour celui qui n'y pense pas. Les offenses, les vengeances, les passe-droits, les outrages, les injustices, ne sont rien pour celui qui ne voit dans les maux qu'il endure que le mal même et non pas l'intention, pour celui dont la place ne dépend pas dans sa propre estime de celle qu'il plaît aux autres de lui accorder. »

Jean-Jacques Rousseau, *Les rêveries du promeneur solitaire* (1776-1778),
VIII, Garnier, 1997, p. 112.)

« Dans les premiers temps, les hommes épars sur la face de la terre n'avaient de société que celle de la famille, de lois que celles de la nature, de langue que le geste et quelques sons inarticulés. Ils n'étaient liés par aucune idée de fraternité commune ; et n'ayant aucun arbitre que la force, ils se croyaient ennemis les uns des autres. C'étaient leur faiblesse et leur ignorance qui leur donnaient cette opinion. Ne connaissant rien, ils craignaient tout ; ils attaquaient pour se défendre. Un homme abandonné seul sur la face de la terre, à la merci du genre humain, devait être un animal féroce. Il était prêt à faire aux autres tout le mal qu'il craignait d'eux. La crainte et la faiblesse sont les sources de la cruauté. »

Jean-Jacques Rousseau, *Essai sur l'origine des langues* (1781),
IX, Ducros, 1968, pp. 91-93.

« Ce sont presque toujours de bons sentiments mal dirigés qui font faire aux enfants le premier pas vers le mal. »

Jean-Jacques Rousseau, *Les confessions* (1782),
I, GF-Flammarion, 2002, p. 69.

« L'un des avantages des bonnes actions est d'élever l'âme et de la disposer à en faire de meilleures : car telle est la faiblesse humaine, qu'on doit mettre au nombre des bonnes actions l'abstinence du mal qu'on est tenté de commettre. »

Jean-Jacques Rousseau, *Les confessions* (1782),
VI, GF-Flammarion, 2002, p. 298.

« Il est étonnant avec quelle facilité j'oublie le mal passé, quelque récent qu'il puisse être. Autant sa prévoyance m'effraie et me trouble, tant que je le vois dans l'avenir, autant son souvenir me revient faiblement et s'éteint sans peine aussitôt qu'il est arrivé. Ma cruelle imagination, qui se tourmente sans cesse à prévenir les maux qui ne sont point encore, fait diversion à ma mémoire, et m'empêche de me rappeler ceux qui ne sont plus. Contre ce qui est fait, il n'y a plus de précautions à prendre, et il est inutile de s'en occuper. J'épuise en quelque façon mon malheur d'avance ; plus j'ai souffert à le prévoir, plus j'ai de facilité à l'oublier ; tandis qu'au contraire, sans cesse occupé de mon bonheur passé, je le rappelle et le rumine, pour ainsi dire, au point d'en jouir derechef quand je veux. C'est à cette heureuse disposition, je le sens, que je dois de n'avoir jamais connu cette humeur rancunière qui fermente dans un cœur vindicatif, par le souvenir continuel des offenses reçues, et qui le tourmente lui-même de tout le mal qu'il voudrait faire à son ennemi. »

Jean-Jacques Rousseau, *Les confessions* (1782),
XI, GF-Flammarion, 1985, p. 355.

Les Âmes fortes : quelques citations

« À ton âge rien ne fait mal. C'est après que ça vient. »
Jean Giono, *Les Âmes fortes* (1950), Folio © Éditions Gallimard, 2007, p. 12.

« On s'habitue à tout mais quand c'est bon on préfère. On s'habitue encore plus vite. » (p. 12.)

« Il faut tout prévoir. Ce n'est pas en prévoyant qu'on fait venir le mal, pas vrai ? Alors, prévoyons. » (p. 42.)

« … quand ils sont malades, les vieux aiment qu'on les plaigne. » (p. 43.)

« Mais la justice dans ce bas monde ! La justice il faut se la faire soi-même. C'est malheureux à dire mais c'est comme ça : si on est trop bonne on est volée. » (p. 46.)

« S'il y avait des commérages, Madame Numance ne s'en souciait pas. [...] Elle ne pouvait pas empêcher les gens de parler… Elle ne s'en souciait pas. Il s'agissait seulement de les empêcher de faire du mal. » (p. 189.)

« Va te faire voir. Nous vendons du malheur, ma fille. Tu es notre vitrine. » (p. 192.)

« Il faut toujours regarder le malheur en face. » (p. 223.)

« Habitué aux âpres combats au cours desquels il arrachait aux paysans leur fortune, leurs économies ou le maigre produit de leur travail jusqu'au dernier sou, il ignorait la pitié. C'était un capitaine de guerre. » (p. 270.)

« À qui veut patouiller, rien ne manque. Des salauds, il y en a *floraison*. Tant qu'à faire d'espérer, j'aime espérer large. On prétend qu'alors c'est l'enfer. » (p. 290.)

« La colère se croit toujours juste. Quand elle est passée, vient la honte, et la honte c'est la haine. Tu te fais haïr pour rien. Faites-vous haïr pour quelque chose. » (p. 291.)

« Raconter n'importe quoi d'inventé, par exemple, j'arrivais à le faire, l'œil clair et la bouche ferme. Mais ça n'est rien. Je m'expérimentais dans des choses bien plus difficiles. J'arrivais à me faire passer non seulement pour bête (ce qui n'est déjà pas mal) mais pour bête et bonne, ce qui est vraiment mieux. » (pp. 300-301.)

« J'appris très soigneusement à haïr avec le sourire. Et, une chose beaucoup plus importante : j'appris à faire exactement le contraire de ce que mon cœur me commandait de faire. » (pp. 301-302.)

« Pour peu qu'on voie le détail de vie de quelqu'un, la haine vient vite. » (p. 304.)

« Je compris aussi que, de temps en temps, il me fallait faire une bonne action, comme une sorte de purge. Je me sentais plus nette après. Enfin, je devins parfaite. On était absolument obligé de me prendre pour ce que je n'étais pas. » (p. 307.)

« Il faut toujours se servir de la nature. Moi je passais pour une enfant un peu malheureuse. » (p. 310.)

« "Qu'est-ce qui te rend heureuse ?" Je fis soigneusement le tour de tout et je me répondis : "Je suis heureuse comme un furet devant le clapier." Ça, mes enfants, c'était une découverte !
[...] J'étais heureuse *d'être un piège*, d'avoir des dents capables de saigner ; et d'entendre couiner les lapins sans méfiance autour de moi.
Certes, auprès de ça, je comprenais maintenant que l'argent soit zéro. » (p. 316.)

« Il n'y avait pas de doute ; je touchais du doigt l'important. Une fois mes idées bien éclaircies, je me mis à imaginer l'avenir. Il y avait certainement mieux à faire que de rester tout le temps le museau au bord du trou. Le furet ne mange pas de viande, voilà pourquoi je me foutais de l'argent. Il boit le sang. *Si je trouvais quelque part du sang à boire, ça vaudrait peut-être la peine de me glisser dans le terrier*. Je me dis : tu as trouvé. Maintenant, dors. » (pp. 316-317.)

« Je jouais mon rôle à la perfection. Si j'avais voulu prendre du menu fretin j'en aurais rempli de pleins seaux. » (p. 324.)

« Firmin qui ne négligeait rien se regarda dans la glace. "C'est vrai, se dit-il, je le porte sur la figure." Il fut épouvanté de ses yeux méchants, de sa bouche qui, même au repos, semblait ivre du besoin de mordre. Il regarda Thérèse qui était candide et fraîche comme une fleur des champs. "Comment fait-elle ?" se dit-il. » (p. 349.)

« Elle connaissait Firmin comme sa poche. Maintenant que nous voyons toute l'affaire après coup, nous nous rendons compte qu'elle l'a embobeliné des pieds à la tête et poussé pas à pas vers ce qu'elle voulait, jouissant à chacun de ces pas de le voir tomber sans faute dans son piège. » (p. 357.)

Art et symboles

Figures du mal
Simon BOURNET-GHIANI

Le mal est Protée, du nom de ce dieu antique qui pouvait prendre à son gré une multitude de formes. Cela explique qu'il ait été, à travers les civilisations, susceptible de prendre les visages de personnages réels ou imaginaires, mais aussi d'objets, de lieux, de couleurs, ou d'animaux. Les fiches proposées peuvent être donc lues de diverses façons : on peut les envisager de manière thématique : au cours des temps, le mal a été associé au féminin (les sorcières, des déesses maléfiques ou apotropaïques[1], les femmes fatales de la tragédie ou de la Bible, Ève), à l'animal – qu'il côtoie l'homme (le cochon, le serpent, le mouton) ou soit le motif de fantasmes terrifiants (les monstres), à diverses chimères (les vampires). Mais ce parcours peut aussi être envisagé sur un mode plus historique : on hérite d'images du mal, et le fond occidental est fortement marqué par l'Antiquité, qui forge des figures incontournables (la sorcière, des mythes maléfiques comme l'histoire des grandes familles maudites, riches en crimes, des *exempla* du mal comme certains hommes qui trouvèrent « le bonheur dans le crime »[2], comme Caligula) ; héritage aussi très marqué du Moyen Âge chrétien, qui a durablement teinté de sombre la femme (à travers Ève et certaines « vénéneuses » bibliques), des animaux (le serpent), des couleurs réputées diaboliques (le rouge), des figures pécheresses (Judas, Jézabel, Dalila). Sans s'interdire des incursions dans d'autres mythologies du monde, on proposera ici un parcours au carrefour des représentations, des fantasmagories, de l'histoire, de la littérature et de l'art, puis des pistes ouvertes de réflexion, pour montrer que cette thématique du mal fut la source inépuisable des projections et des interrogations angoissées de l'homme sur son destin et sur sa propre part d'ombre.

Les sorcières de Thessalie

Si certains lieux sont aujourd'hui associés au mal, comme les Carpathes aux vampires, dans l'Antiquité romaine c'est la Thessalie, région du nord-est de la Grèce, royaume des centaures, qui concentre les références infernales. Le mal s'incarne donc aussi dans des lieux variés à travers les époques, ce que l'on appelle le *topos*[3] du « locus horribilis » (le lieu affreux).

Dans le livre VI de *La Pharsale ou la Guerre civile*, le poète Lucain (Ier siècle après J.-C.) donne une description de cette contrée maléfique. Le fleuve Évène est « teinté du sang de Nessus », le centaure qui voulut enlever Déjanire, la femme d'Hercule, le Titarèse prend sa source dans les marais du Styx (fleuve des Enfers) et « il y croît

---

1. Qui écartent le mal.
2. Titre d'une nouvelle des *Diaboliques* de Barbey d'Aurevilly (1874)
3. *Topos* : mot grec signifiant « lieu », et repris métaphoriquement pour désigner un cliché littéraire, un « lieu commun » de la littérature, qui se retrouve dans différentes civilisations.

des herbes que Médée chercha vainement dans la Colchide ». De même, c'est ici que le roi Itonus découvrit le secret du travail des métaux, « secret fatal qui fut pour les peuples une source de malheurs et de crimes » puisqu'il favorise la guerre. La Thessalie est un lieu hors du monde, comme régi par des puissances infernales qui commandent même aux Olympiens : « L'art des femmes de cette contrée passe toute croyance. C'est l'assemblage de tout ce qu'on peut imaginer et feindre de plus monstrueux. La Thessalie leur fournit des plantes vénéneuses en abondance et ses rochers comprennent le mystère infernal de leurs enchantements. Partout on y rencontre de quoi faire violence aux dieux ». Au sein de ce chaos, officie la sorcière Érichto, un des premiers personnages à concentrer les traits complexes de plusieurs créatures maléfiques. Elle est Méduse nocturne : « Ses cheveux mêlés sur sa tête sont noués comme des serpents. C'est lorsque la nuit est la plus noire et le ciel le plus orageux qu'elle sort des tombes désertes et qu'elle court dans les champs déserts pour aspirer les feux de la foudre ». Elle est assimilable à une stryge, une goule : elle « dévore les cadavres, ronge la croix, déchire les chairs battues par l'orage ou brûlées par les feux du soleil. Elle arrache les clous des mains des crucifiés, boit le sang corrompu qui dégoutte de leurs plaies, et si la chair résiste aux morsures, elle s'y suspend ». Son antre est un reflet des Enfers. Mais surtout, ce poème épique, à travers ce personnage effrayant, cherche à montrer les horreurs de la guerre civile fratricide qui opposa Pompée et César, et se solda par la défaite du premier à Pharsale (–48).

Plus tardivement au IIe siècle, dans le roman *L'Âne d'or ou Les Métamorphoses*[1], Apulée met en scène, sur un registre plus parodique que l'épopée de Lucain, une sorcière thessalienne déjà âgée, Méroé, qui se venge d'un amant qui la délaisse par des pratiques de magie noire. Le romancier la décrit de façon hyperbolique, la comparant implicitement à Circé, en racontant qu'elle a transformé un homme en castor, un autre en grenouille et un autre en bélier. « C'est une magicienne ; elle sait tout : elle peut, à son gré, abaisser les cieux, déplacer le globe de la terre, pétrifier les fleuves, liquéfier les montagnes, évoquer les mânes de bas en haut, les dieux de haut en bas, éteindre les astres, illuminer le Tartare » (I, 8, 4). Ayant décidé de châtier son malheureux amant, Méroé lui plonge dans le cou une épée jusqu'à la garde. Elle recueille dans une outre le sang qui jaillit, enfonce sa main dans la plaie, et, fouillant jusqu'aux viscères de la victime, en retire le cœur. Elle bouche l'orifice avec une éponge. Le « zombie » se réveille comme si de rien n'était, avec le seul souvenir de la scène qu'il prend pour un cauchemar. Au bout de quelque temps, assoiffé, il se penche pour boire au lit d'une rivière ; l'éponge gonflée fait se rouvrir la plaie et l'homme (re)devient cadavre. S'il y a une part d'humour noir dans le choix de cette punition, elle n'en démontre pas moins l'horreur sacrée que les Anciens avaient envers le mal quand il était assimilé à la cruauté et au raffinement du supplice.

---

1. À ne pas confondre avec le poème *Les Métamorphoses* du poète Ovide (Ier s. après J.-C.), synthèse des principales légendes mythologiques gréco-latines.

Les déesses grecques de la vengeance

Selon Hésiode dans sa *Théogonie*, elles apparaissent à l'Âge d'or : ce sont Némésis, et trois sœurs, les Erynies (les Furies chez les Romains), du nom de Mégère, Alecto et Tisiphone. Fille de l'Érèbe (le gouffre) et de Nyx (la nuit), Némésis incarne, selon Hésiode et Homère, l'un des sentiments les plus nobles qui soient en Grèce avec *Aidos* (le respect religieux, la honte de commettre le mal), celui de « la juste colère ». Elle symbolise le châtiment mérité quand un mal est commis : en ce sens, c'est une déesse pondérée, mais qui châtie sans réserve les fautes humaines : selon Homère, elle est « le fléau des hommes mortels ». Armée d'une branche de pommier et d'une roue, un fouet pendant à sa ceinture, elle fait basculer sa roue d'un demi-tour, faisant choir un roi de sa gloire et le remplaçant. À la fin du tour, le premier peut alors se venger de son successeur. Elle punit les hommes pour leur « hybris » (orgueil démesuré, mégalomanie qui fait croire aux mortels qu'ils peuvent égaler les dieux). Elle rabaisse la vanité des puissants : un roi perse ayant perdu une bataille qu'il pensait remporter fit élever une statue de marbre à Némésis pour se souvenir que seuls les dieux ont les clefs du destin des hommes. Tout autres sont les Erynies, ou les « Vénérables ». Elles sont les déesses qui vengent les offenses faites aux mères. Leur champ de prédilection est la vendetta familiale, ou les entorses faites aux lois sacrées de l'hospitalité. Leur description les assimile à de paradoxales figures du mal : elles le corrigent, il est vrai, mais aussi, contrairement à Némésis, l'incarnent dans toute sa laideur : vieilles femmes, à cheveux de serpents, à têtes de chauve-souris, elles tiennent en leurs mains des fouets cloutés. Leur vengeance est source de souffrances terribles, elles persécutent sans relâche leur proie. Par leur persévérance à châtier, leur perversité dans la punition, elles montrent que le mal sera puni par un mal plus douloureux encore : Thésée prisonnier des Enfers, pour avoir voulu enlever Perséphone, et affamé, voit les Erynies le supplicier en faisant passer devant lui des plats qu'il ne peut toucher. Dans l'*Enéide* (19) de Virgile, c'est Alecto qui provoque la guerre lors de l'arrivée d'Énée en Italie. Dans *L'Orestie* d'Eschyle (Vᵉ s. avant J.-C.), ce sont elles qui poursuivent Oreste pour le meurtre de sa mère pendant des années, jusqu'à ce qu'arrivé à Delphes, il se purifie, et soit jugé à Athènes par l'Aréopage qui l'absout de son crime. Elles acceptent alors de lui pardonner, devenant alors les « Euménides » (les Bienveillantes). Cet épisode marque d'ailleurs le passage d'une conception de la justice comme vengeance envers le mal, à une justice humaine, qui écoute l'accusé, et accepte de refermer le cercle infernal de futurs crimes. Au XVIIᵉ siècle, Racine s'inspirera des trois sœurs infernales pour faire d'elles une métaphore de la conscience qui dévore le criminel, quand Oreste qui a tué Pyrrhus son rival les voit apparaître devant lui : « Eh bien ! filles d'enfer, vos mains sont-elles prêtes ?/ Pour qui sont ces serpents qui sifflent sur vos têtes ? » (*Andromaque*, V, 5).

Les familles maudites de l'Antiquité grecque

Quel plus grand crime que d'offenser un dieu ? Impitoyablement, les coupables d'*hybris* sont châtiés par les dieux, et leurs descendants continuent de payer pour leurs fautes.

Dans la mythologie et la tragédie grecques, on trouve l'illustration de ce sacrilège à travers l'histoire des familles royales de Mycènes (les Atrides) et de Thèbes (les Labdacides). Les malheurs de ces deux grandes familles maudites ont nourri deux trilogies d'Eschyle (525-456) : *L'Orestie* (*Agamemnon/Les Choéphores/Les Euménides*) et *Les Labdacides*, une trilogie perdue dont il ne reste que le dernier volet *Les sept contre Thèbes* (il nous manque *Laïos* et *Œdipe*).

Le nœud tragique se forme autour d'un personnage de sang royal qui va connaître un sort sanglant et dont on va découvrir que plusieurs ancêtres ont déjà offensé les dieux. Les spectateurs savent que le héros tragique, le bouc émissaire, va devoir verser son sang : c'est ainsi que se déroule le fil tragique, la faute doit s'expier sur plusieurs générations. Comment dès lors arrêter la malédiction et mettre un terme à ces meurtres en série ? Comment abolir l'hérédité ou l'héritage du mal ? Le mal doit-il entraîner nécessairement le mal, en une spirale sans fin ? C'est à ces questions que vont tenter de répondre les pièces des tragiques grecs.

Dans *Agamemnon*, Clytemnestre assassine à son retour de Troie son mari le roi Agamemnon, pour venger le sacrifice de sa fille Iphigénie à Aulis. Malgré l'adultère de la reine avec Égisthe, l'acte criminel est plutôt présenté comme un acte de justice. Mais tout crime implique souillure et vengeance. La mort d'Agamemnon doit donc être vengée par son fils Oreste dans les *Choéphores*. Le fils, poussé par sa sœur Électre, tue sa mère comme l'exigent les dieux, et les Érinyes le poursuivent. Dans *Les Euménides*, cette « loi du talion », grâce à la sage intervention d'Athéna, se transforme en un tribunal qui rend la justice, celui de l'Aréopage. L'acquittement d'Oreste met en fait fin à une malédiction bien antérieure au meurtre d'Iphigénie. En effet, Agamemnon est fils d'Atrée, qui fit manger ses propres enfants à Thyeste pour se venger. Mal plus lointain encore : Atrée et Thyeste sont les fils de Pélops, qui aurait été maudit par un rival, qui périt sous ses coups, Myrtilos. Et Pélops est fils de ce Tantale qui, pour éprouver la prescience des dieux, cuisina son fils aux Olympiens, et subit un des grands châtiments infernaux.

Le mal engendre aussi le mal chez les Labdacides. Laïos, roi de Thèbes, a désobéi aux dieux en ayant un enfant avec Jocaste malgré l'oracle de Delphes (« il tuera son père et épousera sa mère »). Œdipe, accomplissant sans le savoir la prédiction, entraîne une souillure sur la ville de Thèbes, métaphorisée par la peste. Lorsque son crime est découvert, il est chassé par tous, et maudit ses fils qui trouveront la mort devant les murs de Thèbes. Œdipe sera purifié dans *Œdipe à Colone* de Sophocle ; après une longue errance, il devient sacré et garant de la suprématie militaire athénienne. Mais, ici encore, le mal est legs : le père de Laïos, Labdacos, est supposé avoir refusé le culte de Dionysos.

Ces tragédies familiales posent donc violemment le problème du mal : celui dont on hérite, qu'on perpétue par la vengeance, et auquel on ne peut échapper sans l'intervention bénéfique des dieux.

Caligula, l'empereur revenant

Caïus César, qui doit son surnom à la *caliga*, sandale du soldat romain, devient empereur de Rome en 37, à 26 ans. Il est décrit par l'historien Suétone (*Vie des douze Césars*, Ier-IIe s. après J.-C.) comme un « monstre » : d'une insolence inouïe, sacrilège, se livrant à l'inceste, à la torture et au massacre, y compris de ses intimes, il n'avait qu'un credo : « Qu'ils me haïssent pourvu qu'ils me craignent ! ». Caligula est un des premiers « tueurs en série » répertoriés de l'histoire (avec les empereurs Tibère, Néron, Domitien, ou Commode), son statut impérial lui permettant d'exercer librement son besoin de toute-puissance et les instincts d'un ego démesuré : il regrettait, dit Suétone, que « Rome n'eût pas une seule tête », preuve de son désir fou de tuer tous ses concitoyens. Dans la pièce éponyme de Camus (1944), Caligula, qu'un de ses proches, Scipion (II, 14) décrit comme un « cœur ignoble et ensanglanté », se vante d'avoir choisi le « bonheur des meurtriers » (III, 13). Caligula est assassiné en 41, mais sa figure maléfique devait encore poursuivre les vivants. Selon Suétone « il est bien avéré que des spectres inquiétèrent ceux qui gardaient ces jardins, et que dans la maison où il succomba, toutes les nuits furent marquées par quelque manifestation terrifiante, jusqu'au jour où elle fut elle-même consumée par un incendie ». Le corps a été enseveli, mais il n'a été que partiellement brûlé sur un bûcher de fortune et recouvert d'une légère couche de gazon. Suétone insiste sur le fait que la mort a été cruelle : c'est une des conditions pour qu'un mort devienne malfaisant. Ceux qui, en raison de leur genre de mort, n'avaient pas trouvé le repos, erraient, hantant les vivants jusqu'à ce que leur soient rendus les derniers hommages. Il suffisait pour cela d'en retrouver les ossements. C'est le cas de la maison hantée décrite par Pline le Jeune (*Lettres*, VII, 27) : elle est à vendre car les occupants sont dérangés toutes les nuits par des bruits de chaînes et l'apparition d'un spectre. Le fantôme indique un lieu du jardin où ses ossements ont été ensevelis sans suivre le rite funéraire. Une fois ceux-ci déterrés et les funérailles dignement célébrées, les troublent prennent fin, le lieu redevient calme ; le défunt a trouvé la paix. De même, quand les sœurs de Caligula, de retour d'exil, exhument, brûlent et ensevelissent ses ossements, les manifestations maléfiques disparaissent. Caligula fut triplement l'image du mal : par sa vie de perversions, par son supposé retour d'outre-tombe, par le portrait néfaste qu'il laisse à la postérité.

Ève

Si, étymologiquement, elle est « la vivante » ou « celle qui donne la vie » (*Hawwah* en hébreu), l'épithète d'Ève devient vite « la pécheresse » ou « la tentatrice ». Le prophète Isaïe lui attribue une ancêtre sombre, Lilith, sorte de démon qui trahit Adam en le quittant, et rejoint Samaël, l'ange des ténèbres.

L'histoire d'Ève dans la *Genèse* peut se lire comme une version biblique du mythe de Pandore. Selon Hésiode (poète du VIIIe siècle avant J.-C.), Zeus, irrité contre Prométhée qui avait dérobé le feu du ciel, demande à Héphaïstos de fabriquer avec de la terre la première femme : Pandore. Athéna lui insuffle la vie, et les dieux de l'Olympe la parent de toutes les grâces et de tous les attraits, comme l'indique l'étymologie de son nom (« pan » : tout/« doron » : don). Zeus envoie au Titan Prométhée Pandore comme épouse. Comme Prométhée est méfiant de nature, il oppose un refus. Mais son frère Épiméthée accepte Pandore, et la boîte mystérieuse qu'elle apporte avec elle. Poussés par la curiosité, ils l'ouvrent : le coffret contenait tous les maux (maladie, mort, vieillesse...), qui se dispersent à travers le monde. Seule l'espérance reste au fond lorsque Pandore referme le couvercle. La première femme apporte déjà avec elle la catastrophe.

Dans *La Bible*, Ève est la dernière créature de Dieu. Après avoir créé la terre, les animaux et l'homme, Dieu dit qu'il n'est pas bon que l'homme soit seul et qu'il a besoin d'une compagne. Comme le rapporte le livre I (21-23) de la *Genèse*, Dieu endort Adam et prélève une de ses côtes, à partir de laquelle il forme une femme. Dernière dans l'ordre de la création, Ève n'a pas même été créée *ex nihilo*, puisqu'elle est issue de l'homme. Elle est en quelque sorte un négatif du masculin : avant d'être tentatrice, elle est celle qui se laisse corrompre par le serpent en goûtant le fruit de la connaissance (qu'on identifie parfois à une pomme à cause du latin *malum*, qui signifie à la fois le mal et la pomme), et pervertit Adam en le lui offrant. Ève est celle qui, après la Chute, fait connaître à l'homme le péché de chair, d'où naîtront Abel et Caïn. Elle est liée au démon et représente donc l'épine du mal au cœur de la Création. En elle, le péché a partie liée à la connaissance et à la sexualité.

Il est patent que ce que représente Ève évolue dans le temps et avec le temps, et que la figure diabolique d'Ève est le résultat d'une lente élaboration, qui trouve son pendant dans le développement de la figure bienveillante de la Vierge au Moyen Âge, et une entreprise inverse de purification de Marie, que l'on lit jusqu'au dogme de l'Immaculée Conception proclamé en 1854. *La Quête du Saint Graal*, roman anonyme de 1220, va tout à fait dans ce sens : la plupart du temps, lorsque le Diable se manifeste aux chevaliers, il apparaît sous les traits d'une demoiselle. Ainsi, le naïf Perceval rencontre une jeune fille d'une très grande beauté, qui arrive sur un navire aux voiles noires : elle l'invite à boire du vin, faire bonne chère et rejoindre sa couche. Touchant par hasard son épée, symbole de la croix, Perceval voit cette illusion disparaître ; un prêtre débarqué d'une nef tendue de blanc déchiffrera pour lui cette scène un peu plus tard : le Diable, dans sa lutte contre Dieu, voit en la femme le moyen de détruire l'œuvre divine : « À la fin il [le diable] s'aboucha avec la femme d'Adam, la première femme de l'humain lignage ; il la guetta et la dupa si bien qu'il la contamina du péché mortel pour lequel il avait été jeté hors de la grande gloire céleste, c'est-à-dire de convoitise[1] » : la femme est à l'origine de la tare du péché originel qui pèse sur l'humanité. La symbolique est limpide. En la femme, se concentrent les valeurs antagonistes à celles du bien : noir contre blanc, chair contre virginité, ivresse et nourritures terrestres contre sobriété, alors que le chevalier pur doit se nourrir seulement de la parole de Dieu.

La façon dont on interprète la figure d'Ève est un révélateur de la vision de l'Histoire adoptée par les siècles et les auteurs. Ainsi, la littérature et l'art occidentaux seront longuement héritiers de cette version maléfique d'Ève : par exemple, les femmes voluptueuses et serpentines, assimilées aux prostituées et aux séductrices, dans *Les Fleurs du mal* (1857) de Baudelaire, comme dans *Les Bijoux* ou *Le Serpent qui danse* : « À te voir marcher en cadence/ Belle d'abandon/On dirait un serpent qui danse/ Au bout d'un bâton ». La dimension sexuelle et destructrice de la femme, mais aussi

---

1. *La Quête du Graal*, édition d'A. Béguin et Y. Bonnefoy, Seuil, 1965, p. 152.

l'assimilation de la femme à l'avidité coupable de savoir se retrouvent encore dans L'*Ève future* (1886) de Villiers de l'Isle-Adam (le péché mortel, c'est la Science), dans le roman noir américain (*Eva* – 1947 – de J. H. Chase qui narre la passion ravageuse d'un homme pour une femme de mauvaise vie, qui le trompe et l'abuse) ou encore dans le cinéma : *Métropolis* (1927) de F. Lang présente l'image d'une femme-machine, qui symbolise l'attrait des plaisirs faciles de la ville, une synthèse moderne du veau d'or, une image réactualisée de Babylone, cité de corruption dans la *Bible*. Ainsi dans Ève, personnage fondateur et source inépuisable d'inspiration, s'entremêlent des facettes diverses du mal et de la corruption dont les hommes ont pu rêver : la sexualité, la tentation de connaître, la peur de la chute et de l'erreur, la séduction des villes à l'inverse du mythe édénique d'une nature préservée du péché.

Les vénéneuses de la Bible

Parallèlement à Ève, la Bible offre une longue théorie de femmes qui *incarnent* au sens littéral (« incarner » signifiant : « être dans la chair ») des versions différentes du mal. L'*Ancien Testament* ne manque pas de figures de prostituées. Par exemple, le prophète Ezéchiel conte (*Ezéchiel*, 16-23) l'histoire de deux sœurs, Ohola et Oholiba, qui aiment la couleur rouge, en laquelle se croisent tous les fantasmes de la passion, de la sexualité, de la puissance (la pourpre des cavaliers assyriens, par lesquels elles sont séduites). Elles périront toutes deux dans le sang, livrées par Dieu aux impies qui les tuent. Mais la *Bible* propose aussi quatre images fameuses de mythes féminins, qui ont laissé leur trace durablement dans l'imaginaire collectif.

Ainsi dans la *Genèse* (19), l'histoire de la femme et des filles de Loth : cet homme vivait à Sodome, cité maudite promise au feu par Dieu car elle ne voulait pas s'amender. Loth, un des rares justes de la ville, est averti par deux anges que Sodome sera détruite. Il fuit avec son épouse et ses deux filles, mais a pour ordre de ne jamais se retourner pour contempler la destruction. Or sa femme, attachée au passé, jette un regard en arrière. Première erreur, celle de la tentation de voir et de contourner l'interdit divin : elle est immédiatement transformée en statue de sel. Resté seul rescapé avec ses deux filles, Loth est alors enivré par elles afin de perpétuer la race humaine : les filles deviennent alors les tentatrices qui poussent à l'inceste, l'un des plus grands tabous moraux et sociaux.

Autre femme biblique qui concentre des instincts mauvais : l'épouse de Putiphar (*Genèse*, 39). Le jeune Joseph, fils de Jacob et Rachel, aimé de Dieu pour sa foi et sa beauté, est jalousé par ses frères qui l'abandonnent au fond d'une citerne, le laissant comme mort. Capturé, il est réduit en esclavage et vendu à un riche Égyptien, du nom de Putiphar, qui s'attache à lui. Or la femme de Putiphar est séduite par les attraits du jeune homme et lui propose de passer avec elle « un jour heureux » : c'est ici l'adultère que symbolise la femme, la volonté d'attenter à la chasteté de Joseph, mais aussi la tentation de la trahison, car Putiphar est le protecteur du jeune homme et lui accorde sa confiance. Irritée par le refus de Joseph, l'épouse l'accuse alors faussement en exhibant pour preuve la tunique blanche du jeune homme, qui est jeté en prison. Image de la traîtrise et du dépit, la femme de Putiphar conjugue différentes modalités du mensonge.

Dans cette lignée, prend place également Dalila. Alors que le peuple d'Israël est en captivité, soumis aux Philistins (*Le Livre des juges*, 13-16), la femme de Manoach, jusqu'alors stérile, donne naissance à un fils, Samson (« petit soleil »). Cet enfant sera « nazir », c'est-à-dire « voué à Dieu » et son signe d'élection est la force extraordinaire dont il est doté. Destiné à être le libérateur d'Israël, Samson inquiète les Philistins qui persuadent une courtisane, Dalila, de le séduire, afin de lui arracher le secret de sa puissance. Charmé par la beauté de Dalila, Samson lui révèle que c'est dans sa chevelure que réside sa force : Dalila fait raser la crinière de son amant pendant qu'il dort. Dalila devient alors le symbole même de la malfaisante : avide de richesses, elle détourne le jeune homme de Dieu et de sa mission, elle use de ses artifices pour attenter aux desseins divins. Les yeux crevés, réduit à l'état d'esclave, enchaîné aux colonnes du temple de Dagon, Samson invoque une dernière fois Dieu pour qu'il lui restitue son antique force : Dieu répondra à ce souhait, et le temple s'effondre sur le peuple philistin, comme pour montrer que les projets pervers de la femme sont mis en échec par le Seigneur. Certes, Samson périt également, puni de n'avoir pas compris qu'on ne confie pas sans danger à une femme le secret de ce que l'on est.

Dernière femme tragique de la *Bible* : la reine Jézabel (*Rois*, 9, 16-21). Souveraine de Sidon, elle épouse Achab, roi d'Israël, qu'elle initie au culte de Baal (« Seigneur » en hébreu) auquel des êtres humains étaient offerts en holocauste selon *Jérémie*. Le prophète Élie s'opposa à l'influence néfaste de Jézabel, provoquant un combat violent entre les deux peuples. Symbole de l'impiété et de l'orgueil, Jézabel est aussi l'image de la calomnie et de la méchanceté : elle extorque à un paysan, Nabot, une vigne qui lui appartenait à proximité du palais royal, et le fait lapider pour s'approprier son bien. Lorsqu'Achab se repent d'avoir adoré l'idole de Baal, elle le couvre d'imprécations, ajoutant à ses vices le blasphème. Vaincue finalement par Jéhu, Jézabel est précipitée du haut des murailles du palais et son corps est piétiné par le char de son adversaire.

Judas

Le personnage de Judas, que décrivent *Les Évangiles*, est associé à quelques scènes célèbres, mais extrêmement fugaces, qui sont à lire aussi comme une tentative des Évangélistes de construire une certaine image négative pour la postérité. « Judas l'Iscariote » est déjà marqué par son nom : certains auteurs le font dériver de l'araméen *iscariot* qui signifie « tromper » ou encore du latin *sicarius* : le sicaire, l'assassin. Judas est un des apôtres de Jésus ; son nom est toujours donné en fin de la liste des douze disciples, comme pour le marquer déjà d'un stigmate. Dans *Jean*, le Christ affirme qu'il est parmi les apôtres « un démon », celui qui va le livrer. Judas assume les versants les plus noirs de l'homme : il est celui qui fustige Marie à Béthanie parce qu'elle répand sur les cheveux du Christ un nard précieux qui aurait pu être vendu pour les pauvres, mais qui dérobe l'argent des mêmes pauvres, car il est le trésorier des aumônes : c'est donc un hypocrite. *Marc* (XIV, 10) et *Matthieu* (XXVI,

14-16) font de lui l'instigateur de la trahison : il se rend chez les grands-prêtres juifs pour négocier Jésus contre trente pièces d'argent. C'est un être cupide, qui sacrifie donc à l'attrait des richesses, ce que condamne fermement Jésus (« Vous ne pouvez servir Dieu et Mammon[1] », *Matthieu*, VI, 24). Lors de la Cène, Jésus désigne le traître comme celui à qui il donnera la bouchée de pain : « Trempant alors la bouchée, il la prend et la donne à Judas, fils de Simon Iscariote. À ce moment-là, après la bouchée, Satan entra en lui ». C'est enfin lui qui désigne Jésus à la cohorte des juifs au Mont des Oliviers : « Judas, l'un des douze, [...] s'approcha de Jésus pour lui donner un baiser. Mais Jésus lui dit : Judas, c'est par un baiser que tu livres le Fils de l'Homme ! » (*Luc*, XXII, 47-48). Le baiser, signe d'amour et de respect, devient alors un code de perfidie, une condamnation à mort volontaire, et scelle le destin de Judas comme l'instrument de la mort du Messie. La fin de Judas reste mystérieuse : pour Matthieu, Judas jette finalement les pièces à la face des grands-prêtres, et s'en va se pendre. Pour Luc, il achète un champ et jouit du prix de son forfait.

Ces sources diverses ont créé une légende autour de cette figure, représentation du mal absolu. Dès la fin du IIIe siècle après J.-C., chez les Pères de l'Église, « Judas est devenu la figure du Juif », symbolique de la traîtrise et du goût du lucre. « Judas est devenu un véritable mythe collectif, qui en fait l'objet de rejet et d'horreur, mais d'une horreur fondatrice, d'un rejet qui définit des places, des rôles et définit un scénario fondamental [celui de la mise à mort de Dieu] »[2]. Judas devient le lieu de représentations et de variations autour de la thématique du mal radical : il est ainsi celui qui prend en charge le mal, et absout l'homme dans son versant bon et sacrificiel. Pour Baudelaire ou Claudel, Judas est un reflet de Satan. Chez Hugo, dans *La Fin de Satan* (*Et nox facta est*, 1854), Judas est duperie : « Satan leva la tête et dit, levant le bras/ – Tu mens – Ce mot plus tard fut l'âme de Judas ». On retrouve cette répugnance envers le déicide, mais surtout le mal assimilé au gain, dans *Le Judas de Léonard* de Léo Perutz (1959), où un commerçant de Milan se prend de haine pour la fille, qu'il aime, de son créditeur qui peine à le rembourser, et découvre enfin son propre portrait sous les traits de Judas, peint par Léonard de Vinci dans *La Cène* (1494-98). Le film de Pier-Paolo Pasolini, *L'Évangile selon Saint Matthieu* (1964), enrichit encore la vision de notre personnage : Judas est le fourbe qui trahit l'amitié et fait bon marché de l'amour christique. Sa face torturée, burinée, s'oppose à celle, très jeune et pure, du Christ : Judas est relié, par le cinéaste, à Pierre, qui renie trois fois son maître ; dans un élargissement, Judas symbolise la trahison de tous les hommes, entraînant le nécessaire rachat de tous par la Crucifixion.

Judas est ainsi au carrefour d'interrogations philosophiques et religieuses fondamentales : le mal est-il nécessairement au cœur de l'homme, comme le serpent au sein de la Création ? Judas n'est-il pas au fond une image du « bouc émissaire », nécessaire à toute société pour la purifier, et qui assume le meurtre et le péché pour en dédouaner les autres hommes, devenant pour Roger Caillois[3], non l'archétype du lâche et du traître, mais au contraire du « Courageux » et du « Loyal », qui accepte d'accomplir son rôle dans le plan préétabli de Dieu ? N'est-il pas l'épreuve même du

---

1. Mot araméen désignant la possession, les biens matériels, et qui personnifie la puissance de l'argent.
2. Abel, Olivier, « Judas, La nécessaire traîtrise », dans *Judas*, collectif dirigé par Catherine Soullard, Autrement, Paris, 1999
3. R. Caillois, *Ponce Pilate*, Paris, Gallimard, 1961

mal envoyé aux hommes pour éprouver les forces de pardon en eux et la soumission à Dieu, comme le suggère Pascal (« Jésus ne regarde pas dans Judas son inimitié, mais l'ordre de Dieu qu'il aime, et l'avoue, puisqu'il l'appelle ami » – *Pensées*) ?

Les monstres

Le mot « monstre » vient du latin *monstrum* : « fait prodigieux ; tout de qui sort de l'ordinaire ». Le monstre est d'abord à inscrire dans un contexte religieux.

Dans l'univers mythologique gréco-latin déjà, l'imagerie du monstre est extrêmement variée : ce peut être un animal fabuleux (Cerbère, chien des Enfers ; la sphinge, lion à tête de femme), un être humain affligé d'une anomalie (le Cyclope dans l'*Odyssée*, Argus, géant aux cent yeux), un élément naturel (Acheloüs, à la fois fleuve et serpent), ou encore un humain accomplissant des actes extraordinaires, qui défient les lois naturelles, sociales ou divines (ainsi Médée, dans la pièce de Sénèque (Ier s. après J.-C.), est qualifiée de « monstre », car elle accumule tous les actes les plus malfaisants : elle trahit son peuple en aidant l'Argonaute Jason à emporter la Toison d'or, dépèce son frère, assassine par jalousie sa rivale et ses propres enfants).

Dans un monde chrétien, le monstre, qu'il soit réel (un être difforme, un élément excroissant et étrange du règne naturel) ou imaginaire (un dragon, un loup garou, un hippogriffe…) pose dès le départ, par son décalage ou son étrangeté qui font peur, le problème central de son origine. Manifeste-t-il la force de Dieu, ou une émanation du mal démoniaque ? Il faut noter que le grand texte qui offre des monstres comme différentes facettes du mal est l'*Apocalypse* : un dragon incarne Satan ; un animal à sept têtes représente Rome, renforçant le lien entre le mal et la grande ville ; un troisième animal synthétise l'impiété. Le monstre est donc indissociable d'une symbolique du mal, et il est vaincu par le Bien au terme du combat. La *Bible* offre aussi dans *Les Psaumes* et *Isaïe* l'image du « Léviathan », bête mi-serpent, mi-crocodile, qui incarne la destruction du monde, son futur ravage. Le monstre est donc parfois signe de la punition de Dieu, la tare est châtiment. Mais ce métissage, cette hybridation peuvent aussi être des versions vivantes du sceau du mal, le symbole d'une possession satanique : le très riche bestiaire médiéval, chevaux à tête d'oiseaux, sirènes, cyclopes, etc., magnifié par exemple dans les tableaux d'un Jérôme Bosch (1450-1512), fait du monstre l'œuvre du Malin, ou d'un commerce avec lui (les enfants monstrueux seraient le fruit d'une relation charnelle avec le diable ou un animal). Le monstre est maléfique car il désordonne l'ordre de la Création, modifie les traits de ce que créa Dieu : dans les romans médiévaux, le diable prend la forme de bêtes chimériques, de faux prêtres, de demoiselles cherchant à détourner les chevaliers du droit chemin. Le mal, c'est l'excès : à la fois dans la laideur (la difformité extravagante, la disproportion) mais aussi dans la beauté excessive (la séduction du beau pousse à la concupiscence, aux débordements de la chair). Les monstres sont aussi, à la même époque, les symboles merveilleux et effrayants de ce qui vient de l'étranger. Le mal, c'est l'étrange(r) ou l'autre : le *Devisement du monde* de Marco Polo, au XIIIe siècle, contient un grand nombre d'animaux fabuleux, qu'il aurait croisé pendant ses voyages en Chine, en Inde, en Tartarie.

Si le XVIe siècle connaît un début de traitement des monstres détaché du merveilleux, pour se tourner vers l'observation clinique ou la tératologie (science de ce qui est monstrueux), le XVIIe inaugure un rapport nouveau aux monstres, qui est de l'ordre esthétique : les cabinets de curiosités, comme celui du roi Rodolphe de Habsbourg, abondent en collections d'éléments qui sont des dissymétries de la nature, mélangés à des créations artistiques étonnantes (poissons géants, perles énormes, toutes aberrations du monde qui sortent de la norme ; objets décoratifs bizarres, uniques). « En fait, il faudra attendre les Lumières pour que soit prononcé le divorce entre monstres réels et monstres imaginaires [...]. Quant à la médecine, elle va progressivement abandonner le terme de monstre, ou le réserver à des nouveaux-nés non viables[1] ». Le monstre devient alors susceptible de deux lectures : il est mal moral, métaphysique, ou mal clinique, physique, s'écartant d'une vision purement théologique. Voisineront alors des représentations littéraires (dans le romantisme, par exemple, le goût pour le fantastique) ou picturales (Goya, Füssli, plus tard Max Ernst ou Dali) de monstres, qui résument les peurs et les fantasmes issus de l'inconscient ou de l'imaginaire humain, et qui prouvent une fascination pour le mal, à côté d'une vision clinique du mal monstrueux, que les planches anatomiques d'un Geoffroy Saint-Hilaire (XIXe siècle), ou le développement de la photographie, traiteront de manière neutre et médicale. À la littérature, le merveilleux séduisant du mal (*Frankenstein* de Mary Shelley, en 1817, conte l'histoire d'un homme qui crée un individu de morceaux de cadavres, et se trouve puni de ses tentations démiurgiques : ici le mal est de vouloir rivaliser avec Dieu) ; à la médecine la considération de l'anormal comme pathologie (cas de Joseph Merrick, à la fin du XIXe siècle, qui fut porté à l'écran par D. Lynch sous le titre « Elephant Man » – 1980 –), devant être observée et soignée.

Les divers monstres de papier ou de chair qui hantent les religions et les littératures sont encore vivaces en nous, comme autant de figures d'une noirceur qui perturbe l'ordre naturel, social ou religieux. À cette pléiade, se sont ajoutés récemment d'autres visages monstrueux qui interrogent encore différemment le problème du mal : le « psychopathe », symbole d'une pulsion de crime qui habiterait en chacun de nous ; le « criminel de masse » (les dignitaires nazis, les faiseurs de génocides) qui montre l'instinct viscéral de l'inhumain en l'homme et la volonté de destruction de l'homme par lui-même, ou la « créature mutante », qui pose le problème d'une science utilisée parfois sans conscience et qui incarne les dérives maléfiques d'un homme qui joue avec son propre corps.

Les vampires

Superstition très ancienne, le mythe du vampire concentre une des horreurs fondamentales de l'homme : l'intrusion de la mort au sein de la vie même, à travers l'existence supposée de créatures qui se nourriraient du sang, possèderaient des pouvoirs occultes, et seraient immortelles.

---

1. S. Audeguy, *Les Monstres*, Découvertes Gallimard, 2007.

L'Antiquité connaissait les empuses ou lamies, êtres suceurs de sang. À partir du XIe siècle, naissent en Europe de l'est les premières histoires de vampires, mais c'est au XIVe siècle que la croyance commence à s'ancrer durablement, et que l'association du vampire au thème du sang se renforce : des personnages historiques furent considérés comme des vampires, comme le connétable français Gilles de Rais au XVe siècle, qui fit massacrer des centaines d'enfants, ou la comtesse Bathory en Hongrie, au début du XVIIe siècle, accusée de boire le sang de jeunes filles pour conserver sa beauté. Le vampirisme résume certaines angoisses humaines : la peur d'un au-delà peuplé de créatures terrifiantes ; la crainte face à la nuit, source de fantasmes ; la croyance dans le démon, dont le vampire serait une des versions, car il craindrait la lumière et les signes religieux (croix, hostie) – d'ailleurs le terme de « Dracula », surnom de Vlad IV de Valachie (XVe s.), connu pour sa férocité sanguinaire, signifie « le petit diable » ou le « petit démon ». Le vampire est le symbole d'une vitalité négative, monstrueuse, mais aussi d'une soif dangereuse d'immortalité de la part de l'homme : dans le christianisme, la conservation des corps est un signe de béatitude éternelle ; le vampire en est le contre-exemple maléfique. En effet « le vampirisme actif résulte de la non – libération de l'âme après la mort et constitue donc une manifestation de damnation. Le phénomène concerne alors plus particulièrement les excommuniés, les suicidés, les enfants morts-nés (non baptisés) et toute personne qui durant sa vie, a commis des péchés mortels ou des actes abominables, s'est adonné à la magie noire ou a conclu un pacte avec le diable »[1]. Cet être, fortement ancré dans le folklore d'Europe orientale, mais dont la peur gagna progressivement tout le continent, fut encore pris au sérieux dans la première moitié du XVIIIe siècle, jusqu'à ce que les autorités religieuses et royales décident de mettre un terme à ces superstitions. Le docteur Van Swieten, archidiacre de l'impératrice Marie-Thérèse d'Autriche, rédigea ainsi à la demande de la souveraine un rapport sur les vampires en 1755 qui mit en évidence que les personnes convaincues d'être vampiriques souffraient en réalité de terreurs nocturnes, d'hallucinations, de délire spectropathique ou encore de nécrophilie ou d'anémie. Si la peur vampirique recula à la fin du XVIIIe siècle, et si les progrès de la science au XIXe siècle portèrent un coup fatal à la croyance vampirique, le mythe resta vivace et connut une nouvelle carrière dans la littérature, puis le cinéma, qui enrichirent la vision maléfique de cette créature.

De cet engouement, on retiendra *La Morte amoureuse* (1832) de Théophile Gautier, nouvelle dans laquelle Clarimonde séduit le prêtre Romuald qui lui abandonne son sang et sa vertu, et *Carmilla* (1874) de Sheridan Le Fanu, stryge qui suce le sang d'une jeune châtelaine, Laura : sous sa version féminine, la vampire est ici envisagée comme une prédatrice sexuelle, comme l'émanation d'un sadisme érotique ; on retrouve également cette idée de la femme qui épuise l'énergie sexuelle de l'homme dans *Les Métamorphoses du vampire* de Baudelaire (*Fleurs du mal*) ; thématique qui subsiste encore dans *Entretiens avec un vampire* d'Anne Rice (1994), où la morsure est envisagée comme un symbole de domination ou un duel érotique violent avec la victime. Mais c'est le fameux *Dracula* de Bram Stocker (1897) qui va figer l'archétype ambigu du vampire : Dracula est le malfaisant, certes, mais aussi quelque part le malheureux. Exclu de la communauté des vivants, qu'il cherche à rejoindre en s'installant à Londres, il est le maudit, car constamment solitaire et condamné à

---

1. Jean Goens, *Loups-garous, vampires et autres monstres*, CNRS éditions, 1993.

multiplier les proies pour assurer sa jouvence. Enfin, si le chef-d'œuvre cinématographique reste l'adaptation de Murnau (*Nosferatu*, 1922), un film comme celui de Francis Ford Coppola (*Dracula*, 1992) accentue à l'ère du sida la métaphore du vampirisme comme un « mal maladif », le danger du sang étant qu'il est vecteur de transmission de mort et de dégénérescence.

Le rouge

Fondamentalement lié au feu et au sang, couleur très tôt maîtrisée grâce à l'utilisation de la terre ocre, de la garance, une plante, du « murex », un gastéropode, ou du sulfure de mercure, le rouge, par ailleurs susceptible d'interprétations positives, car tous les grands symboles sont ambivalents, comporte des versants négatifs. Nombre de civilisations parent le rouge de symboliques malfaisantes. Chez les Grecs, le rouge pouvait avoir une connotation funéraire : pour Artémidore (Ier siècle avant J.-C.), le rouge violacé est à mettre en relation avec la mort. Les scribes égyptiens traçaient à l'encre rouge les noms d'Apopis, dieu-serpent du malheur, ou de Seth, dieu du Mal absolu, qui assassine son frère Osiris pour régner à sa place. Chez les Romains, le rouge est lié à Mars, aux combats, à la violence et la guerre. Dans un contexte chrétien, le rouge a également des côtés déplaisants : « Extériorisé, le rouge devient dangereux comme l'instinct de puissance s'il n'est pas contrôlé ; il mène à l'égoïsme, à la haine » (Jean Chevalier et Alain Gheerbrandt, *Dictionnaire des symboles*, R. Laffont, 1989). Le Diable est vêtu de rouge, car il est prince de l'enfer et des feux destructeurs, le noir étant l'autre couleur diabolique. Le rouge est la marque du péché : « Quand vos péchés seraient comme l'écarlate, comme neige ils blanchiront, quand ils seraient rouges comme la pourpre, comme laine ils deviendront » (*Isaïe*, I, 18). Dans l'*Apocalypse*, un ange chevauche la grande prostituée Babylone « vêtue de rouge ». C'était par ailleurs au Moyen Âge la couleur que portaient ceux qui exerçaient des métiers d'infamie (les filles de joie qui devaient porter une étoffe rouge sur leur robe, les bourreaux dont le capuchon était rouge), ou encore ceux qui étaient frappés de maladies lues comme un châtiment divin (les lépreux). Mais on n'oubliera pas que le symbole du rouge est double : « À partir des XIIIe et XIVe siècles, le pape, jusque-là voué au blanc, se met au rouge. Les cardinaux, également. Cela signifie que ces considérables personnages sont prêts à verser leur sang pour le Christ... Au même moment, on peint des diables rouges sur les tableaux et, dans les romans, il y a souvent un chevalier démoniaque et rouge, des armoiries à la housse de son cheval, qui défie le héros. On s'accommode très bien de cette ambivalence » (Michel Pastoureau, interview dans l'*Express*, 12/07/2004). Il existe un rouge « qui alerte, retient, incite à la vigilance, à la limite, inquiète : c'est le rouge des feux de la circulation routière, la lampe rouge interdisant l'entrée d'un studio ou de radio, d'un bloc opératoire » (*Dictionnaire des symboles*) ; dès le XVIIe siècle, un chiffon rouge indique un danger. Le rouge est aussi représentatif du feu de la passion, parfois ravageuse, et métaphore du sexuel, de la chair souillée : « C'est aussi l'ancienne lampe rouge des maisons closes, ce qui pourrait paraître contradictoire, puisqu'au lieu d'interdire, elles invitent, mais ne l'est pas, lorsque l'on considère que cette invite concerne la transgression du plus profond interdit de l'époque concernée, l'interdit jeté sur les pulsions sexuelles, la libido, les instincts passionnels » (*id.*). Le rouge enfin est indissociable du sang. Les pentacles sataniques étaient tracés avec du sang, ou encore le liquide sanguin scellait un pacte avec le Malin. Au rang des superstitions, le sang était aussi utilisé en magie noire, dans les envoûtements d'amour, dans les rituels de sorcellerie, car le sang était considéré comme un véhicule de l'âme. Le rouge est donc, dans une certaine mesure, un signe d'impureté (par exemple, chez les Hébreux, les menstrues seraient la punition infligée aux descendantes d'Ève) et de stigmate, une coloration angoissante et violente.

Le noir

Rarement une couleur aura synthétisé tant de forces néfastes, comme une trinité de la tristesse, de la mort et du néant. Constamment opposé au blanc lumineux, principe du bien, de la vérité ou de Dieu, le noir est ignorance, mensonge, errement, « le symbole de tout ce qui est mal et tout ce qui est faux »[1]. Il est à noter cependant que, comme le rouge, le noir peut être lu aussi de manière méliorative : il est symbole de régénération et de fertilité dans l'Égypte ancienne, couleur aristocratique au XVe siècle dans certains états européens, assimilé aux vertus de pénitence ou de modestie. Ce seront néanmoins les aspects les plus déplaisants qu'on retiendra ici. La langue courante attribue au noir une connotation négative, dans maintes expressions : « noirs desseins », « avoir des idées noires », « broyer du noir », « bête noire ». Le noir est, avec le rouge, la coloration de Satan, le Prince des ténèbres, et une théorie d'animaux de mauvais augure lui est associée : chats, poules, moutons, chiens noirs. Le noir est la couleur du deuil et de la mort, et cela depuis le début du XVIe siècle, où la reine Anne de Bretagne l'institua à la place du blanc. Le noir est aussi la couleur privilégiée pour évoquer certains penchants de l'âme : il sous-entend la mélancolie (qui vient d'ailleurs du grec *melas* : noir et *kholè* : la bile) : par exemple, lorsque le roi de France Henri III fut assassiné en 1589, sa femme Louise de Lorraine se retira à Chenonceaux dans une chambre entièrement peinte en noir, en signe de veuvage inconsolable, qui fut le « décor état d'âme » de sa tristesse jusqu'à sa mort. On parle aussi de « noirceur » pour métaphoriser la méchanceté. Le noir enfin est associé à la nuit, chargée de mystères, fertile en peurs et en monstres. Chez les Grecs, Prométhée déroba le feu au banquet des dieux pour délivrer les hommes de l'obscurité, symbole d'ignorance et d'angoisse. Dans la *Bible*, l'obscurité préexiste à la bienfaisante création de la lumière par Dieu : « La terre était informe et vide ; il y avait des ténèbres à la surface de l'abîme » (*Genèse*, I, 2). Le Christ, dans les *Évangiles*, doit lui aussi traverser la nuit de la Passion ; il affronte « l'heure et le règne des ténèbres » (*Luc*, XXII, 53), et lorsqu'il meurt, un voile noir recouvre le ciel (*Matthieu*, XXVII, 45). La peur *dans* l'obscurité a créé la peur *de* l'obscurité, parée de tous les pièges. Aux « dangers objectifs » (« Revenants, tempêtes, loups et maléfices avaient souvent la nuit pour complice [...] Elle était par excellence le lieu où les ennemis de l'homme tramaient sa perte, au physique comme au moral »[2]) que pouvait créer le noir nocturne, s'ajoutent les « périls subjectifs » : les sens

---

1. Portal, Frédéric, *Des couleurs symboliques dans l'Antiquité, le Moyen Âge et les temps modernes*, Mesnie-Trédaniel, 1984.
2. Delumeau, Jean, *La Peur en Occident*, Hachette Littérature, 1978.

de l'homme sont faibles, comme la vue, et la nuit qui brouille toutes les ombres favorise les croyances les plus chimériques dans des êtres comme les fantômes, les feux follets, les loups garous. La nuit est propice à la libération des forces inconscientes, aux entreprises dépravées et criminelles que le noir dissimule (« Voici le soir charmant, ami du criminel », *Les Fleurs du mal*, I, 20). Baudelaire décrit dans *Le Spleen de Paris* (1869) comment la folie de deux amis s'exacerbe à la tombée du jour : « L'un méconnaissait alors tous les rapports d'amitié et de politesse, et maltraitait, comme un sauvage, le premier venu [...] L'autre, un ambitieux blessé, devenait, à mesure que le jour baissait, plus aigre, plus sombre, plus taquin » (*Le Crépuscule du soir*, XXII). Par ailleurs, la littérature est riche de textes jouant sur le dédoublement fantastique que la nuit provoque chez les hommes (*Le Horla* de Maupassant – 1882 – ou *L'Étrange cas du Dr Jekyll et de Mr Hyde* de Stevenson – 1886 –). Cette assimilation du noir et du mal se lit aussi dans la stigmatisation qui a pesé longtemps sur les peuples de couleur mate à travers l'histoire : dépourvus d'âme, reflets physiques d'une noirceur intérieure, les Noirs seraient des êtres honnis de Dieu. Comme le montre enfin l'historien Michel Pastoureau dans *Le Noir, histoire d'une couleur* (Seuil, 2008), la physique newtonienne, à la fin du XVIIe siècle, évacuera du spectre le noir et le blanc qui ne seront plus considérés comme des couleurs à part entière. Le noir sera néanmoins associé durablement, jusqu'à ce que l'art du XXe siècle lui redonne une dignité picturale (les tableaux de Pierre Soulages[1], par exemple), aux différents visages du mal et de la peur.

Le cochon

Si les Celtes, les Germains et les Romains attribuaient au porc des vertus, comme la fécondité ou la force, les Grecs n'en avaient pas une image très valorisante : qu'on se souvienne des compagnons d'Ulysse dans l'*Odyssée* d'Homère (Chant X), transformés en pourceaux par la magicienne Circé, à cause de leur goût pour le vin, qui contient en fait un philtre. Au IVe siècle avant J.-C., Platon oppose dans sa *République* la cité des philosophes, à construire, à « la cité des pourceaux », celle des hommes de son époque. Mais ce sont les religions monothéistes qui vont charger le cochon de symboles impurs et profanes : « Cet aspect positif du porc aux époques païennes a sans doute motivé le traitement dont il fit ensuite l'objet : ridiculisé, raillé, désigné comme le plus stupide (Pline), le plus laid et le plus grossier des quadrupèdes (Buffon)[2] », le cochon devient l'animal emblématique du mal sous toutes ses formes (égoïsme, ignorance, laideur), et incarnation de péchés capitaux (la gourmandise, la luxure). Dans la tradition juive, manger du porc, user de son corps, ou le toucher, est tabou (*Lévitique*, 11, 7 et *Deutéronome*, 14, 8), pour des raisons que l'on suppose hygiéniques, car le porc se nourrit d'immondices, dévore ses propres excréments, se complaît dans la fange : on trouve ici la viscérale horreur pour la charogne et la pourriture, communes à tant de civilisations, et que le cochon va supporter. Mais c'est aussi pour des raisons symboliques : le porc aurait servi à

---

1. Pierre Soulages (né en 1919), peintre contemporain dont le travail porte sur l'exploitation et les jeux de la lumière sur le noir.
2. Mozzani, Eloïse, article « Porc », *Le Livre des superstitions*, Laffont, 1995.

des sacrifices dans la religion cananéenne, concurrente de la juive ; ou encore, toute religion se crée des boucs émissaires, qui concentrent les idées d'impureté. Le Coran condamne explicitement le porc (comme « immonde »), et nombre de légendes liées à Mahomet font du porc une représentation de la voracité ou du sacrilège : le prophète ayant fait placer dans une cachette du miel et des gâteaux, il découvre peu après que des porcs ont tout dévoré, et les maudit. Le *Nouveau Testament* n'est guère plus tendre envers le cochon, attribut du diable et de la Synagogue : lorsque le Christ libère un possédé, il ordonne aux démons de se loger dans un troupeau de porcs (*Matthieu*, XVIII, 30-34) : « Ce passage de l'Évangile a beaucoup frappé les hommes du Moyen Âge. Il a été repris et commenté par les prédicateurs et les théologiens et a contribué à faire du porc l'un des attributs de Satan[1] ». Le porc est assimilé aux juifs, ennemis de la foi nouvelle et hérétiques : l'Église représente les Juifs dans le Temple comme une truie allaitant ses petits, ou encore comme un chevalier qui chevauche un cochon. Il est synthèse commode de tous les vices : la saleté (*sordidas*), la goinfrerie (*gula*[2]), la luxure (*luxuria*), la colère (*ira*). Dans *Matthieu*, il est dit de la bonne parole que certains ne veulent pas entendre : « Jeter des perles aux pourceaux » (VII, 6). Mais surtout, dans l'imaginaire chrétien, l'animal étant majoritairement connu avec une soie noire, grise ou brune[3], le cochon est comme une version animalisée du pécheur qui refuse l'appel divin ; dans *Le Livre des animaux*, bestiaire du XIIe siècle, on trouve : « Il regarde toujours vers le sol et ne lève jamais la tête vers le Seigneur. C'est pourquoi il est l'image de l'homme pécheur qui préfère les biens de ce monde aux trésors du ciel. Bien qu'il ait l'ouïe fine, le verrat n'entend pas la parole de Dieu, mais préfère écouter les appels incessants de son ventre. Il symbolise les puissants qui ne travaillent pas et ne sont jamais rassasiés des plaisirs ». Quant à la truie, elle est à la fois luxure et cannibalisme[4] : « La truie est une femelle lascive qui ne possède pas de bile ; ses porcelets sont plus nombreux que ses mamelles. Elle mange souvent des ordures ou des charognes et parfois même se plaît à dévorer ses propres enfants ». Le cochon est aussi un symbole de la cécité morale et spirituelle, à cause de sa courte vue, ce sens étant le plus valorisé des cinq au Moyen Âge. Du XIIIe au XVIe siècle, il y eut ainsi des « procès de cochon », entre autres animaux : « La vedette de ce bestiaire judiciaire […] est bien le porc. Dans neuf cas sur dix, c'est lui qui est présent au tribunal »[5] : on peut songer au célèbre procès de Falaise de 1386 en Normandie, où une truie fut jugée pour le meurtre d'un nourrisson, habillée de vêtements, affublée d'un masque à visage humain, puis mutilée et traînée en place publique. C'est ici l'indice d'une assimilation médiévale du porc à l'homme : est-il responsable, comme l'homme de ses actes ? Peut-il comprendre la frontière entre bien et mal ? Si par la suite, le cochon, grâce à la biologie, la médecine, ou la littérature enfantine (l'histoire des

---

1. Pastoureau, Michel, *Le Cochon*, Découvertes Gallimard, 2009
2. D'où le nom « goule », qui désigne une vampire assoiffée de sang.
3. Il faut attendre le XVIIIe siècle, pour que se répandent des cochons à robe blanche ou rose.
4. Sa viande aurait en effet un goût semblable à celle de la chair humaine.
5. Pastoureau, Michel, « Une justice exemplaire : les procès intentés aux animaux (XIIIe-XVIe s.), Cahiers du léopard d'or, vol. 9, 2000.

trois petits cochons, conte du XVIIIᵉ siècle adapté par Disney en 1933) retrouve un aspect plus sympathique, il n'en est pas moins « un cousin resté longtemps mal aimé, rejeté, humilié »[1].

Le serpent

À l'inverse de beaucoup de civilisations, qui faisaient du serpent, divinité chtonienne (proche du « bas ») un symbole de royauté, d'éternité ou de savoir (en Égypte ancienne, il était assimilé à Rê ; il est l'animal d'Isis), un porteur d'oracles (les Grecs pratiquaient l'ophiomancie, divination issue des mouvements du reptile ; les devins Cassandre et Tirésias étaient associés aux pythons ; cependant certains mythes grecs font du serpent un animal néfaste : Cadmos, pour avoir tué le dragon d'Arès, sera transformé en serpent), ou encore un esprit protecteur (à Rome), la tradition juive et chrétienne « a fait du serpent l'image du Mal par excellence »[2]. Il est tout d'abord le Tentateur, « le plus rusé de tous les animaux des champs », qui pousse la femme à consommer le fruit de la connaissance, provoquant la perception chez Adam et Ève qu'ils sont nus (le serpent devenant alors associé à la découverte de la différence des sexes, puis au péché de chair à venir), puis la Chute : « La femme répondit au serpent : Nous pouvons manger du fruit des arbres du jardin. Mais du fruit de l'arbre qui est au milieu du jardin, Dieu a dit : Vous n'en mangerez pas, sous peine de mort ! Le serpent répliqua à la femme : Pas du tout, vous ne mourrez pas ! » (*Genèse*, III, 2-4). La *Bible* crée la stigmatisation qui pèsera sur l'animal : il est l'instigateur du mal (« Et la femme répondit : C'est le serpent qui m'a séduite, et j'ai mangé »), il est le premier à être maudit par Dieu, avant la femme et l'homme : « Parce que tu as fait cela, maudit sois-tu entre tous les bestiaux et toutes les bêtes sauvages. Tu marcheras sur ton ventre et tu mangeras de la terre tous les jours de ta vie. Je mettrai une hostilité entre toi et la femme, entre ton lignage et le sien. Il t'écrasera la tête et tu l'atteindras au talon » (III, 14-15). La rupture entre le divin et le serpent, mais aussi entre le serpent et l'humain, est désormais consommée, pour devenir une histoire de haine et de douleur. Il devient très tôt un des emblèmes du Diable, surnommé d'ailleurs « l'Antique Serpent » : sa morsure et son venin mortels ne sont pas étrangers à cette identification maléfique. Le sexe du Démon est une queue de serpent, accentuant l'assimilation de l'animal au domaine du sexuel. Luxure, envie, ingratitude, sournoiserie, paganisme ; autant d'étiquettes que le Moyen Âge accolera au serpent, susceptible de multiples avatars (dragons, créatures sataniques, chimères) que tout héros, saint (Saint Hilarion tuant un serpent dans une grotte d'Epidaure, métaphore du triomphe du christianisme sur le culte d'Esculape, dieu guérisseur dont il était l'emblème) ou bon chrétien se doit de tuer ; ce thème donnera naissance à une riche iconographie médiévale (gargouilles serpentines de Notre-Dame-de-Paris) ou renaissante (*Saint Georges terrassant le dragon*, tableau de Vittore Carpaccio, Venise, 1504). Par ailleurs, la liaison biblique entre serpent et femme reste vivace dans l'imaginaire occidental : *Les Serpents d'eau* du peintre viennois Gustav Klimt, sont en fait des peintures de femmes aquatiques

---

1. Pastoureau, Michel, *Le Cochon*, Découvertes Gallimard, 2009.
2. Mozzani, Eloïse, article « Serpent », *Le Livre des superstitions*, Laffont, 1995.

(1903-07). Les superstitions effrayantes liées au serpent sont innombrables : leur caractère ancré à la fois dans la littérature et l'imaginaire subsiste, car le serpent fait encore et toujours peur en tant qu'animal. Il représente en ce sens, en Occident, une des mythologies maléfiques les plus indéracinables, contrairement à d'autres animaux qui ont pu connaître, comme le chien, le mouton ou le cochon, une réévaluation plus positive.

Pistes ouvertes à la réflexion

On propose ici, classés par thématiques, quelques sujets complémentaires, que, par ailleurs, les fiches peuvent aider transversalement à aborder, ou qui peuvent faire l'objet de recherches.

Les animaux : le mouton – la poule – le chien – le loup – le sanglier – le chat – l'ours – le tigre – la baleine – le renard – la chauve-souris – le vautour – les insectes (ver de terre, mouche).

Les monstres : le griffon – le sphinx – l'hippogriffe – Cerbère – les cyclopes – le Minotaure – les harpies – les Gorgones (Méduse, Euryale, Sthéno) – les Grées – les sirènes – les dragons – les loups-garous – la goule ou la stryge – la vouivre – « La Bête du Gévaudan » – « Le cheval sans tête » – les yôkaï (monstres japonais).

Lieux maléfiques : Les Enfers – L'enfer – la géhenne – Le Golgotha (ou le Calvaire) – La prison ou le bagne – la chambre de torture.

Monstres littéraires : Circé – Médée – Morgane – Mélusine – Léviathan – la créature de Frankenstein – les sorcières – l'ogre – Barbe-Bleue – Caliban (*La Tempête*, Shakespeare) – Iago (*Othello*, Shakespeare) – Raskolnikov (*Crime et Châtiment*, Dostoïevski) – Moby Dick (Melville)

Plantes : l'aconit – la ciguë – le cyprès (symbole du deuil) – l'ébénier (symbole de noirceur).

Dieux et idoles du mal : le diable – Baphomet (*Bible*) – Baal (Phénicie) – Moloch (*Bible*) – Seth et Montou (Égypte) – Loki (mythologie viking) – Kâlî (Inde).

Représentations : le cauchemar – la nuit – la peur – l'adultère – le meurtre – l'inceste – les maladies – Les mythes infernaux (Tantale, Danaïdes, Sisyphe) – Les châtiments de l'enfer chrétien – les griffes – les cornes – le génocide – l'homosexualité – le nazisme – le totalitarisme.

Objets du mal : le couteau – l'arme à feu – la corde – le fouet – la fourche – instruments du châtiment (la guillotine, le gibet, la chaise électrique) – objets de torture (la fillette – minuscule cage dans laquelle on enfermait le prisonnier –, la roue, le pilori, etc.) – le poison (arsenic, etc.).

Figures historiques : empereurs romains (Tibère, Néron, Domitien, Commode, Héliogabale) – Richard III – Gilles de Rais – Hitler.

Figures modernes : le criminel de masse – le psychopathe ou sociopathe – le mutant – l'hybride.

Parcours iconographique
Julien MAGNIER

La beauté du diable[1] ?

Mettre le mal en image est chose attirante ; ce n'est pas chose facile. La notion est instable, soumise à une redéfinition complète suivant le contexte culturel et social, et elle peut sembler très abstraite pour un langage qui ne dispose que de moyens visuels, formes, attitudes, expressions. Ajoutons que beaucoup de sociétés n'ont pas vu la nécessité de « représenter » un faisceau d'actes et de comportements réprouvés, fût-ce pour les exorciser.

La première question que pose cette confrontation de la part d'ombre de la communauté, de ses interdits et des comportements qu'elle réprouve tient à sa signification : pourquoi représenter le mal ? Pour le condamner ou pour en jouir, parfois les deux ensemble. De nombreux exemples montrent que l'horreur et la monstruosité fascinent durablement les artistes aussi bien que le public. Le premier théoricien de la poésie, le philosophe grec Aristote, constate ainsi dans la *Poétique* que les spectacles tragiques reposent sur les sentiments de terreur et de pitié, et qu'ils suscitent chez le spectateur une réaction qu'il nomme *catharsis*[2]. Le mot signifie « purgation » et suggère un usage bénéfique de la tragédie capable de libérer le spectateur d'une part de mal contenue en lui donnant de celui-ci une version artistique. Mais le mot est utilisé dans cette unique mention et sous une forme allusive ; son interprétation est incertaine et fait encore débat. Il n'en demeure pas moins que la première réflexion sur la poésie et le théâtre souligne ce paradoxe : l'art peut transformer des sentiments pénibles ou des formes de souffrance morale en plaisir.

Beaucoup des images les plus célèbres de l'Occident relèvent du cauchemar ; et les représentations du mal et des réprouvés sont souvent beaucoup plus attirantes, imagées et inventives que celles des esprits bénéfiques ou des vertus. Le christianisme a strictement codifié la part acceptée et la part inacceptable des comportements humains ; il n'a pas interdit les images, ce qui a entraîné de nombreuses représentations des vices et vertus, récompenses et châtiments. Il serait pourtant difficile de soutenir qu'il se complaît particulièrement dans le mal : à l'image des prises de position de nombreux artistes, les arts semblent avant tout amoraux. Qu'ils représentent les vices, la perversion ou la corruption, la plupart des artistes semblent d'abord attentifs à la réussite formelle de l'œuvre. Si le mal représente avant tout un moyen de frapper un public souvent acquis à la morale, il constitue depuis la Renaissance un terrain d'invention parmi d'autres.

---

1. Sur la question du diable, on peut voir, en français, R. Muchembled, *Une histoire du Diable, XIIe-XXe siècles*, Seuil, Paris, 2000; et l'ouvrage de D. Arasse publié posthume, *Le Portrait du Diable*, Paris, Ankhé, 2010.
2. Aristote, *Poétique*, VI, 1449 b 28.

La seconde question, centrale, tient aux variations de l'idée de mal dans le temps et l'espace : si *Macbeth* permet de réfléchir à un héritage païen, la *Profession de foi du vicaire savoyard* et *Les Âmes fortes* obéissent à une conception du bien et du mal héritée de la culture chrétienne, c'est-à-dire à un contexte social et culturel dans lequel les idées de bien et de mal n'ont jamais été aussi strictement délimitées par le Livre au point de se transformer en une exigence spirituelle, la morale. L'autre particularité de la culture chrétienne est d'avoir fortement *intériorisé* ces règles : bien et mal ne sont plus des entités extérieures, des forces ou des divinités, mais des mouvements de notre esprit et de notre désir, tantôt accordés, tantôt en conflit. Puissance du bien et puissance du mal sont en nous et nous poussent à agir. Saint Augustin l'explicite dans *les Confessions*, lorsqu'il évoque son expérience des tentations intérieures que sont la concupiscence de la chair, la concupiscence des yeux (le désir immodéré de connaissance) et la concupiscence de l'orgueil[1].

C'est donc cette construction mentale, « psychologique », du mal et du bien dans la culture chrétienne qui constitue le plus grand obstacle aux créateurs d'images : si le texte épouse les mouvements de la conscience humaine en se déployant dans la durée, l'image n'a que l'espace et l'instant pour donner à comprendre un conflit, une opposition, une transgression. La troisième question, qui intéresse de plus près les artistes, tient donc à la question des moyens : comment représenter ce qui est interdit et réprouvé, ces gestes et ces actes qui tombent sous le coup de principes, de règles, toutes choses par définition abstraites et irreprésentables ? Comment faire comprendre que ce qui est figuré est mauvais, méchant, malade, interdit… sans subvertir ces règles et ces principes ? Gestes violents ou sournois, images choquantes ou soigneusement didactiques, on verra que les solutions sont multiples.

Le démon Pazuzu, première moitié du premier millénaire avant J.-C., Bronze, hauteur 14,5 cm, Paris, Musée du Louvre

Image : *louvre/pazuzu* ou *wikipédia/pazuzu*

Cette petite figure de bronze datée aux environs de – 800 av. J.-C. représente, d'après l'inscription qu'elle porte, « le roi des mauvais esprits de l'air ». Il existe de nombreuses statuettes en provenance de la région de Babylone représentant le même corps maigre aux côtes visibles, encadré de quatre grandes ailes, une main griffue dressée en signe de menace et la tête remplacée par un masque rugissant aux gros yeux perçants. Retrouvées en Assyrie, elles ne laissent pas d'étonner. Les représentations du mal et de ses représentants sont très rares dans l'Antiquité : les images peintes ou sculptées avaient d'abord un usage efficace, c'est-à-dire qu'on attendait d'elles la commémoration des morts et des hauts faits, et la protection face aux maux de toute sorte. Peindre ou sculpter l'image d'un génie malfaisant semble plutôt de mauvais augure : Pazuzu, d'après les inscriptions, symbolise le vent chaud du sud qui amène sécheresse, orage et fièvre pestilente. Pourtant, l'anneau qui domine la statuette montre qu'elle pouvait être portée en amulette, à la manière d'un talisman contre la maladie. On suppose donc que ces figurines pouvaient faire l'objet d'exorcisme chargé de repousser le mal qu'incarne Pazuzu, ou les torts infligés par un autre esprit

---

1. Saint Augustin, *les Confessions*, X 28-39. Cet exposé des trois concupiscences est d'ailleurs fortement inspiré de l'Évangile de Jean, I, 2-16.

malfaisant. L'image d'un démon « bénéfique » suggère une réversibilité du mal, qui peut avoir un sens et une utilité : c'est ici la monstruosité du démon qui doit repousser les mauvaises influences et la maladie. Cette dimension ambiguë des divinités maléfiques les plus anciennes est bien attestée. En Égypte, Seth, le frère d'Osiris et son meurtrier, incarne le mal mais avait aussi une dimension positive. Selon la mythologie, il tuait le serpent Apopis chaque matin pour permettre à la lumière du jour de renaître. Cette dualité est caractéristique des temps les plus reculés de la mythologie et de la religion ; par la suite, dieux et esprits ont acquis un sens plus distinct, positif ou négatif. Cela ouvre néanmoins la porte à de nombreuses considérations sur la relativité du mal, comme le soutiendra par exemple le sophiste grec Héraclite pour lequel, d'après les fragments et témoignages conservés, le mal contribuait à l'harmonie universelle[1] et n'existait que sous la forme d'une complémentarité logique avec le bien.

Pazuzu résume à lui seul la représentation du mal dans l'Antiquité. Intégré à une mythologie et à une généalogie divine, à la manière de Seth (Égypte), de Mictlantecuhtli (déesse de la mort du Mexique précolombien, à l'effigie d'un crâne), il incarne des forces naturelles – éléments ou cycle de la vie – perçus comme menaçants. Le mal est avant tout, pour les communautés humaines les plus anciennes, l'ensemble de contraintes physiques qui s'exercent sur elles et sur lesquelles elles n'ont pas prise : il représente d'abord, et pour longtemps, la puissance. On s'en prémunit par des formules magiques et des amulettes. La plus célèbre, dans le monde égyptien où elles étaient nombreuses, figure Bès, un petit monstre difforme à tête de bouc, tirant la langue et exhibant son sexe, qui protégeait son détenteur. La plupart du temps, les divinités qui incarnent ces puissances maléfiques sont honnies et représentées. C'est le cas de Seth en Égypte. Mais l'autre constante qu'illustre la figure ailée de Pazuzu, avec des serres de rapace en guise de pieds et une tête grimaçante de fauve en guise de visage, est bien plus durable : c'est la tendance universelle à représenter le mal sous une forme hybride, pour signifier une force surnaturelle, ou comme une recherche pour assembler les formes les plus terrifiantes. On peut supposer que l'image était d'autant plus efficace qu'elle faisait peur. En dépit de sa laideur, la statuette de Pazuzu est donc bénéfique : elle servait à protéger le malade ou guérir la fièvre, aidée de formules magiques. Cette ambiguïté, sa laideur étonnante, et son pouvoir symbolique sur la peste tant redoutée valent à Pazuzu un succès populaire qui ne s'est pas démenti dans la culture contemporaine : ses apparitions dans la bande dessinée, la musique ou les jeux vidéo montrent que la puissance des forces démoniaques reste terriblement séduisante.

---

1. « Pour Dieu toutes choses sont belles, bonnes et justes/ Mais les hommes ont forgé l'idée/ que certaines sont injustes et d'autres justes »; « Héraclite, fragments, CII », in *Les Présocratiques*, Gallimard, coll. « Bibliothèque de la Pléiade », 1988; p. 169.

Anonyme dit « peintre d'Ixion », *Médée égorgeant ses enfants* (détail), peinture sur une amphore (vase de 48,5 cm), vers 340-330 av. J.-C. ; Paris, Musée du Louvre

Image : wikipédia/médée. D'autres images disponibles sur : projethomere.blogspot.com/2009_09_01_archive.html

De la peinture grecque, au désespoir de tous les artistes, il ne reste plus rien ou presque et les amateurs se consolent depuis la Renaissance avec la statuaire. Et pourtant si les tableaux et les fresques ont disparu avec le temps, il subsiste un témoignage de l'art des images en Grèce antique : la peinture sur vases. Les sculpteurs, tenus par la dimension civique et religieuse de leur art, représentent de préférence des dieux et déesses au corps parfait et les figures monstrueuses ou les représentations de la violence sont rares. Les monstres sont pourtant nombreux : Hésiode conte, dans la *Théogonie*, comment la seule Echidna (la femme serpent) enfanta le lion de Némée, Cerbère, le chien gardien des enfers, l'hydre de Lerne, Méduse ...Mais même les représentations antiques des divinités « infernales » grecques (Hadès et Perséphone) ou romaines (Pluton et Proserpine) sont rares : la Grèce du IVe siècle, comme beaucoup de sociétés antiques, vit dans la crainte du « mauvais œil » et les représentations de Hadès dont le nom signifie d'ailleurs l'« invisible », sont censées attirer les esprits néfastes.

Moins contraints par la religion et les valeurs de la cité, les peintres de vases, en revanche, montrent fréquemment des scènes à plusieurs personnages tirées de la mythologie. Précisément, les mythes grecs explorent incessamment la transgression des principes qui fondent l'appartenance à la communauté des hommes et de la cité, jusque dans les actes inhumains et monstrueux.

Le « mythe » de Médée, c'est-à-dire l'ensemble des variations littéraires sur la vie de cette princesse de légende, constitue sans doute l'exemple le plus radical de transgression. Il anticipe sur le personnage de Lady Macbeth en figurant l'une des premières grandes meurtrières mythiques. La magicienne, qui assiste Jason lors de la conquête de la Toison d'or, a eu plusieurs fils de lui, qu'elle tue en apprenant qu'il épouse une autre femme et qu'elle doit partir sous peine de mort. C'est la scène qu'a choisi de représenter sur une amphore un peintre de la ville de Cumes, une colonie grecque en Italie. Le style est avant tout graphique, la représentation des émotions demeure balbutiante. Médée, inexpressive, est représentée de profil ; son fils l'implore en tendant le bras et tente de saisir la main de sa mère. La scène est représentée avec très peu de moyens, ce qui la rend d'autant plus marquante : le peintre insiste sur les deux lignes qui relient la mère et l'enfant, le bras tendu qui pourrait être protecteur, et l'épée ou le long poignard qui fait jaillir le sang, représenté en lignes de points rouges. Les éléments de décor peints à l'arrière-plan, colonnes et statuettes, rappellent qu'une représentation théâtrale a sans doute servi de modèle. Le peintre avait le choix puisque le sujet a été traité par les dramaturges Sophocle et Euripide. Mais si son acte est bien de nature à engendrer la terreur et la pitié – les ressorts tragiques par excellence suivant Aristote-, il ne faut pas nécessairement voir dans la figure de Médée une incarnation du mal. Sophocle comme Euripide insistent sur son statut d'étrangère et de magicienne en la qualifiant avec insistance de « princesse de Colchide » et de « maîtresse de forces obscures », ce qui signifie qu'elle n'appartient pas au monde des humains. Qu'elle quitte ce monde en faisant disparaître les marques de son passage que sont ses enfants, n'est pas

« contre nature ». C'est, pour Jason, le prix à payer pour avoir transgressé l'ordre humain et eu recours à des forces magiques, C'est aussi dans une société antique fondée sur l'échange, la conséquence d'une alliance inégale, où la magicienne est chassée alors que Jason lui doit tout. Il faut attendre la Renaissance pour voir apparaître la conception chrétienne de Médée, mère « dénaturée » et sanguinaire, incarnation de forces maléfiques : le thème intéresse particulièrement aux XVIIIe et XIXe siècles, où il devient un véritable sujet artistique, en peinture notamment chez Delacroix.

Œuvres en rapport : *Laocoon*, réplique romaine d'une statue grecque du IIIe siècle avant J.-C. ; Rome, collection du Vatican, Musée Pio-Clementino.

Voir aussi les œuvres inspirées par le thème d'Ugolin (Dante, *Divine Comédie*) à Jean-Baptiste Carpeaux (1861) et Auguste Rodin (années 1880).

Jugement dernier du portail sud, Conques (Aveyron), Basilique Sainte-Foy, vers 1130, Pierre sculptée avec restes de polychromie

Images : http://commons.wikimedia.org/wiki/File:Abbatiale_Sainte-Foy_de_Conques_-_Tympan.jpg ; http://upload.wikimedia.org/wikipedia/commons/3/33/Conques_-_Abbatiale_Sainte-Foy_-_Tympan_3.jpg

Le XIe siècle est l'époque où beaucoup d'édifices religieux européens construits en bois sont remplacés par des constructions de maçonnerie. Ce nouveau matériau, solide et durable, permet une véritable invention architecturale (c'est l'apparition du style dit « roman ») mais il favorise aussi la décoration « en dur » des lieux de culte, réalisée en sculpture et non plus seulement peinte. On voit à cette occasion des thèmes de la peinture de livres passer à la sculpture des églises, comme l'Apocalypse ou l'Ascension. Le Jugement dernier est l'un de ces thèmes à succès de la sculpture des églises, tout particulièrement en France, où il est souvent représenté au tympan, dans l'arc qui surmonte le portail de l'édifice.

L'idée d'un monde des morts partagé entre bons et mauvais est presque aussi vieille que la civilisation elle-même : c'est ce qu'illustre la pesée des âmes prévue par le *Livre des morts* égyptien. Celui dont le cœur est plus léger que la plume de la déesse de la justice Maat peut gagner les champs d'Ialou, une terre fertile et bienfaisante ; l'autre voit son cœur dévoré par un monstre et ne trouvera jamais le repos. Plus près de nous, on trouve une description saisissante de ce qui attend l'esprit après la mort chez Platon, qui a affirmé dans plusieurs dialogues (*Phèdre* et *Phédon* en particulier) l'immortalité de l'âme, et propose à la fin de la *République* (mythe d'Er le Pamphylien[1]) une description du jugement des âmes et de l'attribution à chacune d'un sort qui est fonction de la vie menée par son détenteur. Ce sort se matérialise suivant des chemins divergents, dont deux mènent vers la terre et deux vers les airs. Ces scènes, propres à Platon, n'ont jamais été représentées dans l'Antiquité.

La sculpture romane en propose donc une version nouvelle et imagée dans laquelle les morts sont départagés lors du Jugement dernier, qui semble ici confondu avec l'Apocalypse (littéralement : la *révélation* de la toute-puissance divine). Le Christ triomphant de Conques, revenu aux derniers jours du monde

---

1. Platon, *La République*, X, 417.

assure le partage, main droite levée vers le ciel, main gauche tournée vers la terre ; à sa droite les élus, précédés par la Vierge et saint Pierre, se tournent vers lui pour lui rendre grâce. Il est secondé par l'archange saint Michel, qui procède à la pesée, face à un démon, au centre de l'image. Au registre inférieur, tandis qu'à la droite du Christ d'autres élus entrent dans la cité céleste, qui ressemble à une petite église à arcades et chapiteaux où les accueille Abraham, à sa gauche, les réprouvés entrent par une porte ouverte dans le domaine des Enfers, en passant par la gueule d'un monstre, qui rappelle Léviathan. Derrière la porte commence le royaume de Satan : le diable y règne en majesté, dans une position frontale qui rappelle celle du Christ. Il est entouré des personnifications naïves des sept péchés capitaux : un cavalier jeté à bas de son cheval figure l'orgueil ; un couple nu enchaîné représente la luxure ; un homme pendu avec sa bourse l'avarice ; un homme précipité dans un chaudron la gourmandise, etc.[1]. Au centre du registre inférieur, un petit personnage échappe au démon qui pousse les damnés vers l'entrée de l'Enfer, lequel se retourne pour le regarder. Et pour insister encore sur la vertu morale de l'image, l'inscription en bas à droit proclame en latin : « Pêcheurs, changez de vie ! Sinon, sachez qu'un rigoureux jugement vous attend ».

De telles scènes appelaient certainement un commentaire oral pour les expliquer aux croyants et aux pèlerins ; peut-être faisaient-elles l'objet de reprises dans les sermons. Le Jugement dernier de Conques présente de multiples exemples imagés du vice : en haut à droite, un gros homme est pendu par les pieds et vomit (un ivrogne ?), tandis qu'un marchand qui tient un rouleau de tissu baisse honteusement la tête devant un démon et qu'un autre avale du liquide qu'un diable a fait chauffer sur un feu (sans doute du métal en fusion, pour châtier un faussaire en monnaie). Pourtant les tympans historiés ne proposent en rien une réflexion sur le péché. La conception du mal qui domine pendant tout le Moyen Âge est strictement littérale : elle obéit fidèlement à la Bible où les torts sont codifiés par le Décalogue, et, parallèlement, par l'énumération des péchés capitaux. Est mal ce qui s'éloigne des préceptes du livre, et donc de Dieu. Ces Jugements derniers sont donc autant d'exemples d'un appel à suivre les préceptes religieux et la vie que prescrit la Bible. Avec quelques variantes, cette composition, dont Conques est l'un des tous premiers exemples, survivra jusqu'à la Renaissance : Michel-Ange en propose, sur le mur de la Chapelle Sixtine, une vision dramatique particulièrement pessimiste. Le Christ y figure en juge impitoyable aux appels à la clémence et étend dans un signe de colère un bras vengeur vers des morts terrifiés.

---

1. Yves Christe, *Jugements derniers*, Zodiaque, La pierre qui vire, 2001, p. 182.

Martin Schongauer, *La tentation de saint Antoine*, vers 1475, burin, 312 × 240 mm, Paris, Bibliothèque nationale de France

La meilleure image disponible avec zoom : http://vatopaidi.files.wordpress.com/2009/08/temptations_of_st_anthony_schongauer_martin.jpg

Martin Schongauer est l'un des pionniers de la gravure sur métal, une nouvelle technique apparue dans la vallée du Rhin vers 1450, presque en même temps que l'invention à Francfort, par Gutenberg, du caractère mobile d'imprimerie. Comme pour ce dernier, la technique de la gravure au burin a considérablement modifié le rapport à l'objet fabriqué en permettant la réalisation de multiples, et donc un élargissement progressif de l'accès au livre pour l'un, et aux images pour l'autre. Les œuvres artistiques ne sont dès lors plus réservées aux lieux de culte ou aux collections princières : elles deviennent accessibles au plus grand nombre et il devient possible de les acquérir et de les conserver chez soi. Elles constituent d'autant plus facilement un outil de propagande religieuse. Schongauer a produit à Colmar en grand nombre des images de cette sorte, Nativité, scènes de la Passion, vies des saints, traités dans un style raffiné qui doit beaucoup à l'art gothique. L'une de ses gravures les plus célèbres est pourtant la plus éloigné de ce raffinement : elle illustre le thème alors très populaire de la tentation de saint Antoine, et représente le saint sous les traits d'un vieil homme barbu, soulevé de terre et agrippé par neuf figures monstrueuses qui le menacent de bâtons ou tentent d'arracher ses vêtements.

Très célèbre au Moyen Âge, saint Antoine est l'un des premiers ermites. Cette pratique de l'isolement dans la prière, apparue en Égypte au IIIe siècle, conduit de nombreux hommes choisir une vie solitaire pour prier et méditer. Les vies de saint Antoine, qu'elles datent de l'Antiquité ou du Moyen Âge, racontent donc la volonté d'un homme de vivre seul au désert, comme elles évoquent aussi les difficultés auxquelles il dut faire face. Les récits le disent tenté par différents démons, qui lui proposent de renoncer à sa vie consacrée à Dieu, l'incitent au suicide, et le persécutent.

C'est la situation représentée par Schongauer : le vieil homme, au regard clair et comme indifférent ou las, est soulevé dans les airs et tiraillé par neuf créatures hybrides qui sont autant d'incarnation du mal et du diable. L'image fait d'Antoine un nouveau Christ, puisque Jésus lui-même a subi victorieusement l'attaque du diable au désert, et la tentation de la toute-puissance et du suicide. La solitude au désert est toujours liée, dans les vies de saints, à la tentation : et même si cette tentation est toujours représentée au Moyen Âge sous la forme de créatures monstrueuses, il faut comprendre dans ce lien qu'il s'agit d'abord de tentations intérieures : c'est le solitaire lui-même qui ressent plus durement les privations dans la mise à l'épreuve que représente la solitude. La résistance de l'esprit à la tentation correspond à ce que la théologie nomme le combat spirituel. Mais c'est sous la forme d'une véritable lutte avec des démons, verbale voire physique, que ce combat est représenté par la littérature et les arts : ici plusieurs des neufs créatures s'apprêtent à frapper Antoine avec des bâtons, à lui arracher ses vêtements, à lui tirer les cheveux.

Le graveur a inventé avec une imagination étonnante des monstres au corps mi-humain mi-animal, et déployé tout l'arsenal de la laideur et de l'horreur. Il ne semble pas avoir attribué un sens particulier à ces créatures, mais plutôt laissé libre cours à une imagination sans limite. Le choix de formes anguleuses, des pics, des trompes et des cornes, fait de ces neuf créatures une sorte de compilation de tous les éléments considérés comme monstrueux au Moyen Âge : becs crochus et pieds en serre d'oiseaux, ailes à tentacules, fesses pustuleuses, cornes, oreilles et sabots de boucs. C'est donc dans cette invention qu'il faut voir la marque du dessinateur de génie. Le XVe siècle, en Italie tout d'abord, est celui de la redécouverte de l'Antiquité gréco-romaine, de ses corps sculptés si harmonieux, et d'une recherche de perfection formelle qui se traduit dans une quête presque scientifique du corps aux proportions idéales. L'image de Schongauer a donc un sens religieux très fort, consistant à donner du mal l'image la plus repoussante qui soit, et à mettre en garde contre les tentations de tout ordre. Mais le graveur fait aussi avec cette planche la démonstration que l'imperfection et la laideur sont bien plus fructueuses pour les artistes, en ce qu'elles offrent des variations infinies, à l'image des inépuisables monstruosités animalières inventées par Schongauer.

Œuvre en rapport : Jérôme Bosch, *Le Jardin des Délices*, v. 1505.

Georges de la Tour, *le Tricheur à l'as de carreau*, huile sur toile, 106 × 146 cm, vers 1640, Paris, Musée du Louvre

Image : http://www.photos-galeries.com/wp-content/uploads/2008/08/tricheur-carreau.jpg

Apparues à la fin du XVIe siècle – notamment avec le Caravage –, les scènes de tricherie au jeu se présentent comme autant de variations sur la parabole du fils prodigue. Georges de la Tour dépeint ainsi, dans cette célèbre toile, un jeune homme bien mis qui semble dilapider son argent au jeu, entouré de personnages peu recommandables. Dans une composition centrée sur les bustes où toute l'action se concentre sur les mains et les regards, le jeune joueur attentif à son jeu semble la proie d'un étrange trio bien prêt à le tromper. Les rôles sont curieusement répartis. Au centre, une femme au visage trop régulier et à la peau trop claire signale sa duplicité par un étrange regard en coin. Sa robe superbe suggère qu'elle vit richement sur le compte supposé d'amants. Ses perles comme sa pâleur de femme fardée, laissent supposer qu'elle vend ses charmes. La courtisane s'est probablement donnée – ou promise – au jeune homme pour l'attirer et le livrer à son complice. Ce comparse apparaît en profil perdu, dissimulé dans l'ombre à gauche. Son costume débraillé indique une vie désordonnée, celle d'un libertin. Il tire, dans son dos visible par le spectateur, un as supplémentaire de sa ceinture pour faire le jeu. Entre eux, et servant d'intermédiaire, la servante au profil si pur s'approche de sa maîtresse pour lui indiquer le jeu des autres joueurs. Les deux femmes dont la complicité est scellée par des regards en coin et qui se distinguent par leurs traits réguliers et leur teint pâle, sont donc des complices du tricheur au jeu. Tous trois concourent dans le silence à s'emparer des pièces déposées par le jeune homme sur le tapis. L'atmosphère de la toile est étrangement calme et muette, et pourtant tout semble conspirer dans la tricherie et la duperie : l'image n'en est que plus forte. Elle désigne un mal intelligent, patient et rusé, la tromperie et le complot. C'est l'image d'une violence d'autant plus implacable qu'elle prend son temps, suppose une grande maîtrise de soi, et survient parmi des visages impassibles et inexpressifs.

Faut-il voir dans la toile une mise en garde ? Avec son costume flambant neuf et son sourire placide, le jeune homme trompé a tout d'un benêt. Il a succombé à la tentation, à l'appel du jeu, du vin et des femmes. Le jeu représente, dans la culture du XVIIe siècle, la lutte contre l'ennui, et le contraire de la méditation religieuse : jouer de l'argent aux cartes, c'est s'éloigner de Dieu ; l'activité est interdite par le pouvoir royal et les autorités ecclésiastiques. Pourtant, Georges de la Tour ne cherche aucunement à provoquer la sympathie pour les trois comparses, qui avec leurs visages énigmatiques, l'excès d'accessoires sur leurs costumes (plumes, perles, broderies) dans une lumière trop violente, paraissent plutôt inquiétants. La toile ne semble pas présenter d'intention satirique ou comique, juste l'opposition muette de la victime et de ses vainqueurs. Plutôt qu'un jugement sur l'un ou l'autre des personnages, le *Tricheur* se présente comme une vision profondément pessimiste de la nature humaine. À l'heure du classicisme et de la raison triomphante, Georges de la Tour désigne une société gouvernée par l'avidité et le lucre, où le plus faible est une proie. La jeunesse et la naïveté risquent d'y être durement punies. La toile est donc l'exact inverse des scènes mélancoliques de méditation plusieurs fois représentées par le peintre : un monde de lumière vive, de couleurs fortes et d'apparences illusoires, profondément corrompu, s'oppose aux scènes représentant la Madeleine, une autre courtisane, repentie celle-ci, méditant dans l'ombre, dans la solitude et le dépouillement, comme une injonction à se méfier des apparences.

William Hogarth, *le Zèle et la paresse (Industry and Idleness)*, 1747, eau-forte et burin, gravures d'une série de 12 images, 26,5 × 34,5 cm chacune, Paris, Bibliothèque Nationale de France

La série complète est consultable sur le site de la Tate Gallery (commentaires en anglais) : http://www.tate.org.uk/britain/exhibitions/hogarth/modern-morals/industryidleness.shtm et sur wikipédia (version anglaise)/ industry and idleness.

L'un des plus célèbres peintres de l'Angleterre du XVIIIe siècle, William Hogarth, est aussi un abondant graveur, et l'une des personnalités les plus représentatives d'une époque où toute l'Europe s'interroge sur l'origine du mal et sur le moyen d'y remédier. Cette volonté de faire reculer l'ignorance et la bêtise, la méchanceté, la maladie, et de lutter contre les maux envoyés par la nature – si on accepte d'y voir autre chose qu'une volonté divine – sert de ciment à l'idéologie du progressisme, qui se développe parallèlement en Angleterre et en France. C'est dans ce contexte que Hogarth réalise des séries de gravures destinées au peuple de Londres, dans lesquelles il décrit par étape la manière dont le mal s'insinue dans la société. Ces séries de gravures racontent des histoires parallèles en plusieurs épisodes : la série *Zèle et oisiveté* est la plus longue, avec douze planches qui représentent les destins croisés de deux apprentis dans une filature, Francis Goodchild et Tom Idle. Comme l'indique assez clairement leur nom, les rôles sont clairement répartis, et dès la première scène, Tom « l'oisif » dort sur le métier à tisser, tandis que Francis s'active au travail.

De cette situation initiale à la manufacture découlent sept étapes parallèles de la déchéance morale du premier, et de la réussite sociale du second, dont les destins se retrouvent dans les dernières planches de la série, puisque c'est Francis Goodchild qui jugera Tom Idle, et c'est la même foule turbulente et populaire qui assiste à la pendaison de l'un et à l'accession du second au statut de lord-maire de Londres. Dans l'ordre de la série, les maux qui scellent le destin de Tom Idle sont la paresse au travail (planche 1), le goût du jeu et l'impiété (planche 3), qui mènent au vol (planche 7). Traitées dans un style satirique, avec force détails et caricatures, les planches de la série s'accompagnent aussi de citations, mentionnées sous les images, des Évangiles, des Proverbes, des Psaumes et des Lévitiques, ce qui ne saurait étonner en terre de protestantisme anglican. Le message est sans ambiguïté : la Bible est le premier traité de morale. Il s'agit d'une propagande en image contre les maux de la société, et particulièrement d'une mise en garde adressée à la jeunesse par une bourgeoisie inquiète du développement de l'alcoolisme et de la délinquance.

Maux et péchés s'enchaînent suivant une morale populaire assez simpliste, celle de « la paresse mère de tous les vices » ou du « qui vole un œuf vole un bœuf », mais Tom Idle est mauvais dès la première image, et jamais Hogarth n'indique les origines de la paresse de son personnage. Faut-il comprendre que le mal naît du défaut d'éducation et du manque de principes religieux ? Est-ce une raison suffisante ? On mesure la limite de l'image quand il s'agit d'évoquer le mal. Les romanciers du temps, Henry Fielding ou Samuel Richardson[1], ont tout loisir, dans leurs romans à succès, de consacrer de longues pages à l'étude psychologique des personnages et s'interroger sur l'origine et les motifs de leurs actes. Le peintre et dessinateur, lui, ne peut que créer une sorte de bande dessinée édifiante, pour évoquer les étapes de deux vies ; encore ne montre-t-il que les faits et non les causes ou le cheminement moral. Pourtant, malgré sa lourdeur didactique, la série *Industry and Idleness* est très révélatrice de la démarche pédagogique d'une époque qui croit de plus en plus à la formation et l'éducation. Puisque la jeunesse est le moment de la vie où les individus reçoivent leurs premières sensations et font leurs premières expériences, il faudra prendre soin de ces expériences, et des spectacles qu'on leur propose. Avec ses images morales et didactiques, Hogarth témoigne donc parfaitement de la nouvelle place accordée à l'expérience, et notamment à l'expérience des images, en matière de formation intellectuelle et morale.

---

1. Auteurs de quelques uns des plus grands succès de la littérature européenne de l'époque, des romans de formation qui décrivent le parcours de jeunes gens dans une société souvent hostile. Samuel Richardson (1681-1761) est notamment l'auteur de *Pamela ou la vertu récompensée* (1740); Henry Fielding (1707-1754) a écrit entre autres *Joseph Andrews* (1742) et *Tom Jones* (1750). Tous ces romans ont eu un très grand succès européen et ont marqué, de leur propre opinion, des auteurs comme Diderot ou Rousseau.

Johann Heinrich Füssli dit Henry Fuseli, *Lady Macbeth somnambule*, 1784, huile sur toile, 221 × 160 cm, Paris, Musée du Louvre

Images : louvre/lady macbeth ou wikipédia/lady macbeth

La fin du XVIIIe siècle voit s'étendre à toute l'Europe l'intérêt suscité par Shakespeare – longtemps considéré en France comme déréglé et vulgaire-, et cette contagion se transmet à la peinture. C'est ainsi qu'entre autres sujets littéraires, parmi ceux qui fascinent la période romantique (Homère, les romans médiévaux, Dante, Milton...), Heinrich Füssli, l'un des peintres en vue de l'Angleterre de la fin du siècle, choisit *Macbeth* pour sujet privilégié d'inspiration. Figure intellectuelle appréciée des écrivains et des autres artistes, Füssli n'aura jamais un grand succès populaire. Il avait lui-même théorisé, dans un essai paru en 1767, *Remarks on the writings and conducts of J.-J. Rousseau* une séparation nette entre l'art et la morale, étant entendu que l'art véritable est au-delà du bien et du mal, ce qui le réserve à un public d'initiés.

Füssli a peint sa vie durant près d'une quinzaine de fois des scènes extraites de *Macbeth*. De toute évidence, la peinture court après le théâtre dans sa volonté de frapper et d'émouvoir, ce qui n'empêche pas le peintre de proposer une vision plus riche qu'une seule restitution d'une mise en scène théâtrale : la grande toile qui représente les errances nocturnes de Lady Macbeth en fait une figure fantomatique, le symbole de l'esprit égaré.

La scène se situe au début de l'acte V, lorsque l'instigatrice du meurtre du roi Duncan erre sans but dans la forteresse, une bougie à la main. Füssli représente la femme en tenue de nuit claire, émergeant de la pénombre à travers une porte gothique, et avançant à grands pas, vibrante et agitée comme la flamme qu'elle tient et qui éclaire violemment la scène. Son visage est livide, sa bouche entr'ouverte, ses yeux exorbités et ses sourcils relevés dans une expression de terreur. Füssli l'imagine en train de parler, bras levé, index dressé comme pour capter l'attention et fixer une leçon. Le spectateur de la toile comme celui de la pièce savent pourtant qu'il est trop tard pour chercher un sens à ses propos. La dame et le médecin qui assistent à la scène, représentés par le peintre dans la pénombre, soulignent que les actes et paroles de Lady Macbeth ne signifient plus rien : la pièce n'est qu'une exploration de l'horreur d'une conscience coupable.

> Le médecin. : Vous voyez, ses yeux sont ouverts.
> La dame : Oui, mais leur sens est fermé...[1]

Toute dimension religieuse est évacuée et c'est le médecin qui joue auprès de la dame de compagnie de la reine le rôle d'un directeur de conscience, l'incitant à révéler les tourments de sa maîtresse.

Au vu de la femme terrifiée que dépeint Füssli, le somnambulisme se mue en folie. Füssli propose une vision de Lady Macbeth égarée, agitée par des mouvements aussi énergiques qu'incontrôlés, qui semble s'avancer vers nous pour proclamer son crime d'une main impérieuse. Le mystère du tableau vient d'ailleurs de ce mélange indiscernable de terreur, de colère et d'horreur chez le

---

1. Traduction de M. Maeterlinck.

personnage de Lady Macbeth. Le ressort esthétique de la crainte était déjà bien connu en Angleterre, où un célèbre traité d'Edmund Burke avait proposé une nouvelle formulation de l'idée du « sublime », qui insistait sur la fascination que suscitent les spectacles horribles ou effrayants[1].

La présence du médecin, observateur rationnel et pourtant inquiétant, donne à la scène une tonalité presque médicale. Il tient à la main un crayon : outil du diagnostic, de l'écrivain, de l'artiste. Lady Macbeth devient un spectacle, un objet d'observation, le mal se change en maladie et en folie. En l'absence de conscience et d'esprit, la criminelle n'est plus qu'un corps dont il faut interpréter les symptômes. Plusieurs commentateurs du XIXe siècle verront dans le personnage de Lady Macbeth en général, et dans cette image en particulier, une figure de l'hystérie, cette maladie nerveuse inventée au XVIe siècle et dans laquelle la médecine du temps voyait un dérèglement du corps féminin capable d'entraîner un comportement incontrôlé, nerveux et violent. Füssli n'est pas étranger à ces considérations médicales : il a collaboré au traité pseudo-scientifique qu'un médecin suisse, Caspar Lavater, a publié à l'époque sur l'art de connaître l'esprit des individus à partir de leur visage[2]. Sa vision de Lady Macbeth est étonnamment proche des représentations douloureuses des damnés du Moyen Âge : contractée, difforme et hors d'elle. Le mal et son châtiment sont désormais intégrés à l'esprit du personnage, jusqu'à le détruire : la criminelle dépeinte par Füssli vit dans l'enfer de sa propre conscience, qui déforme son corps. Cette logique aboutira à la fin du siècle à tous les ressorts imaginés par Wilde dans le *Portrait de Dorian Gray*, où l'image devient progressivement le symptôme de la perversion du personnage.

Œuvres en rapport : Théodore Géricault, la série des *Monomanes*, vers 1820-22.

Francisco de Goya, *Saturne dévorant ses enfants*, 1820-1823, Peinture murale marouflée sur toile, 143,5 × 81,4 cm, Madrid, Musée du Prado

Image : wikipédia/saturne dévorant un de ses enfants

Peu avant la mort de Goya en 1824, son fils découvrit dans la maison qu'il avait occupée dans les environs de Madrid un étrange ensemble de peintures murales qui décoraient les deux pièces. « Décor » serait beaucoup dire puisque les thèmes de ces peintures tournaient tous autour de scènes effrayantes ou monstrueuses, sabbat de sorcières, vieillards lugubres, géants dominant d'infimes paysages. L'une de ces peintures, la plus célèbre sans doute, est cette inoubliable scène de dévoration d'un petit corps par un vieillard à l'œil écarquillé aux cheveux et

---

1. Edmund Burke, *Recherche philosophique sur l'origine de nos idées du sublime et du beau*, Londres, 1757; II, 1.
2. Johann Caspar Lavater, *Physiognomische Fragmente*, Bâle, 1775-78, trad. française illustrée par Füssli, *Essai sur la physiognomonie, destiné à faire connaître l'homme et le faire aimer*, La Haye, 1781-86. Lavater laisse d'ailleurs de nombreuses traces dans la littérature du XIXe siècle : implicites chez beaucoup d'auteurs qui l'utilisent dans des portraits de leurs héros de romans; explicites, par exemple, chez Balzac qui le cite régulièrement tout au long de la *Comédie Humaine*.

à la barbe en broussaille. Le contraste entre la vieillesse supposée de l'ogre et la taille de sa victime laisse supposer depuis son entrée au Prado qu'elle représente Saturne dévorant l'un de ses fils. Le thème a été peu traité tant il semble difficile à mettre en image. Il symbolise dans la mythologie grecque l'éternité qui suit la création du monde, avant que le meurtre de Saturne par son fils Zeus ne permette l'entrée dans le temps. Dieu du temps qui s'écoule, Saturne figure souvent avec la faux et le sablier, qui deviendront plus tard les symboles de la mort.

Rien de tel chez Goya : pas de symboles, pas d'attributs, de sorte que l'on s'interroge sur la signification de la scène : s'agit-il de la mythologie antique ? Goya, contrairement à ce que pourrait induire une telle image, est un homme des Lumières, épris de justice, inquiet devant le fanatisme, la politique réactionnaire des rois d'Espagne et les superstitions populaires. Mais tout homme de raison qu'il soit, c'est aussi un artiste fasciné autant qu'horrifié par la violence et la cruauté des hommes : on lui doit d'ailleurs des suites de gravures d'une violence hallucinée, les *Malheurs de la Guerre*, les *Caprices* (au célèbre frontispice « le sommeil de la raison engendre des monstres »), les *Disparates*. D'un tempérament profondément mélancolique, Goya semble sceptique face à l'esprit progressiste. Il est fasciné par les croyances populaires les plus folles et les plus irrationnelles : sorcières, démons, géants, croque-mitaines et loups-garous, boucs, chouettes et ânes des croyances qui restent encore vivaces dans l'Europe du XIXe siècle. Scènes de cannibalisme, de démence, de crime, se succèdent dans ses gravures avec une insistance qui dit assez son horreur –et sa fascination. Qu'il ait représenté Saturne, un ogre de contes, une de ces légendes populaires répandues dans toute l'Europe mais plus particulièrement en Espagne, qui voulait que les Juifs dévorent les enfants[1], Goya est au cœur de l'attirance paradoxale pour la monstruosité.

Pourtant, ce vieillard maigre, au corps distordu, qui ouvre une bouche béante pour engloutir les moignons sanglants d'un corps asexué et sans âge n'est pas seulement un monstre : il semble lui-même horrifié et désespéré, comme s'il était doté d'une conscience de l'horreur du cannibalisme ; à moins que ses gros yeux éperdus ne signalent sa démence. Goya donne une tonalité presque tragique au tableau, comme si à l'image de son ogre, les hommes commettaient le mal par désespoir et presque malgré eux, ou dans un état de folie qui n'est plus humain. En cela, cette toile énigmatique renoue avec le sens originel des mythes grecs, en explorant l'humanité et ses limites. Si l'image est terrifiante, elle est peut-être moins pessimiste qu'il n'y paraît, en faisant de la monstruosité le corollaire de la folie et le fruit de l'égarement, et non une action consciente et lucide.

---

1. Fred Licht, *Goya*, Paris, Citadelles et Mazenod, 1998, p. 284.

Eugène Delacroix, *La Mort de Sardanapale*, 1827-1828, huile sur toile, 392 × 496, Paris, Musée du Louvre

Image disponible en haute résolution : wikipédia/la mort de sardanapale

Delacroix est l'un des peintres les plus attirés par la littérature. La plupart de ses grandes toiles ont été réalisées à partir de sujets empruntés aux grands auteurs à la mode parmi les romantiques, avec une prédilection pour les épopées : le *Paradis perdu* de Milton, *l'Iliade* et *l'Odyssée*, la *Jérusalem Délivrée* du Tasse, le *Roland Furieux* de l'Arioste... À l'origine de la *Mort de Sardanapale*, il y a donc une pièce de théâtre de Lord Byron, l'auteur le plus célèbre du romantisme anglais, qui raconte le suicide d'un prince oriental hédoniste vaincu à force de pacifisme et de quête du plaisir. Byron fait de l'épisode une scène de renoncement, de dignité et de liberté dans la mort. La compagne du prince se suicide avec lui, comme plusieurs de ses serviteurs.

Le choix de Delacroix est bien différent. Le sort des serviteurs fidèles est réduit au statut de détails : la silhouette de la femme pendue figure dans l'ombre, au sommet de l'image, et tout à fait à gauche, un serviteur maure se perce la poitrine. Mais la scène tient moins du sacrifice consenti que du massacre pur et simple. Au centre de la composition, quatre figures féminines donnent le ton : l'une gît, à gauche, renversée sur la couche de Sardanapale, tandis qu'une autre expire au pied du lit, une tache rouge visible sur le flanc ; à droite, la femme au corps arqué, le personnage le plus marquant du tableau, est solidement maintenue par un homme de main qui lui enfonce un long poignard dans la gorge. Une quatrième femme, renversée par un serviteur, s'apprête à subir le même sort en haut de l'image, et le cheval lui-même, aussi richement paré que les femmes du harem, reçoit le poignard en victime, lançant un dernier regard comme étonné, l'œil exorbité, sur l'esclave qui le frappe au poitrail.

Il ne faut donc pas s'y tromper : Delacroix utilise le texte de Byron comme prétexte à un massacre[1], usant de tous les procédés qui permettent de dramatiser la scène. Il confronte la débauche de joaillerie et de vaisselle de luxe avec les dagues et poignards, les visages féroces ou les expressions furieuses des serviteurs meurtriers aux regards perdus des femmes. Autant de contrastes autorisés par un imaginaire largement partagé à l'époque, qui fait de l'Orient une terre de cruauté, c'est-à-dire de raffinement dans la violence. De Sardanapale, Delacroix propose une vision qui fera date dans l'imaginaire occidental, et le dépeint à l'arrière-plan, le buste dans l'ombre, confortablement allongé sur son lit splendide, la tête nonchalamment appuyée sur le bras. Il domine la scène mais regarde au loin, le visage inexpressif, et semble indifférent au carnage qui se déroule littéralement à ses pieds. La juxtaposition du meurtre et du prince détaché en fait l'archétype durable du bourreau insensible, du meurtrier indifférent qui décide de la mise à mort, dans l'ombre et de sang-froid. Le prince philosophe de Byron n'est plus de mise : en insistant sur la tuerie, Delacroix fait de Sardanapale un monstre.

---

1. C'est d'ailleurs du nom de « Massacre n° 2 » qu'il qualifie le tableau dans sa correspondance, après la *Scène des Massacres de Scio* peint en 1824.

L'œuvre a causé l'un de ces scandales moraux qui ponctuent le XIXᵉ siècle car elle marque un jalon dans la pensée esthétique de l'époque : la plus forte des émotions, celle qui affecte le plus, n'est pas guidée par le bien mais par l'horreur et la violence. C'est sans doute la première fois en Europe que se pose en public et de manière aussi crue la question de la nature du plaisir et de son rapport au mal. Beaucoup d'œuvres de Delacroix témoignent d'une prédilection pour les scènes de mort violente, qui va de pair avec un déploiement de couleurs vives et chaudes, une lumière dorée et des ombres profondes. Le peintre est le point d'aboutissement d'un goût pour la violence développé de manière très progressive depuis le XVIIIᵉ siècle. Il est communément admis au XVIIIᵉ siècle que l'œuvre d'art est un objet destiné à « divertir et procurer des émotions » et de « remuer l'âme et la tenir occupée »[1] ; mais cette place centrale de l'émotion comme remède à l'ennui pousse à des œuvres toujours plus fortes et plus violentes. La portée morale et didactique propre aux images et textes anciens s'estompe, et il ne s'agit plus d'émouvoir pour éduquer et enseigner, mais de faire frémir le spectateur. La quête de l'émotion devient une fin en soi et se transforme en recherche des sensations fortes. *La Mort de Sardanapale*, en adoptant le format des grandes peintures d'histoire – ou religieuses– en démonte le propos : la souffrance n'inspire pas *nécessairement* la bonté et la compassion ; la violence, ou son image, peuvent au contraire susciter un plaisir. C'est aussi une réponse imagée au message provocateur de Sade : de la souffrance peut naître la jouissance.

Delacroix laisse en suspens plusieurs questions fondamentales concernant le rapport de l'art au mal : faut-il distinguer un plaisir né de la violence et un plaisir issu de sa *représentation artistique* ? Celle-ci peut-elle avoir une influence sur le comportement du public ? Icône du XIXᵉ siècle et scène archétypale, *La Mort de Sardanapale*, qui superpose dans les nuages de fumée l'orgie au massacre, n'en finit pas de fasciner la philosophie[2], l'histoire et la psychanalyse.

Œuvres en rapport : Théodore Géricault, *Le Radeau de la Méduse*, 1819 ; *Les Assassins de Fualdès*, 1818.

Gustav Klimt, *Judith II (Salomé)*, 1909, huile sur toile, 178 × 46 cm, Venise, Musei civici Veneziani, Ca'Pesaro Galleria Internazionale d'Arte Moderna

Image : http://upload.wikimedia.org/wikipedia/commons/0/0a/Gustav_Klimt_038.jpg

La ville de Vienne est au tournant du XXᵉ siècle l'une des plus florissantes d'Europe. Capitale d'un immense empire continental, elle connaît une remarquable stabilité politique depuis l'accession au pouvoir de François-Joseph en 1848. Une bourgeoisie prospère, conservatrice et puritaine donne le ton de la société qui vit dans la recherche du confort, l'admiration de l'empereur, et le culte d'un glorieux passé. C'est dans ce contexte assez étouffant que sont

---

1. Abbé Du Bos, *Réflexions critiques sur la poésie et la peinture*, 1719; I, 2.
2. Voir par exemple Theodor Adorno, *Théorie esthétique*, Klincksieck, trad M. Jimenez, 1989, p. 251.

apparus quelques-uns des peintres les plus provocateurs qu'ait connus l'Europe du XXe siècle, Oskar Kokoschka, Gustav Klimt et Egon Schiele. Klimt est le moins violent des trois, mais aussi le plus fortement influencé par Baudelaire. Sa seconde version du thème de Judith, la plus connue, est devenue l'emblème d'une vision de la femme qui doit beaucoup à l'inspiration des *Fleurs du Mal*.

Debout dans un format tout en hauteur, Judith, la princesse juive qui, d'après la Bible, s'était donnée au général assyrien Holopherne pour mieux le tuer et protéger son peuple, apparaît comme une femme très pâle, au teint bleuté et comme maladif, au visage éthéré et maigre. La robe noire aux motifs colorés dégage sa poitrine et ses épaules à dessein. Écrasé sous une masse de cheveux très noirs, le visage au nez pointu et au menton osseux semble absent, les lèvres entrouvertes et les yeux presque vides malgré le gros trait de khôl. La figure paraît inexpressive, mystérieuse. Elle n'en est que plus dangereuse. Ce n'est plus la Judith qui sauve son peuple et se donne au nom de Dieu, c'est une figure de courtisane sensuelle, maladive et cruelle, qui tient d'une main noueuse la tête d'Holopherne par les cheveux. Ce glissement a valu à la toile d'être présentée parfois sous le titre de *Salomé*, autre princesse juive, autre femme « décapitatrice », mais une véritable figure maléfique quant à elle, provoquant par son dépit la mort de Jean-Baptiste au terme d'une danse érotique devant le roi Hérode. Et c'est bien en danseuse qu'apparaît la femme fatale dépeinte par Klimt, dans un mouvement ondoyant souligné par des serpentins blancs et les lignes sinueuses de la composition. Sans regard, sans émotion, elle ne vit que par le mouvement de sa robe.

Cette donneuse de mort a tous les attributs des « beautés brunes » chères à Baudelaire, proches de la laideur mais fascinantes. C'est une femme-serpent semblable, par exemple, à celle des *Métamorphoses du Vampire*[1]. Klimt tient compte des singularités du modèle, son grain de beauté près de l'œil, son front bas, ses sourcils qui se rejoignent en une ligne mince au-dessus des yeux. Ce naturalisme un peu cruel contraste avec la splendeur des motifs stylisés et colorés de la robe, la richesse du fond pourpre aux arabesques dorées, le tout évoquant une riche mosaïque byzantine. La tête d'Holopherne (ou de Jean-Baptiste ?), bleue, tuméfiée, devient elle-même un motif décoratif mauve et irisé sur fond noir, comme une perversion de plus, comme si de la beauté de la charogne chantée par Baudelaire, Klimt proposait une version plus crue, la beauté du cadavre. Ultime transgression : le peintre a conçu pour cette dangereuse apparition un lourd cadre doré, qui confère à cette Judith pervertie une aura presque sacrée, celle d'une peinture religieuse. Klimt fait de cette femme une idole païenne aussi puissante que dangereuse, aussi chétive qu'attirante, qui exige son tribut d'hommes sacrifiés : l'emblème d'une beauté du mal qui mène à la mort.

Œuvres en rapport : les versions réalisées par Le Caravage (v. 1598) et par Artemisia Gentileschi (v. 1612) sur le même thème de Judith et Holopherne.

Édouard Manet, *Olympia*, 1865.

---

1. *Les Fleurs du Mal*, « les Épaves », VII.

Pablo Picasso, *Guernica*, 1937, huile sur toile, 3,49 × 7,77 m, Madrid, Centro de Arte Reina Sofia

Le 26 avril 1937, les bombardiers Junkers et Heinkel envoyés par Hitler ensevelissent sous un tapis de bombes la petite ville basque de Guernica. L'objectif est d'anéantir les résistants basques au régime militaire qu'est en train d'instaurer le général Franco que le dictateur considère comme son allié. Pendant trois heures et quart, la petite ville de 6 000 habitants est pilonnée sans relâche ; le lendemain, il ne reste plus qu'un tiers de la ville. À Paris où il vit depuis 35 ans, Picasso est effondré. Son pays est désormais sous la coupe d'un régime autoritaire qui n'hésite pas à tuer sans compter. Málaga, La Corogne, les villes où il a grandi, sont devenues des champs de bataille entre les partisans de la République espagnole et ceux de Franco. Ces derniers n'hésitent pas à s'appuyer sur l'Allemagne nazie, où ses œuvres et celles de ses amis sont conspuées et parfois détruites depuis plusieurs années. À ce régime dans lequel il voit une incarnation de tous les maux politiques, despotisme, violence, intolérance et fanatisme, Picasso répond par une peinture de guerre d'un genre nouveau dans laquelle il tente, non de « représenter » la guerre, mais d'en montrer les ravages et d'en exprimer la violence. C'est d'ailleurs une réponse au raid sur Guernica, qui peut être perçu comme l'un des premiers faits de guerre « sans combat », basé sur le terrorisme, et reposant sur une attaque à grande échelle de la population civile.

Peinte dans un noir et blanc de linceul – comme si la couleur disparaissait devant la mort –, *Guernica* est l'œuvre du XXe siècle dont la réalisation est la mieux connue : les dizaines d'esquisses, les huit personnages, les huit états successifs du tableau photographiés par Dora Maar, sa compagne, montrent la longue réflexion de Picasso. Il place dans la toile plusieurs motifs qui l'obsèdent depuis des années : les figures de la corrida, le taureau et le cheval du picador. Mais le plus intéressant tient à la part de langage traditionnel et de motifs personnels présents dans l'image. Picasso a mis en effet dans Guernica toute sa crainte et sa rage devant ce qui lui semblait l'incarnation du mal, mais aussi beaucoup de ses motifs obsessionnels.

Une statue de soldat en morceaux disparaît au sol : l'héroïsme guerrier renvoyé à l'histoire, il ne reste plus que la douleur et le combat de forces brutes. Une femme qui pleure son enfant, à gauche, fait penser à une *pietà*, ces images de la Vierge pleurant le Christ mort ; celle de droite se tient dans une posture de supplique qui date de l'Antiquité, bras baissés et écartés, paumes ouvertes. Le cheval, l'animal le plus souvent identifié à l'homme, symbolise à lui seul la souffrance, avec son corps fragmenté et désarticulé, sa bouche hurlante et sa langue en forme de lame. Le peintre utilise un motif qui s'est fortement développé au XXe siècle, la représentation de l'innocence sous la figure de l'animal-victime. Isolé, inexpressif, le taureau contemple la scène : figure de l'Espagne, bourreau (comme le Minotaure) ou symbole des forces de la nature (comme le taureau de la corrida) ? Le cheval lui-même a été utilisé dans les mois qui précèdent pour représenter Franco sous la forme d'une vieille jument mise à mort[1].

Picasso fait un grand usage de formes et symboles animaliers, de gestuelle antique, dans une œuvre où les références païennes l'emportent sur la tradition

---

1. M.-L. Bernadac, « 1933-1940, Du Minotaure à Guernica », in *Picasso, Toros y Toreros*, Paris, RMN, 1993.

chrétienne. C'est probablement sa façon de signifier qu'il n'y a pas de rédemption, pas de pitié et pas de pardon possible au mal causé par le fascisme, quel qu'il soit. L'œil de Dieu, symboliquement, est ainsi remplacé par une ampoule transformée en soleil. Plus de religion donc, mais seulement une exploration du chaos et des limites de l'humanité, comme le font les mythes méditerranéens, au milieu des forces de la nature. Avec un seul espoir : la femme à la lampe, dont le bras flotte comme celui d'un ange, et dont la tête affiche le profil régulier des statues grecques, semble incarner la conscience de la justice, comme un appel à témoigner, à montrer la scène, à en donner l'image. C'est ce que fit Picasso dès qu'il le put : la toile, aussitôt achevée, fut présentée au pavillon de la République espagnole à l'exposition universelle de 1937 (Paris, Trocadéro). Toile de propagande pour un régime en sursis, *Guernica* n'en était pas moins une œuvre d'exorcisme intime.

Œuvre en rapport : Honoré Daumier, *La Rue Transnonain*, 1834.

Francis Bacon (1909-1992), *Peinture*, 1946, huile, pastel et tempera sur toile, 198 × 132, Museum of Modern Art, New York

Image en haute résolution : http://www.askyfilledwithshootingstars.com/wordpress/wp-content/uploads/2009/06/03_francis-bacon_painting_1946.jpg

Tragique ironie : les quelques années qui suivirent la Seconde Guerre mondiale furent parmi les plus fécondes du siècle en matière de création artistique. De nombreux peintres et sculpteurs, Dubuffet et Giacometti en France, Lucian Freud et Francis Bacon en Angleterre, Mark Rothko et Jackson Pollock aux États-Unis, parviennent à trouver leur forme d'expression personnelle. *Peinture* (*Painting, 1946*) fait partie de ces œuvres qui marquent un tournant dans l'œuvre d'un peintre. D'une violence qui reste sans équivalent dans l'œuvre de Bacon, la toile obéit au principe de l'assemblage de souvenirs et réminiscences. À l'intérieur d'une boucherie, on découvre une carcasse de bœuf pendue à l'arrière, pattes écartées symétriques, comme une crucifixion. La scène évoque certainement le célèbre *Bœuf écorché* peint par Rembrandt dans les années 1650 et conservé au Louvre. Devant elle apparaît le buste d'un homme vêtu d'un costume noir et col blanc, fleur jaune à la boutonnière, et dont la bouche ouverte sur un rictus horrible est la seule partie visible de la tête. Pour peindre cette bouche ouverte, qui revient régulièrement dans son œuvre, Bacon a dit s'être souvenu de celle d'un des personnages du film *Potemkine* du réalisateur Serguei Eisenstein (1925), une nourrice ouvrant la bouche sur un cri muet qui l'avait durablement marqué – ou choqué. Le personnage disparaît dans l'ombre du parapluie noir, le crâne rongé par des marques sanglantes. Il paraît au milieu d'une grille circulaire, entre des micros brossés à grands coups de pinceaux, et des quartiers de viande. L'ensemble déploie toute une palette, assez douce et décorative, de violets et de roses, mais c'est le noir qui troue le centre du tableau, et le blanc qui rend blafardes la chair et la viande.

Qu'est-ce que le peintre a voulu signifier ? Que la situation que l'Europe vient de vivre tient pêle-mêle de la civilisation (l'homme en costume noir, clergyman ou politicien), de la modernité (les micros disposés comme pour un discours de cet « homme-bouche ») et pourtant d'une cruauté vieille comme le monde ? Ici comme dans beaucoup d'autres toiles, le personnage peint par Bacon est condamné à tourner en rond dans cette cage (arène ?) sanglante. Tout ici renvoie à un héritage culturel ancien : la crucifixion, les corps difformes entre monstre et cadavre –« un je ne sais quoi qui n'a plus de nom dans aucune langue », pour citer la célèbre formule de Bossuet[1]. Bacon a d'ailleurs souvent rappelé à quel point il avait été marqué par un vers des *Euménides* d'Eschyle, « l'odeur du sang humain me sourit[2] » et évoquait justement, en parlant d'un grand triptyque juste antérieur à *Peinture 1946*[3], le souvenir des Érinyes, les « bienveillantes » divinités du remords qui poursuivent les personnages de la tragédie d'Eschyle : autant de figures cauchemardesques nées dans la haute Antiquité.

L'image elle-même n'est que le transfert, sur la toile, des obsessions et des cauchemars du peintre : mémoire de la grande peinture classique, images horrifiques du cinéma, souvenir des abominations de la guerre vues sur des photos d'actualité, traumatismes du Blitz. Le tout concourt à créer une image opaque, énigmatique, et pourtant familière, comme le sont les images de cauchemar. Bacon montre que le ressort suprême des images quand il s'agit d'évoquer le mal est certainement la difformité, ce qui échappe au langage et que le spectateur ne peut plus nommer. Mais ces images énigmatiques sont aussi à l'image d'une période perçue comme un enfer sur terre, et où la culpabilité semble s'étendre à tout le genre humain. C'est cette difformité, ces corps tordus, inhumains sans être vraiment animaux, que Bacon utilise comme messagers de l'horreur, et l'un des symboles du XXe siècle, entre mémoire du passé, violence choquante du présent, et sentiment d'absurdité.

Œuvre en rapport : Edvard Munch, *Le Cri*, 1893.

Les performances de Joseph Beuys dans l'Allemagne de l'après-guerre.

---

1. *Sermon sur la mort*, 1662.
2. Eschyle, *les Euménides*, v. 253. Les divinités du remords avaient la réputation d'être attirées par l'odeur du sang.
3. *Trois études de figures au pied d'une crucifixion*, 1944, Tate Gallery, Londres. Les trois panneaux figurent chacun un monstre mi-homme mi-oiseaux; le troisième semble pousser un hurlement.

Dissertations transversales
Isabelle MARTIN-PRADIER

La dissertation est un exercice rhétorique qui repose autant sur la qualité des connaissances, acquises au cours de l'exploration des œuvres et de la question au programme, que sur la capacité à rédiger de manière ordonnée et convaincante. Car il s'agit bien de **convaincre** le lecteur à partir du projet de lecture, de la problématique exposée dans l'introduction (voir le double libellé de la problématique dans l'analyse du sujet). Dans un souci d'efficacité plus que de respect du canon de l'épreuve, l'exercice de dissertation obéit aux étapes de décomposition et aux règles de composition suivantes.

Le brouillon

L'analyse précise et complète du sujet, du sens des termes, de leurs relations et interactions

❯ Jeux de sens

Pensez à la polysémie (voir le mot « cœur » - dissertation 3), aux jeux d'antonymes (« banalité » *versus* « scandale » dissertation 2), aux implicites (« doit » qui fait implicitement référence aux deux verbes de modalité en allemand « müssen » et « sollen » et à la valeur d'impératif moral du second).

❯ Jeux de relation – interaction

Attention à mettre toujours en lien les différents mots du sujet et à les faire « dialoguer » Un sujet qui serait « Les figures féminines et le mal » demanderait ainsi à discuter toutes les relations entre les figures féminines et la réalité du mal. Ici le mot le plus important du sujet est sans doute le « ET » et les traductions que l'on va en donner (= sont, incarnent le mal, sont en lutte contre le mal, sont à l'abri du mal, se servent du mal…)

❯ Jeux de forme

Soyez attentif à la modalité de la phrase (une assertion, une question, une exclamation…), elle peut être riche d'implicite (voir dissertation 3).

❯ Jeux d'histoire culturelle

Le sujet se présente parfois sous la forme d'une citation attribuée à un auteur. Il s'agit - autant que faire se peut - de replacer cette citation dans la pensée de l'auteur quand il est connu (Platon, Pascal, Spinoza, Kant, Nietzsche ou H. Arendt seront pour vous rapidement de vieilles connaissances et feront partie des « attendus » du jury sur la question du mal). Mais n'enfermez pas la citation dans sa pensée originelle, faites la résonner avec ce que vous savez de la réflexion d'autres philosophes, écrivains, artistes... pour en enrichir et en approfondir le sens et la portée.

La problématique et le plan

À partir de cette analyse, on entrevoit la dimension problématique du sujet. Si celui-ci a été soumis à votre réflexion c'est qu'il suscite débat, dans sa dimension paradoxale par exemple (le mal s'associe habituellement au malheur et non pas au bonheur, voir sujet 4). Vous interrogez alors vos œuvres à partir de ce fil problématique et vous proposez un projet de lecture de vos trois œuvres à travers lui. Ce projet peut-être formulé de manière interrogative ou assertive du type « Nous allons montrer que... ».

Le plan suit alors un enchaînement logique qui correspond aux **étapes de la démonstration**. Il comporte au moins deux parties pour une organisation et une évolution perceptibles de la réflexion. Ici tous les plans proposés suivent une démarche ternaire mais elle n'est pas imposée. La troisième partie du travail permet en revanche une vision surplombante de la problématique et un approfondissement personnel de la réflexion, c'est souvent elle qui valorise le devoir en proposant une lecture plus personnelle du sujet et des œuvres.

La rédaction au propre

Dans une dissertation vous devez bien délimiter les étapes du devoir afin d'aider à le visualiser comme suit :

> [alinéa] **Introduction** : elle ne forme qu'un bloc et comporte une **accroche** qui ne peut être qu'une contextualisation de la citation qui donne lieu au débat (voir dissertation 1), **la formulation et l'explication du sujet**, **la problématique** et enfin **l'annonce du plan** (voir modèles guidés).
>
> [Saut de deux lignes au moins]
>
> [alinéa] **Première partie** : Vous rappelez d'abord **la thèse de cette étape du raisonnement** : c'est l'intitulé du I.
>
> [alinéa] Premier sous paragraphe : I. A : **argument 1+ exemple 1. Argument 2 + exemple 2...**
>
> Second sous paragraphe : I. B : argument 1+ exemple 1. Argument 2 + exemple 2...
>
> Vous terminez par un court paragraphe de **transition** qui est une récapitulation du I, insuffisant pour expliquer le problème posé dans le sujet, et qui va donc naturellement vers l'examen de la thèse II.
>
> [Saut de deux lignes au moins]

[alinéa] **Seconde partie** : vous rappelez d'abord **la thèse de cette étape du raisonnement** : c'est l'intitulé du II.

[alinéa] Premier sous paragraphe : II. A : argument 1+ exemple 1. Argument 2 + exemple 2…

Second sous paragraphe : II. B…

Vous terminez par un court paragraphe de **transition** qui est une récapitulation du II, encore insuffisant pour expliquer le problème posé dans le sujet, et qui va donc naturellement vers l'examen de la thèse III.

[Saut de deux lignes au moins]

[alinéa] **Seconde partie** : vous rappelez d'abord **la thèse de cette étape du raisonnement** : c'est l'intitulé du III.

[alinéa] Premier sous paragraphe : III. A : argument 1+ exemple 1. Argument 2 + exemple 2…

Second sous paragraphe : III. B…

[Saut de deux lignes au moins]

[alinéa] **Conclusion** : elle consiste en une récapitulation des conclusions des étapes du raisonnement (I, II et III) et en un prolongement de la réflexion vers une autre dimension de la problématique, une question posée par une autre œuvre traitant du même sujet, une citation faisant écho au sujet traité… (voir modèles guidés).

Chaque idée (=la thèse de chacune des grandes parties du développement) est étayée par deux arguments au moins. **Chaque argument est illustré et prouvé par des exemples précis tirés des œuvres que vous analyserez en fonction de ce que vous voulez démontrer.** Pour cela il faut que vous vous constituiez, au fil de vos (re)lectures une fiche d'exemples personnels à l'appui des grandes problématiques sur le mal dont vous ferez l'inventaire en cours. (Voir exemple dissertation 1- I. A)

Il est souhaitable d'intégrer quelques **citations exactes** des textes lus. Inutiles de connaître de longues phrases, quelques mots suffisent mais précis et à propos. La citation doit être logiquement reliée à l'exemple et servir de support à une démonstration. Elle est **encadrée par des guillemets.**

Les titres des œuvres ne se mettent pas entre guillemets et doivent être impérativement **soulignés** (équivalent des italiques), ainsi on ne confondra pas le personnage de Macbeth avec *Macbeth*, la pièce de théâtre. Ils comportent une majuscule au déterminant et au nom à l'initiale : La Profession de foi du vicaire savoyard, Les Âmes fortes.

La dissertation consiste en l'exposé d'un raisonnement, une démonstration qui répond au projet problématique formulé dans l'introduction. L'examinateur en apprécie la cohérence et la clarté grâce à des qualités autant de présentation que d'expression écrite. Il va sans dire que la syntaxe, l'orthographe et le lexique doivent être soignés et ne pas être sacrifiés à des effets de style pompeux, des formules faciles ou dans l'air du temps. Privilégiez en toutes occasions la concision du propos, la pertinence des arguments et la précision des exemples. Pour cela une lecture personnelle et approfondie des œuvres est nécessaire.

Dissertation transversale 1

Sujet : « Nul n'est méchant volontairement ». Vous discuterez le bien fondé de cette maxime – attribuée à Socrate et développée notamment dans Platon, *Ménon 77a-78b* – confrontée à la lecture des trois œuvres au programme : Shakespeare, *Macbeth*, Rousseau, *La Profession de foi du vicaire savoyard*, et Giono, *Les Âmes fortes*.

Analyse des termes du sujet

« Nul » : le pronom indéfini désigne, dans le discours de Socrate, « tout homme », mais le sujet nous incite à nous poser la question de l'identité de celui qui est désigné par ce « tout ». Ainsi pourquoi ne pas aller jusqu'à se demander si « tout » peut être l'homme, mais aussi Dieu ou la Nature ?

« Est méchant » : il ne s'agit pas de comprendre sous le verbe « être » la désignation d'une essence, l'idée d'une nature essentiellement mauvaise de l'homme. En effet, Socrate, se situe dans la perspective des désirs, confirmés par la lecture du dialogue de *Ménon* : « [...] n'est-il pas évident que ces gens-là ne désirent pas le mal, puisqu'ils ignorent ce qu'il est, mais qu'ils désirent ce qu'ils croyaient être le bien... ». C'est donc plutôt l'idée de faire le mal qui est désignée dans cette construction attributive.

L'hypothèse d'une nature essentiellement mauvaise de l'homme relève en revanche de la conception augustinienne de la nature humaine, corrompue après la chute consécutive au péché originel.

« Volontairement » : cet adverbe est traduit par Éric Blondel, *Le Problème moral*, PUF, 2000, p. 193, par les expressions suivantes : « de son plein gré ou en connaissance de cause ». Volontairement signifie qu'il y a adhésion de la volonté ou de la raison, comme opération de discernement du réel et de discrimination entre des valeurs, dans l'opération libre du choix. La forme négative de l'adage socratique, présuppose que l'action mauvaise ne saurait être motivée par une opération rationnelle, par la connaissance ou une volonté éclairée. C'est donc un défaut de connaissance, l'ignorance, qui expliquerait la tendance au mal.

Vers la problématique

Les termes ainsi interrogés nous laissent entrevoir plusieurs lignes problématiques :
- Qui porte la responsabilité du mal dans le monde sublunaire ?
- Quelle peut-être la nature du mal si celui-ci n'est pas (re)connu comme un mal ?
- L'ignorance et le mal sont-ils absolument interdépendants ?
- Quels rapports établir entre la volonté, le libre arbitre et le mal : peut-on vouloir le mal ?

Problématique du sujet sous forme interrogative : Le mal n'est-il qu'un accident, imputable à une instance nécessairement bonne voulant le bien mais empêchée de le faire, ou bien peut-il procéder d'une volonté délibérée du mal et assumée comme telle ?

OU

Problématique sous forme de projet de lecture : Nous voudrions montrer que les valeurs du bien et du mal, loin de s'opposer et de s'exclure dans l'expérience du libre choix, ont tendance à s'unir voire se confondre.

Introduction

[Accroche] Dans un dialogue de Platon, *Ménon*, le disciple éponyme et Socrate s'entretiennent à propos de la vertu. [Introduction et analyse du sujet] Le maître amène le jeune homme à constater que « Nul n'est méchant volontairement ». Cette affirmation optimiste, qui refuse de voir en l'homme toute intention malveillante dans l'action, repose sur l'excès de confiance du penseur grec en la raison et en la connaissance. C'est peut-être balayer un peu hâtivement la question de l'existence du mal dans le monde. Elle semble résister dès lors que l'on observe les comportements humains qui choisissent le mal en toute conscience et même avec une cynique jouissance. C'est à cette interrogation que nous invitent nos trois œuvres du programme : Shakespeare, *Macbeth*, Rousseau, *La Profession de foi du vicaire savoyard*, et Giono, *Les Âmes fortes*. [Problématique] En effet, on est en droit de se demander si le mal n'est qu'un accident, imputable à une instance nécessairement bonne, voulant le bien mais empêchée de le faire, ou bien s'il peut procéder d'une volonté délibérée du mal et assumée comme telle. [Annonce du plan] Pour cela nous verrons d'abord dans quelle mesure l'ignorance peut expliquer l'existence du mal, puis nous mesurerons comment une volonté du mal peut opérer, pour enfin nous interroger sur la confusion ou la consubstantialité de ces valeurs.

I. Le désir du bien peut-être celui du mal : l'ignorance du mal

A. Qui peut porter la responsabilité du mal dans le monde ?

1. Dieu ? : [argument] il n'y a pas de volonté du mal en dieu dont la nature ne saurait être parfaite et parfaitement bonne consécutivement. [exemple expliqué] Le théisme de Rousseau se fonde sur une perfection de l'ordre du monde dont dieu est à l'origine, horloger parfait qui ne saurait être responsable du mal particulier, le mal général entrant dans la construction d'un édifice parfait et dans les lois de la providence nécessairement bonne. (Voir Rousseau p. 68 de votre édition).

2. La nature ? : [argument] Les forces de la nature peuvent être la source d'un mal subi par l'homme ou favoriser le mal moral [exemple] comme le montrent l'adéquation entre les manifestations météorologiques et l'apparition des sorcières de Macbeth, bulles de la terre. [explication de l'exemple] Nuit, tonnerre sont le signal du déploiement des forces du mal aussi bien humaines qu'élémentaires. Nommées au moins à trois reprises, « the weird sisters », les sœurs fatales, elles peuvent évoquer les trois Parques, tout au moins une allégorie du destin qui décharge partiellement la responsabilité du héros éponyme. De même pour Giono, la solitude et l'âpreté des lieux peuvent être source du mal car ils sont des réservoirs de l'ennui (voir la description de Clostre que Giono reprend dans ses entretiens avec Jean Amrouche pour justifier une expérience morbide d'étranglement).

3. L'homme ? : [argument] pour Rousseau, seul l'homme est responsable du mal et doublement : [exemple expliqué] il commet le mal moral et il ressent le mal physique auquel il est devenu sensible du fait de ses propres vices Sans cette attention au mal physique, la mort elle-même ne serait rien. Mais cette responsabilité est due aux défauts de l'éducation et à la perversion de sa sen-

sibilité du fait de l'aliénation aux opinions et préjugés. En effet, le sentiment profond qui meut l'homme de manière juste et éclairée est l'amour de soi...

B. En effet, l'homme désire le bien nécessairement pour lui-même et autrui

1. Conservation de l'être, de son intégrité et unité dans l'amour de soi et désir spontané du bien assis sur le sentiment : innéisme du bien et « sens moral » de Rousseau.

2. Désir de puissance, d'augmentation de la puissance d'être chez les époux Macbeth et Thérèse-Firmin qui luttent contre la menace de destruction, la peur de ne pas être. Ces exemples sont à mettre en relation avec la pensée de Spinoza et Nietzsche et les concepts d'effort pour persévérer dans l'existence pour le premier, et de volonté de puissance pour le second.

3. Comblement du désir d'être (récurrence de la formule « on le/la voulait toute » dans *Les Âmes fortes* p. 86, 145, 194) dans l'expérience du don fait à autrui, don matériel et de soi dans l'amour maternel. Mais dans cette expérience du don, affleure le mal...

C. S'il désire le mal, c'est donc par ignorance : il prend le mal pour un bien

1. Ce n'est pas l'absence d'opinion mais l'opinion erronée du bien qui fait commettre à l'homme le mal. La trivialité des intérêts humains est montrée comme une source du mal dans *Les Âmes Fortes* (désir de l'argent, de la représentation sociale), illusion du pouvoir dans *Macbeth*.

2. L'homme est floué par son aliénation à l'opinion sociale, par les préjugés et se trompe sur la nature du bien qui est l'amour de soi *versus* l'amour-propre. (Rousseau)

3. Par conséquent, un monde sans mal serait possible à condition de passer du stade de l'ignorance à celui de la connaissance qui suppose de se dégager de l'aliénation au monde sensible (Platon) et d'écouter la voix de sa conscience et son sentiment juste du bon, guide inné et infaillible, partage de tous les hommes et de tous les temps (Rousseau).

[Transition] Constater le mal dans le monde c'est se poser la question de son origine ainsi que celle de la responsabilité capable d'en justifier la présence. Socrate répond à cette interrogation en montrant l'homme mû par le désir du bien dont les actes « mauvais » (*kakos*) ne sont que le fruit de son ignorance. Pour vouloir le bien il faut vouloir connaître le bien. Cependant cet optimisme du désir du bien qui irrigue la pensée de Rousseau semble sérieusement infléchi dans la représentation des forces du mal tant dans la pièce de Shakespeare que dans le récit de Giono. Ne peut-on alors penser que le mal pourrait être choisi en connaissance de cause ?

II. Mais le mal peut-être choisi aussi pour lui-même : la volonté du mal à l'œuvre

A. La volonté du mal

1. Le mal est pesé et choisi. Dans *Macbeth*, on passe du doute à l'invocation du mal. Pour cela on peut analyser la gradation des désirs dans l'acte I depuis l'aparté I, 3 v. 130-142 où le héros prend conscience de son désir de meurtre contre nature, en passant par le vertige du saut et le désir de la cécité en I, 4, puis par le monologue délibératif de la scène 7 qui finalement aboutit, sous la pression de sa femme, par la décision de « tend[re] les instruments du corps

vers cette terrible action ». v. 82. Parallèlement, la violence des imprécations et invocations de Lady Macbeth peut être soulignée.

2. Le mal est inscrit dans la nature humaine par la réécriture sécularisée du motif du récit du péché originel dans *Les Âmes fortes* de Giono p. 72-73 : Thérèse et Firmin apparaissent, dans cette seconde version du récit par l'interlocutrice, comme les pécheurs chassés d'Éden après la faute primordiale « fais les partir tous les deux, elle et son type, mais ne la reprends pas. Maintenant qu'elle en a goûté vous ne pourriez plus la tenir. » Et ce n'est pas un hasard si la réminiscence de Thérèse s'accroche au détail « des papiers peints à fleurs comme des échelles dans les pommiers d'un verger ». Le mal commis est irréversible et l'économie narrative est conçue selon un dévoilement de la volonté du mal de la part de Thérèse, allant crescendo dans les détails de l'aveu et la reconnaissance du mal désiré.

3. L'homme veut le mal jusqu'à œuvrer contre sa propre nature : Macbeth l'avait perçu d'emblée dans les battements de son cœur « against the use of nature » v. 137, p. 70 et Lady Macbeth veut dénaturer toute image de la fécondité maternelle en elle dans sa prière infernale (I, 5, v. 38 à 52). Cette perte de soi la conduira à la folie.

B. La folie du mal

1. Pour Rousseau celui qui choisit le mal fait un choix nécessairement mortifère voir le portrait du méchant p. 85-86 : « le malheureux ne sent plus, ne vit plus ; il est déjà mort. ». Plus loin Rousseau reprend et fait étrangement le portrait de Firmin qui pourrait être par éclats celui de Macbeth « le méchant se craint et se fuit ; il s'égaye en se jetant hors de lui-même ; il tourne autour de lui des yeux inquiets, et cherche un objet qui l'amuse ; sans la satire amère, sans la raillerie insultante il serait toujours triste ; le ris moqueur est son seul plaisir. » Il n'y a pas loin de là au rire du fou.

2. La passion du mal se vit dans la force d'attraction morbide qu'elle exerce et dans l'aliénation de la raison. Ainsi dans Macbeth les motifs volontaires des actes I et II s'inversent dans la suite du drame de manière tragiquement ironique révélant la folie dans laquelle le couple se perd : ils sont séparés de corps (on ne les voit plus ensemble après l'acte III) et chacun verse dans sa folie par la perte du sommeil pour lui et le somnambulisme pour elle.

3. Cette perte totale de soi est vérifiée aussi par l'animalisation des comportements. Dans *Les Âmes fortes* Firmin est décrit comme « une tique », il se sent comme une bête traquée par Thérèse qui guette sa proie « comme un furet devant le clapier » (p. 316). Cette animalisation de Thérèse était déjà sensible dans le récit de l'interlocutrice qui la voyait errer après la disparition de Madame Numance où elle est « chat sauvage » hurlant et griffant » (p. 333) « veau à cinq pattes » (p. 338), monstre réel. Mais c'est cette monstruosité qui la rend heureuse.

C. La jouissance du mal

1. Le choix du mal semble une perversion du désir sexuel et de sa jouissance dans *Macbeth* : voir la mention de Tarquin violeur de Lucrèce au moment du meurtre de Duncan (II, 1, v. 51-57) qui fait référence à un poème de Shakespeare de 1594 où viol et meurtre se conjuguent. Le couple s'unit dans le désir de tuer et enfante le mal.

2. Le plaisir des sens s'associe de manière assez désinvolte au venin des discours qui alimentent la veillée funèbre au point de congédier le mort, sa veuve et de mépriser tous les rites (les cierges) pour partager parmi les plaisirs

du boire (vin blanc, café) et du manger (les caillettes) la saveur des récits morbides de Thérèse et de son interlocutrice, mais aussi tous les affres de la bassesse humaine, des ragots aux histoires de succession. Le plaisir est dans les récits du mal.

3. C'est en effet un plaisir intellectualisé du mal analysé et voulu en tant que mal que celui que décrit Thérèse, nouvelle Madame de Merteuil dans l'éducation au mal qu'elle s'impose (p. 302). Cette rouerie perverse fait s'inverser en Thérèse les polarités des valeurs morales : « Je jouissais de mépriser un peu plus Firmin. J'en prenais du plaisir ! » (p. 309). Ce plaisir est bien supérieur au « ris moqueur » que constatait Rousseau.

[Transition] Si le mal peut être désiré par ignorance du bien, il l'est aussi pour lui-même, choisi en toute conscience du chaos qu'il engendre, subi dans l'aliénation du châtiment qu'il provoque ou, au contraire, savouré et comme redoublé par le plaisir qu'il procure dans les expériences perverses. Au-delà de la double polarité morale exclusive, Bien OU mal, ne devrait-on pas envisager alors que l'homme puisse vouloir le bien ET le mal ?

III. Ne peut-on vouloir le bien ET le mal : confusion et consubstantialité des valeurs

A. Des figures du bien Et du mal ?

1. L'homme connaît l'expérience du mal et du bien comme une contradiction de son être profond avant de parvenir à la sagesse d'écouter le sentiment profond de l'amour de soi, à l'unisson de celui de dieu, que lui fait découvrir sa conscience. C'est cet état que décrit le vicaire quand il dit « j'aurais flotté toute ma vie dans cette continuelle alternative, faisant le mal, aimant le bien, et toujours contraire à moi-même, si de nouvelles lumières n'eussent éclairé mon cœur… » (p. 92.)

2. Le mal peut s'associer à une certaine humanité. Les figures du mal que sont Macbeth et sa femme s'humanisent par instants sans verser dans la bonté : elles ne sont par pour autant monolithiques et cela afin que le spectateur puisse garder une forme d'empathie avec les personnages. Ces bourreaux déchus en victimes apeurées et errantes, privés du plaisir de leur forfait, désunis du reste de la communauté dans l'échec du banquet, tendent vers l'humanité malgré leur « grande boucherie », I, 7, v. 72.

3. Mais, plus paradoxalement encore, le mal et le bien semblent s'intriquer parfois de manière étrange. Ainsi les figures du roman de Giono oscillent sans cesse entre bien et mal sans être jamais ni l'un ni l'autre, il y a un brouillage continu des valeurs qui empêchent tout discernement et tout repère moral. Ainsi en est-il au niveau microstructurel, du comportement du couple Numance à l'égard de Firmin : à la fois dans l'anticipation de ses désirs et dans le plaisir de la domination que le don anticipé leur permet. Au niveau macrostructurel, le récit par la reprise polyphonique d'épisodes semblables et discordants, empêche toute discrimination entre vrai et faux et entre bien et mal. Plus qu'un brouillage, c'est un renversement des valeurs.

B. La démesure et le renversement des valeurs

1. « C'est l'abus de nos facultés qui nous rend malheureux et méchants » nous dit Rousseau p. 341.

2. Il y a quelque chose de suspect dans la démesure du don dont se nourrit le couple Numance. Cette générosité au point de tout donner de soi est associée au motif récurrent du regard et plus précisément à Mme Numance et

ses « yeux de loup » avec lesquels elle « dévisageait le monde comme si elle allait vous manger » (p. 87) ; ou bien c'est leur regard bleu tellement pâle qui fait de leurs yeux des béances, « les trous à leur tête » « au plus fort du dépouillement » (p. 149). Mme Numance fait ainsi le vide autour d'elle au point où même son mari finira par disparaître et elle aussi, en faisant « verser la mesure ». Cet *hybris* est un motif cher à Giono qui est exemplaire du renversement des valeurs Bien et Mal : « Il y a une limite à partir de laquelle le bien se transforme en mal [...] parce que c'est le démon de la démesure », dit-il à propos de la générosité qui est aussi un drame de l'égoïsme (voir les *Entretiens avec Jean Amrouche*, entretien 15, Gallimard, NRF, 1990, p. 208).

3. Le héros du bien n'est donc pas épargné par le risque du mal et il prend ce risque : ainsi quand Macduff fuit son château y laissant femme et enfants pour aller trouver Malcom et le convaincre de faire front au tyran, il sert l'action criminelle de Macbeth et se rend coupable d'avoir servi le meurtre des siens. Il n'y a pas de figure unie.

C. De la consubsantialité à la perversion des valeurs

1. Rousseau par l'émergence du sentiment intérieur contre le rationalisme intellectualiste, n'a-t-il pas ouvert une brèche *via* le questionnement sur « ce qui nous importe » comme condition du bonheur ?

2. On retrouve ce questionnement, entièrement dévoyé, dans le discours et l'antimorale de Thérèse qui s'en empare pour le subvertir (voir p. 291 les tables de la loi selon Thérèse). Ainsi on peut observer les renversements suivants : le « ce qui m'importe » rousseauiste devient « À quoi je tiens ? » (p. 315-316), l'amour de soi est chez Thérèse l'amour-propre comme « amour de soi et de toutes choses pour soi » (La Rochefoucauld), le credo de Rousseau est inversé par l'affirmation d'un monde sans dieu, de même que le sentiment intérieur, l'instinct du bien est chez elle un instinct du mal, du sang : « *si je trouvais quelque part du sang à boire...* » (p. 317).

3. Thérèse se situe « par-delà bien et mal », dans le désir de l'affirmation de soi, dans la toute puissance celle des esclaves devenus des maîtres. La filiation nietzschéenne de Thérèse doit être interrogée : elle qui voulait jouer à être la fille de sa mère fabriquée, aurait-elle trouvé un père naturel ?

Conclusion

[Récapitulation] Pour Socrate comme pour Rousseau, le mal ne semble pas invincible, il est le fait de l'homme qui n'écoute ni sa raison pour l'un, ni son sentiment pour l'autre. Les forces du mal se déchaînent alors par le fait de la méchanceté des imposteurs, il envahit le monde suspendu au chaos dans *Macbeth* mais il est terrassé par les forces du bien, légitimes. Vouloir le mal est donc le fait de l'homme, mais sans pessimisme de la part du dramaturge, ni scepticisme concernant la répartition bipolaire des valeurs. En revanche, dans un monde sans dieu, sans transcendance, le mal semble non seulement être voulu mais il vient encore contaminer avec une belle énergie tous les comportements même les plus vertueux. [Ouverture] L'homme veut le bien et le mal et au-delà il veut être, devenir lui-même dans un coup de théâtre : « brusquement, je suis qui je suis ! », déclare Thérèse (p. 318). Cette assomption théâtralisée du moi est emplie de joie et de misère.

Dissertation transversale 2

Sujet : Lors du procès Eichmann en 1961, la philosophe contemporaine Hannah Arendt découvre ce qu'il est désormais convenu d'appeler « la banalité du mal », sous-titre du texte qu'elle rédige *Eichmann à Jérusalem, Rapport sur la banalité du mal*. Ce concept vous semble-t-il pertinent pour éclairer la lecture des trois œuvres au programme : Shakespeare, *Macbeth*, Rousseau, *La Profession de foi du vicaire savoyard* et Giono, *Les Âmes fortes* ?

Analyse des termes du sujet

« Banalité », ce nom formé sur l'adjectif « banal » - étymologiquement qui appartient au ban, c'est-à-dire à une circonscription donc à une collectivité, ce qui est commun à plusieurs – renvoie d'emblée à l'idée de ce qui est commun à tous les hommes, qui ne provoque ni l'étonnement ni le scandale.

« du mal » : le complément du nom met en valeur immédiatement un paradoxe, si le mal est considéré comme un scandale.

En effet, la philosophie se pose la question de l'unicité du concept de mal et distingue le mal négation du mal privation selon que l'on considère que ce qui fait défaut est dû à quelque nature. Ainsi la maladie est soit la non-santé, soit la privation de la santé, et dans ce second cas seulement cette privation sera vécue comme scandaleuse. (Voir Hélène Bouchilloux, *Qu'est ce que le mal ?*, Première partie, Vrin, Chemins philosophiques, 2005).

Cependant, dès lors qu'on se place du point de vue du domaine moral, au sens que lui donne Paul Ricœur, c'est-à-dire lorsque la question de l'action se pose en termes déontologiques, différemment du domaine de l'éthique qui, lui, la pose en termes téléologiques, le mal fait scandale parce « qu'il porte atteinte, non pas tant au bien (moral) qu'à l'être au sens absolu du terme. Entendons par là les conditions de la vie, l'intégrité physique, la dignité, la liberté, la justice, l'ordre des choses, la *dikè* cosmique et même sociale » (Éric Blondel, *Le problème moral*, « La mal, la morale et les fondements », PUF, 2000, p. 172). C'est à cette « définition minimale » (*id*) que se réfère implicitement la philosophe allemande en tentant de comprendre « le cas Eichmann », chargé dès 1941 de l'extermination des Juifs d'Europe. « La terrible, l'indicible, l'impensable banalité du mal » (*Eichmann à Jérusalem*) désigne le fait que des hommes qui semblent tout à fait ordinaires aient pu commettre des actes monstrueux donc extraordinaires. C'est cette rupture de sens entre le banal et le mal qui pose question. Hannah Arendt propose alors une explication à cette rupture de sens : Eichmann, selon elle, se montre incapable de penser, dépourvu qu'il est de tout *sensus communis*, de toute possibilité de penser avec autrui.

« du » : quelle relation entre les concepts suppose la préposition ?

La banalité est-elle l'essence du mal ? Si le mal est accidentel, il ne vient porter atteinte à aucun fondement de l'être (la banalité est le fait du mal) Ou bien doit-on entendre que tout mal est banal en ce que la catégorisation morale des actions en bonnes-mauvaises, justes-injustes est rendue caduque par le fait que l'être de l'homme est poussé à se réaliser par et dans le mal ? (le mal fait la banalité).

[Vers la problématique] Il faut donc jouer de ce paradoxe et de la polysémie du lien de détermination pour faire émerger des lignes problématiques :

Comment définir le concept de mal ?

Est-on en droit d'établir une hiérarchie des maux, du banal au scandaleux ?

Le mal existe-t-il réellement ? Quel est son degré d'existence positive pour l'homme ?

Quel lien la capacité de penser entretient-elle avec le mal ?

[Problématique] **Sous forme interrogative** : Qu'en est-il de la nature et de l'expérience du mal au-delà de la dichotomie banalité-scandale ?

Sous forme de projet de lecture : Nous voudrions montrer qu'au-delà de sa banalité et de son scandale le mal peut-être pensé comme une donnée radicale de l'être au monde de l'homme.

Introduction : [Accroche] Quand Job, accablé de malheurs, se lamente et qu'il prend Dieu à témoin de sa souffrance, « du scandale du mal » aurait dit Paul Ricœur, il pose à toute l'humanité le problème du mal injustifiable. Dès lors, la même question ressurgit non plus dans le mythe, mais dans l'Histoire devant les charniers de l'holocauste. [Introduction et analyse du sujet] Rapportant le procès Eichmann auquel elle assiste, Hannah Arendt ose avancer le concept de « banalité du mal », paradoxe scandaleux s'il en est, puisqu'elle semble abaisser l'entreprise de destruction d'une partie de l'humanité, mal absolu, à une pensée de la banalité ou plutôt à une absence de pensée. Si de nombreux philosophes ont tenté de nier le mal, d'en contourner la réalité sous prétexte de rationalisation, il n'en reste pas moins que le mal réapparaît toujours, et ce dans toute sa crudité cruelle. C'est ce paradoxe de la « banalité du mal » qui nous permet d'interroger de manière féconde nos trois œuvres au programme, Shakespeare, *Macbeth*, Rousseau, *La Profession de foi du vicaire savoyard* et Giono, *Les Âmes fortes*. [Problématique] En effet, qu'en est-il de la nature du mal au-delà de la dichotomie banalité-scandale ? [Annonce du plan] Pour cela nous nous demanderons dans quelle mesure nos trois œuvres travaillent à une banalisation du mal, pour faire émerger ensuite le scandale du mal qu'elles révèlent diversement, enfin nous nous demanderons si l'expérience fondamentale du mal n'est pas davantage celle d'une radicalité à éprouver au cœur de l'homme.

I. « Banalité » et banalisation du mal. (H. Arendt)

A. La pensée de la négation du mal

1. Le mal est considéré par de nombreux philosophes classiques comme une simple négation (*versus* privation) : le mal est un néant pour saint Augustin ; mal ou imperfection pour Spinoza : le mal n'apparaît que dans une opération de comparaison entre la réalité de la chose et l'idée que l'on se fait de la perfection de cette chose.

2. Le « mal général » est nié par Rousseau et le « mal particulier » banalisé à la manière des philosophes stoïciens : c'est la pensée de la douleur qui crée le mal subi. (p. 76) Il est en outre banalisé, voire nié, en tant que mal dans la tentative rousseauiste de justification du mal comme contrepoint nécessaire au bien, voire comme la condition de possibilité de réalisation du bien => voir p. 75 : « murmurer de ce que dieu ne l'empêche pas de faire le mal, c'est murmurer de ce qu'il la fit d'une nature excellente [...] c'est pour mériter ce contentement que nous sommes [...] tentés par les passions et retenus par la conscience. » et p. 93-94.

3. Le mal voudrait pouvoir être effacé par la générosité démesurée des Numance, biffé par leur volonté de combler le vide, dans un perpétuel sacrifice qui est proche de l'extase mystique. Mais la trivialité du mal est là pour les contredire...

B. La trivialité comme banalisation du mal

1. Le mal trouve son origine dans la matière, le corps, les passions. Il est donc voué à disparaître avec lui contrairement à l'âme douée d'immortalité et qui lui survit « pour le maintien de l'ordre » Rousseau (p. 78)

2. Le mal est associé à la trivialité des désirs humains, il est l'expression d'une force pulsionnelle : voir le désir de meurtre de Duncan associé à celui du viol de Tarquin, les références au corps dénaturé de Lady Macbeth. Il est symboliquement représenté dans l'image triviale du manteau du roi trop grand pour le « nain » qu'est devenu Macbeth (I, 3, v. 145 et V, 2, v. 21-22).

3. Il est incarné dans le parler populaire des femmes de la veillée, et en particulier par le couple Firmin-Thérèse dont la trivialité est à la hauteur de leur volonté du mal. On ne peut que constater une gradation dans le cynisme associée à la volonté du mal de Thérèse qui transparaît dans une trivialité de plus en plus importante du langage qui affecte un laconisme d'une brutalité certaine : « Les péchés [...] qu'on commet : zéro, poussière. » (p. 291) Ce rapport du mal à la trivialité le banalise en le réduisant à rien, en l'ancrant aussi dans le corporel au détriment de la pensée.

C. Le refus de la pensée

1. Pour Hannah Arendt, c'est l'incapacité de penser qui semble à l'origine de la « banalité du mal » pour le cas Eichmann, mais encore pour tous les bourreaux potentiels qui ont perdu le « sens commun », source de la communication avec autrui par le partage de son mode de représentation et par la possibilité qu'il donne à la faculté de juger de s'asseoir sur la raison humaine. Il y aurait donc un lien entre « notre faculté de penser » et « notre aptitude à juger » à saisir le mal. (*Considérations morales* cité dans C. Crignon, *Le Mal*, GF, Corpus, 2000, p, 128)

2. Refuser la pensée est aussi un mode de déni du mal : la folie du couple Macbeth est une attitude de fuite devant la réalité du mal, cette folie alimentant paradoxalement le mal qu'elle nourrit à son tour.

3. Les reprises polyphoniques d'un même épisode dans *Les Âmes fortes* créent des représentations différentes de Thérèse : parmi elles celle d'une « simple d'esprit », asservie à ses passions sexuelles, aux calculs de Firmin qui s'impose au début de la première version. L'idée subsiste comme une possibilité tout au long du récit que c'est dans l'incapacité de penser qu'elle aurait accompli le mal.

Transition : La tradition philosophique a longtemps tenté de justifier ou de nier le mal et ce faisant d'éluder sa réalité « défi à la philosophie et à la théologie » pour Paul Ricœur (*Le Mal*, Labor et Fides, 2004). Dans cette expérience douloureuse, elle rencontre le caractère aporétique de la pensée du mal : celui-ci semble résister à tout discours rationnel pour s'imposer comme un scandale que rien ne peut justifier. C'est ce qui provoqua aussi le scandale de la « banalité du mal »...

II. « Le scandale du mal » (Paul Ricœur)

A. Le mal commis (voir dissertation 1, II. La volonté du mal à l'œuvre)

1. La volonté du mal est affirmée par les personnages dramatiques et romanesques, le chaos est constaté par Rousseau avec cette affirmation sans appel « Je vois le mal sur la terre ». Il fait scandale dans le monde beau et juste voulu par dieu.

2. Le chaos du monde révèle le mal absolu qui porte atteinte à la « *diké* cosmique et sociale » (voir analyse du sujet, E. Blondel) ex : Macbeth rompt le pacte d'hospitalité et le lien de vassalité fondé sur des lois féodales en commettant le meurtre de son hôte et roi. Dans *Les Âmes fortes,* de même la pureté de l'amour maternel est pervertie par les égoïsmes des personnages.

3. La jouissance dans la souffrance de l'autre fait scandale car elle dénonce une perversion redoublée mettant en péril toute forme d'humanité. Ex : l'inversion de la valeur morale du remords, garde-fou pour Rousseau, instrument du mal pour Thérèse (p. 327)

B. Le mal subi

1. Livre de Job comme récit symbolique de la souffrance injustifiable et de la solitude absolue dans la souffrance, en l'absence de toute idée de châtiment capable d'en légitimer la cause.

2. Solitude du méchant chez Rousseau qui s'exile du monde qu'il n'a pas compris et de lui-même dont il n'a pas entendu la voix de la conscience : voir le portrait du méchant p. 85-86.

3. L'isolement dans la souffrance est montré comme le mal absolu, scandaleux, pour celui qui le subit : c'est ainsi qu'on peut lire la fureur de Lady Macduff contre son époux dont elle dit qu'il les a abandonnés. Aucune explication justifiée du châtiment pressenti ne peut lui faire entendre la raison de ce mal : « I have done no harm/Je n'ai fait aucun mal » IV, 2, v. 76.

C. Le mal de l'autre

1. Mais le mal est scandale pour qui est spectateur de la souffrance d'autrui. Le mal n'est jamais rien de banal mais il est horreur pour l'autre et pour soi. C'est cette expérience que fait Sylvie Numance quand elle découvre les marques sur le corps de Thérèse après sa lutte avec Firmin. Il est intéressant de voir alors que c'est à partir de cet instant que Thérèse devient son enfant, « la chair de sa chair », cette expérience est aussi un enfantement symbolique. (p. 162-163)

2. Rousseau confirme cette idée que la figure d'autrui est à l'horizon de l'expérience des valeurs morales, au-delà de l'amour de soi. La souffrance ou le bonheur d'autrui m'importent et m'affectent. (Voir p. 86 : « on est témoin de leur mal, on en souffre »).

3. La compassion est donc une expérience fondamentale qui permet de poser d'une part le mal comme réalité injustifiable et scandaleuse (P. Ricœur), et d'autre part de définir « l'ipséité même » (E. Lévinas, *Difficile liberté,* cité par C. Crignon, *op.cit.* p. ; 23). Affronter la souffrance de l'autre dans sa nudité, sans désir vain de justification, quel que soit le discours philosophique, comporte alors une dimension ontologique dans la reconnaissance de l'autre comme soi dans le mal.

Transition : Les discours visant à banaliser le mal, pour l'intégrer à une explication rationnelle d'un monde soumis aux lois de la Providence divine, trouvent leurs limites dans l'expérience du mal qui oppose à toutes les tentatives de rationalisation aporétiques la crudité de la souffrance morale et physique de l'individu qui subit. Plus que de la banalité du mal, l'homme ne ferait-il pas l'expérience de sa radicalité ?

III. « Le mal radical » et la radicalité du mal (E. Kant)
A. L'idée d'un mal radical

1. Avec le tremblement de Lisbonne en 1755, Voltaire touche à la réalité d'un mal radical au sens d'un mal inscrit à la racine du monde, inexplicable, imprévisible et injustifiable. Pour lui cet événement doit sonner le glas des théodicées, d'où sa lecture délibérément orientée et terriblement ironique de Leibniz (*Essais de théodicée*) qu'il fustige par la formule désormais célèbre de *Candide* « Tout est enchaîné nécessairement et arrangé pour le mieux » (chapitre 3). Dès avant il écrit le *Poème sur le Désastre de Lisbonne*. Aucun retour de l'ordre du monde ne peut effacer l'apocalypse (= dévoilement) du mal total et aveugle.

2. Rousseau s'inscrit en faux par rapport à Voltaire et écrit en réponse *La Lettre sur la Providence* en 1756. : pour lui l'ordre parfait du monde ne saurait être remis en cause de même que la finalité naturelle. Le mal est seul imputable à l'homme, c'est donc l'humain qui est à la racine du mal, qui le provoque et les souffrances subies sont le résultat nécessaire et juste des dommages qu'il fait subir à la nature. L'homme choisit le mal parce qu'il est perverti.

3. Au « je vois le mal sur la terre » de Rousseau, fait écho l'exclamation « Que le monde est mauvais... » de Kant (*La Religion dans les limites de la simple raison*). C'est Kant qui conceptualise l'idée d'un mal radical, non au sens de mal absolu, mais comme le mal moral dont la possibilité et la réalité sont inscrites en l'homme, « penchant pervers [...] enraciné en l'homme » (*id*), inclination au mal proprement subjective et responsable parce que fruit du libre arbitre. Ainsi cette attitude fondamentale ne peut être démontrée. Le mal est désigné alors comme la tendance qui veut que nous déviions des maximes qui guident la bonne volonté pour préférer l'amour-propre à la loi morale. Ce mal radical est « humain trop humain », pour pasticher Nietzsche, et pourtant c'est l'inhumain qui semble poindre.

B. L'inhumanité radicale de l'homme

1. A la racine de l'humain, il y aurait de l'inhumain : voir les motifs de la sauvagerie rattachés à la représentation ou l'évocation de certains comportements (cf. dissertation 1, II-B3). On peut y ajouter les images de la mère dénaturée dans la potion des sorcières, la truie dévorant ses petits (IV, 1, v. 64-65), mais aussi celle de l'enfant sanglant qui apparaît comme une figuration du désir infanticide de Lady Macbeth (I, 7, v. 55-59)

2. A la bestialité des personnages, s'ajoute la matérialisation de l'humain qui perd tout sens moral et affectif par son rapport dévoyé à l'argent : ce motif parcourt tout le récit des *Âmes fortes* où la cupidité matérialise les relations humaines qui se monnayent. Même la générosité des Numance, si désintéressée fût-elle, se calcule en « cent cinquante mille francs », en évaluation de biens, de gages... Carluque ne parle que de « prospérité » (six occurrences dans une même phrase, p. 104) et le personnage de Reveillard soulève le cœur de dégoût (voir portrait p. 270).

3. Cet abîme de mal radical qui marque de son sceau les comportements (in) humains est lié aux valeurs sociales qui pervertissent la nature humaine : le désir de la puissance. C'est cette idée à laquelle souscrit Rousseau pensant que

tout est bien dans le meilleur des mondes à condition d'être protégé des dérives de la société : voir p. 76 « Ôtez nos funestes progrès, ôtez nos erreurs et nos vices, ôtez l'ouvrage de l'homme, et tout est bien. » Cet optimisme fonde toute l'anthropologie rousseauiste et s'illustre dans son credo théiste : « Sois juste et tu seras heureux ». Que peut-il rester de cet optimisme après les deux guerres mondiales du XXe siècle ?

C. La mal radical banalisé

1. Giono, a été fortement marqué par les deux guerres et sa production littéraire a pu être distribuée de part et d'autre du second conflit. *Les Âmes fortes* appartiennent à la production du « second Giono » et peuvent être lues comme le pendant symétrique de *Que ma joie demeure,* deux drames de la générosité sans dieu, sans visée mystique, où les personnages, dans leur expérience du don total, se retrouvent face au néant car le don fonctionne comme un leurre et une tricherie. L'amour maternel, épuré par essence, est aussi un leurre : le récit des *Âmes Fortes* est une apocalypse du mal radical et ce d'autant plus qu'il biffe toute la dimension surnaturelle qui existait dans *Que ma joie demeure* (voir les *Entretiens de Giono avec Jean et Taos Amrouche,* Gallimard, NRF, 1990, p. 205 et suiv.) Dans notre récit, l'imprégnation du mal est patente jusqu'aux lieux et paysages dont l'aridité et la solitude sont des marques d'hostilité élémentaire contre ou avec laquelle les personnages doivent lutter.

2. L'impératif catégorique de Giono pourrait être alors : « agis selon la maxime qui veut que tu sauves ta vie de l'ennui ». Pour Giono, il faut vivre et conjurer « la grande malédiction de l'univers » qui est l'ennui (voir *Entretien* 3 p. 58). Dans un monde qui fait l'expérience de l'absence de dieu (Giono est athée) et où le comblement du vide apparaît comme une nécessité, la distraction cruelle s'inscrit au cœur de l'animal qu'est l'homme. Le mal fait partie des « divertissements » dont il faut pouvoir jouir. Cette thématique de la beauté cruelle, du sang qui permet de combler le vide de l'existence par une esthétisation morbide du réel, est le thème fondamental d'*Un Roi sans divertissement* (1947), qui précède de peu *Les Âmes fortes*. On retrouve la permanence de ce motif dans la jouissance du mal dont sont capables tous les personnages de notre récit jusqu'à Mme Numance. Elle se délecte de sa générosité comme d'une « arme » permettant l'expression d'une « férocité » : « C'était comme si j'avais mis le pied sur la gorge d'un enfant. Ce que je peux avoir l'âme basse quand il s'agit de donner ! » (p. 260). L'ennui, quant à lui, transpire dans tous les villages, à tous les carrefours, dans toutes les maisons. La petitesse du monde demande des grandes actions.

3. C'est à ce spectacle cynique et morbide que nous convie le récit de Giono et le lecteur est placé en position d'éprouver la radicalité du mal dans une expérience elle-même radicale, c'est-à-dire qui touche au fondement de l'être humain. En effet, la fascination pour le mal que vivent les protagonistes, théorisée de surcroît par l'antimorale de Thérèse, est aussi celle des auditeurs de la veillée qui la poussent au récit de ses méfaits, s'épanouissant au final comme une fleur qui renaît de la nuit, (« Après cette nuit blanche, vous êtes fraîche comme la rose » p. 370). Mais c'est aussi la fascination du lecteur qui vit un plaisir redoublé : le sien, augmenté de celui du personnage. En pariant sur la communauté - à défaut d'une communion - des hommes dans le mal, Giono met en œuvre une phénoménologie de la radicalité du mal, sans herméneutique, par ses choix narratifs et thématiques.

Conclusion

[Récapitulation] Les philosophes ont souvent tenté de nier la réalité du mal or « le problème du mal » (Étienne Borne, PUF, 1958) est éclatant dans le monde et surtout dans la souffrance humaine. Il s'agit alors pour le croyant de vivre sa foi en Dieu « en dépit du mal » (P. Ricœur). Dès lors, les tentatives de banalisation du mal ne sont pas parvenues à faire admettre une « banalité du mal ». Au contraire elles ont fait émerger de manière plus violente encore « le scandale du mal » en dénonçant d'abord leur propre scandale, celui d'une pensée qui veut rendre raison de « l'injustifiable » selon la formule de Jean Nabert (*Essai sur le mal*). L'homme est saisi dans sa chair et dans celle d'autrui, il est amené à dépasser cette dichotomie, qui faisait le paradoxe de la formule portée à notre réflexion, pour vivre la radicalité du mal, l'inscription du mal au sein de l'être de l'homme comme dimension incompréhensible de soi mais constitutive de soi, ontologique en quelque sorte. La poétique du mal mise en œuvre de Shakespeare à Giono révèle l'ambivalence de la fascination de l'homme pour le mal : [ouverture] la menace n'est jamais aussi belle que quand elle permet au moi de s'appréhender ou de se mettre en quête de soi. L'expérience du mal serait alors aussi une naissance.

Dissertation transversale 3

Sujet : À la fin du fragment 129 de la liasse VIII des *Pensées*, Pascal conclut par cette exclamation aphoristique : « Que le cœur de l'homme est creux et plein d'ordure ! ». Vous discuterez le bien fondé d'une telle vision de l'homme resituée dans la problématique du mal et confrontée à votre lecture personnelle des trois œuvres au programme : Shakespeare, *Macbeth*, Rousseau, *La Profession de foi du vicaire savoyard*, et Giono, *Les Âmes fortes*.

Analyse des termes du sujet

« Cœur » : Pascal est héritier de la lecture augustinienne de la Bible. Le cœur qui dans les Écritures peut désigner l'intelligence, la volonté et même la mémoire, est le siège de la vie spirituelle pour saint Augustin. Pour Pascal le cœur prend un sens personnel et particulier quand il le met en balance avec la raison, le raisonnement discursif. Il a alors rapport avec la faculté de connaître dépassant la dimension affective et émotionnelle : « Le cœur a ses raisons que la raison ne connaît pas » (Pascal, *Pensées*). Dans notre sujet, le mot cœur semble employé dans une acception plus large, comme le siège de l'âme, des sentiments et de la volonté, c'est-à-dire le centre de l'homme, ce qui fait sa nature profonde en tant qu'il est un être de désir capable de sentiments et de décision.

Prenons en compte les significations du mot cœur au-delà de Pascal (voir méthode de la dissertation) :

– Siège de la conscience morale de l'individu, voir Bible Ancien Testament, Jérémie (17-9) : « *Le cœur de l'homme est rusé et pervers ; qui peut le pénétrer ? Moi, Dieu, je scrute le cœur, je sonde les reins, pour rendre à chacun selon sa conduite, selon le fruit de ses œuvres.* » Dieu sonde ce que l'homme désire et accomplit, les intentions morales et les actions. Pensez aux expressions populaires du type « avoir le cœur léger » = « la conscience tranquille » (voir Giono p. 103.)

=> la réalité morale serait au fondement de l'individu.

- Siège de la volonté, du dynamisme moral, de la disposition à agir, voir « le cœur n'y est pas » pour dire le manque d'action volontaire.

=> lien entre le cœur et la qualité volontaire de l'action.

- Siège des sentiments : voir « toucher le cœur de quelqu'un », « être cher à son cœur »

=> pensez au lien fait par Rousseau entre le sentiment de l'amour du bien, la conscience et le cœur. Voir p. 84 : « *S'il est vrai que le bien soit bien, il doit l'être au fond de nos cœurs comme dans nos œuvres, et le premier prix de la justice est de sentir qu'on la pratique* ».

« Creux et plein d'ordure » : antithèse apparente entre les deux adjectifs mais levée par le complément « d'ordure ». Creux = vide de biens essentiels, de qualités réelles qui feraient de l'homme un être digne. Or pour Pascal dimension déchue de l'humanité après le Péché originel. L'homme fait l'expérience de l'immense vanité de son être voir *L'Ecclésiaste* : « *Vanitas vanitatum, omnia vanitas* ». Cette vanité est liée à l'importance inconsidérée que l'homme attribue à l'opinion d'autrui, au souci de sa gloire et de sa réputation parce qu'il accorde plus d'importance à l'être imaginaire qu'à l'être réel, au passé et à l'avenir qu'au présent. Ce comportement, dicté par l'éducation qui cherche le bonheur de l'individu, révèle un immense vide intérieur devant lequel l'homme ne pourrait supporter de demeurer. C'est la raison pour laquelle il fuit sa profonde misère dans le divertissement. L'homme, le plus puissant fût-il, est profondément misérable, voir « Un roi sans divertissement est un homme plein de misère » (Pascal, *Pensées*) et le lien Pascal-Giono.

« Plein d'ordure » : le plein de l'homme creuse en réalité son vide. Sous prétexte de chercher des biens imaginaires, l'homme abandonne à la concupiscence, et notamment à l'orgueil. La connotation fortement péjorative du mot « ordure » désigne les expériences fausses et moralement condamnables en ce qu'elles détournent l'homme de dieu pour Pascal, et en ce qu'elle est synonyme de tentation du mal ou de méchanceté réelle pour nous. C'est donc plus le mal moral qui est visé ici que le mal subi.

=> un lien problématique apparaît dans le jeu vide/plein, entre le mal comme expérience de comblement imaginaire de l'insuffisance humaine, que ce mal soit désir de puissance ou frénésie du don, et le mal moyen de creuser la vanité de l'homme, son vide essentiel.

« Que... ! » la modalité exclamative de la phrase de Pascal met en valeur la tonalité pessimiste du constat, voire son registre tragique (fatalité du mal).

=> peut-on échapper à cette logique tragique de la déchéance ?

Vers la problématique

- La nature de l'homme est-elle essentiellement bonne ou mauvaise ?
- Le mal est-il être une manière (la seule ?) d'être au monde ?
- Le mal peut-il être un bien, une condition du bonheur ?
- A quelles conditions de possibilités l'homme peut-il devenir meilleur ?

Problématique sous forme interrogative : Y a-t-il une fatalité du mal ?

Problématique sous forme de projet de lecture : Nous allons montrer que l'alternative philosophique entre ce qu'il est convenu d'appeler le pessimisme et l'optimisme en l'homme est posée de manière problématique par le choix du mal comme manière délibérée d'être au monde.

Introduction : [Accroche] « Le ciel n'est pas plus pur que le fond de mon cœur ». Par cet alexandrin monosyllabique le personnage éponyme de la tragédie de Racine, Phèdre, découvre la passion qui la fait se consumer dans la solitude de sa souffrance. Le mal est en elle, elle a vu son cœur et le vide qui l'emplit. [Annonce et explication du sujet] Cette conception augustinienne de la culpabilité humaine et de l'impossibilité du salut sans la grâce est illustrée dans le même siècle par Pascal, dont les *Pensées,* au fragment 129, prononcent un jugement aux accents tragiques : « Que le cœur de l'homme est creux et plein d'ordure ! ». Sa représentation de l'homme entre deux infinis, dieu et le néant, dont la grandeur et la bassesse, sont conjointement évoquées, est souvent réduite à une conception pessimiste de sa déchéance et de son impossible bonheur du fait de sa vanité. [Problématique] Est-ce à dire qu'il y aurait une fatalité du mal ? C'est ce que nous allons nous demander à la lumière de la lecture de nos trois œuvres : Shakespeare, *Macbeth,* Rousseau, *La Profession de foi du vicaire savoyard,* et Giono, *Les Âmes fortes.* [Annonce du plan] Pour cela nous verrons d'abord dans quelle mesure nous pouvons parler d'une fatalité du mal, puis *a contrario* nous nous demanderons si le cœur de l'homme peut aussi promettre le bonheur, enfin nous envisagerons le mal inscrit au cœur de l'homme comme une manière d'être au monde.

I. Le cœur vain et malheureux : la fatalité du mal

A. Chute

1. Pascal : l'homme déchu =>le péché originel et la misère de l'homme
2. Le saut de « l'autre côté » : péché d'orgueil de Macbeth => impossibilité d'habiter l'Éden imaginé.
3. Motif du péché originel réécrit dans *Les Âmes fortes* (voir dissertation 1)

B. Déchéance

1. Rousseau : pas de croyance dans le péché originel, mais déchéance de l'homme lié à la société et aux « funestes progrès ».
2. Processus de déchéance du couple Macbeth au fur et à mesure des actes.
3. Dégradation physique et morale de la figure de Firmin.

C. Misère

1. Conception du divertissement selon Pascal => néant de l'homme sans dieu.
2. Le mal comme seule issue au mal : l'enfermement fatal du couple Macbeth.
3. Misère des gens de Châtillon qui comblent le vide de leur existence par l'hypocrisie de leurs actions.

[Transition] Déchu, l'homme semble s'enferrer dans une déchéance et une misère qui l'accablent et le menacent d'autant plus qu'il comble le vide de son être et de son existence par des actions qui creusent son néant. Est-ce à dire que l'homme est fondamentalement mauvais et que tout espoir de bonheur lui est interdit ?

II. Le bonheur à portée du cœur : la foi en l'homme

A. Pari sur la valeur

1. Les hommes bons existent même dans un univers chaotique et corrompu : Macduff-Malcom et la sincérité mise à l'épreuve.
2. Images de l'amour maternel anoblissant : pureté de Lady Macduff versus Lady Macbeth
3. Sacrifice du lien à l'autre dans l'expérience de la générosité démesurée (théorie du don qui abolit le contre-don) et dans l'amour Mme Numance-Thérèse (voir sacrifice du désir p. 258)

B. Pari sur le cœur

1. L'homme est bon naturellement : Rousseau
2. Le cœur, le sentiment et la conscience sont des guides infaillibles : le « sens moral ».
3. Homme est bon et perfectible car dans la religion naturelle il trouve la ressource de revenir au bien et au beau => itinéraire du vicaire et valeur de la profession de foi.

C. Pari sur l'action

1. L'homme a le pouvoir d'agir sur lui-même, sur ses passions : accents stoïciens de Rousseau.
2. Retournement de l'action : les méchants sont punis, rétablissement moral du pouvoir des justes dans ce monde *versus* le châtiment éternel (voir Rousseau).
3. Le bonheur appartient à ceux qui sont dans l'action : contraste dans Giono entre les « Âmes fortes » et la langueur de ceux qui subissent l'ennui.

[Transition] Contre la pensée pessimiste héritée de l'augustinisme, les hommes du XVIIIe siècle ont voulu croire à l'« idée de bonheur » (voir Robert Mauzi *L'idée du bonheur dans la littérature et la pensée françaises au XVIIIe siècle.*), idée qui suit la sécularisation de la pensée. Il s'agit alors de parier sur l'homme, son cœur pour Rousseau, et sa volonté éclairée par la conscience. Mais cet optimisme ne se teinte-t-il pas çà et là d'un plaisir dénaturé voire d'une forme de cynisme quand le mal rejaillit au cœur de l'homme ?

III. Le mal au cœur : de la tragédie du mal à sa mise en scène

A. Les ambivalences du cœur

1. Macbeth voulait-il le mal ? Quel est le rôle des sorcières et de sa femme dans son désir de pouvoir, dans sa quête obstinée du mal ? Voir dans la pièce toutes les figurations du seuil, du vertige.
2. La polyphonie narrative et la multiplication d'une même scène, sous des points de vue distincts, brouillent les polarités du bien et du mal, de la responsabilité des acteurs du récit dans *Les Âmes fortes*.
3. L'homme est bon mais il doit composer avec le mal qu'il commet : les risques du dualisme chez Rousseau.

B. Tragédie du vide, vide tragique

1. Macbeth lutte contre le vide => perte de soi qui alimente le mal et sa folie dans l'impossibilité de se rejoindre (voir symbolique de la discordance corporelle yeux-mains).

2. Expérience du « péché », sans connotation théologique, qui fait que « toute perfection, acte bon ou réussite laisse apparaître dans le sujet une sorte d'insatisfaction, le sentiment d'un mal radical, d'une faute, d'un échec ou d'une solitude fondamentaux » (E. Blondel *Le Problème moral*, PUF, 2000, p. 225 à propos de Jean Nabert, *Essai sur le mal*) Problématique du don et du rapport entre plein et vide reprise à travers le motif de la générosité des Numance : un plein qui est un vide.

3. Expérience radicale de l'ennui et théorie du divertissement que Giono emprunte à Pascal pour en faire sa philosophie du bonheur dans le mal agi.

C. Mise en scène de soi, mise en scène du mal.

1. La mise en scène dénoncée : Le couronnement de Macbeth se clôt par un banquet qui ne parvient pas à imposer le roi comme figure du pouvoir et des symboles de la féodalité => Vision morale de Shakespeare.

2. Mise en scène préparée : importance de l'isotopie du théâtre qui parcourt le récit de Giono. Travail de Thérèse contre la loi du cœur « J'appris à faire exactement le contraire de ce que mon cœur me commandait de faire » p. 302.

3. Avènement du moi : Thérèse invente des scénarii qui lui permettent de triompher du mal qu'est l'ennui, mais en secrétant elle-même le mal dont elle devient une figuration : elle EST le piège, c'est-à-dire la possibilité du mal. Voir l'analyse qu'elle en propose dans les pages 312 à 325.

Conclusion

[Récapitulation] Fragment d'un fragment, la citation de Pascal qui a suscité notre réflexion nous présente de manière tronquée le versant obscur d'une pensée marquée fortement par l'augustinisme. Le bonheur semble interdit à ce cœur vain et déchu depuis le péché originel. Refusant d'inscrire l'origine du mal dans le récit adamique, Rousseau libère l'homme de sa chute mais le livre à la déchéance sociale venue corrompre sa nature fondamentalement bonne. S'affrontent alors deux visions radicalement distinctes de la condition humaine. La réalité du cœur de l'homme semble alors bien complexe et ses espérances de bonheur ont à composer avec un mal qui ne saurait être effacé de son existence. Cette radicalité du mal que Kant a soulignée anime bien des comportements humains à en croire les figures du mal de nos œuvres littéraires. [Prolongement] C'est ce dédale de liens tissés entre bien et mal, ou par-delà ces valeurs qui ne font plus sens pour Thérèse, qui semblent dessiner le cœur de l'homme : « De Firmin au ventre, du ventre à la langue, de la langue au cœur, je me passais en revue : rien. *Je n'étais même pas méchante* » (p. 316)

Dissertation transversale 4

Sujet : Doit-on imaginer un mal heureux ? Quelles significations et quelle portée attribuez-vous à cette interrogation étant donné la lecture que vous avez faite des œuvres au programme inscrites dans la problématique du mal ?

Analyse des termes du sujet

« Doit-on imaginer » : la modalité interrogative, associée au verbe « doit » incite d'emblée à penser la nécessité (*müssen* en allemand) ou le devoir moral (*sollen*) de bouleverser une habitude de pensée. En effet, la logique de la rétribution nous a habitués à penser que quiconque fait le mal sera puni dans ce bas monde ou dans un au-delà alors que tout bienfaiteur sera couronné de bonheur. (Voir Rousseau p. 79-80). Par ailleurs, l'intellectualisme rationaliste et les différentes théodicées ont banalisé le problème du mal. De ce fait Paul Ricœur, dans son essai *Le Mal, un défi à la philosophie et à la théologie* (Labor et Fides, 2004), propose de penser le mal autrement et, au-delà de la pensée, d'imaginer une sagesse qui se fonde sur trois modalités d'appréhension : « penser, agir et sentir ». Imaginer, c'est aller au-delà des représentations convenues, des habitudes de pensée, mais aussi être inventif face à l'aporie d'une pensée qui met l'homme au défi de cette imagination.

« Mal heureux » : le jeu de mots est aussi une tension oxymorique (= alliance de mots contraire) entre l'idée du mal (heur) et du bon (heur) qui caractérise la vie du méchant ou de l'homme vertueux selon la *doxa* héritière de la pensée platonicienne et chrétienne.

Que signifie par ailleurs un mal heureux ? Un mal capable de produire du bonheur donc de convertir du mal en bien (action bénéfique du mal) ? Ou bien un mal qui s'accommode du mal, qui le nie en en faisant une illusion (passion) ?

Dans les stratégies de retournement du mal en bien, ou en énergie vitale, on pensera successivement par exemple :

À la pensée stoïcienne qui nie le mal par la maîtrise rationnelle de soi : voir Épictète, Marc Aurèle, Cicéron, Sénèque. Adhérer à la loi du monde c'est se conformer à sa raison. Une nature régie par la raison ne peut être gênée par l'obstacle qu'elle convertit en source d'un bien en en tirant le meilleur. La raison ainsi n'est jamais contrainte et ne subit aucun mal.

À la pensée chrétienne qui fait du mal et de la souffrance une épreuve envoyée par dieu dont l'acceptation, sans volonté d'en comprendre la raison – « Pourquoi moi ? » (Voir Job) – est la voie d'accès au mystère de la divinité et, pour certains, au salut.

À la pensée libertine du XVIIIe siècle : voir le culte du plaisir dans l'exercice du mal dans *Les Liaisons dangereuses* – la rouerie de Mme de Merteuil peut-être rapprochée de manière féconde de celle de Thérèse, notamment son auto-éducation au mal – mais surtout dans les textes de Sade.

À la pensée de Nietzsche qui développe le concept de volonté de puissance et qui fait une critique généalogique de la morale.

« Heureux » : l'adjectif pose la question de la définition et de la quête du bonheur, question fondamentale qui inaugure *La profession de foi du vicaire savoyard*, voir p. 50 : « Qui est-ce qui sait être heureux ? » Le bonheur est un état qui est défini de trois manières selon les pensées ci-dessus : de manière négative comme l'absence de souffrance, de manière positive comme le contentement de soi (Rousseau), un état de plénitude intérieure (voir problématique de la tension creux-vide) ou un sentiment d'élévation de l'âme, et enfin de manière dynamique par le sentiment de conquête et de puissance du moi sur la réalité (voir Nietzsche et Giono). En outre la quête du bonheur est du domaine de l'« éthique » : la sagesse pratique (*prudentia*) étant « l'ensemble des jugements et des pratiques au moyen desquels on discerne les vrais biens que l'on peut se donner comme fins et les vertus nécessaires pour y parvenir » (E. Blondel, *Le Problème moral*, PUF, 2000, p. 169). À cet aspect téléologique de l'éthique, des fins pour soi, le domaine moral substitue, dans un « passage à un autre genre » (formule d'Aristote, *id*, p. 170), l'aspect déontologique, celui des normes et des obligations. Dès lors, la question du bonheur serait donc une question éthique plus que morale, alors même que le questionnement induit par le libellé du sujet pourrait être saisi comme davantage moral qu'éthique, dans le devoir qu'il pose implicitement d'un changement de plan de la réflexion humaine face au mal.

Vers la problématique

– À quelles conditions de possibilité peut-on établir un lien entre bien et bonheur, mal et malheur ?

– Le mal comme source ou possibilité du bien est-il une subversion des valeurs morales ou de la pensée du mal ?

– L'expérience morale ne s'éprouve-t-elle pas que dans la tension et le paradoxe des valeurs ?

Problématique sous forme interrogative : Quels types de relations s'établissent entre l'homme et le mal dans la recherche de son bonheur ?

Problématique sous forme de projet de lecture : Plus que des relations conflictuelles entre le mal et sa propre pensée, l'homme ne doit-il pas nourrir la quête d'une nouvelle sagesse, à défaut d'un bonheur, possible « en dépit » du mal ?

Introduction : [Accroche] Albert Camus affirme dans *Le Mythe de Sisyphe* « il faut imaginer Sisyphe heureux ». Lui dont le supplice éternel consiste à rouler, aux enfers, une pierre vouée à dévaler la pente à peine le sommet atteint, serait le prototype du mal heureux [annonce et explication du sujet] selon la formule de notre sujet en forme d'oxymore provocant : Faut-il imaginer un mal heureux ? La question ainsi posée révèle une double interrogation : celle des rapports entre la quête du bonheur – aboutissement des sagesses traditionnelles – et la réalité du mal ; mais aussi celle du devoir moral (« doit-on ») de penser ces relations de manière nouvelle (« imaginer »), au-delà de toutes les tentatives de nier le problème du mal.

[Problématique] Nous nous proposons donc d'examiner, à partir de la lecture des œuvres au programme, quels types de relations s'établissent entre l'homme et le mal dans la recherche de son bonheur. [Annonce du plan] Pour cela nous verrons comment le bonheur se conquiert contre le mal, avant d'envisager leurs relations pacifiques voire complices, pour enfin reconnaître la faille qui existe dans chaque être au monde et qui fait de tout homme un (mal)heureux.

I. Le bonheur contre le mal : bannir le mal pour être heureux

A. La négation du mal

1. La pensée stoïcienne => maîtrise rationnelle du mal, « cervelle » *versus* « cœur » voir Thérèse dans *Les Âmes fortes* p. 302

2. La pensée chrétienne => mal comme possibilité du salut (mystique de Sylvie Numance ?)

3. Rousseau héritier de ces pensées ?

B. La lutte contre le mal

1. Rousseau le vicaire n'enseigne pas de dogmes, il n'a pas l'ambition de convaincre, il témoigne « dans la simplicité de son cœur ».

2. Croisade du bien contre les forces du mal dans *Macbeth*, voir actes IV et V.

3. Le couple Numance : faire le bien malgré les hommes.

Les stratégies d'évitements

1. Prévenir le mal : Mme Numance prévient le mal dont pourrait souffrir Thérèse
2. La complicité de l'obscurité et la mise en scène pour cacher le meurtre dans *Macbeth*
3. La cécité et la rupture mains-yeux de Macbeth mais qui se retournent en folie de la perte de soi.

Transition : Le mal subi dans la douleur et le mal commis, comme vecteur de remords et de châtiment, menacent sans cesse la possibilité du bonheur : il s'agit donc de s'en « rendre maître en possesseur » comme Descartes le dit du rapport de l'homme à la nature. Différentes modalités de mises à mort sont alors mises en œuvre mais le mal rejaillit toujours comme une menace. N'y aurait-il pas alors une possibilité de conquérir le bonheur dans le mal ?

II. Le bonheur dans le mal : faire le mal pour être heureux

A. Le choix du mal

1. Rousseau : l'homme fait le mal, fourvoyé par les préjugés et les opinions sur ce qu'est le bonheur.
2. Le vertige du mal est enivrant : voir les possibilités de toute puissance qu'il offre au regard de Macbeth.
3. Volonté du mal : la rouerie voir *Les Âmes fortes*

B. Recherche du bonheur, recherche du mal

1. Le mal comme moyen de retrouver l'unité perdue : voir Macbeth
2. Le mal comme moyen de combler le vide de l'existence : le divertissement contre l'ennui (Giono)
3. Le mal comme moyen de se réaliser : théâtralisation de la naissance de soi dans le mal. (Voir isotopie du théâtre dans *Les Âmes Fortes*)

C. Le mal consubstantiel du bonheur ?

1. Un mal pour un bien : voir les images du combat qui encadrent la pièce de Shakespeare et la mort du jeune Siward.
2. Pas de bonheur possible hors du mal : voir l'antimorale théorisée de Thérèse et reprise de la question du vicaire sur ce qui importe pour développer un credo du Mal.
3. Jouissance du mal et plaisir pervers (voir dissertation 1 II-C).

Transition : Choisir d'intégrer le mal comme matériau du bonheur, c'est redoubler le mal dans la jouissance perverse qui ne reconnaît plus le mal que comme un plaisir, ainsi Thérèse ne peut se dire méchante. C'est donc nier le mal toujours et encore là où la pensée du mal demande à l'homme, dans sa quête d'une vie meilleure, de le prendre en compte. Comment mal et bonheur peuvent-ils cohabiter ?

III. Le bonheur malgré le mal : accepter la faille du mal(heureux)

A. Le mal comme donnée fondamentale de l'être

1. Le mal, sentiment fondamental de l'homme, donnée culturelle et mode d'appréhension de soi dans le monde et l'Histoire=> voir Paul Ricœur l'homme

a le « sentiment d'appartenir à une histoire du mal, toujours déjà là pour chacun. L'effet le plus visible de cette étrange expérience de passivité, au cœur du mal agir, est que l'homme se sent victime tant même qu'il est coupable. Le même brouillage de la frontière s'observe en partant de l'autre pôle [du pôle du mal physique] » (*op. cit.* p. 24-25). On pense aux brouillages énonciatifs et narratifs des *Âmes fortes* qui font de chacun une victime et un bourreau.

2. Le mal radical (voir dissertation 2 III-A)
3. Le mal et l'injustifiable : voir Jean Nabert et dissertation 3

B. Le bonheur « par-delà bien et mal » : Nietzsche

1. Le refus de la transcendance des valeurs, de l'idéal moral absolu, d'un Bien et d'un Mal en soi. => gommage des valeurs en Thérèse par leur perversion ? Confusion des valeurs délibérée par Lady Macbeth dans sa volonté de dénaturation comme force vitale ?

2. Volonté de puissance et refus de la morale de la soumission, de la négation de soi : exaltation de la puissance de Macbeth qui retrouve une identité de héros guerrier par-delà bien et mal dans l'ultime combat face à Macduff (voir l'impératif de Nietzsche « Deviens qui tu es »/ Thérèse « Je suis qui je suis »).

3. Refus de l'ataraxie, paix de l'âme qui est l'idéal « du bovidé de la morale et du bonheur gras de la bonne conscience » (*Crépuscule des idoles*, cité par E. Blondel, *op. cit.* p. 201) => Contre-modèle de Châtillon et sa « conscience tranquille » pour Giono et idéal de la puissance par Lady Macbeth. Voir Thérèse « Quand je souffre, je suis libre » (p. 292)

C. Le bonheur « en dépit » du mal (voir Paul Ricœur)

1. Devoir moral de reconnaître le « scandale du mal » contre les théodicées et les tentatives rationalistes de négation du mal *versus* pensée de Rousseau.

2. Sagesse de l'effort de reconnaître « le caractère aporétique de la pensée sur le mal » (Ricœur, *op. cit.*, p. 56) *versus* pensée de Rousseau.

3. Solution dans l'action et la spiritualité ?
- Agir éthiquement et politiquement contre le mal pour faire diminuer la quantité de violence que les hommes exercent les uns sur les autres => Macbeth : la lutte contre le « tyran » pour rétablir un monde meilleur mais qui reconnaît le vertige du mal au cœur de l'homme et le temps nécessaire pour tenter de faire le bien « par la grâce de la Grâce / Nous le ferons selon mesure, temps et place » (V, 9, v. 38-39). En outre, le mal est inscrit dans l'ordre naturel et surnaturel (sorcières) il ne peut donc être biffé.
- Spiritualisation du mal ? Foi en dieu en dépit du mal pour Ricœur, foi en la vie en dépit du mal pour Giono.

Conclusion

[Récapitulation] La question posée par le sujet qui met en tension mal et bonheur soulève un paradoxe : celui, pour l'homme, de penser la possibilité d'être heureux contre ou dans le mal. Mais toutes ces tentatives de sagesse sont en réalité des essais de « penser moins » ou de « penser plus » le mal, voire « autrement », selon les catégories de Paul Ricœur : or elles échouent à le prendre en compte et à trouver, par là-même, la voie de la morale. Celle-ci serait plutôt la recherche d'une manière d'être au monde, débarrassée de la violence du mal commis, mais aussi la quête d'une condition humaine toujours confrontée à l'« irréductible souffrance ». [Prolongement] Cette expérience de la tension entre mal et bonheur est au cœur de la création littéraire, et ces « fleurs du mal » nous enivrent d'un doux poison, heureux lecteurs en dépit du mal.